V&R

Novum Testamentum et Orbis Antiquus /
Studien zur Umwelt des Neuen Testaments

In Verbindung mit der Stiftung „Bibel und Orient"
der Universität Fribourg/Schweiz
herausgegeben von Max Küchler (Fribourg), Peter Lampe,
Gerd Theißen (Heidelberg) und Jürgen Zangenberg (Leiden)

Band 90

Vandenhoeck & Ruprecht

Gerhard Sellin

Allegorie – Metapher – Mythos – Schrift

Beiträge zur religiösen Sprache im Neuen Testament und in seiner Umwelt

Herausgegeben von Dieter Sänger

Vandenhoeck & Ruprecht

Bibliografische Information der Deutschen Nationalbibliothek

Die Deutsche Nationalbibliothek verzeichnet diese Publikation in der
Deutschen Nationalbibliografie; detaillierte bibliografische Daten sind
im Internet über http://dnb.d-nb.de abrufbar.

ISBN 978-3-525-55020-5

© 2011, Vandenhoeck & Ruprecht GmbH & Co. KG, Göttingen /
Vandenhoeck & Ruprecht LLC, Oakville, CT, U.S.A.
www.v-r.de
Printed in Germany.
Druck und Bindung: ⊕ Hubert & Co, Göttingen.

Gedruckt auf alterungsbeständigem Papier.

Inhalt

Vorwort

Nachdem im vergangenen Jahr ein erster Band mit Aufsätzen von Gerhard Sellin zur paulinischen Theologie und zum Epheserbrief erschienen ist (FRLANT 229), wird hiermit ein zweiter vorgelegt. Er vereinigt zwölf zum Teil noch unveröffentlichte Studien, die mehrheitlich in den beiden letzten Jahrzehnten entstanden sind. Ihre Auswahl erfolgte in Abstimmung mit Gerhard Sellin. Einige der erstmals abgedruckten Texte gehen auf Vorträge zurück, die ursprünglich für Fachkonferenzen, religionspädagogische Tagungen und Pfarrkonvente konzipiert worden sind. Sie werden durchweg in überarbeiteter und gelegentlich auch ergänzter Form dargeboten. Dabei ist der mündliche Vortragsstil, soweit möglich, beibehalten worden. Alle Texte wurden neu aufgenommen und an die geltenden orthographischen Richtlinien angepasst, offenkundige Versehen berichtigt und Literaturangaben aktualisiert. Darüber hinaus wurde die Zitationsweise vereinheitlicht. In der Regel richtet sie sich nach dem Abkürzungsverzeichnis der Theologischen Realenzyklopädie, Berlin/New York [2]1994. Bis auf die genannten redaktionellen Eingriffe sind die Beiträge im Wesentlichen unverändert geblieben.

Die titelgebenden Stichworte Allegorie – Metapher – Mythos – Schrift und der präzisierende Untertitel reflektieren zwei thematische Schwerpunkte des Bandes. Den einen bildet die Frage nach dem hermeneutischen Potential, der pragmatischen Funktion und theologischen Bedeutung bildlicher Formen religiöser Sprache im hellenistischen Judentum, als dessen exemplarischer Vertreter Philon von Alexandrien gilt, und in den neutestamentlichen Schriften. Insgesamt zeigt sich, dass mythisch geprägte religiöse Sprachbilder keineswegs, wie oftmals angenommen wird, Relikte einer überholten Weltansicht oder primitive Ausdrucksformen sind, die in die eigentliche Sprache übersetzt und auf den „Begriff" gebracht werden müssen. Vielmehr spiegeln sie ein auf Erfahrung beruhendes Wirklichkeits- und Existenzverständnis, das nur in Form bildlicher Rede aussagbar ist. Diese Einsicht für die Rede von Gott fruchtbar zu machen, wie sie paradigmatisch in den Gleichnissen Jesu, aber auch in den neutestamentlichen Wundererzählungen zur Anschauung gebracht wird, ist eines der zentralen Anliegen Gerhard Sellins.

Den zweiten Schwerpunkt bildet das nach wie vor kontrovers diskutierte Verhältnis von Mündlichkeit und Schriftlichkeit in den Anfängen der Evangelienüberlieferung. Unter diesem Aspekt problematisiert Gerhard Sellin die (scheinbar) funktionale Verbindung von „Gattung" und „Sitz im Leben" der kleinen Erzähleinheiten in den synoptischen Evangelien. Im Rekurs auf Ergebnisse der neueren Oralitätsforschung unterzieht er nicht nur die methodischen Voraussetzungen der klassischen Formgeschichte einer kritischen Prüfung, sondern fragt auch nach der Plausibilitätsstruktur und Tragfähigkeit der dem redaktionsgeschichtlichen Ansatz unterliegenden Prämissen. Einmal mehr wird deutlich, dass die neutestamentliche Exegese nur davon profitiert, wenn sie Impulse aus der literatur- und sprachwissenschaftlichen sowie literatursoziologischen Theoriediskussion aufnimmt. Die den Band beschließende Abschiedsvorlesung zeigt anhand von vier Beispielen Wege auf, biblische Texte heute lesen und verstehen zu lernen.

Ich danke dem Verlag und insbesondere Jörg Persch, dem Leiter der Abteilung Theologie und Religion, für die Bereitschaft, auch diesen Aufsatzband in das Verlagsprogramm aufzunehmen. Den Herausgebern der NTOA/ StUNT, den Kollegen Max Küchler, Peter Lampe, Gerd Theißen und Jürgen Zangenberg, ist zu danken, dass sie die von ihnen betreute Reihe zur Verfügung gestellt haben. Erneut konnte ich auf die Hilfe von Dr. Ralph Brucker (Hamburg) setzen. Er hat in einigen Manuskripten vorhandene Lücken gefüllt, nicht ausgewiesene Zitate verifiziert und mir auch sonst in Zweifelsfällen mit Rat und Tat zur Seite gestanden. Dafür möchte ich ihm ebenso danken wie den Verlagen, die freundlicherweise die Genehmigung zum Wiederabdruck erteilt haben. Besonderen Dank schulde ich meinen Mitarbeiterinnen und Mitarbeitern am Institut für Neutestamentliche Wissenschaft und Judaistik: Hanne Barbek, Stephanie Haibach, Ronja Hallemann, Dr. Matthias Hoffmann, Felix John. Sie haben die Texte elektronisch neu erfasst, die Druckvorlagen erstellt, bei den Korrekturen geholfen und das Register angefertigt. Dass der Band erscheinen kann, ist auch ihr Verdienst.

Kiel, den 22. Juli 2010 Dieter Sänger

Die Allegorese und die Anfänge der Schriftauslegung[1]

1. Text und Exegese

In der Einführung zum 4. Band des Projektes „Archäologie der literarischen Kommunikation" stellt Jan Assmann systematische Erwägungen über das Verhältnis von Text und Exegese, von Text und Kommentar an[2], die den folgenden Ausführungen zugrundegelegt werden können. Assmann geht aus vom Begriff der Textüberlieferung, wie ihn der aus der alttestamentlichen Wissenschaft herkommende Linguist Konrad Ehlich in einem Beitrag zum 1. Band des Projektes vorgestellt hatte: „„Text" ist der Teil eines Kommunikationsaktes, der gespeichert und in einer neuen Situation „wiederaufgenommen" werden kann[3]. In dem Fall, wo Textproduktion und

---

[1] Erweiterte Fassung eines Vortrages, der im Februar 1996 in Bethel auf der Tagung der Projektgruppe „Früher Schriftgebrauch im Judentum und Christentum" innerhalb der *Wissenschaftlichen Gesellschaft für Theologie* und im November 1996 auf dem Treffen der Norddeutschen Neutestamentlerinnen und Neutestamentler in Hamburg-Horn gehalten wurde. Auf folgende Literatur sei hingewiesen: J. ASSMANN, Text und Kommentar. Einführung, in: A. Assmann u.a. (Hg.), Text und Kommentar, Archäologie der literarischen Kommunikation 4, München 1995, 9–33; H. MERKLEIN u.a., Bibel in jüdischer und christlicher Tradition (FS J. Maier), BBB 88, Frankfurt a.M. 1993; D. DAUBE, Alexandrian Methods of Interpretation and the Rabbis, in: H.A. Fishel (Hg.), Essays in Graeco-Roman and Related Talmudic Literature, New York 1977, 164–182; H.-M. HAUSSIG, Heilige Texte und Heilige Schriften. Einige Bemerkungen zu religiösen Überlieferungen, in: M. Hengel/H. Löhr (Hg.), Schriftauslegung im antiken Judentum und im Urchristentum, WUNT 73, Tübingen 1994, 72–90; I. HEINEMANN, Darkhe ha-Aggada, Jerusalem ³1970; D.T. RUNIA, Heirs of the Septuagint. Philo, Hellenistic Judaism, and Early Christianity (FS E. Hilgert), BJSt 230 (= The Studia Philonica Annual 3), Atlanta 1991; U. KÖRTNER, Schrift und Geist. Über Legitimität und Grenzen allegorischer Schriftauslegung, NZSTh 36 (1994) 1–17; G. KURZ, Zu einer Hermeneutik der literarischen Allegorie, in: W. Haug (Hg.), Formen und Funktionen der Allegorie, Stuttgart 1979, 12–24; J. LEOPOLD, Rhetoric and Allegory, in: D. Winston/J. Dillon (Hg.), Two Treatises of Philo of Alexandria. A Commentary on *De Gigantibus* and *Quod Deus sit Immutabilis,* BJSt 25, Providence 1983, 155–170; R.L. MACK, Philo Judaeus and Exegetical Traditions in Alexandria, ANRW II 21/1 (1984) 227–271; D.T. RUNIA, Exegesis and Philosophy. Studies on Philo of Alexandria, Aldershot 1990; DERS., The Structure of Philo's Allegorical Treatises. A Review of Two Recent Studies and Some Additional Comments, VigChr 38 (1984) 209–256; DERS., Witness or Participant? Philo and the Neoplatonic Tradition, in: A. Vanderjagt/D. Pätzold (Hg.), The Neoplatonic Tradition. Jewish, Christian, and Islamic Themes, Dialectica Minora 1, Köln 1991, 36–56; E. STEIN, Die allegorische Exegese des Philo aus Alexandreia, BZAW 51, Gießen 1929; G. STEMBERGER, Midrasch. Vom Umgang der Rabbinen mit der Bibel. Einführung – Texte – Erläuterungen, München 1989; G. SCHÖLLGEN, Stimuli. Exegese und ihre Hermeneutik in Antike und Christentum (FS E. Dassmann), JAC.E XXIII, Münster 1996.

[2] Vgl. J. ASSMANN, Einführung, 9–33.

[3] K. EHLICH, Text und sprachliches Handeln. Die Entstehung von Texten aus dem Bedürfnis nach Überlieferung, in: J. Assmann/Ch. Hardmeier (Hg.), Schrift und Gedächtnis, Archäologie der literarischen Kommunikation 1, München 1983, 24–43.

Textrezeption in einer „zerdehnten Situation" auseinanderfallen, ist Interpretation der konservierten Botschaft erforderlich. Bei schriftlicher Überlieferung kann dies zunächst durch „redaktionelle Fortschreibung", d.h. durch Transformationen im Text selbst geschehen. Dazu gehört auch die Nacherzählung oder die Paraphrase, die den Text ersetzt. Erst wenn Texte „fundierend", d.h. „normativ" und „formativ" verbindlich geworden sind, und vor allem, wenn sie durch Kanonisierung festgelegt wurden, können sie nicht mehr fortgeschrieben werden. Jetzt erfordern sie einen sekundären Text, der zwischen dem festgelegten Text und den Rezipienten vermittelt. Der Kommentar ist also ein „Metatext", ein Text über einen Text. Nacherzählungen der Bibel wie etwa die Antiquitates des Josephus sind demnach keine Kommentare, weil sie auf objektsprachlicher Ebene verbleiben. Hier liegt zwar Intertextualität, aber keine Metatextualität vor[4]. |

Assmann unterscheidet bei den fundierenden Texten zwischen normativer und formativer Verbindlichkeit, d.h. zwischen Gesetzestexten auf der einen, epischen Texten wie Mythen, Sagen und Legenden auf der anderen Seite. Dem entspricht in etwa auch die Unterscheidung von Halakha und Haggada. Der Ursprung beider Textsorten (Gesetze und Mythen) ist kultisch. Der Mythos bleibt zunächst lebendig im wiederholenden Ritual. Seine Tradierung geschieht in den Repräsentationen seines Textbestandes, die jeweils deklarative Sprechakte sind, d.h. die ihre Propositionen im wiederholenden Sprechakt jeweils kausativ in Geltung setzen. Er braucht keine Deutung, weil er seine Bedeutung, seinen Sinn selbst konstituiert. Wo dieser Glaube an seine gründende Wirksamkeit nicht mehr selbstverständlich ist und die Naivität verloren ging, wird Interpretation notwendig.

Normative Texte lassen sich auf das Orakelwesen zurückführen. Hier ist freilich die Deutung von vornherein konstitutiv. Die Priestertora und das Orakel sind Sonderfälle der allgemeinen archaischen Deutungswissenschaft (Opferschau, Traumdeutung, Astrologie, Omina usw.). Abgesehen vom Orakel sind die hier gedeuteten Phänomene vortextlicher, zum größten Teil nichtsprachlicher Art. Die allegorische Interpretation ist eigentlich eine Fortsetzung dieser allgemeinen Weltdeutung, bei der bestimmte natürliche Phänomene als Zeichen ausgesondert und auf Lebenszusammenhänge bezogen werden[5]. Jedoch hat die allegorische Interpretation im engeren Sinne, die *Allegorese*, nicht mehr Dinge, Sachverhalte, Naturphänomene, Ereignisse zum Objekt, sondern Texte. Als Metatext gehört die Allegorese also zur Textsorte Kommentar im engeren Sinne. Sie setzt vor allem auch, wie

---

[4] Zur diesbezüglichen Problematik der rabbinischen Midrashim s.u. 26–29.

[5] Vgl. M. FISHBANE, Biblical Interpretation in Ancient Israel, Oxford 1991, 443ff, spricht von „mantological exegesis".

jeder Kommentar, oder – wie wir auch sagen können – jede Exegese fest-
gelegte, kanonische Texte voraus.

Wir können die Entstehung von Exegese (Kommentaren) im frühchrist-
lichen, im frühjüdischen und im griechisch-hellenistischen Bereich verfolgen. Für die Geschichte der abendländischen Hermeneutik ist das Gegenüber der alexandrinischen und der antiochenischen Exegese prägend geworden[6]. Die alexandrinische Exegese ging in ihrer Allegorese über Origenes
und Clemens wahrscheinlich direkt auf die alexandrinisch-jüdische Auslegung der Bibel, d.h. der Septuaginta, zurück (Philon von Alexandrien). Die
antiochenische Schule (Diodor von Tarsos, Theodor von Mopsuestia, Johannes Chrysostomos, Theodoret von Kyros) vertrat eine überwiegend literale Exegese, wie sie erst wieder in der Reformation zum Zuge kam und
wie sie heute in den romanischen Ländern als ökumenisches Modell geprie-
sen wird. Aufgrund der Arbeit von Ch. Schäublin[7] steht heute fest, dass die
technischen Prinzipien dieser Exegese auf die klassische Philologie zurück-
gehen, wie sie vom 3.–1. Jahrhundert v.Chr. in Alexan- | drien blühte (Ze-
nodot von Ephesos, Eratosthenes, Aristophanes von Byzanz, Aristarch von
Samothrake)[8]. Diese Arbeit war weitgehend peripatetisch beeinflusst, und
in ihrem Zentrum stand Homer, dessen Werke als „Bibel der Antike" gelten
können[9]. Das Prinzip der literalen Exegese wird exemplarisch deutlich in
dem Aristarch zugeschriebenen Leitsatz, Homer sei aus Homer zu erklären[10]. Spätestens Aristarch verfasste durchgehende Kommentare (ὑπομνή-
ματα) zu Homer[11]. In gewisser Parallelität zum Gegenüber der alexandrinischen allegoretischen und der antiochenischen literalen Exegese gab es
auch in der griechischen Homerexegese zur alexandrinischen Philologen-

---

[6] Vgl. G. EBELING, Art. Hermeneutik, RGG³ 3 (1959) 242–262: 247f.

[7] Vgl. CH. SCHÄUBLIN, Untersuchung zur Methode und Herkunft der antiochenischen Exegese, Theoph. 23, Köln/Bonn 1974; vgl. dazu den Forschungsbericht von A. VICIANO, Das formale Verfahren der antiochenischen Schriftauslegung. Ein Forschungsüberblick, JAC 23 (1996) 370–405.

[8] Dazu H. ERBSE, Überlieferungsgeschichte der griechischen klassischen und hellenistischen Literatur, in: H. Hunger u.a. (Hg.), Geschichte der Textüberlieferung der antiken und mittelalterlichen Literatur I: Antikes und mittelalterliches Buch- und Schriftwesen. Überlieferungsgeschichte der antiken Literatur, Zürich 1961, 207–283 (Nachdruck als dtv-Taschenbuch, München 1988); R. PFEIFFER, Geschichte der klassischen Philologie. Von den Anfängen bis zum Ende des Hellenismus, München ²1987.

[9] H. DÖRRIE, Zur Methodik antiker Exegese, ZNW 65 (1974) 121–138, bes. 122.

[10] Vgl. dazu aber PFEIFFER, Geschichte, 276–278: Die Formel Ὅμηρον ἐξ Ὁμήρου σαφηνίζειν gehe auf Porphyrios zurück, treffe aber das Prinzip der Exegese Aristarchs.

[11] Vgl. M. HENGEL, „Schriftauslegung" und „Schriftwerdung" in der Zeit des Zweiten Tempels, in: Ders./H. Löhr (Hg.), Schriftauslegung, 1–71, bes. 4f, verweist darauf, dass die „ersten fortlaufenden wirklichen Kommentare einer autoritativen Schrift, die uns ganz oder weitgehend erhalten sind" (4), die *Pesharim* von Qumran (und dann die Kommentare Philons) sind. Das stimmt aber nur bezüglich der Erhaltung der Kommentare. Dass Aristarch Homer fortlaufend kommentiert hat, ist nicht zu bezweifeln, vgl. PFEIFFER, Geschichte, 261ff.

schule ein allegoretisches Pendant: die Homerinterpretation, wie sie in Pergamon geübt wurde unter dem Stoiker Krates von Mallos (im 2. Jahrhundert v.Chr.), dem Gegenspieler des Aristarch. Über ihn führen die Linien der allegorischen Methode zurück zu den älteren Stoikern und schließlich bis in die Zeit der vorsokratischen Naturphilosophen. In Alexandrien kreuzen sich die Linien der beiden „Schulen". Dort werden sie beide wirksam in der Exegese der jüdischen Bibel, der Septuaginta. Philon von Alexandrien hat nicht nur von beiden (den alexandrinischen Philologen und den Stoikern) gelernt, sondern er bringt auch als dritte Linie die jüdische Auslegungstradition mit ein. In welchem Maße er dies tut, ist freilich umstritten. Und noch etwas Besonderes tritt bei ihm in Erscheinung: Philon ist nur zum Teil stoisch und in noch geringerem Maße peripatetisch beeinflusst. Eigentlich ist er Platoniker. Bei ihm begegnet erstmals eine Art platonischer Allegorese – etwas völlig Überraschendes, denn Plato hat Homer (und die Dichtung mitsamt der Rhetorik seiner Zeit) eher kritisch beurteilt denn interpretiert[12].

2. Allegorie und Allegorese

Allegorese ist eine Weise der Textrezeption und -interpretation kanonischer Texte. Allegorie ist eine bestimmte Textgattung. Insofern das Ergebnis der Allegorese selber zu einem Text wird, ist dieser ein Metatext, in bestimmten Fällen ein Kommentar, der vor allem in semantischer Hinsicht mit der Allegorie nahe verwandt ist. Man könnte vorläufig sagen, dass die Allegorese von der Vorausset- | zung ausgeht, ihr Objekttext sei „allegorisch"[13]. Deshalb ist es sinnvoll, zunächst einen Begriff des Allegorischen an Hand der Textgattung „Allegorie" zu bilden, was am ehesten durch eine Differenzierung des Begriffs „Allegorie" von anderen verwandten, ähnlich oder gleich gebrauchten Begriffen geschehen kann.

(1) Solche Begriffsbestimmung ist zuerst in der antiken Rhetorik vorgenommen worden. Bei Quintilian gehört der Begriff „Allegorie" zu den Tropen, die im Zentrum der Lehre von der *elocutio*, des näheren in der vom *ornatus* behandelt werden. Die 14 von Quintilian genannten *Tropen*[14] sind jedoch von unterschiedlicher Art. Während die meisten als semantische

---

[12] Dazu s. aber u. S. 28–32.

[13] CH. WALDE, Art. „Allegorese" und „Allegorie", DNP 1 (1996) 518–525, bes. 518f.

[14] Quintilian, InstOrat VIII 6; vgl. Rhet. ad Her. IV 31,42–34,46; vgl. J. MARTIN, Antike Rhetorik. Technik und Methode, HAW 2/3, München 1974, 261–270. Einen vorzüglichen Überblick über die gesamte Geschichte des rhetorischen Allegorie/Allegorese-Begriffs bis hin zur neuesten Literaturwissenschaft gibt W. FREYTAG, Art. Allegorie, Allegorese, HWR I (1992) 330–392; vgl. auch WALDE, „Allegorie" und „Allegorese", ebd. 523–525.

Elemente aufgefasst und deshalb ganz auf der Ebene der Lexeme angesiedelt werden (wie Metapher, Metonymie, Synekdoche, Ironie), erstreckt
sich die Allegorie über eine Texteinheit. Doch wird sie dann letztlich auf
die Metapher als ihr Element zurückgeführt und damit im Grunde als eigenständige Trope aufgelöst[15], insofern sie als eine „fortgesetzte Metapher"
gilt[16]. Die elementaren Tropen aber werden alle als Substitution eines gemeinten Begriffs durch einen anderen (gesagten) verstanden. Es ist vor allem dieses Verständnis von Metapher und Allegorie, das Adolf Jülicher in
seiner Verhältnisbestimmung von Allegorie und Gleichnis voraussetzte. Die
Metapher sei der Baustein der Allegorie, die also als ausgedehnte Metapher
gilt, von der die Gleichnisse (als erweiterte „Vergleichungen") ganz abzu-
heben seien[17]. In Sprach- und Literaturwissenschaft wird heute die Metapher jedoch nicht mehr als Substitutionsphänomen verstanden. In der sogenannten *Interaktionstheorie* der modernen Metaphorologie gilt sie als ein
Phänomen der semantisch gespannten Relation, der Dissonanz von mindestens zwei Sprachelementen (Bildempfänger – Bildspender; Subjekt – Prädikat; Thema – Rhema; Kontext – Text; Situation – Text)[18]. Was aber ist dann
die Allegorie? Bisher war ich davon ausgegangen[19], dass bei ihr das Modell
der Substitution angemessen wäre. Es wird a | gesagt, womit x gemeint sei.
Es würde sich dann um einen enkodierten, chiffrierten Text handeln, der
mit Hilfe des Codes, den nur Eingeweihte kennen, dechiffriert werden kann.
Danach wäre dann der gesagte Begriff überflüssig, wenn der gemeinte
gewusst wird. Die pragmatische Funktion einer Allegorie bestünde dann in
einer Geheiminformation für Eingeweihte. Semantisch würde ein allegorischer Text keine Informationsinnovation bringen, insofern ja die Einge-

---

[15] Vgl. H. LAUSBERG, Handbuch der literarischen Rhetorik. Eine Grundlegung der Literaturwissenschaft, München [4]2008, führt sie entsprechend unter den Tropen gar nicht auf.

[16] Quintilian, InstOrat IX 2,46; vgl. VIII 6,14.44. Daneben kann sie auch auf die *Ironie* (Spezialfall der Metapher: etwas steht für sein Gegenteil) und – später – die *Emphase* zurückgeführt werden, vgl. KURZ, Metapher, 33–40. – Aristoteles (Poetik, Kap. 21–22; Rhetorik III, 2,2–11) gebraucht μεταφορά als Oberbegriff der Tropen und subsumiert darunter auch Textgattungen (z.B.
die παροιμία). Nach K. BARWICK, Probleme der stoischen Sprachenlehre und Rhetorik, ASAW.PH
49/3, Berlin 1957, 95, bezieht sich die Bemerkung über den Streit über die Tropen bei Quintilian,
InstOrat VIII 6,1, auf das lexematische Verständnis der Tropen bei den Stoikern auf der einen, das
textsemantische Verständnis bei Aristoteles auf der anderen Seite. Vgl. dazu auch I. CHRISTIAN-
SEN, Die Technik der allgemeinen Auslegungswissenschaft bei Philon von Alexandrien, BGBH 7,
Tübingen 1969, 16f.

[17] A. JÜLICHER, Die Gleichnisreden Jesu I: Die Gleichnisreden Jesu im allgemeinen, Darmstadt
1976 (= Tübingen [2]1910), 50–58; vgl. dazu G. SELLIN, Allegorie und „Gleichnis" (in diesem Band
S. 141–189).

[18] M. BLACK, Models and Metaphors. Studies in Language and Philosophy, Ithaca [7]1981, 24–
47.219–243; vgl. die Beiträge von RICHARDS, BLACK, WHEELWRIGHT und BEARDSLEY in: A.
Haverkamp (Hg.), Theorie der Metapher, WdF 389, Darmstadt [2]1996. Vor allem aber die drei Aufsätze von H. WEINRICH, Sprache in Texten, Stuttgart 1976, 295ff; 317ff; 328ff.

[19] SELLIN, Allegorie, 158–169.

weihten schon vorher potentiell seine Bedeutung kennen. Allenfalls könnte
ein solcher Text eine Signalfunktion haben, indem z.b. auf ein verabredetes
Zeichen eine vorher vereinbarte Handlung ausgelöst würde. Nach diesem
Zeichenmodell wäre die Allegorie aufgrund ihrer vollständigen Redundanz
literarisch wertlos. Aber auch für die Allegorie ist das Substitutionsmodell
nicht angemessen. Zunächst einmal ist die Bedeutung eines Zeichens auch
in der Allegorie nicht arbiträr. Zwischen gesagtem und gemeintem Begriff
besteht eine Analogie[20] (nach Art der traditionellen Metapher) oder eine
Kontiguität (nach Art der Metonymie [ein Attribut verweist auf ein Subjekt]
und der Synekdoche [ein Teil weist auf eine Ganzheit])[21]. Mit letzterem ist
schon angedeutet, dass auch Metonymie und Synekdoche eigentlich nicht
Substitutionen sind. Wenn „Poseidon" gesagt wird und nicht „das Meer",
das er bewohnt, dann wird nicht ein Name statt eines anderen gesagt, sondern ein besonderes, und zwar mythisches[22] Verständnis des Meeres wird
ausgesagt. Die Metonymie ist also auch eine Prädikation, deren Subjekt | je-
doch (wie auch bei einwortigen Metaphern) situationell-thematisch impliziert ist. Die Allegorie ist aber von der Metapher darin unterschieden, dass
bei ihr nicht zwei Textelemente oder Texte nebeneinander erscheinen, die
miteinander in Spannung stehen. Es erscheint nur *ein* Element – das freilich

---

[20] Dies wurde in der Rhetorik auch von der Metapher behauptet. Dabei ist jedoch übersehen,
dass eine Metapher entweder eine Analogie erst herstellt (die ohne sie nicht erkannt werden
konnte) oder (wo sie eine Analogie voraussetzt) ganze Sinnbezirke aufeinander projiziert, die Be-
deutungsinterferenzen erzeugen. Hier gibt es allerdings Überschneidungen der Metapher mit der
Allegorie.

[21] Die *Synekdoche* beruht auf der Beziehung zwischen dem Besonderen (Exemplar) und dem
Allgemeinen (Klasse, Gattung). Es handelt sich im Grunde um einen Erkenntnisvorgang, in
welchem das Besondere aus dem Allgemeinen und das Allgemeine aus dem Besonderen erkannt
wird. Das *Exemplarische* bildet die Brücke. Die narrative literarische Form, die auf der Synekdoche basiert, ist das Exemplum (nach A. JOLLES, Einfache Formen. Legende, Sage, Mythe,
Rätsel, Spruch, Kasus, Memorabile, Märchen, Witz. Konzepte der Sprach- und Literaturwissenschaft 15, Tübingen [8]2006, 171ff, der *Kasus*), die *Beispielerzählung* im Sinne Jülichers. Ihr entspricht auf der Seite des Allgemeinen die *Sentenz*, der Aussagespruch, die Maxime, das Sprichwort. R. JAKOBSON, Der Doppelcharakter der Sprache und die Polarität zwischen Metaphorik und
Metonymik, in: A. Haverkamp (Hg.), Theorie der Metapher, 163–174, der hier allerdings die
Synekdoche der Metonymie subsumiert, hat diesem Sprachtypus die „realistische" Literatur
zugewiesen, in der die „Welt" in der Aufzählung ihrer Teile erscheint. Man muss freilich bedenken, dass die Sprache des Exemplarischen genauso eine Reduktion des Vielfältigen darstellt wie
die spruchhafte Verallgemeinerung. – Die *Metonymie* dagegen beruht auf der Beziehung der
Kontiguität (der *vicinitas*): Ein räumlich verbundener Teil (als welcher auch ein Attribut verstanden werden kann) erscheint sprachlich für das Ganze, den Körper (und umgekehrt). Die Metonymie steht unter den Tropen dem mythischen Weltbegreifen und Weltumgang noch am nächsten.
Das *Symbol* als Attribut eines Subjektes, einer Macht, *repräsentiert* dieses Subjekt, diese Macht:
der Blitz des Zeus, das Schwert des Richters, das Kreuz Christi. Die *Metapher* schließlich beruht
auf der Relation der *Analogie*, einer nicht materiellen, sondern proportionalen, letztlich sogar
freien, d.h. sprachlich erst konstruierten Beziehung.

[22] Auf Seiten der Allegorese kann freilich im Zuge einer Rationalisierung wieder Substitution
angenommen werden, wie das in der stoischen Allegorese durchweg geschieht, wo das Schrift-
zeichen „Poseidon" in der Deutung mit „Meer" substituiert wird.

ein anderes verdeckt und verbirgt, wobei dieses verborgene Element, anders als bei einwortiger Metapher und Metonymie, nicht thematisch oder situationell als bekannt impliziert ist.

(2) Wir haben soeben die Allegorie von der Metapher unterschieden. Wie aber steht es um die Nähe der Allegorie zum *Symbol*? Mit diesem Begriff verlassen wir die Gefilde der Rhetorik und geraten in die des Platonismus. Während man die Metapher als eine Prädikation und damit als Relation zweier Zeichen ansehen kann, ist das Symbol ein einzelnes Subjekt, das auch nichtsprachlicher Art sein kann (ein Gegenstand, eine Geste oder ein Name), das neben seiner Materialität bzw. seiner wörtlichen Bedeutung eine weitere, höhere bzw. tiefere Bedeutung transportiert. Das symbolische Subjekt hat also einen Mehrwert an Bedeutung. Die Zeichenfunktion des Symbols, das keine Prädikation ist, kann als *Repräsentation* bestimmt werden[23]. Was aber repräsentiert es, oder anders gefragt: woher hat es seinen Mehrwert an Bedeutung? Meine erste Antwort darauf ist: aus dem Mythos, in dessen Kontext es seine Bedeutung bekommen hat, also aus einer Erzählung, die wirklichkeitsgründende Funktion hat oder hatte. Der Mythos hat ursprünglich ja selber schon die Funktion, eine ἀρχή zu wiederholen, d.h. zu repräsentieren. Gegenstände, Zeichen, Namen, Gesten, Riten machen die heiligen Kräfte des Anfangs gegenwärtig. Indirekt liegt diese Vorstellung noch einer der rhetorischen Tropen zugrunde: der *Metonymie*, bei der ja angeblich ein Attribut für ein Subjekt steht (die Fahne für den Staat, das Schwert für die Gerichtsmacht, das Kreuz für den Tod des Gottessohnes). Ursprünglich liegt dieser Auffassung die Vorstellung einer räumlichen Kontiguität zugrunde[24]. Das Symbol ist also kein substituierendes, sondern ein repräsentierendes, vergegenwärtigendes Zeichen[25]. In der östlichen Bildtheologie z.B. repräsentiert die Ikone Christus bzw. das Heilige selbst und wird deshalb verehrt. Unmittelbar dahinter steht der Platonismus. Der κόσμος αἰσθητός ist Abbild (εἰκών) des κόσμος νοητός, des Ideen-Kosmos; die Dinge sind Abbilder der Ideen. Das Abbild ist allerdings durch seine Materialität gegenüber dem ideellen Urbild wert- | gemindert. Erst durch

---

[23] In platonisch-neuplatonischer Tradition wird diese Funktion durch den Terminus εἰκών bezeichnet, während σύμβολον dort für die stärker esoterische Funktion steht und dem Wesen der Allegorie näher kommt; vgl. J. DILLON, Image, Symbol and Analogy. Three Basic Concepts of Neoplatonic Exegesis, in: R.B. Harris (Hg.), The Significance of Neoplatonism, Studies in Neoplatonism 1, Norfolk 1976, 247–262; s.u. Anm. 27.

[24] Die Metonymie liegt also zwischen der Metapher (mit der sie als Trope die prädikative Funktion gemeinsam hat) und dem Symbol (mit dem sie die mythisch-repräsentierende Funktion teilt).

[25] Es besteht ein Unterschied zwischen *Substitution* und *Repräsentation*: Wenn der gesagte, den gemeinten substituierende Ausdruck seine Verweisfunktion erfüllt hat, ist er überflüssig. Bei der Repräsentation behält der gesagte Ausdruck (als Name) immer die Potenz seines Urbildes oder Ursprungs.

den geistigen Akt der Erinnerung an die Schau der Urbilder (so im Mythos
aus Platons Phaidros) kommt es zur Repräsentation des Guten oder Wahren,
des Göttlichen. Das ist die Erfahrung der ewigen Präsenz.

(3) Damit sind wir freilich immer noch nicht bei der Allegorie und der
Allegorese. Das allegorische Zeichen stimmt mit dem Symbol insofern
überein, als es auf zwei Ebenen lesbar ist. Wie die Fahne ein buntbemaltes
Tuch und zugleich etwas Mächtigeres ist, oder – um auf sprachliche Zeichen zu kommen – das Nomen (als Symbol) zugleich ein Omen sein kann, so
hat das allegorische Zeichen zugleich eine wörtliche und eine tiefere, höhere, mächtigere Bedeutung. Diese mächtigere Bedeutung bringt es aber,
anders als das Symbol, nicht durch Repräsentation mit sich; es zeigt sie
nicht offen, setzt sie aber auch nicht implizit thematisch-situationell voraus.
Vielmehr ist eine Allegorie auf zwei Arten lesbar, wobei durch die oberflächliche Lesart eine verborgene zweite Lesart durchschimmert – vergleichbar einem Palimpsest. „Die Allegorie ist also ein Text mit zwei Bedeutungen"[26]. Das Symbol dagegen repräsentiert machtvoll seinen mythischen Kontext. Ist dieser vergessen, verliert es seine Bedeutung. Das
Kreuz ohne seinen Mythos (das erzählte Evangelium) ist nichts als ein zufälliges leeres Zeichen oder ein praktischer Gegenstand. Die Allegorie
bietet ihre zweite Bedeutung dagegen im Verborgenen, aber prinzipiell ist
sie jederzeit wieder auffindbar durch Methode. Dabei können – wie bei der
traditionellen Metapher – Analogien eine Rolle spielen. Die Allegorie ist
Geheimnis – aber nur im Grenzfall rein esoterisch allein durch Eingeweihte
entzifferbar[27]. Hier liegt ihre Nähe zum Rätsel[28], einer „einfachen Form",
die nach André Jolles ein Gegenstück zur Mythe bildet[29]. Das Rätsel ist
zwar nur durch Kenntnis seines Codes lösbar, doch wird dieser prinzipiell
im Rätsel selber verraten. Jedes Rätsel baut mit Hilfe von Analogien Brücken zur Lösung.

Allegorien in diesem Sinne sind heute in der Literatur nicht mehr obsolet, insofern bei ihnen zwischen manifester und verborgener Bedeutung kei-

---

[26] KURZ, Metapher, 30.

[27] Diese radikale Form der Esoterik liegt (allerdings als durchschaubare Fiktion) z.B. in der Parabeltheorie Mk 4,11f (vgl. 4,33f) vor. In der pythagoreisierenden neuplatonischen Konzeption von Allegorese steht für diesen Grenzfall der esoterischen Mythendeutung der Ausdruck σύμβολον, während die Deutung mittels der Analogie als εἰκών bezeichnet wird (vgl. dazu DILLON, Image). Das neuplatonische σύμβολον entspricht also nicht (oder nur zum Teil) unserem Begriff *Symbol*, insofern es verbergenden Charakter hat.

[28] Quintilian, InstOrat VIII 6,52, rechnet das *Rätsel* als Sonderfall der Allegorie zu den Tropen, und zwar als „zu dunkle" Allegorie, die er als rhetorischen Fehler ansieht.

[29] JOLLES, Einfache Formen, 126ff; das Rätsel ist die Frage, die im Mythos zugleich implizit gestellt und implizit beantwortet wird, vgl. a.a.O. 91ff; DERS., Rätsel und Mythos, in: Germanica (FS E. Sievers), Halle 1925, 632–645.

ne grundsätzliche Redundanz besteht[30]. Während also das Symbol seine höhere Bedeutung manifest präsentiert und keiner Deutung bedarf, solange sein Mythos gilt, | verbirgt die Allegorie sie. Metapher, Symbol und Allegorie sind also drei grundverschiedene Zeichensysteme[31], die sich vor allem in der Semantik unterscheiden. Bei der Metapher handelt es sich um eine Prädikation, bei welcher die Differenz der semantischen Kategorien von manifestem Subjekt und manifestem Prädikat eine Rolle spielt. Beim Symbol handelt es sich um eine manifeste Repräsentation eines Zeichens, das den Kontext seines Mythos mitbringt. Und bei der Allegorie handelt es sich um eine Überdeckung zweier Aussageebenen.

Metapher	Allegorie	Symbol
innovativ	vorgegeben	vorgegeben
manifest	verborgen	manifest
interaktiv	interaktiv	repräsentativ

Bei Metapher und Symbol ist die Bedeutung manifest, bei der Allegorie ist sie verborgen. Bei Symbol und Allegorie kommt die Bedeutung aus einer vorausgesetzten vorgegebenen Wirklichkeit, aus dem Mythos oder einem verborgenen metaphysischen Zusammenhang, bei der Metapher entsteht sie neu durch Interaktion einander fremder Kategorien; alles kann mit allem verglichen werden, wobei neue Analogien entdeckt werden. Bei Metapher und Allegorie entsteht Bedeutung durch Zusammenwirken und Überlagerung zweier Sinnbezirke (bei der Allegorie durch Verdeckung, bei der Metapher durch Relationierung), beim Symbol haftet sie dem Zeichen selber an, das sie repräsentiert. Das Besondere bei der Allegorie ist also, dass sie ihre eigentliche Bedeutung verbirgt. Dadurch fordert sie zum Entbergen ihres Sinns heraus.

(4) Wenden wir uns nun der *Allegorese* als einer Rezeptionsweise zu, so muss als erstes eine Asymmetrie auffallen, insofern nämlich die allegoretische Rezeption keineswegs nur auf Texte der Gattung Allegorie angewendet wurde und wird. Im Zuge der historisch-kritischen Exegese muss das zunächst als kategoriale Fehlinterpretation gelten. Die allegorische Interpretation der Gleichnisse hat Jülicher zu Recht wirksam kritisiert, und dahinter sollten wir nicht zurückgehen. Aber: Dass Texte, die nicht als Allegorien konzipiert sind, doppelte Interpretationen und damit eine Art allegorischer Lektüre zulassen, ist angesichts der psychologischen Interpre-

---

[30] Verwiesen sei auf den bei KURZ, Metapher, 27ff, zitierten Text von Walter Benjamin. Ein anderes Beispiel ist das „Spiel im Spiel" im *Hamlet* oder die markinische Parabeltheorie (s.o. Anm. 27). Kommt man beim Lesen des allegorischen Textes der Doppelbödigkeit einmal auf die Spur, wird der Leseprozess zu einer Entdeckungsreise für das lesende Subjekt und sein Selbstverständnis.

[31] Vgl. den Titel des Buches von KURZ, Metapher.

tation, die inzwischen Einzug auch in die historisch-kritische Exegese gehalten hat, nicht mehr zu bestreiten. Methodische Lektüre auf mehreren
Ebenen kann angesichts der Tatsache der prinzipiellen Unabgeschlossenheit
jeder Textinterpretation durchaus geboten sein. Jede Aussage hat neben einer autorbewussten Intention Konnotationen, Ober- und Untertöne, die
nicht einfach in der bewussten Autorintention angelegt sind. Ein Text kann
mehrere Lesarten erfordern. |

3. Stoische und (neu-)platonische Allegorese

(1) „Bevor es die Allegorie als literarische Form gab, gab es die Allegorese
als hermeneutische Methode", schreibt Gerhard Kurz[32]. In der Tat ist sie der
historische Anfang dessen, was wir (methodische) Textinterpretation nennen. Sie entsteht in einer ganz besonderen Situation. Voraussetzung ist
nicht nur eine allgemeine Schriftkultur, sondern eine Gesellschaft, die ihre
Mythen nur noch als schriftliche Epen besitzt. Der lebendige Mythos hatte
eine unmittelbare Funktion für seine Gesellschaft. Seine Symbole waren
„selbstverständlich" und manifest. Im schriftlichen Epos tritt er selbst zurück und ist nur noch als Logos hinter den Buchstaben aufzuspüren. Das
Symbol wird zur Chiffre. Als die Schrift dem Mythos seine performative
Unmittelbarkeit genommen hatte, wurde die (bewusste[33]) Interpretation
notwendig. Denn durch die Schrift war der Mythos noch unvergessen, und
durch diese Erinnerung seiner war die Hoffnung gegeben, seines Segens
und seiner Gewährung von Sinn durch Aufdeckung wieder teilhaftig zu
werden. Die bloße Rezitation oder Aufführung genügte dazu aber nicht. In
dieser Situation, als der Mythos seine „Selbstverständlichkeit" verlor, entstand die sogenannte griechische Aufklärung. Die ἀρχή der Erscheinungen
konnte nicht mehr einfach durch Erzählen der Urhandlungen begründet
werden, sondern wurde auf Urelemente und Begriffe zurückgeführt (so bei
den vorsokratischen Naturphilosophen), und die Götter wurden vernünftig

---

[32] KURZ, a.a.O. 44.

[33] Implizit war aber schon jede vergegenwärtigende Wiederholung des Mythos auch eine Interpretation, so dass es den reinen, unvermittelten Mythos nicht gibt und nie gab. Das Problem, dass
der Mythos eine „Energie des Geistes" ist, in der eine Differenz von sinnlichem Ausdruck und die-
ellem Gehalt angelegt ist, und dass zugleich das mythische Bewusstsein beides nicht unterscheiden
kann, der sinnliche Ausdruck im Mythos also magische Unmittelbarkeit besitzt, hat am gründ-
lichsten E. CASSIRER, Philosophie der symbolischen Formen II: Das mythische Denken, Darmstadt
[9]1997, 281ff, durchdacht. Vgl. dazu D. KAEGI, Ernst Cassirer. Über Mythos und symbolische
Form, in: E. Rudolph (Hg.), Mythos zwischen Philosophie und Theologie, Darmstadt 1994, 167–
199. 227–230, bes. 180ff.

(Xenophanes – und im Gefolge die Ontologie von Parmenides bis Platon)[34]. Die Folge war, dass die Dichter und ihre Mythen entweder verächtlich gemacht wurden, oder dass man in ihren Texten den tieferen Sinn, den Logos hinter den Buchstaben, erst aufdecken und herausfinden musste. Das erstgenannte ist die aufklärerische Eliminierung des Mythos, das zweite der Weg der Allegorese, der Anfang der bewussten Interpretation. Zeitlich liegt dieser Anfang wohl schon bei den vorsokratischen Naturphilosophen[35], doch zu einer prinzipiellen Methode wurde die Allegorese | erst in der stoischen Schule, in der sie eng mit der stoischen Sprachtheorie zusammenhängt[36]: Wie der Logos alle Materie durchdringt, so ist er auch in den Lauten und Buchstaben zu finden. Dieses Prinzip kommt dabei insbesondere in der etymologischen Namensdeutung zum Ausdruck: Zwischen Namen und Sachen besteht eine natürliche Verbindung[37]. Man könnte diese als Analogie auffassen, doch zumindest in der älteren Stoa handelt es sich um Kontiguität, und nicht so sehr die Metapher, sondern die Metonymie steht im Hintergrund. Die Stoiker, die dementsprechend der Meinung waren, aus der

---

[34] Vgl. W. NESTLE, Vom Mythos zum Logos. Die Selbstentfaltung des griechischen Denkens von Homer bis auf die Sophistik und Sokrates, Stuttgart [2]1975, 1ff; PFEIFFER, Geschichte, 18ff; H.-J. KLAUCK, Allegorie und Allegorese in synoptischen Gleichnistexten, NTA N.F. 13, Münster 1978, 34f.

[35] *Anaxagoras* und vor allem sein Schüler *Metrodor von Lampsakos*, der nachweislich physikalische Allegorese nicht nur der homerischen Götter, sondern auch der Helden betrieb. Daneben werden (als die älteren) *Pherekydes von Syros* und *Theagenes von Rhegion* genannt, aus der Mitte bzw. der zweiten Hälfte des 6. Jahrhunderts. Theagenes war selber Rhapsode, aber schon von der *Aufklärung* eines *Xenophanes* berührt. Er wird gelegentlich mit den Pythagoreern in Verbindung gebracht (P. BOYANCÉ, Le culte des Muses chez les philosophes grecs, Paris 1937, 121–124; R.M. GRANT, The Letter and the Spirit, London 1957, 3f), wohl zu Unrecht (NESTLE, Mythos, 128f). Der älteste ist wahrscheinlich Pherekydes, doch ist es fraglich, ob die ihm zugeschriebenen Anschauungen schon Allegorese genannt werden können. Quellen: H. DIELS/W. KRANZ, Die Fragmente der Vorsokratiker griechisch und deutsch, 3 Bde, Zürich 2005 (= Berlin [6]1951–1952): I: 46ff.51f.61; II: 49f; vgl. NESTLE, a.a.O. 79.128–131; PFEIFFER, a.a.O. 25ff.55.290; KLAUCK, a.a.O. 37f.

[36] Dazu grundlegend BARWICK, Probleme; vgl. auch A. LE BOULLUEC, L' allégorie chez les Stoïciens, Poétique 23 (1975) 301–321.

[37] Die Stoiker nehmen aufgrund ihrer „Auffassung von der Entstehung der Sprache" an, „man könne aus den Worten, wenn man sie nur richtig deute, das Wesen der Dinge ablesen; dies um so mehr, da sie annahmen, die Menschen der Urzeit, die die Sprache schufen, seien den Menschen der Gegenwart nicht nur sittlich, sondern auch geistig überlegen gewesen" (BARWICK, Probleme, 60). Dies Axiom der stoischen Sprachlehre klingt noch an bei Philon von Alexandrien, wenn er auf Adam als den Erfinder der den geschaffenen Wesen angemessenen Namen zu sprechen kommt. Allerdings ist Philons Spracherklärung eine platonisch-pythagoreische Variante der stoischen Erklärung, insofern sie im Anschluss an Platons *Kratylos* die Alternative φύσει/θέσει überwindet und die Sprache als φύσει/θέσει der Wesensschau unterordnet. Eine genaue Darstellung der Sprachtheorie Philons bietet D. WINSTON, Aspects of Philo's Linguistic Theory, in: D.T. Runia u.a. (Hg.), Heirs of the Septuagint. Philo, Hellenistic Judaism and Early Christianity (FS E. Hilgert), BJSt 230 (= The Studia Philonica Annual 3), Atlanta 1991, 109–125; vgl. auch K. OTTE, Das Sprachverständnis bei Philo von Alexandrien. Sprache als Mittel der Hermeneutik, BGBE 7, Tübingen 1986, 45–77.143ff.

richtigen Deutung der *Worte* das Wesen der *Dinge* erkennen zu können, haben hierbei eine genaue Methodologie der etymologischen Transformationen entwickelt, wie Karl Barwick gezeigt hat[38]: durch *similitudo* (Ähnlichkeit), *vicinitas* (Nachbarschaft: das Ganze ist benannt nach einem seiner Attribute oder Teile) und *contrarium* (Gegenteil)[39]. Nicht zufällig entsprechen diese drei Ableitungen den drei rhetorischen Tropen: der *Metapher*, der *Synekdoche* bzw. *Metonymie* und der *Ironie,* wo das Gegenteil des Gesagten gemeint ist. Wir werden sehen, dass die stoische Allegorese sich vorwiegend der Etymologie bedient und zugleich auf der rhetorischen Tropenlehre basiert. Auf jeden Fall erweist sich die stoische Physik in ihrer Anschauung der Verbindung von Logos und Materie, ihrem Materialismus, als ein Relikt archaischer, mythischer Weltauffassung. Grundsätzlich lässt sich aus dieser Verbindung von Geist und Materie auch eine formale Entsprechung von Sprache (als System und nicht bloß als Reihe von Namen) und menschlicher Rationalität sowie von menschlicher Rationalität („Logik") und Weltvernunft (Lo- | gos) folgern. Dass diese Rationalität aber gerade die „alten" Dichter (Homer und Hesiod) ausgezeichnet habe, ist im Zuge der stoischen Philosophie eigentlich nicht selbstverständlich. Der Grund kann nur darin liegen, dass diese Texte ihre theologische, mythische Dignität noch im 3. Jahrhundert bewahrt hatten[40]. Dabei wird vorausgesetzt, dass den „Dichtern der Frühzeit [...]" der Logos noch unmittelbar zugänglich [war], während er sich den Menschen der Gegenwart mehr und mehr entzieht"[41]. Weil die offensichtliche Aussagegestalt der Texte aber den rationalen und damit sittlichen Ansprüchen der jeweiligen Gegenwart nicht mehr

---

[38] BARWICK, Probleme, 58ff.

[39] Zur *similitudo* (Ähnlichkeit): *dives* (der Reiche) kommt von *divus* (göttlich), weil jener *ut deus nihil indigere videtur* (weil er anscheinend wie Gott keinen Mangel hat); dieser Operation entspricht auf textproduktiver Seite nach stoischer Theorie der Tropus der *Metapher*. Zur *vicinitas* (Kontiguität): *uvae* (Trauben) kommt von *uvor* (Feuchtigkeit). Hier zeigt sich übrigens, dass die Stoiker *Synekdoche* und *Metonymie* als *einen* Tropus auffassten: den Tropus der Kontiguität. Zum *contrarium* (Gegenteil): *vallum* (Schutzwall) heißt *vallum, quod ea varicare nemo posset* (weil niemand darübergrätschen kann). Der dem *contrarium* entsprechende Tropus ist die *Ironie*. Diese naiv anmutende Etymologie ist deshalb interessant, weil sie versucht, an der Sinnlichkeit des Logos festzuhalten (ein Grund für Philon – und alle Platoniker – diese Art von Etymologie abzulehnen). Die hier aus BARWICK, Probleme, 63, übernommenen Beispiele stammen aus *Varro*.

[40] DÖRRIE, Methodik, 124f, verweist hier auf das Konzept des inspiratorischen Enthusiasmus der Poeten. Das erklärt aber noch nicht das Konzept des Verfalls, das in diesem Denkmodell des πρότερον κρεῖτον impliziert ist.

[41] DÖRRIE, Methodik, 130. Diese Erklärung geht zurück auf M. POHLENZ, Die Stoa. Geschichte einer geistigen Bewegung, Göttingen [7]1992, 97. Vgl. dazu aber G.W. MOST, Cornutus and Stoic Allegoiesis. A Preliminary Report, ANRW II 36/3 (1989) 2014–2065: 2018–2023, der darauf hinweist, dass die allegorische Entzifferung der Dichtung der Alten implizit auch ein Fortschrittsdenken voraussetzt, wonach der Logos den Alten *nur erst* poetisch verschlüsselt, den „modernen" stoischen Interpreten aber in reiner Form zugänglich ist.

genügte, war es auch bald eine apologetische Aufgabe, den Texten ihren tieferen Sinn, ihre verborgene Wahrheit zu entlocken.

Die Anstößigkeit der Homertexte wurde dann im 3. und 2. Jahrhundert der Stimulus zu den zwei „Schulen" der Homer-Kommentierung: der Methode der textkritischen, philologischen Emendation in der alexandrinischen Schule, die peripatetisch beeinflusst war (vor allem Aristarch von Samothrake), und der Übernahme und Pflege der stoischen Allegorese in der Schule von Pergamon (Krates von Mallos)[42]. In der alexandrinischen Philologie entstand also das, was man Erklärung des Wortlautes, literale Interpretation, nennen kann. Dabei wurden in sogenannten *Hypomnemata* auch Sach- und Verständnisfragen behandelt, und zwar häufig im Schema von Frage und Antwort (ζητήματα καὶ λύσεις)[43], eine Form, die auf Aristoteles zurückgeht. Hier liegt das Vorbild der *Quaestiones et Solutiones* Philons von Alexandrien. Aus der stoischen Tradition der Allegorese, wie sie in Pergamon gepflegt wurde, gingen die beiden einzigen erhaltenen stoischen Schriften zum Thema hervor: das *Theologiae Graecae compendium* des Cornutus[44] und die *Homeri allegoriae* des Herakleitos[45], beide aus dem 1. Jahrhundert n.Chr.[46]. Letzterer stimmt in der Definition der Allegorie mit den rhetorischen Theorien insbesondere Quintilians überein: „Die Figur, die etwas sagt, aber etwas anderes meint, als sie sagt, wird mit der Bezeichnung Allegorie versehen" (5,1)[47]. Im Anschluss an Krates von Mallos wird die Beziehung von gemeintem und gesagten Begriff durch die Abbild-Beziehung erklärt (εἰκών | und εἰκασία; bei Krates: μίμημα). Hier werden zwar platonische Begriffe verwendet, doch ohne die ontologischen Implikationen der platonischen Ideenlehre. Bestimmend ist für diese stoische Tradition vielmehr die rhetorische Auffassung der substitutiven Funktion der Tropen[48]. Wolfgang Bernard hat in seiner Untersuchung diese substitutive, stoische Form der Allegorese unterschieden von einer anderen Art, die er am entwickeltsten bei den Neuplatonikern findet, speziell bei Proklos (5. Jahrhundert n.Chr.), dann aber im Rückschluss auch schon bei Plutarch (Ende des 1. Jahrhunderts n.Chr.), und die er *dihairetische* Allegorese nennt. Beide seien unabhängig voneinander entstanden. Die platonische, dihairetische

---

[42] Dazu PFEIFFER, a.a.O. 135ff; DÖRRIE, a.a.O. 126ff.

[43] Vgl. PFEIFFER, a.a.O. 95f.319.340; DÖRRIE, a.a.O. 130.

[44] Dazu MOST, Cornutus, 2018ff.

[45] Vgl. F. BUFFIÈRE, Héraclite. Allégories d'Homère, Paris 1962; dazu C.L.THOMPSON, Stoic Allegory of Homer. A Critical Analysis of Heraclitus' Homeric Allegories, Yale 1973.

[46] Vgl. W. BERNARD, Spätantike Dichtungstheorien. Untersuchungen zu Proklos, Herakleitos und Plutarch, Beiträge zur Altertumskunde 3, Stuttgart 1990, 93f, vermutet im Falle des Herakleitos aber eher eine spätere Datierung.

[47] Übersetzung von BERNARD, Dichtungstheorien, 16.

[48] Vgl. a.a.O. 18f.

Form der Allegorese vermutet er auch schon bei Philon von Alexandrien[49]. Ihre Wurzeln liegen im Dunkeln. Auf Platon selbst geht sie noch nicht zurück. Die Methode der *Dihairese* entstammt jedoch der platonischen Dialektik und hängt mit der Ideenlehre zusammen. Die späteren Neuplatoniker erarbeiten ihre Methode überdies mit Hilfe der Platoninterpretation. Entsprechendes gilt aber auch schon für Philon, der Mose durch Platon liest, so dass die Linien hier zurückführen in den alexandrinischen Mittelplatonismus des 1. Jahrhunderts v.Chr. und von dort möglicherweise zu neopythagoreischen Einflüssen. In der dihairetischen Allegorese wird zunächst die stoische Weise der physikalischen Deutung der Mythen abgelehnt und stattdessen ein transzendenter Bezug auf das (wahrhaft) Seiende postuliert (Proklos im Anschluss an Platon, *Phaidros* 229b 4ff)[50]. Die intelligible Welt der Ideen ist freilich in der Sprache nur diskursiv, im zeitlichen Nacheinander, zu erfassen. Daher ist der Mythos narrativ, wie es auch die Allegorie ist. Die Allegorese spürt jedoch die verborgenen ewigen Ideen auf, gelangt also zur synchronen Struktur des Seienden. Die Ideen sind hierarchisch in „Ketten" (σειραί) geordnet, die nach oben hin an Allgemeinheit zunehmen. Sie sind bei den Neuplatonikern zugleich personale Kräfte (δυνάμεις), die bei Homer als Götter erscheinen[51]. So wird der homerische Götterkampf von Proklos im Sinne der zunehmenden Differenzierung von den höchsten Ideen (Göttern) zu den untersten Kräften (Engeln und Dämonen) gedeutet. Es geht um die absteigende „Teilung" (διαίρεσις) der Allgemeinbegriffe und die aufsteigende Zusammenfassung von Ideen in höhere von größerer Fülle und Allgemeinheit: „Das Intelligible faltet sich über viele Vermittlungsstufen | durch analogische Zusammenhänge in das Wahrnehmbare und Vorstellbare aus, so dass eine Rückführung des Ausgefalteten methodisch sicher möglich ist, wenn der Dichter die analogischen Zusammenhänge selbst richtig erkannt und daher die rechten Bilder gefunden hat"[52].

---

[49] Unter Hinweis auf CHRISTIANSEN, Technik; CH. BLÖNNIGEN, Der griechische Ursprung der jüdisch-hellenistischen Allegorese und ihre Rezeption in der alexandrinischen Patristik, EHS 15/59, Frankfurt a.M. u.a. 1992, 57ff, vereinnahmt Philons allegorische Methode ganz unter die allgemeine griechische Mythenallegorese, die er stoisch-rhetorisch bestimmt, vgl. die Zusammenfassung ebd. 135–137.

[50] BERNARD, Dichtungstheorien, 59ff.

[51] Die personale Auffassung der Ideen als δυνάμεις findet sich schon bei Philon von Alexandrien, der sie in der Gestalt des Logos zusammenfasst. Das setzt, wie R. RADICE, La filosofia di Aristobulo e suoi nessi con il „De mundo" attribuito ad Aristotele, Milano 1994 (vgl. die Rez. von N. WALTER, in: The Studia Philonica Annual VIII, Atlanta 1996, 183–185), nachgewiesen hat, eine unter peripatetischem Einfluss entstandene Differenzierung von οὐσία und δύναμις Gottes voraus, die bereits bei *Aristobul* und *Ps.-Aristeas* dazu dient, Gottes Transzendenz und seine kosmische Präsenz zugleich aussagen zu können; zu Radices Arbeit vgl. D. WINSTON, Aristobulos. From Walter to Holladay. Holladay's Fragments from Hellenistic Jewish Authors, III: Aristobulos, BJST 309, Atlanta 1996, 155–166: 161ff.

[52] BERNARD, Dichtungstheorien, 91.

Prinzip der Allegorese ist also die analogisch geordnete Struktur alles Seienden. Wer die Analogien erkennt, kann die theologischen Dichter verstehen und interpretieren[53]. Diese Form der Allegorese hat also zwei Grundannahmen: 1. die Annahme der Dynamik und Personalität des Göttlichen und der Ideen (als δυνάμεις) und 2. die hierarchische Ordnung der Ideen in Ketten. Beide Grundannahmen werden durch die Interpretation platonischer Texte gewonnen und dann auf die Mythen (Homer) angewendet. Wir haben es also mit einer Theologie und ersten Philosophie des Mythos und zugleich einer ersten philosophischen, besser theologischen Hermeneutik von Dichtung zu tun, die sich nicht grundsätzlich von den idealistischen und existentialistischen Entwürfen im 19. und 20. Jahrhundert unterscheidet[54].

Diese platonische Form der Allegorese liegt schon der Exegese Philons zugrunde, wie wir im übernächsten Abschnitt sehen werden. Das Problem der Vermittlung von Philon zu den Neuplatonikern ist im Grunde ungelöst. Es ist möglich, dass hier die Person des *Ammonios Sakkas* eine Rolle spielte, der aus Alexandrien stammt und der Lehrer Plotins war[55]. Ebenso schwierig ist die Frage nach der Entstehung dieser platonischen Allegorese vor Philon, denn dass er sie nicht selbst erfunden hat, geht aus seinen vielen Äußerungen über andere Allegoristen vor und neben ihm hervor.

4. Die Allegorese im Verhältnis
zur frühjüdischen Schriftauslegung in Palästina

(1) In den Schriften des hebräischen Kanons selbst gibt es zwar die Gattung der Allegorie, und es gibt die Deutung natürlicher Zeichen, von Träumen und Visionen („mantologische Exegese")[56], aber es gibt noch keine metatextliche Interpretation, also das, was Kommentar einer Schrift genannt werden könnte. Allegorie und mantologische Zeichendeutung (Allegorese) nichtsprachlicher | Zeichen sind typisch für die apokalyptische Literatur von

---

[53] Dazu DILLON, Image, 255–257.

[54] Ähnliches behauptet R. HAMERTON-KELLY, Allegory, Typology and Sacred Violence. Sacrificial Pepresentation and the Unity of the Bible in Paul and Philo, in: Heirs of the Septuagint, 53–70: 60ff, von Philons Allegorese im Vergleich zu Bultmanns existentialer Interpretation. Dem stellt er gegenüber eine Entsprechung von Typologie der antiochenischen Exegese zum Konzept der *Heilsgeschichte* im 19. und 20. Jahrhundert; vgl. dazu auch WALDE, „Allegorie" und „Allegorese", 522.

[55] Vgl. R. RADICE, Observations on the Theory of the Ideas as Thougts of God in Philo of Alexandria, in: Heirs of the Septuagint, 126–134, bes. 133 Anm. 29, rechnet im Zusammenhang seiner These, Philon habe mit seiner Deutung der platonischen Ideen als Gedanken Gottes einen originären Beitrag zum antiken Platonismus geleistet (128), mit einer direkten Verbindung Philons zu Plotin über Ammonios Sakkas und Numenios.

[56] FISHBANE, Interpretation, 443ff; vgl. H.-P. MÜLLER, Der Begriff „Rätsel" im Alten Testament, VT 20 (1970) 465–489.

Daniel bis zum Hirten des Hermas. Das hängt mit der Rolle der Vision in diesem Schrifttum zusammen. Die Vision bedarf der Deutung, welche die Funktion einer Entschlüsselung hat. An die Stelle einer Vision kann eine Allegorie treten (etwa als Rätselgleichnis; vgl. die *similitudines* im *Hirten des Hermas*), gewissermaßen ein sprachlicher Ersatz der Offenbarungserscheinungen, ähnlich dem Orakel. Divinatorik und Mantologie sind ebenso in der hellenistisch-römischen Welt verbreitet[57]. Auch Philon gelangt im Schlussteil seines Allegorischen Kommentars mit Hilfe der Traumthematik (zu Gen 28; 31; 37; 40–41) zum Höhepunkt seiner Schriftallegorese (Som I–II).

(2) Innerhalb des frühen Judentums Palästinas möchte ich im Anschluss an das wichtige Buch von David I. Brewer[58] unterscheiden zwischen (a) der Exegese der vorrabbinischen Schriftgelehrten bis zum Jahr 70 n.Chr., (b) der Exegese in den Qumranschriften und (c) der rabbinischen Exegese. Brewer zeigt, dass die schriftgelehrte Exegese vor 70 n.Chr. im wesentlichen *nomologisch,* d.h. *halakhisch* ausgerichtet war und (als sogenannte *Peshat*-Exegese) keine sekundären, verborgenen Bedeutungen (sogenannte *Derash*-Exegese) hinter der literalen Aussage annahm[59]. Darin unterscheidet sie sich von der Allegorese Philons und der *Pesher*-Exegese in Qumran einerseits und der rabbinischen Exegese nach 70 n.Chr. andererseits[60].

(3) Unter den Qumranschriften begegnen uns nicht nur die ältesten jüdischen Schriftkommentare überhaupt, sondern auch eine Exegese, die der Allegorese, wie sie außerhalb Palästinas in den allegorischen Kommentaren Philons in reinster Form vorliegt, nahe kommt: in der *Pesher*-Auslegung. Der bekannte Habakuk-Pesher (1QpHab) ist schon ein relativ spätes Exemplar seiner Gattung. Nach der Arbeit von Annette Steudel[61] ist er erst um 50 v.Chr. entstanden und hat viele Vorstufen. Die ältesten Beispiele lassen sich etwa auf 100 v.Chr. datieren[62]. Es handelt sich durchgehend um Propheten-

---

[57] Als Beispiel sei hier auf den für unser Thema auch sonst relevanten Beitrag von H. CANCIK, M. Tullius Cicero als Kommentator. Zur Formgeschichte von Ciceros Schriften „Über den Bescheid der Haruspices" (56 v.Chr.) und „Über die Gesetze II" (ca. 52 v.Chr.), in: A. Assmann u.a. (Hg.), Text und Kommentar, 293–310, verwiesen.

[58] Vgl. D.I. BREWER, Techniques and Assumptions in Jewish Exegesis before 70 CE, TSAJ 30, Tübingen 1992.

[59] Vgl. BREWER, Techniques, 163–171.

[60] Das wird von HENGEL, Schriftauslegung, 65f, bestritten. Hengel rechnet auch für die protorabbinische Auslegung mit Derash-Deutung und Allegorese – m.E. aber zu Unrecht.

[61] Vgl. A. STEUDEL, Der Midrasch zur Eschatologie aus der Qumrangemeinde (4QMidr Eschat[a.b]). Materielle Rekonstruktion, Textbestand, Gattung und traditionsgeschichtliche Einordnung durch 4Q174 („Florilegium") und 4Q177 („Catena A") repräsentieren Werke aus den Qumranfunden, STDJ 13, Leiden 1994, 187ff; vgl. H. STEGEMANN, Die Essener, Qumran, Johannes der Täufer und Jesus. Ein Sachbuch, Freiburg u.a. [8]1999, 184f.

[62] Vgl. 4Q163 (= 4QpJes[c]) – ein Papyrus; ferner: 4Q171 (= 4QpPs[a]); 4Q162 (= 4QpJes[b]); 4Q165 (= 4QpJes[c]); 4Q169 (= 4QpNah); 1Q16 (= 1QpPs). Eine Übersicht der in den Qumran-

oder Psalmentexte, nicht um Tora-Exegese. Der Begriff *pesher* ist apokalyptischen Ursprungs und ist vor allem im aram. Danielbuch „der Terminus der Traumdeutung schlechthin"[63]. Wichtig ist das Modell der doppelten Inspiration der Heiligen Schrift und ihrer Deutung. Sowohl der Traum als auch seine Deutung gelten als inspiriert. Das gleiche Modell | findet sich dann in Philons Schriftverständnis – nur dass bei ihm vorwiegend Mose (die *Tora*) ausgelegt wird. Dass es sich bei der Pesher-Auslegung um metatextliche Auslegung, also um Kommentar im strengen Sinne, handelt, geht aus der Form hervor. Auf ein Lemma (Zitat) folgt eine Deuteformel: „seine Deutung bezieht sich auf..." oder ähnlich. Außerdem wird der Text fortlaufend zitiert und ausgelegt. Das Entscheidende aber ist die zugrundeliegende Hermeneutik. Der Text wird direkt auf die gegenwärtige Situation der Deutungsgemeinschaft (also der „Sekte") bezogen[64]. In dieser Aktualisierung steht diese Methode der redaktionellen oder intertextuellen „Fortschreibung der Prophetenbücher" nahe, „wobei aber nun durch die *pesher-Formel* Kommentar und kommentierter Text voneinander getrennt werden"[65]. Dies setzt bereits ein kanonisches Verständnis der Schriften voraus (s.o. 1). Entscheidend neu ist aber das apokalyptische Gegenwartsbewusstsein der Deutergemeinschaft. Die Gemeinde versteht sich als Schar der Erwählten der Endzeit, und so wird alles auf diese Gegenwart und diese Gruppe hin gedeutet. Darin hat die Pesher-Auslegung eine große Nähe zu einigen Formen der neutestamentlichen Schriftverwendung – zum Beispiel bei Paulus in 1Kor 10,11: „geschrieben aber wurde es zur Warnung für uns, auf die das Ende der Welt gekommen ist" (vgl. Röm 15,4; 2Kor 6,2). Die Unterschiede freilich sind deutlich. Das Schriftwort hat für Paulus paränetische Funktion, und es wird überdies nicht als Text zitiert, sondern als Exemplum verwendet[66]. Insgesamt lässt sich sagen: Im NT werden alttestamentliche Texte und Inhalte eklektisch als Zeugnisse verwendet. Das gilt z.B. auch für das Verheißungs-Erfüllungs-Schema bei Mt. Die qumranische Pesher-Methode ist häufig als frühe Form des *Midrash* verstanden worden[67]. Der Terminus Midrash ist jedoch – wenn überhaupt – nur für die

---

schriften vorliegenden *Pesharim* findet man bei H.-J. FABRY, Schriftverständnis und Schriftauslegung der Qumran-Essener, in: H. Merklein (Hg.), Bibel in jüdischer und christlicher Tradition (FS J. Maier), BBB 88, Frankfurt a.M. 1993, 87–96: 89f.

[63] H.-J. FABRY, Methoden der Schriftauslegung in den Qumranschriften, in: G. Schöllgen (Hg.), Stimuli, 18–33: 20; vgl. DERS., Schriftverständnis, 91ff.

[64] Vgl. Ebd. 94f.

[65] FABRY, Methoden, 21.

[66] Vgl. D.-A. KOCH, Die Schrift als Zeuge des Evangeliums. Untersuchungen zur Verwendung und zum Verständnis der Schrift bei Paulus, BHTh 69, Tübingen 1986, 231: Schriftinhalte – nicht einzelne Schrifttexte; zu 2Kor 6,2 und Röm 10,6–8 vgl. a.a.O. 227–232.

[67] So H. FELTES, Die Gattung des Habakukkommentars von Qumran (1QpHab). Eine Studie zum frühen jüdischen Midrasch, fzb 58, Würzbrg 1986: das älteste Exemplar der Gattung Mi-

rabbinische Exegese als Gattung und Methode zu definieren. Die Frage ist dann, ob man die damit definierte Sache schon in früherer Zeit finden kann. Als Propheten- bzw. Psalmenexegese würden die Pesharim nicht in den Bereich der Halakha, sondern der Haggada gehören[68]. Heinz-Josef Fabry unterscheidet für Qumran den Midrash vom Pesher und betont, dass Midrash dort „in Richtung einer gesetzlichen Bestimmung"[69] tendiert.

(4) Im rabbinischen Judentum kann man zunächst sehr pauschal alles an bibelbezogener Literatur, was nicht in die Mishna (und die Tosefta) einmündet, als *Midrash* bezeichnen. Die tannaitischen Midrashim sind jedoch fast ausschließlich halakhische Auslegungs-Midrashim. Im rabbinischen Bereich begegnet der | *haggadische Midrash* erst sehr spät. Es sind aber die späten haggadischen Midrashim, die als *Derash*-Exegese gelten, d.h. als eine Exegese, die mit verborgenen und mehrfachen Bedeutungen rechnet. Die sieben hermeneutischen Regeln Hillels und auch noch die 13 Middot Jishmaels, die selber schon hellenistischer Rechtshermeneutik und Rhetorik verpflichtet sind[70], beziehen sich noch ganz auf die wörtliche (Peshat-) Auslegung und Anwendung der Halakha. Erst die letzten sieben der 32 Middot Eliesers aus nachtalmudischer Zeit sind auch auf die Haggada bezogen und enthalten einige Regeln, die die Derash-Auslegung ausmachen, so *Mashal*, *Gematrie* und *Notarikon*.

Ich betone dies, weil z.B. Martin Hengel die Allegorese auch für die frührabbinische Exegese postuliert und weil immer noch der Versuch gemacht wird, Philons Allegorese aus dem palästinischen Judentum herzuleiten. Die Hermeneutik des rabbinischen Midrash ist heute einer der aktuellsten und spannendsten Gegenstände der Judaistik überhaupt. Neben der Allegorese und der auf der philologischen Homer-Exegese Alexandriens basierenden historisch-kritischen Exegese ist die rabbinische Hermeneutik ein drittes eigenständiges Modell. Seine Bedeutung ist in allerjüngster Zeit vor allem von Arnold Goldberg herausgestellt worden. Ausgegangen wird vom „Buchstabenkontinuum" der Schrift, das präzise „festgelegt" ist und „keiner Veränderung" unterliegt[71]. „Kanonisiert wurde eine Kommunikat-

---

drash; vgl. W.L. BROWNLEE, The Midrash Pesher of Habbakuk, SBL.MS 24, Missoula 1979, 23ff; dazu FABRY, Schriftverständnis, 93f: der Pesher hat eine vom rabbinischen Midrash separate Entstehungsgeschichte.

[68] Vgl. FABRY, Methoden, 19.23.

[69] Ebd. 23–25; DERS., Schriftverständnis, 93–95.

[70] So D. DAUBE, Rabbinic Methods of Interpretation and Hellenistic Rhetoric, HUCA 22 (1949) 239–264; etwas einschränkend auch S. LIEBERMANN, Hellenism in Jewish Palestine. Studies in the Literary Transmission Beliefs and Manners of Palestine in the I Century B.C.E. – IV Century C.E., Text and Studies of the Jewish Theological Seminary of the America 18, New York 1962, 47ff.

[71] Vgl. G. STEMBERGER, Grundzüge rabbinischer Hermeneutik, in: G. Schöllgen (Hg.), Stimuli, 34–42, bes. 35.

basis, nicht das Kommunikat", schreibt Goldberg[72]. Das heißt: Die Bedeutungen sind nicht mitkanonisiert. Sie entstehen erst im Akt der Interpretation. „Der absolut feste Text hat als Gegenpol die *offene* Auslegung"[73]. Anders als beim Qumran-Pesher beansprucht die Deutung keinen Offenbarungscharakter. Sie ist absolut frei, hat jedoch die genauen Erscheinungen des Buchstabenbestandes zu beachten. Jedes Zeichen, jedes Häkchen ist von Gott bewusst gegeben. Jeder Buchstabe, jede Wiederholung hat einen Sinn, nichts ist redundant. Nichts ist nebensächlich. Die Heilige Schrift, deren Buchstabenbestand als materielle Basis absolut festgelegt ist, ist so zugleich eine unendliche Quelle von Auslegung – nach dem Wort über die Tora in mAv 5,22: „Drehe und wende sie, denn alles ist in ihr." Die unendlich offene Auslegung hat ihre Grenzen lediglich in der Ehrfurcht vor der Tora, die der Ausleger haben muss, und in der Gemeinschaft der Tradition. Entscheidend ist aber die Tatsache, dass die Bedeutungen erst in der Interpretation entstehen. Dies geschieht schon im Verlesen, das ein Ausrufen ist. Die Heilige Schrift heißt *miqra* (von *qara* – ausrufen; vgl. das muslimische *Kur'an*). Wenn aber die Bedeutung der Schrift erst im Akt der applizierenden Interpretation geschieht, gibt es Schwierigkeiten mit un- | serem Modell von Kommentar als Metatext[74]. Im Anschluss an Goldberg[75] behauptet Peter Schäfer: „Im rabbinischen Judentum fallen Text und Auslegung in formaler und ideeler Hinsicht zusammen"[76]. „Die rabbinische Literatur ist keine Kommentarliteratur. Weder der Targum, noch der Midrash, noch die Mishna sind Kommentare zur Bibel [...] Die rabbinische Literatur ist Literatur *in* Literatur, nicht *über* Literatur, sie schreibt sich im wahrsten Sinne des Wortes *in* den Text der Bibel hinein [...] Auch die Auslegungsmidrashim, die in ihrer äußeren Form noch am ehesten der Gattung Kommentar nahekommen, sind keine Kommentare in dem Sinne, dass sie eine Distanz zwischen sich und dem auszulegenden Text zulassen"[77]. Deshalb redet Schäfer in diesem Zusammenhang nicht mehr von Meta-Textualität, sondern von *Intertextualität*[78]. Ich denke aber, dass dies nicht gleich einen Widerspruch zu unserem (im Anschluss an Assmann gewählten) Ausgangskriterium der Meta-Textualität darstellt: Die Auslegung steht ja trotz allem in einem Meta-Verhältnis zum kanonisierten Buchstabenbestand. Der

---

[72] A. GOLDBERG, Die Schrift der rabbinischen Schriftausleger, FJB 15 (1987) 1–15, bes. 13.

[73] So STEMBERGER, Grundzüge, 38.

[74] S.o. bei Anm. 4.

[75] Vgl. A. GOLDBERG, Formen und Funktionen von Schriftauslegung in der frührabbinischen Literatur (1. Jahrhundert v.Chr. bis 8. Jahrhundert n.Chr.), in: A. Assmann u.a. (Hg.), Text und Kommentar, 187–197.

[76] P. SCHÄFER, Text, Auslegung und Kommentar im rabbinischen Judentum, in: A. Assmann u.a. (Hg.), Text und Kommentar, 163–186, bes. 177.

[77] A.a.O. 184.

[78] Vgl. a.a.O. 184f.

Sinn, der Logos, die Mitteilung (das Kommunikat) allerdings wird erst im Interpretationsakt erzeugt. Wir werden sehen, dass hier eine Nähe zu „postmoderner" Hermeneutik vorliegt, wonach der Sinn eines Textes überhaupt erst in der Rezeption entsteht.

Hier muss schließlich noch eine weitere Eigentümlichkeit der im Midrash anzutreffenden Bibelinterpretation erwähnt werden. In mehreren Aufsätzen hat Goldberg das Prinzip der *Entkontextualisierung* erwähnt. Eine Kontextualisierung ist erstens aus theologischen Gründen und zweitens aus pragmatischen Gründen ausgeschlossen: 1) „Der Text wurde nicht als ein literarisches Sammelwerk verstanden, das zu verschiedenen Zeiten und unter sehr unterschiedlichen Umständen verfasst (oder offenbart) wurde, das heißt als Text in bestimmten geschichtlichen Kontexten, sondern als eine Offenbarung Gottes, die zu allen Zeiten Gültigkeit hat, unabhängig von geschichtlichen Kontexten. Der Text ist gültig ohne kontextliche Relativierung. Es gibt faktisch keine historische Auslegung des Textes"[79]. 2) Aber auch der Text des Midrash selber erscheint als geschichtsloser Text: „Wir wissen nichts über die ursprüngliche Bestimmung dieser Werke, auch nichts über ihre Hersteller. [...] Diese Midrashliteratur [...] ist absolut kontextlos, da über die Umstände ihrer Entstehung und ihrer Zweckbestimmung nirgends etwas mitgeteilt wird"[80]. „Alles in allem erfahren wir aus dieser Literatur nichts über sie selbst, nichts über ihre Produktion, nichts über ihre Bestimmung, nichts über ihre Leser oder Hörer..."[81]. Am Beispiel eines homile- | tischen Midrash, einer Subgattung neben dem Auslegungsmidrash, kommt Goldberg zu dem Ergebnis: „Der Text ist vor allem Möglichkeit und bietet vielfältiges Verstehen an. Als Homilie kommt er erst in der produktiven Rezeption zustande, die die angebotenen Möglichkeiten annimmt und realisiert. Der Text verlangt nicht, dass man ihn nach der Intention des Vertexters verstehe. Er ist aus der Situation der Vertextung – eine andere ist nicht auffindbar – längst in das Buch entlassen, und zwar so entlassen, dass die Intention des Vertexters für die Rezeption unerheblich ist."[82]

Die Midrash-Hermeneutik ist überhaupt in der „postmodernen" Literaturwissenschaft zu großer Wirkung gekommen, vor allem wegen ihrer offenen, die Bedeutung des Textes erst konstituierenden und konstruierenden Interpretation. Auf rabbinische (und kabbalistische) Interpretationstechni-

---

[79] GOLDBERG, Formen, 186.

[80] A.a.O. 193.

[81] A. GOLDBERG, Der verschriftete Sprechakt als rabbinische Literatur, in: A. Assmann/Ch. Hardmeier (Hg.), Schrift und Gedächtnis, Archäologie der literarischen Kommunikation 1, München 1983, 124–140: 134.

[82] A.a.O. 138.

ken greifen z.b. Harold Bloom und Geoffrey Hartman[83] zurück, Vorläufer der sogenannten „Yale deconstruction", die Umberto Eco in seinem Buch „Die Grenzen der Interpretation"[84] der „hermetischen Semiose" zuordnet, wo jedes Significat nur wieder Significand für ein weiteres Significat wird (und so weiter ad infinitum).

Die für uns jetzt wichtige Frage ist, in welchem Verhältnis die Exegese der rabbinischen (haggadischen) Midrashim zur Allegorese steht. Genauer formuliert sind es zwei Fragen: 1) Ist Philons allegorische Exegese von Frühformen palästinischer Midrash-Exegese abhängig? 2) Worin unterscheidet sich Philons Allegorese von der Midrash-Hermeneutik?

5. Die Allegorese Philons von Alexandrien

Die alte These, dass Philons Allegorese auf den haggadischen Midrash Palästinas zurückgehe, ist von Edith Stein noch einmal erneuert worden: „Da der agadische Hintergrund, auf dem die Allegorisierung der biblischen Gestalten entstanden ist, auf hellenistischem Boden nicht zu finden ist, wird man die palästinische ausmalende Agada als Vorstufe der Allegoristik, d.h. weiter die Abhängigkeit der allegorischen Deutung von dem palästinischen Midrasch anzunehmen haben."[85] Da es keine klare Definition von Midrash gibt – unter den Begriff fallen nicht nur | exegetischer und homiletischer Midrash aus rabbinischer Zeit, sondern auch die Gattung „rewritten Bible", Targum und sogar die Septuaginta[86] –, ist diese These schwer zu überprü-

---

[83] Vgl. G. HARTMAN/S. BUDICK (Hg.), Midrash and Literature, New Haven 1986, und G. HARTMAN, Midrash as Law and Literature, JR 74 (1994) 338–355.

[84] U. ECO, Die Grenzen der Interpretation, München ³2004, 73.

[85] E. STEIN, Philo und der Midrasch. Philos Schilderungen der Gestalten des Pentateuch verglichen mit der des Midrasch, BZAW 57, Gießen 1931, 57; ähnlich I. HEINEMANN, Altjüdische Allegoristik, Breslau 1936 (kritisch dazu A. GOLDBERG, Das schriftauslegende Gleichnis im Midrasch, FJB 9 [1981] 1–90: 11); B.J. BAMBERGER, Philo and the Aggada, HUCA 48 (1977) 153–185 (kritisch dazu L.L. GRABBE, Philo and Aggada. A Response to B.J.Bamberger, in: D. Winston u.a. [Hg.], Heirs of the Septuagint, 153–166), und N.G. COHEN, Philo Judaeus. His Universe of Discourse, Beiträge zur Erforschung des Alten Testaments und des Antiken Judentums 24, Frankfurt a.M. u.a. 1995, 33ff und passim (kritisch dazu E. BIRNBAUM, Rez. Naomi G. Cohen, Philo Judaeus. His Universe of Discourse, BJST 309, Atlanta 1996, 189–196) – beide in apologetischer Tendenz. Aber auch R. HAMERTON-KELLY, Some Techniques of Composition in Philo's Allegorical Commentary with Special References to De agricultura. A Study in the Hellenistic Midrash, in: R. Hamerton-Kelly/R. Scroggs (Hg.), Jews, Greeks and Christians. Religious Cultures in Late Antiquity. Essays in Honor of W.D. Davies, SJLA 21, Leiden 1976, 45–56, greift zu dieser Erklärung. Vgl. dagegen S. SANDMEL, Philo of Alexandria. An Introduction, New York/Oxford 1979, 127ff.

[86] Die LXX als Form des Midrash: LIEBERMANN, Hellenismus, 50 („the oldest of our midrashim"); zum Begriff des Midrash vgl. P. WEIMAR, Formen frühjüdischer Literatur, in: J. Maier/J. Schreiner (Hg.), Literatur und Religion des Frühjudentums. Eine Einführung, Würzburg 1973, 123–162; G.C. PORTON, Defining Midrash, in: J. Neusner (Hg.), The Study of Ancient

fen. Haggadische Midrashim im engeren Sinne gibt es erst im rabbinischen Judentum, und dort nicht vor dem 4. Jahrhundert Auf jeden Fall ist die palästinische Exegese vor 70 n.Chr. weder allegorisch noch *Derash*-Interpretation im Sinne der rabbinischen haggadischen Exegese[87]. In Frage käme allenfalls die *Pesher*-Exegese in Qumran[88]. Diese ist jedoch in einem entscheidenden Punkt von Philons Allegorese unterschieden. Sie ist reine Applikation auf die gegenwärtige Situation der Sekte und unterscheidet sich von der philonischen wie auch der rabbinisch-haggadischen durch das Fehlen einer Methodik. Ein gewichtiges Argument für palästinischen Einfluss könnte auf den ersten Blick die philonische Etymologie der hebräischen Namen sein. Jedoch steht heute fest, dass Philon kein Hebräisch beherrschte[89]. Er benutzte wahrscheinlich hebräische Onomastika. Seine Etymologie selber entspricht in der Methode der stoischen Etymologie, die er trotz seiner platonischen Hermeneutik anwendet. So kommt Lester Grabbe[90] zu dem Ergebnis, dass es bis einschließlich zu Genesis Rabba[91] in der semitischen Literatur nichts Vergleichbares zur philonischen Allegorese gibt.

Entscheidend ist aber ein prinzipieller Unterschied in der Hermeneutik philonischer und rabbinischer Exegese, den Yehoshua Amir herausgestellt hat: Philons Allegorese hat ausschließlich griechische Wurzeln[92]. Von Philon sagt Amir: „nicht Vieldeutigkeit" (so im Midrash), „sondern Doppeldeutigkeit"[93]. Der Midrash rechnet mit einer prinzipiellen „Mehrdeutigkeit" und einer „unendlichen Interpretation" des Textes. Davon war schon die Rede. Neben protorabbinischer *Peshat*-Exegese, die in etwa der literalen nomologischen Interpretation entspricht, qumranischer *Pesher*-Exegese und

---

Judaism 1: Mishnah, Midrash, Siddur, New York 1981, 55–92; G. STEMBERGER, Einleitung in Talmud und Midrash, München [8]1992, 232f; DERS., Grundzüge; FISHBANE, Interpretation; DERS., Inner Biblical Exegesis. Types and Strategies of Interpretation in Ancient Israel, in: G.H. Hartman/S. Budick (Hg.), Midrash and Literature, New Haven 1986, 19–37.

[87] S.o. 23–26.

[88] Weil Philon (neben den Therapeuten) auch die Essener als vorbildliche Fromme darstellt, wird gelegentlich ein Einfluss qumranischer Hermeneutik auf Philon vermutet.

[89] Z.B. SANDMEL, Introduction, 131.186f; DERS., Philo's Knowledge of Hebrew. The Present State of the Problem, SPhilo 5 (1978) 107–112; V. NIKIPROWETZKY, Le Commentaire de l'Écriture chez Philon d'Alexandrie, ALGHJ 11, Leiden 1977, 50ff.81; Y. AMIR, Philon und die Bibel, in: DERS., Die hellenistische Gestalt des Judentums bei Philon von Alexandrien, FJCD 5, Neukirchen-Vluyn 1983, 67–76: 68f.

[90] Vgl. L.L. GRABBE, Etymology in Early Jewish Interpretation. The Hebrew Names in Philo, BJSt 115, Atlanta 1988, 117; zu Qumran vgl. 70–73, zum Rabbinischen Judentum 73–76.

[91] Die Redaktion dürfte nicht vor 400 n.Chr. erfolgt sein. Über eine Vorgeschichte lässt sich aber nichts sagen, vgl. STEMBERGER, Einleitung, 272ff; DERS., Zum Verständnis der Schrift im rabbinischen Judentum, in: H. Merklein (Hg.), Bibel in jüdischer und christlicher Tradition, 212–225: 217–219.

[92] Vgl. o. Anm. 85.

[93] Y. AMIR, Rabbinischer Midrasch und philonische Allegorie, in: DERS., Die hellenistische Gestalt des Judentums, 107–118: 117.

rabbinischer *Derash*-Exegese (mit vielfachem, unendlichem Sinn) ist die philonische Allegorese also eine eigenständige vierte Form. Und diese gehört fast ganz in die hellenistische Kommentar-Tradition.

Unter den Schriften Philons gibt es zwei große Kommentarwerke: die *Quaestio-* | *nes et Solutiones,* von denen vier Bücher *in Genesim* und zwei *in Exodum* in armenischer Sprache erhalten sind und den großen *Allegorischen Genesiskommentar*, der mit den drei *Legum Allegoriae* benannten Büchern beginnt und mit den zwei Büchern *De Somniis* endet[94]. In beiden Werken verweist Philon immer wieder auf andere Exegeten, Vorläufer und Zeitgenossen, darunter Allegoristen und Literalisten. Zunächst ist zu konstatieren, dass Philon nur Tora-Texte exegesiert. Nur sie haben offenbar höchsten kanonischen Rang. Auch als Sekundärtexte (neben dem Hauptlemma) werden nur selten außerpentateuchische Texte herangezogen[95]. Ob die fast absolute Bevorzugung des Pentateuch mit der Praxis der synagogalen Lesung[96] oder mit dem Stand des Kanonisierungsprozesses der LXX zu Philons Zeit zusammenhängt, lässt sich schwer sagen. Für Philon ist jedenfalls der Pentateuch durch die Vorstellung der Inspiration des Mose sowie der 72 Übersetzer als authentisch verbürgt und damit vollends kanonisiert (VitMos II 34; vgl. Arist 310f). In den Übersetzungslegenden (Aristeas; Philon, VitMos II 25ff) ist explizit nur vom Gesetz bzw. den jüdischen Gesetzen die Rede[97]. Ein Problem für sich stellen bei den Lemmata die Abweichungen vom LXX-Text in einigen Handschriften dar[98]. Da es

---

[94] Anders rechnet NIKIPROWETZKY, Commentaire, 181ff (vgl. DERS., L'Exégèse de Philon d'Alexandrie dans les Gigantibus et le Quod Deus sit Immutabilis, in: D. Winston/J. Dillon [Hg.], Two Treatises of Philo of Alexandria, 5–75), mit einem einzigen großen Kommentarwerk aus dem Gesetzgebungswerk (Op, Abr, Jos, Decal, SpecLeg I–IV, Virt, Praem) und dem Allegorischen Genesiskommentar bestehend; so neuerdings auch COHEN, Philo, 31ff („magnum opus"); vgl. dazu die Kritik von BIRNBAUM, Rez. Cohen, 195.

[95] Im Index der Loeb-Ausgabe (Bd. X, 194–265, ohne die Quaestiones) machen außerpentateuchische Stellen (die im Allegorischen Kommentar gelegentlich als sekundäre Texte erscheinen) nur ca. 4% der erwähnten Schriftstellen insgesamt aus. In den Quaestiones hat D. RUNIA, Secondary Texts in Philo's Quaestiones, in: D. Hay (Hg.), Both Literal and Allegorical. Studies in Philo of Alexandria's Questions and Answers on Genesis and Exodus, BJST 232, Atlanta 1991, 61, an 100 Stellen nur 8 außerpentateuchische Sekundärtexte (gegenüber 173 pentateuchischen) gefunden. Die Hauptlemmata stammen in beiden Kommentarwerken natürlich nur aus Gen und Ex.

[96] Vgl. P. BORGEN, Philo of Alexandria. A Critical and Synthetical Survey of Research Since World War II, ANRW II 21/1 (1984) 98–154, bes. 121.

[97] Sirach-Prolog 24 setzt allerdings auch für LXX bereits einen dreiteiligen Inhalt voraus: Nomos – Propheten – übrige Schriften.

[98] M A P H G bieten den LXX-Text, U F weichen ab. Vgl. dazu P. KATZ, Philo's Bible. The Aberrant Text of Bible Quotations in Some Philonic Writings and its Place in the Textual History of the Greek Bible, Cambridge 1950; R.P.D. BARTHÉLEMY, Est-ce Hoshaya Rabba qui censura le Commentaire allégorique? À partir des retouches faites aux citations bibliques, étude sur la tradition textuelle du Commentaire Allégorique de Philon, in: Ders. (Hg.): Études d'histoire du Texte de l'ancient testament, OBO 21, Fribourg/Göttingen 1978, 140–173.390f; G.E. HOWARD, The „Aberrant" Text of Philo's Quotations Reconsidered, HUCA 44 (1973) 197–200; BORGEN, Philo, 122f; GOODING/NIKIPROWETZKY, Philo's Bible, 89–125.

sich hier jedoch (mit Katz, Barthélemy und Gooding/Nikiprowetzky) bei
den Abweichungen um eine an den Aquila-Text angleichende Textrezensi-
on des 3. Jahrhundert n.Chr. handelt, ist damit die Frage nach Philons Bibeltext nicht berührt. In toto benutzt Philon den LXX-Text.

a) Die Quaestiones et Solutiones und die Frage nach dem Literalsinn

Dieses am umfänglichsten im Armenischen überlieferte[99] Kommentarwerk,
von dem aber heute ca. 200 griechische Fragmente bekannt sind, bezieht
sich auf Gen 2,4–38,9 (mit Lücken): Quaest in Gn I–IV; Ex 12,2–23c:
Quaest in Ex I; und Ex 20,25b–28,34 (mit Lücken): Quaest in Ex II. Bei
diesem Werk handelt es sich um | eine Vers-für-Vers-Kommentierung. Jede
Einheit besteht (1) aus einer stereotypen Frage, (2) dem Lemma, also der
Textstelle im Wortlaut, und (3) aus einer Antwort. Als Beispiel für die
Grundform kann Quaest in Gn I 1 (zu Gen 2,4) dienen, eine Stelle, die als
griech. Fragment erhalten ist:

(1) Warum (διὰ τί) ... sagt Moses (φησί):
(2) αὕτη ἡ βίβλος γενέσεως οὐρανοῦ καὶ γῆς, ὅτε ἐγένετο (Gen 2,4a).
(3) Es folgt eine Beantwortung, die sich auf zwei Besonderheiten des Verses bezieht:
ὅτε ἐγένετο und „dies ist das Buch der Entstehung".

Die Frage richtet sich immer auf ein Problem textlicher oder philosophischer Art, häufig geht es um die Anstößigkeit von Anthropomorphismen.
Die Quaestio-Solutio-Form hat Philon nicht erfunden. Was die Herkunft
dieser Kommentargattung betrifft, werden zwei Vorschläge gemacht:
    (1) Man denkt an die exegetische Arbeit in der Synagoge (Alexandriens
oder überhaupt)[100]. Von Robert Hamerton-Kelly[101], dem David Runia[102]
folgt, wird die Form der allegorischen Kommentierung überhaupt auf den
palästinischen Midrash zurückgeführt. Das ist aber ausgeschlossen, wie wir
bereits sahen. Der Hinweis auf die 2. Regel Hillels (*Gezerah Shavah*[103])
kann das nicht ausreichend begründen.
    (2) Die Form stammt statt dessen aus der alexandrinischen Homer-Philo-
logie[104]. Neben Glossen und Scholien wurden zu komplexeren Problemen
Hypomnemata verfasst, die mit einer knappen Frage das Problem fixierten

---

[99] Engl. Übersetzung: MARCUS (Philo, Suppl. I–II [LCL] London 1953).

[100] NIKIPROWETZKY, Commentaire, 170–180; bereits LIEBERMANN, Hellenism, 48.

[101] HAMERTON-KELLY, Techniques, 45–56.

[102] Vgl. D. RUNIA, The Structure of Philos Allegorical Treatises, VigChr 38 (1984) 209–256:
255 Anm. 150.

[103] HAMERTON-KELLY, Techniques, 56; zum Begriff: BREWER, Techniques, 17f.

[104] S.o. bei Anm. 43.

und es in einer Antwort zu lösen versuchten (ἀπορίαι bzw. προβλήματα bzw. ζητήματα καὶ λύσεις). Die Form findet sich bereits bei dem hellenistisch-jüdischen Historiographen Demetrius aus dem 3. Jahrhundert v.Chr. (Frgm. 2,14; 5), dessen Werk allerdings wohl noch keinen Kommentar, sondern eine deutende Nacherzählung darstellt. Die Form der Quaestiones et Solutiones stammt also gerade nicht aus der Allegoristen-Tradition.

Den 3. Teil der Form, dem wir uns nun zuwenden müssen, bildet die jeweilige Antwort bzw. Lösung. Von den 100 Quaestiones/Solutiones aus Quaest in Gn I, die Gregory Sterling untersucht hat[105], sind 51 Antworten rein literaler Art – so wie bei den alexandrinischen Philologen. 24 Solutiones sind ausschließlich allegorisch, 4 davon enthalten pythagoreische arithmologische Deutungen. 25 Antworten bestehen aus einer wörtlichen (τὸ ῥητόν) und einer allegorischen Lösung (τὸ πρὸς διάνοιαν oder ähnlich). In 10 der 100 Abschnitte aus Quaest in Gn I werden andere (anonyme) Exegeten erwähnt[106]. |

Ein Beispiel für eine nur allegorische Lösung ist Quaest in Gn I 8 (zu Gen 2,8), wo auch die „anderen" Exegeten Allegoriker sind:

Warum hat er (Gott) ins Paradies den (aus Erde) geformten Menschen und nicht den nach seinem Bilde geschaffenen gesetzt? Einige, die glauben, „Paradies" bedeute einen Garten, haben gesagt: Da der (aus Erde) geformte Mensch sinnlich wahrnehmbar sei, geht er zu Recht an einen sinnlich wahrnehmbaren Ort. Aber der Mensch nach seinem (Gottes) Bilde ist geistig und unsichtbar und gehört in die Gattung der körperlosen Arten. – Aber ich würde sagen: (Das) Paradies ist zu denken als ein Symbol der Weisheit. Denn der erdgebildete Mensch ist eine Mischung und besteht aus Seele und Körper und bedarf der Belehrung und Anweisung, im Bestreben (gemäß der Übereinstimmung mit den Gesetzen der Philosophie) glücklich zu werden. Aber jener, der nach seinem Bilde geschaffen wurde, bedarf all dieser Dinge nicht, sondern ist selbstgehorsam und selbstbelehrt und selbstinstruiert von Natur.

Philon verrät an dieser Stelle, dass die für seine Schriften fundamentale Lehre von der doppelten Menschenschöpfung, wonach es neben dem aus Körper und Seele bestehenden Adam als dessen rein geistiges Urbild noch den Idee-Menschen gibt, schon einer älteren platonischen Interpretation entstammt. Deren Vertreter („Some" = τινές) haben die Quaestio bereits auf ihre Weise gelöst – um den Preis, dass das Paradies dann ein vergänglicher Ort für vergängliche Menschen ist. Philons eigene Lösung geht weiter. Auch das Paradies wird allegorisiert, und zwar zu einer erlösenden Kraft, der Weisheit. Damit wird für den an sich sterblichen Adam eine potentielle

---

[105] G.E. STERLING, Philo's Quaestiones: Prolegomena or Afterthougt?, in: D.M. Hay (Hg.), Both Literal and Allegorical. Studies in Philo of Alexandria's Questions and Answers on Genesis and Exodus, BJSt 232, Atlanta 1991, 99–123.

[106] Vgl. D.M. HAY, References to Other Exegetes, in: Ders. (Hg.), Both Literal and Allegorical, 81–97, hat in den erhaltenen Quaestiones et Solutiones 47 solcher Erwähnungen untersucht.

Erlösung ins Auge gefasst: durch die Erziehung der Weisheit, die der Idee-Mensch nicht nötig hat.

Ein Beispiel für die allegorische Korrektur einer *literalen* Deutung anderer Exegeten ist Quaest in Gn I 93 (zu Gen 6,6: „Und Gott bedachte, dass er den Menschen auf Erden geschaffen hatte, und er wurde nachdenklich"):

> „Einige glauben, dass mit diesen Worten Gottes Reue ausgesagt werde. Aber das glauben sie fälschlich, denn die Gottheit ist frei von Änderung. Weder ist sein (Gottes) sorgendes Überlegen, wenn er etwas bedenkt, noch sein Erwägen Zeichen von Reue, sondern von klarem und sicherem Denken, welches die Ursache bedenkt und erwägt, derentwegen er den Menschen schuf auf der Erde. Und da die Erde ein Jammertal ist, ist sogar der Himmelsmensch eine Mischung aus Seele und Körper. Und von seiner Geburt bis zu seinem Ende ist er nichts anderes als ein Leichenträger. Folglich ist es überhaupt nicht verwunderlich, dass der Vater diese Dinge nicht fürsorglich bedenken und erwägen sollte, wo doch in der Tat viele Menschen Bosheit statt Tugend erlangen...".

Philon wendet sich hier also gegen den Anthropomorphismus der literalen Auslegung. Vertreter dieser Auslegung sind offenbar konservative Juden[107]. Dies gibt uns nun Anlass zu überlegen, was bei Philon *wörtliche Auslegung* ist. Denn diese ist keineswegs etwas Selbstverständliches.

(1) Was die halakhischen Teile der Tora betrifft, so fordert Philon beides: ein wörtliches Befolgen (das Einhalten des Ritualgesetzes) als auch ein tieferes Verstehen, das allegorisch gewonnen wird (vgl. Migr 89ff bezüglich der Mono-Allegoristen). Wichtiger ist ihm freilich auch hier das allegorische Verständnis.

(2) In der biographischen, enkomionhaften Schrift *De Vita Mosis* findet sich so | gut wie keine allegorische Deutung. Die Wunder, die Gott durch Mose tut, werden an keiner Stelle allegorisch erklärt. Ihr pädagogischer oder politischer Zweck wird zwar herausgestellt, doch ist ihre Faktizität kein Problem. Das ist auch nicht verwunderlich, denn ein Wunderproblem gibt es in der Antike (fast) überhaupt nicht. Die Ideen sind in mittel- und neuplatonischer Tradition dynamische Kräfte, die z.B. auch durch Engel und Menschen auf die Materie einwirken. Entmythologisierung richtet sich bei Philon stattdessen gegen eine materialistische Anschauung Gottes und seiner Kräfte.

(3) So hebt Philon sich auch von einigen Interpretationen ab, die wir als allegorisch ansehen, in ähnlicher Weise, wie er gegen die literale anthropomorphe Auslegung angeht. Es handelt sich um „physikalische" Deutungen, wie sie in der stoischen Allegorese üblich sind. Häufig erwähnt Philon solche Deutungen vorweg, um davon seine eigene metaphysische abzuhe-

---

[107] Abhängig von palästinischer *Peshat*-Exegese; vgl. M.J. SHROYER, Alexandrian Jewish Literalists, JBL 55 (1936) 261–284.

ben – so z.B. in Quaest in Gn III 11 (zu Gen 15,15: „Was bedeuten die
Worte, du sollst zu deinen Vätern gehen in Frieden ... ?“):

> „In der Meinung einiger scheint ‚die Väter‘ die Elemente zu bedeuten, in welche sich
> der Körper auflöst. Nach meiner Meinung aber bedeutet es die körperlosen Logoi (=
> Ideen, δυνάμεις) der göttlichen Welt, die an anderen Stellen ‚Engel‘ genannt werden.“

In Quaest in Gn I 57 trägt Philon eine solche Deutung nach, ohne sie zu
kommentieren: Nach seiner sehr komplexen theologischen Deutung der
Cherubim und des feurigen Schwertes von Gen 3,24, die er selber noch sehr
viel ausführlicher in Cher 21ff vorträgt – also im großen Allegorischen
Kommentar –, erwähnt er eher beiläufig:

> „Aber es gibt einige, die sagen, das flammende Schwert sei die Sonne, da sie durch
> ihre Umdrehung und Wende die Jahreszeiten mitteilt, als wäre sie der Wächter des
> Lebens ...“.

An anderen Stellen werden solche einfachen substitutiven physikalischen
Allegoresen deutlicher zurückgewiesen. Damit kommen wir nun schon in
den großen Allegorischen Kommentar: In All I 59 deutet Philon den Baum
des Lebens mitten im Paradies auf die Tugend. Dann heißt es:

> „Andere sagen, mit dem Lebensbaum sei das Herz gemeint, weil es die Ursache des
> Lebens ist und die Mitte des Körpers einnimmt, so dass es nach ihrer Ansicht der
> leitende Teil ist. Diese mögen sich aber nicht darüber täuschen, dass sie mehr die
> Meinung der Ärzte als die der Naturkundigen aussprechen.“

Dabei spielt Philon auf den Streit über den Ort des νοῦς zwischen den Kar-
diozentristen und den Kephalozentristen an[108]. |

b) Der Allegorische Kommentar

Valentin Nikiprowetzky hat am Beispiel von *De Gigantibus* und *Quod
Deus sit Immutabilis* nachgewiesen, dass die Traktate des Allegorischen
Kommentars formal das Schema von Quaestio und Solutio voraussetzen[109].
Damit ist erstmals ein formales Prinzip der Makrostruktur für die Traktate
des Allegorischen Kommentars gefunden. In den beiden (wohl als *ein* zu-
sammenhängender Traktat anzusehenden Schriften folgen 14 Abschnitte als
Quaestiones und Solutiones nacheinander. Ein Vergleich mit Quaest in Gn I
89–99, wo derselbe Text ausgelegt wird wie in Gig und Immut, spricht nach

---

[108] Zu den Erstgenannten gehört Aristoteles, zu den Kephalozentristen gehören Hippokrates
und Galen, aber auch Platon; vgl. dazu F.W. BAYER, Art. „Anatomie“, RAC 1 (1950) 430–437,
433f.
[109] NIKIPROWETZKY, L'Exégèse, 5–75.

Nikiprowetzky für eine Entwicklung von den Quaestiones zum Allegorischen Kommentar[110]. Jeder der 14 Abschnitte aus dem Allegorischen Kommentar setzt mit Lemma und Quaestio ein und kehrt am Ende zum Text zurück. Dazwischen werden oft weitere Texte herangezogen. Dieses Phänomen der „sekundären Texte", das schon in den Quaestiones begegnet, hat Runia untersucht[111]. Er kommt zu dem Ergebnis, dass dies exegetische Verfahren im Allegorischen Kommentar sehr viel extensiver als in den Quaestiones benutzt wird. In letzteren dienen sekundäre Texte überwiegend illustrativem Zweck, im Allegorischen Kommentar dienen sie aber der exegetischen Argumentation. Eine bestimmte Zuordnung von Primär- und Sekundärtext, wie im späteren homiletischen Midrash, lässt sich jedoch nicht nachweisen.

Als letztes bleibt die Frage nach dem *Sitz im Leben* der beiden allegorischen Werke. Was die *Quaestiones* betrifft, so hatte Ralph Marcus in der Einführung zu den Supplementbänden der Loeb-Ausgabe vermutet, die ursprüngliche Buch-Einteilung habe dem synagogalen Lektionarsystem entsprochen. Das besagt aber wohl nur, dass Philon lediglich die Texteinteilung des Lektionarsystems übernahm[112]. Carsten Colpe[113] behauptete, die Quaestiones seien „nicht wissenschaftlich, sondern katechetisch gemeint". Das aber ist wegen der Auseinandersetzung mit anderen Exegeten ziemlich ausgeschlossen. Samuel Sandmel hielt die Quaestiones für „preliminary notes"[114], also für Vorarbeiten für Philons größeres Werk[115]. Die starre Quaestio-Solutio-Form, der große Anteil an literaler Interpretation, die Zurückhaltung bei der Allegorese, die Knappheit der Ausführungen lassen aber eher an ein „exegetisches Handbuch" denken, wie es im alexandrinischen „philologischen" Wissenschaftsbetrieb üblich gewesen sein mag. Das schließt nicht aus, dass Philon es für homiletischen Gebrauch im Bereich der Synagoge verfasst | haben könnte. Geht man von dieser formgeschichtlichen Betrachtung aus, ist die heute übliche These von der früheren Abfassung der Quaestiones nicht mehr so zwingend. Sandmel spricht in Hinsicht des Allegorischen Kommentars von Philons „grand Allegory", die er als

---

[110] Zum selben Ergebnis kommen auch A. TERIAN, The Priority of Quaestiones among Philo's Exegetical Commentaries, in: Both Literal and Allegorical, 29–46; und STERLING, Quaestiones. Damit ist die umgekehrte Meinung von MARCUS (Philo, Suppl. I [LCL], IXf) zurückgewiesen.

[111] RUNIA, Texts, 47ff.

[112] Vgl. STERLING, Quaestiones, 122.

[113] C. COLPE, Art. „Philo, I: von Alexandria", RGG³ 5 (1961) 341–346: 342; ähnlich A. MÉASSON/I. CAZEAUX, From Grammar to Discourse. A Study in the *Quaestiones in Genesim* in Relation to the Treatise, in: Both Literal and Allegorical, 125–225; vgl. ihr Ergebnis 224: „a kind of catechism"; der Allegorische Kommentar sei dagegen „a theology".

[114] SANDMEL, Introduction, 79.

[115] Ähnlich STERLING, Quaestiones, 123: „the Quaestiones are the Prolegomena to the Allegoriae".

„architectonic" bezeichnet, insofern sie ein ganzes Gebäude mit einer totalen Struktur darstellt, in dem jedes Element dem beherrschenden Leitgedanken nahtlos eingefügt ist[116]. Wie sehr Philon die λέξις (τὰ ῥήματα) des lemmatisierten Textes mit der θεωρία (τὰ πράγματα), der theologischen Aussageebene, in organischen Zusammenhang bringt, mag ein Abschnitt aus Conf 190 zeigen. Nach seiner Deutung von Gen 11,1–9, die sich auf den Namen Σύγχυσις „Vermischung" (für Babel) bezieht, nämlich: durch eine „Verschmelzung" lässt Gott jede Untugend beseitigen und zu einer neuen vorzüglichen Einheit verschmelzen – eine chemisch und metaphysisch[117] klare Begründung, heißt es:

„Das ist unsere Auffassung. Die aber nur das Augenscheinliche (ἐμφανής) und Vor-Hand-Liegende (πρόχειρος) im Sinn haben, glauben, dass hiermit die Entstehung der griechischen [Sprache] und barbarischen Sprachen skizziert sei. Ohne ihnen Vorwürfe zu machen – denn vielleicht haben sie ja recht – möchte ich ihnen zureden (παρακαλέω), nicht dabei stehen zu bleiben, sondern zu der figürlichen Auslegung überzugehen (τὰς τροπικὰς ἀποδόσεις) und überzeugt zu sein, dass der Wortlaut (τὰ ... ῥητά) der Gottessprüche (χρησμός = Orakelspruch, Prophetenspruch) dem Schatten der Körper gleicht, die in der Erscheinung wirkenden Kräfte (δυνάμεις) aber den in Wahrheit zugrundeliegenden Sachverhalten (πράγματα)."

Im positiven Teil dieser Aussage haben wir genau die „platonische" Auffassung von der Allegorese vor uns, wie sie die späteren Neuplatoniker nicht besser ausdrücken könnten. Die wahre Bedeutung der Worte sind die Ideen (und ihre Zusammenhänge), die zugleich wirksame Kräfte (δυνάμεις) sind. Die Worte aber sind göttliche Orakelsprüche, aus denen die Wahrheit erst erkannt werden muss. Dabei wird genau auf den Wortlaut geachtet, wie das Beispiel zum Namen Σύγχυσις zeigt. – Hierzu noch ein Nachtrag: σύγχυσις ist das, was man heute in der Chemie eine „Verbindung" nennen würde, denn darin werden die einzelnen Elemente „aufgehoben" in eine höhere, nur schwer trennbare Einheit. Zugleich steckt darin der platonische Gedanke von der „Einheit" im Gegenüber zur „Vielheit" (letzterer entspricht die bloße „Mischung"), dem nicht nur die Opposition von Materie (teilbare Vielheit) und Geist (unteilbare Einheit), sondern auch die Hierarchie der Ideenpyramide, die die Dihairese begründet, zugrundeliegt. |

---

[116] SANDMEL, Introduction, 23f.
[117] Die Einheit steht nach Platon über und vor der Vielfalt.

c) Die Wurzeln der philonischen Allegorese 1:
alexandrinisch-jüdische Vorläufer

Häufig erwähnt Philon andere allegorische Ausleger. Leider nennt er keine Namen und macht auch keine genaueren Angaben. Er hält sich vielmehr an die Sitte (oder Unsitte[118]) der Stoiker, an die sich auch Paulus hält[119], Vertreter anderer Meinungen mit einem allgemeinen τινές zu bezeichnen. Aus den häufigen Erwähnungen allegorischer Deutungen solcher τινές kann man schließen, dass eine allegorische Interpretation der Bibel (LXX) in Alexandrien zu Philons Zeit bereits üblich war. Bekannt sind außer Philon zwei alexandrinisch-jüdische Dokumente, die Anzeichen allegorischer Interpretation enthalten: die Fragmente des Aristobul[120] und der Aristeasbrief (Ps.-Aristeas). Letzterer enthält eine rationale Apologetik der bekanntesten Reinheits-Bestimmungen der Tora, deren Bedeutung „in sinnbildlicher Rede" (τροπολογεῖν) ausgedrückt wird (Arist 150). Ausgelegt wird das Gesetz in Bezug auf seine „Heiligkeit und vernünftige [eigentliche] Bedeutung" (τὴν σεμνότητα καὶ φυσικὴν διάνοιαν τοῦ νόμου, 171). Die Terminologie an beiden Stellen verrät stoischen Einfluss[121]. Wichtiger für die Geschichte der Allegorese ist Aristobul, der wohl um die Mitte des 2. Jahrhundert v.Chr. schrieb, also als ein Zeitgenosse des Philologen Aristarch[122]. Die Fragmente entstammen jedoch keinem Kommentar, sondern behandeln biblische Topoi in apologetischer Absicht. Dabei sind zwei Themen dominant: (1) Die griechischen Philosophen sind von Mose abhängig. (2) Die Anthropomorphismen der Bibel sind auf ihren tieferen philosophischen Sinn hin zu interpretieren. Explizit wird auf Pythagoras, Sokrates, Platon und Homer Bezug genommen. Viele Motive finden sich bei Philon wieder, so die Bedeutung der „Sieben", die Deutung des „nicht verzehrenden Feuers" von Ex 3,2, die Deutung der Sinai-Theophanie. Merkwürdig ist, dass Clemens Alexandrinus an der gleichen Stelle, wo er Philon als *Pythagoreer*

---

[118] PFEIFFER, Geschichte, 327; z.T. verfahren so auch die Neuplatoniker: J. DILLON, The Formal Structure of Philo's Allegorical Exegesis, in: Two Treatises of Philo of Alexandria, 77–87: 82.

[119] 1Kor 15,12.35 u.ö.

[120] Euseb, HistEccl. VII 32,16–18 (Frgm. 1); Praep.Ev. VIII 10,1–17 (Frgm. 2); XIII 12,1–2 (Frgm. 3); XIII 12,3–8 (Frgm. 4); XIII 12,9–16 (vgl. VII 14,1) (Frgm. 5); Parallelen dazu bei Clemens Alexandrinus, Strom., vgl. N. WALTER, Der Thorausleger Aristobulos. Untersuchungen zu seinen Fragmenten und zu pseudepigraphischen Resten der jüdisch-hellenistischen Literatur, TU 86, Berlin 1964, 8f.

[121] WALTER, a.a.O. 59f.

[122] WALTER, a.a.O. 35–40.124–149; zur jüdischen Rezeption hellenistischer Philosophie im Alexandrien des 3. und 2. Jahrhunderts vgl. N. WALTER, Frühe Begegnungen zwischen jüdischem Glauben und hellenistischer Bildung in Alexandrien, in: DERS., Praeparatio Evangelica. Studien zur Umwelt, Exegese und Hermeneutik des Neuen Testaments, hg. v. W. Kraus/F. Wilk, WUNT 98, Tübingen 1997, 1–11, bes. 3–5; DERS., Kann man als Jude auch Grieche sein? Erwägungen zur jüdisch-hellenistischen Pseudepigraphie, a.a.O. 370–382.

bezeichnet, Aristobul als *Peripatetiker* einordnet. Die „Siebenerverse" des Aristobul (aus dem 5. Fragment) weisen aber nun ihrerseits in pythagoreische Richtung. Nikolaus Walter nimmt als ihre Vorlage ein pythagoreisches Florilegium an und sieht in dieser Quelle „die Anfänge eines jüdischen Pythagoreismus" in Alexandrien[123]. In der jüngsten Aristobulforschung spielt das pseu- | do-orphische Gedicht eine besondere Rolle (Frgm. 4: Euseb, Praep.Ev. XIII 12,3–8)[124]. Im aristobulischen Kontext wird im Sinne einer Überweltlichkeit Gottes zwischen Gott (seiner οὐσία) und seiner schaffenden δύναμις unterschieden (XIII 12,4). In den neueren Untersuchungen wird dafür auf die pseudo-aristotelische Schrift *De mundo* verwiesen, die bisher ins 2. Jahrhundert n.Chr. datiert wurde, nun aber schon als (peripatetische) Vorlage Aristobuls angesehen wird[125]. So sehr die neuen Erkenntnisse von Riedweg und Radice Fragen aufwerfen, so wahrscheinlich ist doch das Ergebnis, dass im Alexandrien des 2. Jahr-hunderts v.Chr. eine Verschmelzung stoischer und platonischer Kosmologie vor sich ging, bei der der peripatetische Einfluss eine Katalysatorfunktion ausübte. Diese „platonisierte" (stoische) Kosmologie, insbesondere ihre δύναμις-Theologie, ist dann vom alexandrinischen Judentum aufgegriffen worden (Aristobul; vgl. Arist 132.143.157.236.248.252.268) und schließlich bei Philon im Sinne des Platonismus radikalisiert worden.

Aus den Aristobulfragmenten geht also hervor, dass sich im 2. Jahrhundert v.Chr., ca. 150 Jahre vor Philon, in Alexandrien eine platonisch-pythagoreische Wendung der Philosophie ereignete und – wie die Homer-Referenzen andeuten – eine allegorische Homer-Interpretation existierte, die von jüdischen Gelehrten für ihre Bibelauslegung rezipiert wurde. Diese Allegorese verdankt sich nicht einfach der stoischen Tradition, und sie existiert neben der philologischen (literalen) Homer-Exegese (z.B. des Aristarch). Nun gilt aber als Begründer des (neu)pythagoreischen Mittelplatonismus in Alexandrien Eudoros, der erst in der Mitte des 1. Jahrhunderts v.Chr. in Alexandrien wirkte und dessen philosophische Spuren in Philons Schriften nachzuweisen sind[126]. Aristobul scheint so auf den ersten Blick hundert Jahre zu früh zu kommen. Hier aber zeigen die neueren Aristobul-Arbeiten,

---

[123] WALTER, Aristobulos, 150–171; vgl. DERS., Praeparatio, 1–11, bes. 3–5.370–382.

[124] Dazu WALTER, Aristobulos, 202ff; RIEDWEG, Imitation; RADICE, filosofia (dazu: N. WALTER, Rezension von C. Riedweg, Jüdisch-hellenistische Imitation eines orphischen Hieros Logos, und R. Radice, La filosofia di Aristobulo e suoi nessi con il „De mundo" attribuito ad Aristotele, BJST 309, Atlanta 1996, 177–185: 183–185); WINSTON, Aristobulos, 161–166.

[125] S. vorige Anm.

[126] Vgl. J. DILLON, The Middle Platonists. A Study of Platonism. 80 B.C. to A.D. 220, Ithaca 1977, 114ff; vgl. H. DÖRRIE, Der Platoniker Eudoros von Alexandrien, in: Ders. (Hg.), Platonica Minora, München 1976, 297–309; DERS., Die Erneuerung des Platonismus im ersten Jahrhundert vor Christus, a.a.O. 154–165.

dass der Mittelplatonismus in Alexandrien eine längere Vorgeschichte gehabt haben muss.

d) Die Wurzeln der philonischen Allegorese 2: platonisch-pythagoreische Allegorese

Die Eigentümlichkeit der dihairetischen Allegorese hat Wolfgang Bernard an neuplatonischen Kommentaren vor allem des Proklos vorgestellt. Dabei werden die Ideen als personale Kräfte (Gottheiten) aufgefasst und die Mythen im Sinne der analogischen Ketten, die sich von der obersten Einheit bis zu den sinnlichen Din- | gen und Namen erstrecken, gedeutet[127]. Die Analogie ist dabei von der Kontiguität der „Ketten"-Glieder abgeleitet – scheinbar ein metonymisches Denkmodell. Bei der Frage nach den Wurzeln dieser Allegorese schließt Bernard eine Ableitung aus der stoischen Allegorese aber aus: „Von der substitutiven Deutung führt kein Weg zur dihairetischen Allegorese"[128]. Er versucht stattdessen, eine Entwicklungslinie über Plutarch zurückzuverfolgen, die als Fluchtpunkt in Richtung Philon zielt, wobei hinter „Philon" ein Fragezeichen gesetzt ist[129]. Zu Recht fährt er aber fort: „Plutarch und Philon [...] verwenden die dihairetische Methode der Allegorese mit einer Selbstverständlichkeit, die nicht dafür spricht, dass es sich dabei um etwas zu ihrer Zeit Neues handelte"[130]. Als letztes wird die Frage gestellt, ob nicht der (nachplatonische) Pythagoreismus „als ältere Quelle für die dihairetische Allegorese in Frage kommt"[131], doch schließlich bleibt es bei der resignierenden Feststellung, dass „die Ursprünge der dihairetischen Allegorese [...] wohl kaum mit letzter Sicherheit zu ermitteln sein werden"[132].

Ein Versuch, die von Bernard angepeilte Traditionskette zu finden, ist einerseits nicht ganz hoffnungslos, weil die neueren Forschungen zu Aristobul gezeigt haben, dass einige wesentliche Voraussetzungen der philonischen und der neuplatonischen Allegorese bereits im 2. Jahrhundert v.Chr. in Alexandrien nachweisbar sind – so die Vorstellung von der δύναμις θεοῦ und die pythagoreische Zahlenlehre bzw. Zahlensymbolik. Andererseits fehlen nicht nur Zwischenglieder zwischen Aristobul und Philon, d.h. genauere Quellen für einen vorphilonischen (Mittel-)Platonismus vor und ne-

---

[127] BERNARD, Dichtungstheorien, 183ff.

[128] BERNARD, a.a.O. 183; vgl. 283; noch bei BLÖNNIGEN, Ursprung, 20ff.57ff, wird der Unterschied nicht wahrgenommen.

[129] BERNARD, Dichtungstheorien, 283, in der Überschrift.

[130] BERNARD, a.a.O. 285.

[131] Ebd.

[132] BERNARD, a.a.O. 287.

ben Eudoros, sondern auch Zwischenglieder zwischen Philon und den Neuplatonikern (bzw. Philon und Plutarch). Was Letzteres betrifft, hat vor
allem Dillon die neuplatonischen Platon-Kommentare zum Ausgangspunkt
für einen Vergleich mit Philon genommen.[133] Proklos und Philon verfahren
ähnlich in ihrer Lemmatisierung: Anordnung von generellem Thema und
λέξεις (Wortlaut)[134], Opposition von πράγματα und ῥήματα[135], Nacheinander
von literaler (ῥητός), allegorisch-ethischer (τροπικῶς, ἠθικῶς) und „physikalischer" Auslegung (φυσικῶς). Die Bezeichnung θεολογικῶς kennt Philon
noch nicht, wohl aber die Sache, zumal er unter der „physikalischen" Auslegung die unzureichende stoische Allegorese versteht[136]. Auch die Metho-
de der | ἀπορίαι (προβλήματα/ ζητήματα), die wohl auf die alexandrinische
Philologie zurückgeht[137], findet sich auf beiden Seiten[138], ebenso die damit
zusammenhängende Erwähnung anderer Deutungen – bei Philon in der stoischen Manier immer anonym, bei den Neuplatonikern teils anonym (in Bezug auf Gegner), teils mit Namensnennung (in Bezug auf platonische Auto-
ritäten). Letzteres fehlt auffallend bei Philon, was damit zusammenhängt,
dass er neben der Schrift (Moses) keine autoritative Tradition gelten lässt.
Die anonym eingeführten und von Philon überbotenen Lösungen anderer
sind meist (1) stoische physikalische Deutungen (vgl. besonders Cher 25ff)
oder (2) wörtliche Deutungen konservativer jüdischer Litera-listen[139]. Was
die stoischen Allegoristen betrifft, meint Dillon, dass es solche physikalischen Deutungen der Bibel auf jüdischer Seite nie gegeben habe. Sie sind
philonische Konstrukte, Strohmänner, mit deren Hilfe Philon seine platonische Allegorese von der stoischen Allegorese überhaupt abheben kann[140].
Beispiele für solches Vorgehen findet er bei Proklos[141]. Wie aber kommt
Philon zu dieser Form der Kritik der stoischen Allegorese? Als Zwischenglieder zwischen Proklos und Philon vermutet Dillon neopythagoreische
Homerkommentare, von denen wir z.B. aus Numenios und Origenes, Con-
tra Celsum VII 6, wissen: „My suggestion is that Philo, who criticises Stoic
materialism from a Pythagorean standpoint on many other occasions, is
here adapting to his own purposes a characteristic of Neo-Pythagorean, not
Stoic, Homer commentary"[142]. Diese Hypothese Dillons lässt sich stützen

---

[133] DILLON, Structure.

[134] Z.B. All I 63; II 31; Fug 38.

[135] Som II 97; Her 72.

[136] Die Neuplatoniker verstehen unter „physikalischer" Auslegung aufgrund ihrer dualistischen
Kosmologie etwas anderes als die Stoiker.

[137] S.o. bei Anm. 43 und 104.

[138] Bei Philon z.B. All I 48.85; II 42; Gig 1.

[139] SHROYER, Literalists, 261–284.

[140] DILLON, Structure, 84.

[141] Z.B. in Tim. II 104,17ff; 212,12ff.

[142] DILLON, a.a.O. 84.

durch den Hinweis auf die bedeutende Rolle der Zahlen-spekulation für Philons Ontologie und Soteriologie[143], aber auch auf die Bedeutung der „negativen Theologie", die zwar wohl platonische Wurzeln hat, aber doch wesentlich durch Eudoros mit beeinflusst ist[144]. Das Problem besteht nur darin, dass ein vorphilonischer Pythagoreismus in Alexandrien (abgesehen von Eudoros) ein äußerst schwer zu erfassendes Phänomen ist[145]. Möglicherweise ist der sogenannte Pythagoreismus nichts anderes als eine bestimmte, einseitige Form des Platonismus. Als Quellen für eine solche Tendenz in Alexandrien vor Philon kommen neben Eudoros nur Aristobuls Siebenerverse und Philons Beschreibung der *Therapeuten* in Frage, die nach Philons Zeugnis | (VitCont 28f) „die heiligen Schriften" allegorisch auslegen (ἀλληγοροῦντες), „weil sie glauben, dass der Text, wörtlich verstanden, Zeichen ist für eine verborgene Wirklichkeit, die durch tiefere Deutungen offenbar wird" (ἐπειδὴ σύμβολα τὰ τῆς ῥητῆς ἑρμηνείας νομίζουσιν ἀποκεκρυμμένης φύσεως ἐν ὑπονοίαις δηλουμένης)[146]. Der Hinweis auf ihre „alte Philosophie" (τὴν πάτριον φιλοσοφίαν) und die „Schriften von Männern aus alter Zeit, welche diese Schule (τῆς αἱρέσεως) begründet haben" (29), legt es nahe, dass hier eine Lebensgemeinschaft nach Art der pythagoreischen Philosophenschule gemeint ist[147]. Dieser alten Schule (nicht nur den Therapeuten) schreibt Philon nun aber die Pflege der Allegorese zu. Sie „hinterließen viele Denkmäler (μνημεῖα) der Form (ἰδέας), die in der Allegorese gebraucht wird, die[148] sie[149] wie Urbilder (ἀρχετύποις) gebrauchen und so die Methode des Programms[150] nachahmen (μιμοῦνται τῆς προαιρέσεως τὸν τρόπον)". Auf jeden Fall wird hier eine feste Methode

---

[143] K. STAEHLE, Die Zahlenmystik bei Philon von Alexandrien, Leipzig/Berlin 1931; H.R. MOEHRING, Arithmology as an Exegetical Tool in Writings of Philo of Alexandria, SBLSP 13 (1978) 191–227; vgl. G. SELLIN, Der Streit um die Auferstehung der Toten. Eine religionsgeschichtliche und exegetische Untersuchung von 1. Korinther 15, FRLANT 138, Göttingen 1986, 114–127.140f.159f.

[144] Dazu: J. DILLON, The Transcendence of God in Philo. Some Possible Sources, in: DERS., The Golden Chain. Studies in the Development of Platonism and Christianity, Aldershot 2000; vgl. G. SELLIN, Gotteserkenntnis und Gotteserfahrung bei Philon von Alexandrien (in diesem Band S. 57–77, bes. 59ff).

[145] Nicht ganz so schwierig ist es mit dem Nachweis pythagoreischen Einflusses auf den Neuplatonismus. Aber die auf Plutarch, Numenios und Ammonios Sakkas eingewirkt habenden Pythagoreer sind namentlich ebenfalls unbekannt.

[146] RADICE, Observations, bes. 133 mit Anm. 29, rechnet hier mit direktem Einfluss Philons.

[147] Den Hinweis auf die συγγράμματα παλαιῶν ἀνδρῶν hat HEINEMANN, Therapeutai, 2336, auf apokryphe jüdische Schriften nach Art der Henochbücher bezogen. Das ist aber sehr unwahrscheinlich, da jeder apokalyptische Zug in der Beschreibung fehlt. Zu Philons Bild von den Therapeuten vgl. OTTE, Sprachverständnis, 12–24.

[148] Bezieht sich auf die μνημεῖα (Denkmäler).

[149] Bezieht sich auf die Therapeuten, nicht die „Männer aus alter Zeit".

[150] Oder: „der Schule"; vgl. H.G. LIDDELL/R. SCOTT, A Greek-English Lexicon, Oxford ⁹1940, 1466f (unter 5.).

(ἰδέα, τρόπος) der Allegorese bei den Pythagoreern vorausgesetzt. Überdies zeigt die Terminologie, dass es sich nicht um die Methode der stoischen Allegorese handeln kann (ὑπόνοια, δηλοῦν, σύμβολον, ἀρχέτυπον)[151]. Noch deutlicher wird die Nähe zur neuplatonischen Allegorese in VitCont 78, einer der wichtigsten Äußerungen Philons zur Allegorese überhaupt:

> „Die Auslegung der heiligen Schriften geschieht durch die Enthüllung des in Allegorien verborgenen tieferen Sinns (δι' ὑπονοιῶν ἐν ἀλληγορίαις). Denn diese Männer sind der Meinung, dass die Gesetzgebung (νομοθεσία) einem Lebewesen gleicht mit den wörtlichen Anordnungen (τὰς ῥητὰς διατάξεις) als Körper, als Seele aber dem im Wortlaut aufbewahrten unsichtbaren Sinn (τὸν ἐναποκείμενον ταῖς λέξεσιν ἀόρατον νοῦν), in welchem die vernünftige Seele anfängt, in besonderer Weise die ihr verwandten Sachverhalte zu schauen (τὰ οἰκεῖα θεωρεῖν). Sie erblickt durch die Worte wie durch einen Spiegel[152] die ungeheure Schönheit der sich in ihnen zeigenden Gedanken, entblättert und enthüllt die Symbole (σύμβολα) und führt die Ideen (τὰ ἐνθύμια)[153] nackt ans Licht für jene, die nur wenig erinnert zu werden brauchen (ἐκ μικρᾶς ὑπομνήσεως)[154], um das Unsichtbare durch das Sichtbare zu schauen (τὰ ἀφανῆ διὰ τῶν φανερῶν θεωρεῖν)." |

Auch wenn Philon darin zugleich seine eigene Auffassung von Allegorese zum Ausdruck bringt, wird doch deutlich, dass er eine platonisch-pythagoreische Tradition (vgl. VitCont 29) voraussetzt. Dieser pythagoreischen Gruppe wird von ihm aber auch die Verehrung des „Seienden" (τὸ ὄν) zugeschrieben, „das besser als das Gute, reiner als die Eins und ursprünglicher als die Einheit ist" (VitCont 2), d.h. der Grundsatz der „negativen Theologie", wonach das Göttliche nicht mit dem Guten und Einen gleichgesetzt (so Platon), sondern darüber hinaus transzendiert wird. Das erinnert an Eudoros. Schließlich findet sich in VitCont 3f eine scharfe Kritik der stoischen Etymologie („Diese Namen sind [...] Erfindungen von Sophisten")[155].

Es gibt nur wenige Züge, die in Philons Beschreibung darauf hindeuten, dass es sich bei den Therapeuten um eine *jüdische* Gruppe handelt: die Erwähnung des Sabbats (VitCont 30–33.36f.65), Moses (63f), heiliger Schrif-

---

[151] Vgl. VitCont 17: αἰνίσσομαι von Homer; dazu Ps.-Plutarch, Vit.Hom. 4. Das Wort begegnet bei Philon sehr häufig als formelhafte Einführung der tieferen Bedeutung (ca. 70mal). Dabei klingt durchaus αἴνιγμα, nach Quintilian, InstOrat VIII 6,52, eine radikale Form von Allegorie, an (vgl. z.B. Cher 21; Det 155; Ebr 96; Sobr 49; Fug 157; Mut 7; Som II 222; Prob 2 [von den Pythagoreern!]). Das Wort begegnet häufig auch bei Platon. Im NT: 1Kor 13,12 (αἴνιγμα).

[152] Vgl. 1Kor 13,12 und vorige Anm.

[153] LIDDELL/SCOTT, Lexicon, geben für unsere Stelle die Bedeutung „meaning" an, jedoch für Jamblichos, Vit.Pythag. 5,20, die Bedeutung „Idee". Der Kontext bei Philon scheint mir aber schon für unsere Stelle die Bedeutung „Idee" zu verlangen.

[154] ὑπόμνησις gebraucht Platon abwertend von der Schrift (Phaidros 275 a): „nicht für das Gedächtnis (οὔκουν μνήμης), sondern (nur) für die Erinnerung...". Hier bei Philon ist das Wort nur relativ abwertend, weil es auf das Eigentliche, die Ideen, ankommt. Für eine Schriftkultur bzw. -religion ist der Buchstabe als Vehikel aber notwendig.

[155] Vgl. dazu WINSTON, Aspects; vgl. auch OTTE, Sprachverständnis, 13ff.45ff.

ten/Gesetzesbücher (νομοθεσία, 78)[156] und vor allem die Reminiszenz an das Meerwunder Ex 14,8ff (85ff). Wir hätten es demnach bei den Therapeuten[157] mit einer jüdischen Pythagoreergemeinschaft zu tun. Auf diese Gruppe wird häufig die berühmte Stelle Migr 89ff bezogen[158]:

„Es gibt nämlich Leute, die in der Annahme, die verkündeten Gesetze seien nur Symbole von geistigen Zusammenhängen (ῥητοὺς νόμος σύμβολα νοητῶν πραγμάτων), letzteren mit höchstem Eifer nachgehen, erstere (die ῥητοὶ νόμοι) leichtsinnig vernachlässigen. Diese muss ich wegen ihrer Leichtfertigkeit tadeln."

Philon selber lässt generell den wörtlichen Sinn der Tora in Geltung, d.h. er befolgt den Ritus in der Praxis. An Beispielen nennt er im Folgenden Sabbatgebote, Jahresfeste, Beschneidung und Tempeldienst. Migr 90 setzt aber voraus, dass es Juden gibt, die die Weisungen der Tora nur noch als Symbole einer mystischen θεωρία verstehen. Aber gerade Philons erste beiden Beispiele (Sabbat, Feiertag) schließen doch wohl aus, dass die getadelten extremen Allegoristen die Therapeuten seien – halten diese doch Sabbat und Jobelfest (VitCont 65). Für die Annahme spricht allenfalls der milde Tadel und das Argument: „Jetzt leben sie aber | in Wahrheit so, als wären sie in der Einsamkeit für sich" (90)[159]. Aus VitCont 29 vor allem geht hervor, dass zumindest Philon selbst die Allegorese der Therapeuten in die Tradition der Pythagoreer einordnet[160]. Allerdings fehlt der Name „Pythagoreer" in VitCont. Er begegnet in den griechisch erhaltenen Schriften nur viermal: Op 100; All I 15; Prob 2; Aet 12. Die beiden erstgenannten Stellen

---

[156] Die VitCont 25 begegnende Formulierung νόμους καὶ λόγια θεσπισθέντα könnte einen vollständigen dreiteiligen Kanon des AT voraussetzen (so HEINEMANN, Art. Therapeutai, 2323). Das ist aber nicht zwingend.

[157] Auf diese möchte DILLON, Structure, 83, auch die Abr 99; Jos 151; SpecLeg II 147 und III 178 Erwähnten beziehen. In allen Fällen handelt es sich um Vertreter einer Seelen-Allegorie, die Philon als vorbildlich billigt. Die zuletzt genannte Stelle enthält wieder die unstoische, schon neuplatonisch anmutende Terminologie: τὰ πλεῖστα ἐν τοῖς νόμοις ... εἶναι σύμβολα φανερὰ ἀφανῶν καὶ ῥητὰ ἀρρήτων.

[158] Erstmals A.F. GFRÖRER, Philo und die alexandrinische Theosophie. Oder vom Einfluss der jüdisch-ägyptischen Schule auf die Lehre des Neuen Testaments 1, Stuttgart ²1835, 106; neuerdings z.B. HAY, Philo's References, 50 (als Möglichkeit); DILLON, Structure, 83.

[159] Eine zweite Deutung sieht in den radikalen Allegoristen Gnostiker – erstmals: M. FRIEDLÄNDER, Der vorchristliche jüdische Gnostizismus, Farnborough 1972 (= Göttingen 1898); heute: B.A. PEARSON, Friedländer Revisited. Alexandrian Judaism and Gnostic Origins, SPhilo 2 (1973) 23–39. Eine dritte – heute am meisten vertretene – Deutung denkt an hellenistisch-assimilierte Juden (wie Philons Neffen Tiberius Julius Alexander). Dazu würde freilich der kritische Hinweis auf die Einsamkeit (Migr 90) nicht passen. Es gibt noch eine vierte Möglichkeit: dass es hellenistische Juden gab, die auf den Ritus verzichteten, beweisen die „Hellenisten" des „Stephanus-Kreises". An solche Leute (wohl noch nicht die hellenistischen Judenchristen selbst) könnte Philon hier gedacht haben – wofür die philonische Formulierung des allegorischen Sinns der Beschneidung in Migr 92 sprechen könnte: „weil die Beschneidung auf das Herausschneiden der Lust und aller Begierden verweist..."; ähnlich Quaest in Ex II 2; – vgl. Röm 2,29; Kol 2,11.

[160] Vgl. o. 42f mit Anm. 147.

beziehen sich auf die Zahlenlehre (die Jungfräulichkeit der Zahl 7), Aet 12 auf die Kosmologie. In Prob 2 jedoch wird die Kultgemeinschaft (θίασος) der Pythagoreer erwähnt, wobei die ihnen zugeschriebene metaphorische Maxime, nicht auf viel begangenen Straßen zu wandeln, von Philon als verschlüsselte Allegorie bezeichnet wird: αἰνιττόμενος διὰ συμβόλου. In dieser Schrift geht es zunächst um eine stoische Lehre („dass jeder Gute frei sei"), die sich als „Zwilling" an ein verlorenes Pendant („dass jeder Schlechte Sklave sei") anschließt. Die Kultgemeinschaft der Essener ist in dieser Schrift nur ein Beispiel (Prob 75–91)[161]. In VitCont 1 aber wird eine eigene (verlorene) Abhandlung „über die Essaier" vorausgesetzt, an die sich VitCont als Pendant anschließt. Dass die Therapeuten in historischer Hinsicht viel Ähnlichkeit mit den Pythagoreern aufweisen, geht nach Isaak Heinemann vor allem aus dem Verzicht auf Eigenbesitz, aus der Askese und der vollen Akzeptanz weiblicher Mitglieder hervor[162]. Gerade in diesen Zügen besteht Verwandtschaft mit den Essenern, so dass der Name „Pythagoreer" in der verlorenen Schrift über die Essener, die als erstes Buch fungiert haben wird, hinreichend vorgekommen sein könnte, was noch in Prob 2 als Reminiszenz erscheint. Dillon nimmt an, dass es auf jüdischer Seite nur solche pythagoreisch-platonischen, aber keine stoischen Allegoristen gegeben habe. Die von Philon erwähnten Vertreter physikalischer Tora-Allegorese seien Strohmänner[163]. Die physikalischen Substitutionen, die Philon an solchen Stellen vorführt, werfen offensichtlich nichts für den jüdischen Glauben ab. In der Tat sind physikalische Deutungen wie in Quaest in Gn III 11; Cher 21 oder All I 59[164] rein materialistisch und wären allenfalls stoisierenden Sadduzäern zuzutrauen. Wahrscheinlich kri- | tisiert Philon damit nur die stoische physikalische Allegorese heidnischer alexandrinischer Gelehrter – gewissermaßen die Ausläufer pergamenischer Homer-Exegese, die im 1. Jahrhundert v.Chr. auch in Alexandrien Fuß gefasst haben wird. Nun muss Dillon freilich einräumen[165], dass Philons Etymologien hebräischer Namen, die dieser jüdischen Onomastiken entnimmt[166], letztlich auf die stoische Methode der Allegorese zurückgehen[167]. Die Existenz solcher etymologischen Listen bei alexandrinischen Juden setzt nun aber indirekt voraus, dass es auch stoische Allegorese im alexandrinischen Judentum gab. Stoi-

---

[161] Auch ihre Kultgemeinschaft wird θίασος genannt (Prob 85).
[162] HEINEMANN, Therapeutai, 2337.
[163] DILLON, Structure, 83f.
[164] S.o. 34f.
[165] DILLON, Structure, 85f.
[166] Philon beherrschte wohl kein Hebräisch (s.o. Anm. 89).
[167] S.o. 29f.

schen Einfluss bis zu einem gewissen Grad verraten auch Aristobul[168] und Ps.-Aristeas[169].

Bezüglich der pythagoreisch-platonischen Allegorese, für die sich einigermaßen sichere vorphilonische alexandrinische Spuren bei Aristobul und im Zeugnis Philons über die Therapeuten (VitCont 29) finden ließen, ist eine weitere Zurückverfolgung in Richtung der Anfänge griechischer Philosophie kaum noch möglich. Man könnte hier auf Theagenes von Rhegion (Ende des 6. Jahrhunderts v.Chr.) hinweisen, der eventuell mit den Pythagoreern in Verbindung stand[170]. Diese Vermutung bezieht sich jedoch nur auf die geographische Nähe von Rhegium und Croton in Süditalien. Was von Theagenes überliefert ist[171], entspricht ganz der substitutiven Allegorese der späteren Stoiker[172]. Das gilt erst recht von Metrodor von Lampsakos, der neben den Göttern auch die menschlichen Helden als physikalische Begriffe deutete[173]. Pythagoras selbst war (wie Xenophanes) Mythengegner[174]. Von seinen frühen Schülern ist nichts über Mytheninterpretation bekannt.

Nun gebraucht aber Platon, der Homer sonst in der Tradition des Xenophanes kritisiert (vgl. Polit. 378d), selber Mythen – und zwar in katachretischer Funktion[175] (z.B. Phaidros 229b ff: vom Raub der Oreithyia durch Boreas; 274c ff: von Theuth und der Erfindung der Schrift; Tim 21a ff: die Atlantis-Sage). Dass Pla- | ton den Mythos generell kritisiert habe, trifft also nicht zu. Es ist nur der falsche Gebrauch der Mythen, der auch durch allegorische Deutung nicht salviert wird[176], den Platon ablehnt. Im Timaios, wo es um das Verstehen des Gewordenen geht, das nur als Abbild (εἰκών) eines Vorbildes (παράδειγμα) zu begreifen ist, versagt der λόγος ἀληθής, der nur

---

[168] Vgl. WALTER, Aristobulos, 129ff: in apologetischer Position – vor allem bezüglich der Anthropomorphismen. Dagegen setzt die spekulative Exegese in den Siebenerversen (Frgm. 5) eine pythagoreische Tradition voraus.

[169] Arist 132 ist, abgesehen vom δύναμις-Begriff, im Prinzip stoisch; auch der Abschnitt 144ff ist ein Beispiel für stoische Allegorese; vgl. o. bei Anm. 121.

[170] GRANT, Letter, 4, unter Verweis auf BOYANCÉ, Le culte, 121–124; vgl. o. Anm. 35.

[171] Frgm. 2 bei DIELS/KRANZ, Porphyrios, Quaestionum Homericarum ad Iliadem pertinentum reliquias, Zürich 2005 (= Leipzig 1880–1882), 240,14.

[172] Vgl. BERNARD, Dichtungstheorien, 76–78; – gegen A. DELATTE, Études sur la littérature Pythagoricienne, BEHE.H, Paris 1915, 114f, und M. DETIENNE, Homère, Hésiode et Pythagore. Poésie et philosophie dans le pythagorisme ancien, Brüssel 1962, 66f.

[173] Vgl. die Fragmente 3, 4 und 6 bei DIELS/KRANZ, Porphyrios.

[174] NESTLE, Mythos, 128–131, lehnt deshalb den Pythagoreismus als Ursprung der ältesten Allegorese ab und denkt stattdessen an die Orphik. Jedoch ist das, was er der Orphik zuschreibt (Etymologie, Zeus = ζῆν und διά, δεσμός, ἡνιαῖον κράτος), bereits ausgesprochen stoisch (wenn auch die Etymologie selbst älter ist).

[175] Also als heuristische, metaphorische Modelle für eine im Logos nicht erfassbare Wahrheit; vgl. o. b).

[176] Vgl. Polit. 378 d: „mag nun ein verborgener Sinn darunterstecken oder auch keiner" (οὔτ' ἐν ὑπονοίαις ... οὔτε ἄνευ ὑπονοιῶν).

dem Bereich des Seins (der Ideen) zugehört. Das Werden kann nur mit der bildlichen Rede, dem εἰκὼς λόγος, erfasst werden[177]. Diese (metaphorische) Rede kann aber nur noch im Mythos, im εἰκὼς λόγος, begründet werden[178]. Dieser Bezug zum Mythos zeigt, dass der εἰκὼς λόγος eine Beziehung zum Göttlichen, d.h. für Platon zum Bereich des Seienden hat. Für den Wissenden und Eingeweihten wird dieser Logos durchsichtig auf die transzendente Wahrheit hin. An sich ist er mehrdeutig: „Diese Nähe des εἰκὼς λόγος zum Göttlichen macht ihn nachdrücklich zur reinen θεωρία, zur *philosophischen* Schau der Welt...“[179]. Es ist eine neue Weise der Mythen-Interpretation, eine Allegorese höherer Form.

Platons Mythenverwendungen sind für die späteren Neuplatoniker einer der wesentlichen Anlässe zu ihrer dihairetischen Allegorese. Gelegentlich greift auch Philon auf griechische Mythen zurück, obgleich er selbst genug narrativen Stoff zum Allegorisieren im Pentateuch, seinem primären Text, vorliegen hat: z.B. Som I 233 (Homer, Od. XVII 485ff); Quaest in Ex II 29ff (Platon, Phaidros 246a ff). Es ist das Vorbild des platonischen Mythengebrauchs, das zu einer anderen Form der Allegorese führt, als sie im Gefolge der Naturphilosophen und der an jene anschließenden Stoiker üblich war. Spätestens zu Anfang des 1. Jahrhunderts v.Chr. ist nun aber der Platonismus in Alexandrien durch einen neuen Pythagoreismus belebt worden, was nicht nur durch Eudoros belegt wird. Das Interesse am Timaios Platons war zugleich ein Interesse am Pythagoreismus. Das zeigt die wahrscheinlich schon im 2. oder 1. Jahrhundert v.Chr. entstandene, den dorischen Dialekt imitierende Schrift περὶ φύσιος κόσμου καὶ ψυχᾶς, ein Pseudepigraphon, das von Timaios aus Lokroi, der Hauptperson aus Platons Timaios, zu stammen | beansprucht und letztlich Platon als vom Pythagoreismus abhängig erklären will[180]. Dillon[181] weist darauf hin, dass sich diese Form des

---

[177] Nach B. WITTE, Der εἰκὼς λόγος in Platons Timaios, AGPh 46 (1964) 1–16, bes. 1f, handelt es sich um eine definierte Redeweise, die einen τρόπος, eine δύναμις und eine ἰδέα hat.

[178] Dazu E. RUDOLPH, Platons Weg vom Logos zum Mythos, in: Ders. (Hg.), Mythos zwischen Philosophie und Theologie, Darmstadt 1994, 95–112.212. Zu Platons Mythosrezeption vgl. auch CH. QUARCH, Platons Konzept des „damythologein“. Philosophie und Mythos in Platons *Phaidon*, a.a.O. 113–141. 212–221, bes. 129f.134ff.

[179] WITTE, εἰκὼς λόγος, 13; er verweist dafür auf eine Anekdote über Pythagoras (Jamblichos, Vit.Pythag. 12,58) und wiederholte „Bezugspunkte zum Pythagoreismus“ im Timaios: „Diese Beziehung lässt die Ansätze zur Allegorese, die sich an einigen Stellen zeigen, verständlich erscheinen“.

[180] Der von Platon fingierte Timaios „behandelt die großen Themen seines Vortrages etwa so, wie ein Pythagoreer das getan hätte. Platon bedient sich hier nicht (wie sonst oft) eines Mythos, sondern der ihm wohl bekannten pythagoreischen ‚Sprachregelung‘, um das eigentlich nicht Aussagbare in angemessener Verschlüsselung mitzuteilen“ (H. DÖRRIE, Art. „Timaios, 2.“, KP 5 [1979] 834, unter Berufung auf WITTE, εἰκὼς λόγος). Wenn dies zuträfe, würde letztlich auch der soeben skizzierte Mythengebrauch Platons sich pythagoreischer allegorischer Darstellung verdanken. Leider lässt sich das nicht stringent nachweisen. Zur Geschichte der Timaios-Rezeption im Hellenismus siehe D.T. RUNIA, Philo of Alexandria and the Timaios of Plato, PhAnt 44, Leiden

Neupythagoreismus zunächst eher auf dem Niveau einer sub-philosophischen Mode bewegt und erst durch Eudoros seriös wird. Für eine pythagoreisch-platonische Allegorese im Sinne Philons gibt es für diese Zeit trotz allem keine direkten Belege. Wohl aber gab es bereits in der Alten Akademie, bei Speusipp (bis 339 v.Chr.) und Xenokrates (bis 314 v.Chr.), ein steigendes Interesse an der Person des Pythagoras und der pythagoreischen Lehre. In der doxographischen Tradition werden Xenokrates die Lehre von μονάς und δυάς, von Dämonen, von der Entsprechung von Ideen und Zahlen, von der Unsterblichkeit der Seele zugeschrieben[182]. Für uns von besonderem Interesse ist nun aber ein doxographischer Bericht des Aetius (Frgm. 15), wonach Xenokrates das Prinzip der Monas mit Zeus gleichsetzt[183]. Ebenso allegorisiert er den orphischen Mythos von Dionysos und den Titanen[184] in Bezug auf die Gefangenschaft der Menschen auf der Erde (nach Phaidon 62b). Das könnte zeigen, dass die Allegorese schon früh in den Platonismus Eingang gefunden hat.

Dass sich das alexandrinische Judentum in seinem selbstbewussten Anschluss an die hellenistische Kultur besonders dem Platonismus und der pythagoreischen Tradition zuwandte, liegt im Wesenskern der jüdischen Religion, dem transkosmischen (und prinzipiell transzendenten) Gottesbegriff. Die Neigung alexandrinischer Juden zum Platonismus ist aber nicht erst in der Zeit Philons entstanden. Martin Rösel[185] hat m.E. überzeugend nachgewiesen, dass bereits die Genesis-Septuaginta, die im 3. Jahrhundert v.Chr. „als erstes der fünf Bücher des Pentateuch"[186] übersetzt wurde, bei der Übertragung des Schöpfungsberichtes von Platon, insbesondere vom Timaios beeinflusst war[187]. Das ist freilich ein merkwürdiges Ergebnis in doppelter Hinsicht. Nicht nur, dass über einen alexandrinischen Plato- | nismus des 3. Jahrhunderts v.Chr. sonst nichts bekannt ist, sondern auch,

---

1986, 45–57; zum *Timaios Lokros* W. MARG, Timaeus Locrus. De natura mundi et animae. Überlieferung, Testimonia, Text und Übersetzung, PhAnt 24, Leiden 1972, und den Kommentar von M. BALTES, Timaios Lokros. Über die Natur des Kosmos und der Seele, PhAnt 21, Leiden 1972, der es für wahrscheinlich hält, dass *Timaios Lokros* von einem Timaios-Kommentar des Eudoros abhängig ist. Es muss jedoch betont werden, dass der *Timaios Lokros* keinerlei Indizien für eine allegorische Methode enthält.

[181] DILLON, Platonists, 119.

[182] Dillon bezeichnet Xenokrates als „The Father of Neopythagoreanism", vgl. a.a.O. 37f.

[183] Vgl. DILLON, a.a.O. 25.

[184] Siehe Frgm. 20 (Porphyrios) bei DILLON, a.a.O. 27.38.

[185] M. RÖSEL, Übersetzung als Vollendung der Auslegung. Studien zur Genesis-Septuaginta, BZAW 223, Berlin 1994.

[186] A.a.O. 10.

[187] A.a.O. 25ff.73ff; vgl. die Zusammenfassung 82f: Die Übersetzung „unsichtbar und unbearbeitet" in Gen 1,2 (Unterscheidung von Ideenwelt und Materiewelt); die Differenzierung der Schöpfungsverben ποιέω und πλάσσω; στερέωμα in 1,6; Zusammenstellung von γένος und ὁμοιότης in 1,11; zwei Phasen der Weltentstehung: 2,3–5.9.19; τετράπους in 1,25; εἰκών in 1,26; κόσμος und συντελέω in 2,1; vgl. κατακλυσμός in 6,17.

dass eine Adaption der platonischen Philosophie durch Juden für diesen Zeitraum überraschend ist. Bei Aristobul finden sich dann Spuren einer jüdischen Mythenallegorese (Homer), die schließlich bei Philon als platonische Methode erscheint und auf die Auslegung der Bibel übertragen wird.

6. Ergebnisse

Die Ergebnisse dieses Beitrages liegen zum Teil auf historischem, zum Teil auf morphologischem Gebiet.

a) Zum Historischen:

(1) Jede Rezeption von Texten ist implizit immer schon Interpretation. Erst da, wo Texte normativ und formativ verbindlich geworden sind und deshalb nicht mehr durch Fortschreibung verändert werden können, ist die Frage nach den historischen Anfängen von Schriftauslegung sinnvoll. Spuren solcher als Metatexte zu bezeichnenden Kommentierungen finden sich erstmals bei den vorsokratischen Naturphilosophen (Anaxagoras). Diese ältesten Versuche von Mytheninterpretation verfahren allegorisch, d.h. sie ersetzen Namen durch Begriffe von allgemeinen Naturphänomenen oder psychisch-ethischen Verhaltensweisen. Diese Form der Interpretation wird in der stoischen Exegese fortgesetzt und dort mit der Tropenlehre verbunden, wodurch die allegorischen Transformationen eine rhetorische Methodik erhalten. So gesehen lässt sich sagen, dass die Allegorese der Anfang der Exegese ist.

(2) Im 2. Jahrhundert v.Chr. entsteht in Alexandrien die Gattung des fortlaufenden Kommentars, vor allem zu den Homerischen Epen, mit Text-, Sprach- und Sacherklärungen, den Prinzipien literaler Exegese. In Pergamon wird unter dem stoisch beeinflussten Krates von Mallos die allegorische Homerinterpretation wahrscheinlich auch in Kommentarform vorgebracht.

(3) Die These von Bernard, dass die antike Mythenallegorese zwei Entwicklungslinien hat – nämlich eine stoische (substitutionelle) und eine platonisch-pythagoreische (dihairetische) –, hat sich in der weiteren Untersuchung bewährt. Die stoische Linie lässt sich verfolgen von den vorsokratischen Naturphilosophen über die älteren Stoiker, Krates von Mallos, Cornutus und Herakleitos bis zur Rhetorik Quintilians. Dagegen führt eine andere Linie (jetzt rückwärts gezogen) von den Neuplatonikern über Plutarch

zu Philon von Alexandrien und – auch wenn der genaue Ausgangspunkt nicht auszumachen ist – hinter Philon zurück.

(4) Die frühjüdische Schriftauslegung in Palästina hat ihre eigenen Wurzeln, de- | ren Ansätze in die Schriften des hebräischen Kanons selbst zurückreichen. Neben Kommentierungen und Korrekturen der Schreiber in den Abschriften gibt es Fortschreibungen der gesetzlichen und der haggadischen Überlieferung sowie Ergänzungen und transformierende Neufassungen älterer Schriften[188]. Vor allem aber die zum Kult gehörende Mantik und Divinatorik hat ihre eigene Ausprägung als „mantologische Exegese"[189] in den apokalyptischen Schriften gefunden. Auf der Semiotik dieser Weltdeutung (von Träumen, Visionen, Omina und Orakeln) basiert nicht nur die Gattung der Allegorie, sondern vor allem auch die *Allegorese* als Methode der Interpretation mündlicher (Orakel) und schriftlicher Texte. Da die Deutungen von Texten ebenfalls Texte sind, ist es angebracht, von Metatexten zu reden.

(5) Die älteste Form fortlaufender Kommentare im jüdischen Bereich stellen die unter den Qumrantexten gefundenen *Pesharim* dar (etwa ab 100 v.Chr.). Sie setzen erstens ein Verständnis kanonisch erachteter Schriften als Orakel und zweitens eine Korrelation von Urzeit (Entstehungszeit der schriftlich gewordenen Offenbarung) und Endzeit voraus. Die (alte) „Schrift" ist auf die (neue) subjektive Gegenwart der Gruppe bezogen, ja schon ihretwegen überhaupt geschrieben worden. Von der *Pesher*-Exegese ist sowohl die vorrabbinische *Peshat*-Exegese (nomologisch, literal) als auch die spätere rabbinische *Derash*-Exegese (der haggadischen Midrashim) zu unterscheiden[190]. Letztere stellt allerdings unsere Unterscheidung von Text und Metatext insofern in Frage, als der Metatext (Midrash) als die Wirklichkeit des offenbarten und kanonisierten Buchstabenkontinuums gilt – der „Text" also nur in seinen Deutungen existiert und so prinzipiell mehrdeutig ist[191].

(6) Von den genannten drei jüdischen hermeneutischen Modellen ist wiederum die Allegorese Philons von Alexandrien zu unterscheiden. Philon geht von einer doppelten Bedeutung des Tora-Textes aus: der literalen, die der halakhischen *Peshat*-Exegese entspricht, und der tieferen, allegorischen[192]. Während in den *Quaestiones et Solutiones* sich literale und allego-

---

[188] Das ist in dem maßgeblichen Werk von Michael FISHBANE, Interpretation, ausführlich vorgestellt worden.

[189] A.a.O. 443ff.

[190] Im Anschluss an BREWER, Techniques.

[191] Im Anschluss an GOLDBERG; vgl. SCHÄFER, Text.

[192] Vgl. das Dictum von AMIR, Midrasch, 117: „nicht Vieldeutigkeit, sondern Doppeldeutigkeit"; vgl. auch den bezeichnenden Titel des von HAY herausgegebenen Buches: „Both Literal and Allegorical".

rische Deutung noch die Waage halten, ist der *Allegorische Kommentar zur Genesis* nur noch an der allegorischen Auslegung interessiert, ohne dass die wörtliche Bedeutung und deren rituelle Befolgung in Frage gestellt würde.

(7) Philons Allegorese nimmt in erstaunlichem Maße die Methode der neuplatonischen dihairetischen Allegorese vorweg. Die „Worte" (ῥήματα) verbergen Wirk- | lichkeiten (πράγματα), die in den platonischen Ideen bestehen. Die Ideen sind jedoch personale „Kräfte" (δυνάμεις), deren Spitze der *Logos* darstellt, die δύναμις θεοῦ, welche die Übertragung der noetischen Formen auf den κόσμος αἰσθητός bewirkt. Die Methode der Sinnentbergung bedient sich etymologischer und dialektischer (dihairetischer) Operationen. Letztere bestehen in der die „Ketten" der Ideenpyramide emporsteigenden analogischen Erkenntnis[193]. Die platonische Philosophie ist für Philon nicht einfach eine in die Texte des Mose hineingelesene Lehre, wobei dann das Ergebnis der Interpretation mit ihrer Voraussetzung identisch wäre[194], sondern ein hermeneutischer Schlüssel, ein Suchinstrument. Allerdings hat die platonische Erkenntnislehre selber schon eine gewisse zirkuläre Struktur, insofern die Erkenntnis des Wahren als Erinnerung, als ein Wieder-Erkennen beschrieben wird[195]. Dies gilt aber zugleich von jedem Lesen, das zugleich ein Wieder-Finden und ein Neu-Entdecken ist.

(8) Es gibt zwar Indizien dafür, dass Philon nicht der Erfinder einer platonischen Allegorese ist[196], aber der Ursprung dieser Methode bleibt im Dunkeln. Platon selber liefert die Voraussetzungen (εἰκὼς λόγος, εἰκὼς μῦθος; Dihairese), aber er unternimmt noch keine Mythenexegese, die dem Projekt der philonischen Bibel-Allegorese nahe käme. Nicht ganz klar ist, welche Vermittlerrolle zwischen Platon und Philon der Pythagoreismus spielt. Die Beschreibung der Therapeuten in VitCont hat pythagoreisches Kolorit. Die von ihnen betriebene Allegorese wird VitCont 28f auf eine

---

[193] Vgl. als ein Beispiel Her 133ff. BERNARD, Dichtungstheorien, 285, verweist im Anschluss an PÉPIN, Mythe et Allégorie. Les origines grecques et les contestations judéo-chrétiennes, Paris 1976, 8f, auf Som I 73: „Wundere dich nicht, wenn die Sonne nach den *Regeln der Allegorie* (κατὰ τοὺς τῆς ἀλληγορίας κανόνας) mit dem Vater und Führer des Alls verglichen wird", vgl. SpecLeg I 287; Abr 68; Som I 102: νόμοι ἀλληγορίας.

[194] Das wird ja heute oft existentialer oder psychologischer Interpretation vorgeworfen – wobei dann der Ausdruck Allegorese als abwertender Sammelbegriff für alle Arten von „Eisegese" gebraucht wird.

[195] Platon, Phaidon 76 d7–e7 (dazu: E. HEITSCH, Finden, Wiederfinden, Erfinden. Überlegungen zu Platons Phaidon 76 e4–5, AAWLM.G 14, Mainz 1979); vgl. Philon, Immut 86ff, und dazu D.T. RUNIA, Mosaic and Platonist Exegesis. Philo on „Finding" and „Refinding", VigChr 40 (1986) 209–217, bes. 216, der die Immut 86 erwähnten ζητικοὶ τῶν κυρίων ὀνομάτων, die den Ausdruck ἀνεύρεσις (als neologistisches Substantiv zu dem platonischen Verb ἀνευρίσκειν) gebrauchen, für platonische Exegeten hält. Falls Philon sich damit nicht selber meint, wäre dies ein weiteres Indiz für die Existenz einer vorphilonischen platonischen Allegorese.

[196] S.o. zu Quaest in Gn I 8.

„alte Philosophie" und „Schriften von Männern aus alter Zeit, welche diese Schule begründet haben" zurückgeführt. Das lässt an eine jüdische Sekte denken, die sich nach dem Modell pythagoreischer Lebensform konstituiert hat und ihre allegorische Lektüremethode des mosaischen Gesetzes auf die „alten" Pythagoreer zurückführt[197]. Diese Hypothese wird durch die „Siebenerverse" aus dem 5. Aristobulfragment gestützt, die nach der Vermutung von Walter auf eine Quelle jüdisch-pythagoreischen Ursprungs zurückgehen[198]. Wenn dies zutreffen sollte, so wäre damit zwar kein pythagoreischer | Ursprung der dihairetischen Allegorese nachgewiesen, aber wir würden hier (im Alexandrien des 2. Jahrhunderts v.Chr.) auf einen jüdisch-hellenistischen Synkretismus stoßen, der die stoische Allegorese platonisch und in „pythagoreischer" Mode weiterentwickelt haben könnte[199]. Leider wissen wir über einen alexandrinischen Platonismus des 2. Jahrhunderts v.Chr. zu wenig. Im historischen Rückblick verlieren sich die Spuren der „platonischen" (dihairetischen) Allegorese also kurz „hinter" (d.h. zeitlich vor) Philon.

b) Zum Morphologischen

(1) Im 2. Abschnitt dieser Untersuchung („Allegorie und Allegorese") wurde versucht, eine allgemeine Bestimmung des Begriffs „Allegorie" (und „Allegorese") zu geben, ohne auf die geschichtliche Wandlung der Begriffe „Allegorie", „Symbol" und „Metapher" einzugehen. Im Ergebnis stellte sich die Allegorie als ein Mittleres zwischen Metapher und Symbol dar. Die vorgestellte Matrix enthält selber drei unterschiedliche Systeme. Eins davon (die dritte Zeile) ist ein modernes linguistisches: Die Metapher wird verstanden als ein im Akt der *Prädikation* Bedeutung erzeugender Text, das Symbol dagegen als ein *Subjekt*, d.h. als ein einzelnes, im Referenzakt Bedeutung repräsentierendes Zeichen. In diesem System gehört die Allegorie auf die Seite der Metapher, denn ihre Bedeutung ergibt sich ebenfalls durch Interaktion von zwei Größen, von denen die eine aber verdeckt und verborgen ist. Bei der Metapher wird die Bedeutung *kreiert*, bei der Allegorie *entdeckt* und *geborgen*. Beim *Symbol* dagegen fehlt die Spannung. Ausdruck und Bedeutung sind ganz ineinander gefallen.

---

[197] Vgl. dazu aber o. Anm. 147.

[198] S.o. bei Anm. 123.

[199] Die Alternative dazu wäre die Annahme, dass erst Philon selbst diesen Schritt vollzogen hätte. Ich halte das aber für unwahrscheinlich, weil Philon diese Methode wie selbstverständlich voraussetzt und sich überdies dabei häufig auf andere beruft.

(2) Es muss nun gesagt werden, dass dieser Begriff von Symbol der des Idealismus des 19. Jahrhunderts ist (Friedrich W.J. Schelling)[200]. Im Hintergrund steht wieder einmal die Homer-Interpretation und damit die Mythosdebatte (Christian G. Heyne [1729–1812])[201]. Im Übergang vom 18. zum 19. Jahrhundert verschob sich die Wesensbestimmung des Mythos von einer allegorischen zu einer symbolischen Auffassung. Erstere galt nun als rational und künstlich, letztere erfasste den Mythos als natürliche Erscheinungsform der Idee im Ästhetischen: Der Mythos sei nicht „allegorisch", sondern „tautegorisch" (so Schelling). Hier wird ein rhetorischer, tropologischer Begriff von „allegorisch" auf der einen und ein radikalisierter platonischer Begriff von „symbolisch" auf der anderen Seite gebraucht. Das Symbol *reprä-* | *sentiert* in offener, selbstverständlicher (manifester) Weise die Macht und Kraft des Mythos, wobei das Verhältnis des Interpreten zu diesem ein naives ist[202].

(3) Theologisch-hermeneutisch bedeutsam wurde die Weiterentwicklung der Kantischen Ästhetik durch Jakob F. Fries (1773–1843), der den Begriff der „Ahndung" (mit dem „Gefühl" – neben dem „Wissen" [mit dem „Begriff"] und dem „Glauben" [mit der „Idee"]) einführte. Wilhelm M. L. De Wette (1780–1849) konnte damit die mythische Sprache des Alten Testaments als anthropologisch notwendige und theologisch sachgemäße Ausdrucksweise für den Bereich des Religiösen, des Transzendenten erklären[203], freilich um den Preis des uneingestandenen Verzichts auf die jeweilige spezifische Geschichtshaftigkeit – gewissermaßen als Vorläufer existentialer und archetypisch-psychologischer Interpretation.

(4) Hans-Georg Gadamer begründet die „Rehabilitierung der Allegorie" mit dem gegen die absolute Bevorzugung des Symbols erhobenen Vorwurf, dass diese von einer nicht haltbaren Erlebnis- (und Genie-) Ästhetik abhängig sei, bei der die Wahrheitsfrage letztlich verdrängt werde[204]. Heute wäre dieser Einwand allgemein gegen Tendenzen zur Autonomisierung des ästhetischen Bewusstseins in bestimmten extremen Weisen der Rezeptionsästhetik, aber auch gegen die Archetypisierung von Symbolen zu erneu-

---

[200] Dazu H.-G. GADAMER, Gesammelte Werke 1: Wahrheit und Methode. Grundzüge einer philosophischen Hermeneutik, Tübingen ⁵1986, 66–77, bes. 73.

[201] Dazu CH. HARTLICH/W. SACHS, Der Ursprung des Mythosbegriffs in der modernen Bibelwissenschaft, Tübingen 1952, 11ff.

[202] Dieser „Symbol"- bzw. „Mythos"-Begriff wird auch in vorliegendem Beitrag gebraucht. Der Mythos ist dabei jedoch nach meinem Verständnis nicht „Exegese des Symbols", sondern – in gewisser Weise umgekehrt – semantische Matrix des Symbols, das seine Bedeutung aus dem Mythos (als seinem Kontext) bezieht (gewissermaßen als Perle aus einer Auster).

[203] J.F. FRIES, Wissen, Glaube und Ahndung, Göttingen ²1931; W.M.L. DE WETTE, Über Religion und Theologie. Erläuterungen zu seinem Lehrbuch der Dogmatik, Berlin ²1821. Vgl. dazu HARTLICH/SACHS, Ursprung, 91ff, bes. 103–120.

[204] GADAMER, Wahrheit, 74ff.

ern. Symbole sind der Geschichte unterworfen. Sie haben ihre Bedeutung überhaupt nur durch eine Geschichte, einen Mythos, in dem sie eine Rolle spiel(t)en. „Selbstverständlich" sind sie nur solange, wie ihr Mythos noch gilt, d.h. solange, wie dieser gesellschaftliche Sanktionsmacht hat. Ja, im Grunde ist die Naivität und Selbstverständlichkeit des Mythos (und damit des Symbols) nur ein Grenzwert, denn empirisch erscheint der Mythos immer nur als vergegenwärtigter, implizit interpretierter[205]. Der konsequenten Symbolästhetik ist also der Vorwurf zu machen, dass sie eine Naivität suggeriert, die auf jede Interpretation und damit auf Hermeneutik überhaupt verzichten zu können meint.[206]

(5) Dadurch, dass das Symbol seine Bedeutung in der Regel nur durch herme- | neutische Arbeit hergibt, kommt es dem Wesen der Allegorie nahe[207]. Diese wird nun aber, wie wir sahen, auf der anderen Seite auch mit den Tropen, insbesondere der Metapher, in Verbindung gebracht. Dass sie auch hier nicht ganz unterzubringen ist, verrät die Beobachtung der Rhetoriker, dass sie (als zu dunkle Metapher) zum *Rätsel* tendiert[208]. Die doppelte Geschichte der Allegorese in der Antike, die stoisch-rhetorische und die platonische, spiegelt diese Ambivalenz wider.

(6) Der Platonismus ist gewissermaßen die ontologische und mystische Fortsetzung des mythischen Wirklichkeitsverständnisses. Während der μῦθος als gründende Erzählung die heiligen Kräfte des Anfangs vergegenwärtigt und damit Gegenwart begründet, geht es im Platonismus um die Präsenz des Seins in der Schau der Ideen. Der wesentliche Begriff ist dabei das *Bild* (εἰκών). Das Verhältnis zwischen dem Urbild (der Idee) und seinem Abbild (εἰκών) wird in der Gleichnisrede (dem εἰκὼς λόγος) mit ihrer *Analogie* angemessen zur Sprache gebracht[209]. Die platonische Gleichnisrede entspricht dabei der auf der Analogie basierenden *Metapher*[210]. Dabei

---

[205] S.o. Anm. 33.

[206] Vgl. den herausfordernden Titel eines berühmten Essays von S. SONTAG, Against Interpretation. And other essays, London 2009, in dem die Autorin statt einer Hermeneutik eine „Erotik" der Kunst fordert; ähnlich H.M. ENZENSBERGER, Bescheidener Vorschlag zum Schutze der Jugend vor den Erzeugnissen der Poesie, in: Ders. (Hg.), Mittelmaß und Wahn. Gesammelte Zerstreuungen, Frankfurt a.M. 1992.

[207] Auf die Notwendigkeit der Allegorese kommt CASSIRER, Philosophie II, 305ff, im Zusammenhang des religiösen Bewusstseins zu sprechen: „Die ‚Analogie' trägt daher immer die typischen Züge der ‚Allegorie': denn alles religiöse ‚Verstehen' der Wirklichkeit fließt nicht aus ihr selbst, sondern ist daran gebunden, dass sie auf ein ‚Anderes' bezogen und in ihm ihrem Sinne nach erkannt wird", a.a.O. 305.

[208] Der Ausdruck αἴνιγμα trifft den Sachverhalt.

[209] Die verwendete Metapher passt in diesem Fall besonders.

[210] Es handelt sich also – im Gegensatz zum modernen poetischen Begriff der „wilden" oder „kühnen" Metapher – um einen Begriff von streng domestizierten Metaphern, in denen die Analogie vorausgesetzt und nicht erst erzeugt wird.

setzt Platon voraus, dass diese Bildbeziehung in den Mythen (im εἰκὼς μῦθος) angelegt ist[211], die deshalb sachgerecht interpretiert werden müssen. (7) Dieses platonische Mythenverständnis, wonach der Mythos methodisch zu interpretieren ist, wird bei den Neuplatonikern (und eben auch schon in Philons Bibelinterpretation) zur allegorischen Methode ausgebaut und auf die fundierenden schriftlichen Texte angewendet. Dabei begegnet der Begriff des „Symbols" (σύμβολον, συμβολικός), womit gerade nicht das „selbstverständliche" (manifeste) „Symbol" der modernen Mytho-Logie des Idealismus (Schelling) und der Tiefenpsychologie[212] bezeichnet wird, sondern das zugleich indizierende und verbergende Zeichen, die Allegorie.[213] |

(8) Eine Morphologie, die die Begriffe Mythos, Symbol, Metapher, Allegorie usw. in einen systematischen Zusammenhang stellen möchte, würde den hier angedeuteten Versuch überfordern. Eine der gelungensten und brauchbarsten Unternehmungen dieser Art scheint mir Ernst Cassirers „Philosophie der symbolischen Formen" zu sein[214]. Dabei sind Symbol und Mythos ja nur die Leitbegriffe *einer* Schneise, die ich als die „platonische" bezeichnen möchte. Es gibt andere Systeme: die Semiotik; die Rhetorik, aus der gelegentlich so etwas wie eine Philosophie der Tropen abgeleitet wird[215], oder literaturwissenschaftliche Gattungstheorien[216]. Für eine literaturwissenschaftliche Exegese biblischer Texte jedenfalls könnten solche Modelle heute hilfreich sein – wo die klassische Formgeschichte inzwischen in eine Krise geraten ist, synchrone und diachrone Analyse der Texte kaum noch vermittelbar sind und postmoderne Exegese häufig in der Beliebigkeit des „anything goes" endet. *Eine* Erkenntnis aber kann man aus dem Wechsel der Paradigmen ziehen: Die Texte sind den Interpretationstheorien und -modellen immer voraus. Die Allegorese ist eine Lektüremethode, die

---

[211] Weil die wahren Dichter die enthusiastisch geschauten Ideen (vgl. Phaidros 246a ff) in angemessenen Bildern zur Sprache gebracht haben, aus denen sie der Eingeweihte wiedererkennt.

[212] Der Symbolbegriff Freuds ist dagegen mit dem neuplatonischen verwandt: verbergend und zugleich verratend, symptomhaft – zugleich aber auch substituierend, d.h. von den Tropen her bestimmt. Das Interpretieren ist dabei entscheidend. Da das Symbol für Freud jedoch Krankheitssymptom ist, muss es selbst durch Aufklärung überwunden werden.

[213] Das Wort σύμβολον in diesem Sinne überaus häufig bei Philon, Plutarch, den Neuplatonikern (z.B. Jamblichos, Vit.Pythag.); vgl. dazu DILLON, Image.

[214] S.o. Anm. 33 und 207.

[215] Ein wirkungsgeschichtlich bedeutsames Unternehmen dieser Art war G. VICO, Die neue Wissenschaft über die gemeinschaftliche Natur der Völker, übers. und eingel. v. E. Auerbach, Berlin ²2000 (= München 1924).

[216] Für die Exegese bedeutsam ist immer noch JOLLES, Einfache Formen. Jolles' Begriff der „Geistesbeschäftigung", den man als anthropologischen Oberbegriff dem formgeschichtlichen „Sitz im Leben" überordnen könnte, hat eine gewisse Verwandtschaft mit Cassirers Bezeichnung des Mythos als einer „Energie des Geistes" (vgl. o. Anm. 33).

aus dem ständigen Mehrwert der Texte Gewinn für die Gegenwart schöpft[217].

---

[217] Auf folgende weitere Literatur sei hingewiesen: Quellenausgaben und Übersetzungen: K. Mras, Eusebius Werke. Achter Band. Die Praeparatio Evangelica, GCS 43, Berlin 1954/1956; C.R. Holladay, Fragments from Hellenistic Jewish Authors III: Aristobulos, Text and Translations 39, Chico 1995; C. Lang, Cornuti Theologiae Graecae compendium, Leipzig 1881; F. Petit, Quaestiones in Genesim et Exodum fragmenta greaca, Les œuvres de Philon d'Alexandrie 33, Paris 1978; Philo in ten volumes (and two supplementary volumes) with an English translation by F.H. Colson and G.H. Whiteaker, The Loeb Classical Library, Cambridge 1991–2001; Philonis Alexandri Opera Quae Supersunt, hg. v. L. Cohn/P. Wendland, Bd. 1–8, Berlin 1896–1930; Platonis Opera, Recognovit brevique adnotatione critica instruxit Ioannes Burnet, 5 Bd., Oxford 1900ff; Plutarch's Moralia in sixteen volumes, with an English translation by F.C. Babbitt, The Loeb Classical Library 306, Bd. 5, Cambridge 1993; Proclus, The Elements of Theology. A Revised Text with Translation, Introduction, and Commentary by E.E. Dodds, Oxford [2]1963; Proclus, Commentaire sur la Républice. Traduction et Notes par A.J. Festugière, Paris 1970; Proclus, In Platonis Timaeum commentaria, hg. v. E. Diehl, Leipzig 1903–1906; M. FABIUS Quintilianus, Ausbildung des Redners. Zwölf Bücher, hg. und übers. v. H. Rahn, Darmstadt 2006; Stoicorum veterum fragmenta, collegit H. v. Arnim, IV, München 2004 (= 1924).

Gotteserkenntnis und Gotteserfahrung
bei Philon von Alexandrien

Das theologische Fundamentalproblem: Wie soll man über Gott denken? Wie kann man angemessen von Gott reden? ist bereits bei Philon von Alexandrien in einer Weise bedacht worden, die die gesamte christliche Theologie bis in die Gegenwart hinein geprägt hat und die bis zu einem gewissen Grad vorbildlich ist. Es geht dabei um das – sachgemäße – Paradox, dass der Mensch, gerade auch der fromme, über Gott nichts sagen und nichts wissen kann und dass er dennoch, obwohl er dies weiß, von Gott nicht schweigt.

Nun ist Philon aber nicht der erste, der eine solche Art von Theologie entworfen hat, und er steht darin nicht allein. Vielmehr vertritt er eine bestimmte Elite der alexandrinischen Judenschaft in seiner Zeit. Es ist überhaupt umstritten, wie original seine Gedanken sind. Er steht hier deshalb im Mittelpunkt, weil sein Werk die umfangreichste und beste Quelle für das hellenistische Judentum dieser Zeit ist. Und damit sind wir schon mitten in den methodischen Vorbemerkungen.

Man kann Philon zunächst auf zwei Arten lesen. Auf die eine Art benutzt man ihn – entsprechend dem eben Gesagten – als Quelle, ich könnte auch sagen: als Steinbruch. Die andere Art, die heute in der Philoforschung überwiegt und die aus literaturwissenschaftlichen Gründen ohne Zweifel sachgemäßer ist, ist die lectio continua, die sich auf den Schriftsteller und seinen Text im synchronen Zusammenhang konzentriert[1]. Allerdings ergibt sich bei dieser Art des | Lesens ein Dilemma, das zum Teil mit der Gattung der wichtigsten Schriften Philons zusammenhängt, die ja allegoretische Kommentierungen alttestamentlicher Texte sind[2]. So finden sich dann Aussagen „de deo" verstreut, wobei mal dies, mal jenes hervorgehoben wird, je nach Zusammenhang. Dadurch entsteht der Eindruck des Unsystematischen. Doch schon bei der ersten Lektüre bemerkt man, dass nicht nur gewisse

---

[1] D.T. RUNIA, Naming and Knowing. Themes in Philonic Theology With Special Reference to the De Mutatione Nominum, in: R. van den Broek u.a. (Hg.), Knowledge of God in the Graeco-Roman World, EPRO 112, Leiden 1988, 69–91, nennt drei Arten des Zugangs zur philonischen Theologie: den *systematischen* (z.B. H.A. WOLFSON, Philo. Foundations of Religious Philosophy in Judaism, Christianity, and Islam I–II, Cambridge/Ma. 1974), den *historischen* (z.B. J.M. Dillon [s.u. Anm. 11] und P. Boyance [s.u. Anm. 46]) und den *kontextualen*, den er selber prozediert.

[2] B.L. MACK, Philo Judaeus and Exegetical Traditions in Alexandria, ANRW II 21/1 (1984) 227–271: 249ff.

Aussagen häufig wiederkehren, sondern dass sich auch unterschiedliche Aussagen auf einer tieferen Ebene zu systematischen Komplexen gruppieren lassen. Dieser Tiefen-Text, dessen Existenz sich ja allein schon aufgrund der allegoretischen Methode Philons nahelegt[3], ist in sich durchaus systematisch. Hier findet man – bis zu einem gewissen Grad – ein philosophisches System, dem Philon verpflichtet ist und das er möglicherweise durch eigene Beiträge auch selber mit- und weiterentwickelt hat.

Doch stößt man auch hier an eine Grenze, auf Widersprüche in Philons verborgenem System. Hans Jonas hat das besonders deutlich aufgezeigt, der Philon letztlich in Halbheiten zwischen gnostischer Mystik, jüdischer Pistis und griechischer Wissenschaft befangen sieht, so dass Philon trotz seines Bemühens die falschen Objektivierungen nicht hätte überwinden können[4]. Was Jonas – einmal abgesehen von seinem Urteil „philonischer Halbheit"[5] – indirekt damit eröffnet hat, ist eine dritte, tiefste Ebene der Philon-Lektüre, die existentiell bedingte Ebene der philonischen Frömmigkeit[6].

Die erste Ebene, die kontextuale Lektüre des synchronen Textes, muss ich hier notwendig überspringen. Die zweite, die systematische Ebene will ich im *1. Teil* meines Vortrages behandeln, den ich überschreibe: *Der Gott der Philosophen.*

Die Ebene der existentialen Wurzeln philonischer Religion kommt im *2. Teil* in den Blick, der überschrieben ist: *Der Gott des Alten Testamentes.*

In einem *3. Teil* geht es um das zugleich faszinierende und proble- | matische Thema des ἄνθρωπος θεοῦ: *Der Mensch als Logos Gottes.* Hier, vermute ich, gibt es Ansätze zu einer vorchristlichen „Christologie".

Ein *4. und letzter Teil* steht unter dem Thema: *die Konsequenzen der philonischen Gottes- und Logoslehre für die neutestamentliche Christologie und eine angemessene Rede von Gott.*

1. Der Gott der Philosophen

Die Höhen abendländischer Gotteslehre, wie wir sie später bei Plotin, in der Patristik, bei Dionysios Areopagita, in der Scholastik und der Mystik an-

---

[3] H.-J. KLAUCK, Allegorie und Allegorese in synoptischen Gleichnistexten, NTA.NF 13, Münster [2]1986, 96–104.

[4] H. JONAS, Gnosis und spätantiker Geist. Teil II/1: Von der Mythologie zur mystischen Philosophie, FRLANT 63, Göttingen 1954, 70ff.

[5] A.a.O. 89.

[6] Dazu zählen m.E. noch nicht H. WINDISCH, Die Frömmigkeit Philos und ihre Bedeutung für das Christentum. Eine religionsgeschichtliche Studie, Leipzig 1909, und W. VÖLKER, Fortschritt und Vollendung bei Philo von Alexandrien. Eine Studie zur Geschichte der Frömmigkeit, TU 49/1, Berlin 1938.

treffen, sind im Grunde schon bei Philon erreicht; vor allem eine „negative Theologie", nach der von Gott nur via negationis und via eminentiae geredet werden kann[7]. Diese „negative Theologie" lässt sich zunächst und soweit auch vollständig aus einer bestimmten Linie der antiken Philosophie herleiten: von Xenophanes über die parmenideische und platonische Ontologie bis zur pythagoreischen Wendung des Platonismus durch den Alexandriner Eudoros unmittelbar vor der Zeit Philons. Das erste und trotz scheinbarer Ausnahmen[8] durchgängig eingehaltene Gesetz der Rede von Gott bei Philon kann man so formulieren: *Von Gott kann nur seine Existenz (das Dass seines Seins), nicht aber sein Wesen (das Was seines Seins) erkannt und ausgesagt werden.* Eine präzise Begründung dafür findet sich in De mutatione nominum 11ff[9]. Da Gott das | Seiende schlechthin (τὸ ὄν) ist, kann ihm kein Prädikat und kein Name gegeben werden, weil dadurch ja die Totalität seines Seins eingegrenzt und folglich negiert wäre. Daher ist das Seiende „un-aussprechlich" (ἄρρητον) und „un-benennbar" (ἀκατονόμαστον[10]). Neben dieser ontologisch-sprachanalytischen gibt es eine erkenntnistheoretische Begründung. Das Seiende ist „un-denkbar" (ἀπερινόητον) und „un-begreiflich" (ἀκατάληπτον)[11]. Gott selbst ist eigenschaftslos (ἄποιος)[12]. Neben der negierenden[13] Vorsilbe ἀ- sind dabei die semantischen Elemente des geometrisch und leiblich konkret zu veranschaulich-

---

[7] Zur Bedeutung und Geschichte der negativen Theologie vgl. R. MORTLEY, From Word to Silence. I: The Rise and Fall of Logos; II: The Way of Negation, Christian and Greek. I–II, Theoph. 30/31, Bonn 1986 (zu Philo: I, 39ff.103ff.118ff.154ff. II, 149f.248). In positivistischer Tradition wurde Philons „negative Theologie", die ihre radikale Ausgestaltung allerdings erst im Neuplatonismus erhielt (Proklos, Damaskios), als Wurzel aller metaphysischen Leerformel-Ideologie diffamiert: E. TOPITSCH, Über Leerformeln. Zur Pragmatik des Sprachgebrauchs in Philosophie und politischer Theorie, in: Ders. (Hg.), Probleme der Wissenschaftstheorie (FS V. Kraft), Wien 1960, 233–264, bes. 241f; noch weiter in positivistischer Arroganz geht C. ZIMMER, Negation und via negationis, LingBibl 64 (1990) 53–91. Vgl. dagegen eine kritische Repristinierung der „negativen Theologie" bei J. HOCHSTAFFL, Negative Theologie. Ein Versuch zur Vermittlung des patristischen Begriffs, München 1976. Für Hochstaffl spielt die „negative Dialektik" (Adorno, Horkheimer) eine vermittelnde Rolle (vgl. zu Hochstaffl: MORTLEY, a.a.O. II, 276f). Jüngst hat sich auch J. Derrida, dessen Denken der „différence" und Methode der „Dekonstruktion" in manchem der Weise der „negativen Theologie" ähnelt, mit dieser explizit befasst: J. DERRIDA, Wie nicht sprechen. Verneinungen, Edition Passagen 29, Wien 1989 (zu Derrida vgl. auch MORTLEY, a.a.O. II, 268ff).

[8] Z.B. Abr 57–59 und Imm 143 (dazu s.u. Anm. 26).

[9] Vgl. zu diesem Text RUNIA, Naming, 76ff.

[10] Som I 67.

[11] Nach J.M. DILLON, The Middle Platonists. A Study of Platonism 80 B. C. to A. D. 220, London 1977, 155, ist Philon der erste, der Gott diese Prädikate zulegte. Vgl. D.T. RUNIA, Naming, 82ff.

[12] All I 36.51 ; III 36; Congr 61. Meist jedoch erhält bei Philon die *Materie das* Prädikat ἄποιος (z.B. Op 22; Her 140; Fug 8f; Mut 135; Som II 45; SpecLeg IV 187).

[13] Zum Unterschied von Negation und Privation s. R. MORTLEY, Negative Theology and Abstraction in Plotinus, AJPh 96 (1975) 363–377: 374f.

enden Umfassenden (περί) und Ergreifenden (-ληπτόν) wichtig. Da unser νοῦς selber endlich ist, kann er das als Sein ihn selber Umfassende und Begründende nicht seinerseits „begreifen". Man muss nun freilich genau hinsehen. Philon gebraucht in Mut 14 nicht nur das Prädikat ἄρρητος von Gott, sondern er sagt auch vom Logos, dem unter Gott stehenden In- und Oberbegriff der „Kräfte" Gottes, er sei mit seinem eigentlichen Namen οὐ ῥητὸς ἡμῖν. Auch wenn der Logos damit nicht prinzipiell als „unsagbar" bezeichnet wird[14], so bleibt doch sein eigentlicher Name selbst Israel unbekannt. Gott selbst wird nämlich von Philon noch einmal über die Spitze der ontologischen Pyramide hinaus transzendiert: „Denn jenes Wesen, das noch besser ist als das Gute, ursprünglicher als die Einheit und reiner als die Eins, kann unmöglich von einem anderen geschaut werden, weil es nur von sich allein begriffen wer- | den darf" (Praem 40[15]). Das bedeutet eine Radikalisierung des an sich schon transzendenten platonisch-ontologischen Gottesbegriffs, die auf den pythagoreisierenden alexandrinischen Platoniker Eudoros zurückgeht, der dem pythagoreischen dualen Prinzipienpaar von Monade (= νοῦς) und Dyade (= Materie) noch eine höchste Einheit (bei Eudoros τὸ ἕν genannt) voranstellte und so den Dualismus von Geist und Materie noch einmal monistisch auffing[16]. Bei Philon hat dieser Schritt vor allem drei Konsequenzen:

1. Gott wird auch dem Geist, der das Seiende bestimmt, gegenüber transzendent.

2. Neben der via negationis (die nun auch schon für den Logos gilt) wird die via eminentiae als „Sprachregel" für die Rede von Gott eingeführt.

---

[14] RUNIA, Naming, 78, folgert aus dem Unterschied von Negation und Privation: Während Gott (das Sein) prinzipiell keinen eigentlichen Namen habe, habe der Engel (= Logos) zwar einen eigentlichen Namen, dieser werde aber nur nicht mitgeteilt. ῥητός ist bei Philon überwiegend Terminus technicus für den Wortlaut einer Schriftstelle, οὐ ῥητός wäre dann der verborgene (nicht wörtlich mitgeteilte) Sinn. In Fug 136 (τὰ δ' ἄλλα οὐ ῥητὰ γενέσει) impliziert das Prädikat οὐ ῥητόν jedoch für die Geschöpfe grundsätzliche Verborgenheit des Unausgesprochenen – wenn man hier nicht sogar wie W. Theiler in Philo Deutsch (L. COHN u.a. [Hg.], Philo von Alexandrien. Die Werke in deutscher Übersetzung. 7 Bde., Berlin 1909–1964) übersetzen kann: „Alles übrige ist unsagbar für das Geschaffene." Umgekehrt steht in SpecLeg III 178 ἄρρητος im Sinne von „unausgesprochen" (kaum aber von „unaussprechlich"; vgl. Op 126: ἵνα γένεται τὰ ἄρρητα ῥητά). SpecLeg I 45ff sagt Philon ausdrücklich, dass auch die Kräfte Gottes (deren Inbegriff der Logos ja ist) ihrem Wesen nach selbst für Mose unbegreifbar (und nur existentiell erfahrbar) bleiben: ἀκατάληπτοι (47).

[15] Vgl. VitCont 2. Dort ausgegeben als Lehre der Therapeuten.

[16] DILLON, Platonists, 114ff; DERS., Eudorus und die Anfänge des Mittelplatonismus, in: C. Zintzen (Hg.), Der Mittelplatonismus, WdF 70, Darmstadt 1981, 3–32; H. DÖRIE, Platonica Minora, Studia et Testimonia Antiqua 8, München 1976, 154ff.166ff.297ff; weitere Lit. bei G. SELLIN, Der Streit um die Auferstehung der Toten. Eine religionsgeschichtliche und exegetische Untersuchung von 1. Korinther 15, FRLANT 138, Göttingen 1986, 114 Anm. 109; ferner R.M. BERCHMAN, From Philo to Origen. Middle Platonism in Transition, BJSt 69, Chico 1984, 23ff.

3. Die Stelle der Spitze der ontologischen Pyramide nimmt jetzt der Logos ein, der den Oberbegriff aller Ideen darstellt.

An anderen Stellen bringt Philon diese Differenzierung von Gott und Logos mit gleichem Effekt dadurch zum Ausdruck, dass Gott als das Sein, der Logos aber als das „Etwas Sein", also das qualifizierte Sein erklärt wird. Dazu dient Philon als biblische Begründung eine inkorrekte Übersetzung von Manna (hebr, *man ha* = was ist dies?) durch τι (ohne Akzent) = etwas, anstatt durch τί (mit Akzent) = was?[17] So wird das Manna zum Symbol des Logos[18], der dadurch in gewisser Weise näher an den Kosmos der Einzelwesenheiten herangerückt wird – wenngleich er auch hier die Spitze der Ideenpyramide und somit den „Ort" (τόπος) aller das Sein prägenden Ideen darstellt, insofern er alle Wesenheiten umfasst. Auch das ist sachlich Eudoros entlehnt, für den die μόνας den Inbegriff des qualifizierten Seins, der ποιότης, darstellt, das auf einer Ebene unter der qualitätslosen Existenz (τὸ ἕν) angesiedelt ist[19]. |

Je transzendenter Gott gedacht wird, desto wichtiger wird der Logos. Der Logos ist die Größe, die ein letztes Auseinanderreißen von Gott und Welt verhindert. Auch das ist zunächst völlig aus der hellenistischen philosophischen Tradition erklärbar. Es bestand die Gefahr, dass der Gottesbegriff philosophisch unbrauchbar und „nutzlos" wurde. In der Gnosis ist später – in der Zeit nach Philon – eine ähnliche Konsequenz tatsächlich gezogen worden. Der absolut transzendente Gott wird (zwar gerade nicht vom Menschen, aber) von der Schöpfung, dem Kosmos, getrennt. Philon denkt noch nicht gnostisch, weil er am platonischen Weltschöpfungsprinzip und damit an einer positiven Auslegung von Gen 1 und 2 festhält. Im Anschluss an die Andeutungen Platons in Timaios 29e ist nach Philon die „Güte" oder „Gutheit" (ἀγαθότης) Gottes der ontologische Grund für die Schöpfung[20]. Diese Güte schließt den Neid Gottes aus, sagt Philon im Anschluss an Platon. Gott will nichts für sich allein haben, selbst seine Güte nicht. Für Platon hieß das: Gott will, dass alles ihm ähnlich (d.h. also „gut", geordnet, also Kosmos) werde. Man kann nun das Motiv von der den Neid ausschließenden Güte Gottes radikalisieren und landet dann im Neuen Testament. Gott will nicht nur nichts für sich allein haben, sondern er will sogar nicht für sich allein *sein*. Dann ist der letzte Grund für die Weltschöpfung die sich austeilende Güte Gottes. Im Neuen Testament ist der Begriff Güte, den Philon noch gebraucht, gesteigert zum Begriff ἀγάπη, den Philon in diesem

---

[17] All II 86; III 174f; Det 118.

[18] Vgl. aber Sacr 86 und Her 191, wo eine ältere Deutung des Mannas auf die Weisheit durchklingt.

[19] Dazu BERCHMAN, Philo, 25ff. Vgl. den Gebrauch von ἄποιος als negatives Prädikat Gottes bei Philon (s.o. Anm. 12).

[20] Z.B. All III 73.78; Mut 46.

Zusammenhang meidet, weil er ihn wegen seiner emotionalen Komponente von sich aus meist negativ gebraucht[21]. So ist an entsprechenden neutestamentlichen Stellen die vorkosmische Liebe Gottes der Grund der Schöpfung. Entsprechend sind Erwählung und Kindschaft der Christen nach Eph 1,4f schon vor der Schöpfung „in Liebe" geschehen bzw. vorherbestimmt.

Der Logos ist nun aber der Schöpfungsmittler schlechthin. Und er ist Ausdruck der bleibenden Verbundenheit Gottes mit dieser Schöpfung. Insofern er das qualifizierte „Etwas-Sein" darstellt, sind ihm alle Eigenschaften, alle Prädikate, alle Begriffe unterstellt. Aber zugleich ist er auch der Inbegriff der „Kräfte" Gottes, der δυνάμεις, also der Aspekt der Aktivität Gottes, die sich aus der sich austeilenden Güte begründen lässt. Gottes Wirken in der Welt geschieht | durch den Logos, ist begründet in Gottes Güte und dient der Erhaltung und Bewahrung der Schöpfung.

Die Kräfte, deren Inbegriff der Logos darstellt, werden von Philon noch ein mal entfaltet. Wir sahen bereits, dass auch das Wesen des Logos nicht begreifbar und aussagbar ist – außer dass er der Inbegriff des qualifizierten Seins allgemein ist. Erst auf einer Stufe darunter gibt es eine Art von Wesenserkenntnis, gibt es Prädikate und (uneigentliche) Namen Gottes: Die zwei unter dem Logos angesiedelten Kräfte haben Namen, die der naive Mensch fälschlich für die eigentlichen Namen Gottes hält: θεός – die schöpferische, wohltätige, erhaltende Kraft, und κύριος – die herrschende, weltlenkende, strafende Kraft[22]. Gott selber hat keinen Namen, und was die Menschen Gott nennen, ist nur eine seiner Masken, nur einer seiner „Diener".

Neben dem soweit behandelten ersten Grundsatz der philonischen Gotteslehre (nämlich: Von Gott kann nur seine Existenz, nicht aber sein Wesen erkannt und ausgesagt werden) gibt es noch einen zweiten: Gottes Existenz kann auf zwei Weisen erkannt werden, erstens durch aktive Erkenntnis des νοῦς, (von unten nach oben), zweitens durch Gnade und Inspiration (von oben nach unten). Diese zweite ist die wahre Gotteserkenntnis – wenn sie auch (wie die erste) nur Erkenntnis der Existenz ist.

Als Ausgangspunkt wähle ich den Textzusammenhang De praemiis et poenis 36–46. Der erste Weg (der von unten nach oben) ist der Weg der

---

[21] Die Ausnahmen wie z.B. Ebr 30; Migr 60; Abr 50 sind ausschließlich durch den LXX-Text veranlasst.

[22] Z.B. Cher 27; Abr 121. In Quaest in Ex II 68 entfaltet Philon diese Kräfte-„Trinität" in eine Fünfheit:

l. Logos
2. die schöpferische Kraft (θεός)　　　　　　3. die herrschende Kraft (κύριος)
4. die wohltätige Kraft　　　　　　　　　　　5. die gesetzgebend-richtende Kraft.
In Fug 94–105 nennt er – durch den Bibeltext veranlasst – sechs Kräfte, indem er die gesetzgebende/strafende noch einmal unterteilt.

Wissenschaft, der auf den kosmologischen Gottesbeweis hinausläuft[23]. Dieser Weg ist aber – wie Philon an anderer Stelle sagt – nur „zweite Fahrt"[24]. „Zur Wahrheit gelangen nur die Menschen, die die Vorstellung von Gott durch Gott gewinnen, die Vor- | stellung vom Licht durch das Licht" (Praem 46). Hier schlägt in gewisser Weise Philosophie um in Religion, Ontologie in Soteriologie, insofern nun das religionswissenschaftliche Phänomen der Esoterik ins Spiel kommt. Dennoch muss man daran festhalten, dass Philon hier nicht willkürlich aus der Rationalität der Ontologie herausspringt, sondern er gelangt bis zu einem gewissen Grad aus ontologisch-theologischer und sogar erkenntnistheoretischer Konsequenz zu diesem Schritt. Zu Beginn dieses Passus steht der bereits oben zitierte Satz: „Denn jenes, das besser ist als das Gute, ursprünglicher als die Einheit und reiner als die Eins, kann unmöglich von einem anderen geschaut werden, weil es nur von sich allein begriffen werden darf" (Praem 40). Damit wird zwar einerseits die Wesenserkenntnis Gottes ausgeschlossen, zugleich aber klingt in diesem Satz das erkenntnis-theoretische Prinzip an: *Nur durch Gleiches wird Gleiches erkannt.* Dieses Erkenntnisprinzip wird durch das Gleichnis von der Sonne bzw. dem Licht verdeutlicht: „Unsere sichtbare Sonne schauen wir doch durch nichts anderes als durch die Sonne? Ebenso die Sterne durch nichts anderes als durch die Sterne? Und wird nicht überhaupt das Licht nur durch das Licht gesehen? Ganz ebenso ist Gott sein eigenes Licht und wird durch sich allein gesehen, ohne dass ein anderer hilft oder helfen kann zur reinen Erkenntnis seines Daseins" (Praem 45). Die Konsequenz dieser metaphorischen Aussage ist: Unter den Menschen kann nur *der* Gottes Existenz *in der rechten Weise* erkennen, dessen νοῦς (als Erkenntnisorgan) Gott seinem eigenen νοῦς, dem göttlichen Logos, angleicht. Verwandlung des Menschen bzw. seines νοῦς durch Gott ist also erforderlich. Das gilt für „Jakob" (den aktiven, sich um Tugend bemühenden νοῦς), der umbenannt und das heißt umgewandelt wird in „Israel" (den „Gott Schauenden"); das gilt ebenso für „Abram" (etymologisch „Vater der Höhe" = den das Universum Erforschenden), der umbenannt wird in „Abraham" (=„Vater des erwählten Lautes", was so viel bedeutet wie „erwählter νοῦς")[25].

---

[23] Dieser erlebt heute erstaunlicherweise durch die moderne Teilchenphysik eine Auferstehung: „Die Gesetze, die das Universum in die Lage versetzen, seine Existenz spontan zu beginnen, können selbst das Ergebnis eines genialen Entwurfs sein. Wenn aber hinter der Physik ein Design steckt, dann muss das Universum einen Zweck haben. Die Evidenz der modernen Physik weist in meinen Augen stark darauf hin, dass dieser Zweck uns einschließt" (P. DAVIES, Die Urkraft. Auf der Suche nach einer einheitlichen Theorie der Natur, München 1990, 321).

[24] Abr 123.

[25] Zur Umbenennung Jakobs in Israel: Mut 81; vgl. All III 15; Sacr 120; Fug 208; Som II 173; Abr 57; Quaest in Gn III 49; IV 163–233. Zur Umbenennung Abrams in Abra-ham: Mut 66ff; vgl. Cher 7; Gig 62–64; Abr 81f. Vgl. zu den Namensetymologien: L.L. GRABBE, Etymology in Early

Das alles bedeutet noch keinen Widerspruch zu der Grundaussage, dass niemand (außer Gott selbst) Gottes Wesen erkennen kann. Das Ziel der charismatisch inspirierten Gotteserkenntnis ist nämlich | auch nur die Erkenntnis der Existenz Gottes. Selbst Mose, Inbegriff des höchsten „heraufgerufenen" νοῦς, und Israel, der „Gott Schauende", erreichen im Ergebnis nicht mehr als der aktive νοῦς, der Philosoph mit seiner „zweiten Fahrt"[26].

Dann allerdings bricht das philosophische System durch Inkonsistenzen und Widersprüche nun doch zusammen. Der Bruch passiert nicht in der Auffassung von Gott, sondern in der Anthropologie, in der Auffassung vom menschlichen νοῦς. In dem Maße, wie die Soteriologie über die Inspirationslehre Einzug in die Erkenntnislehre hält, verliert der νοῦς-Begriff seine Eindeutigkeit. Das soll nun kurz vorgeführt werden. Das soeben genannte Erkenntnisprinzip „Gleiches durch Gleiches" könnte ja auch positiv verwendet werden, etwa stoisch: Der menschliche Geist erkennt den Weltgeist, weil er ihm gleicht, mit ihm verwandt, ja durch Kontiguität verbunden ist. Aber von der platonischen Ontologie her kann Philon dieses Prinzip nur skeptisch verwenden. Gott kann nur von sich selbst erkannt werden, da nur er sich gleich ist, und dem Menschen bleibt nur der Schluss auf das unprädizierbare Dasein des höchsten Seins. Indem die zweierlei Arten der Erkenntnis der bloßen Existenz Gottes eingeführt werden, gerät die natürliche Erkenntnismöglichkeit des νοῦς in eine Ambivalenz, die systematisch nicht mehr aufgefangen werden kann. Einerseits läge es nahe, dass der durch Inspiration an Gott angeglichene νοῦς nun doch Gottes Wesen, seine Tiefen, erkennen könnte (vgl. 1Kor 2,6–16). Diesen Schritt kann Philon nicht gehen. Über die Erkenntnis der Existenz geht auch die inspirierte Erkenntnis nicht hinaus. Andererseits aber muss die Inspiration doch etwas bringen, das qualitativ mehr ist als die natürliche Gottesdaseinserkenntnis des aktiven νοῦς. Wo Philon ontologisch oder kosmologisch ansetzt, kann er diesen Unterschied nicht recht zum Ausdruck bringen. Wo er jedoch soteriologisch ansetzt, wird der menschliche νοῦς in ein dualistisches Kräftefeld eingezeichnet, so dass die Erkenntnis, die dem natürlichen νοῦς möglich ist, geradezu zum Paradigma der Verblendung, Torheit, Hybris und Sündhaftigkeit wird. Der Widerspruch im System besteht also genau darin, dass die natür-

---

Jewish Interpretation. The Hebrew Names in Philo, BJSt 115, Atlanta/Ga. 1988, 126–128.166.172f.

[26] Mut 7–9.14; SpecLeg I 141ff; Praem 39. Ausnahmen sind Abr 57–59 und Imm 143, insofern danach der „Gott Schauende" bis zu Gott bzw. der νοῦς zur γνῶσις θεοῦ gelangt, ohne dass die Einschränkung auf die bloße Existenz-Erkenntnis gemacht wird. Bevor man hier Widersprüche findet, ist allerdings der paränetische Kontext zu beachten. Zum Problem vgl. JONAS, Gnosis, 70ff. WINDISCH, Frömmigkeit, 61f, meinte, in der Ekstase werde die Wesenserkenntnis erreicht. Dem widersprechen aber explizit die drei zu Anfang dieser Anm. genannten Stellen.

liche Er- | kenntnis des νοῦς zugleich *relativ positiv* und *absolut negativ* bewertet wird.

Bevor wir hier nun auf Philons alttestamentlich-jüdische Verwurzelung verweisen, sei aber erwähnt, dass die Tendenz zur Esoterik und Offenbarungsreligiosität in der hellenistischen, besonders der platonisch-pythagoreischen Philosophie selber schon angelegt ist. Philosophie wird Weisheit, und Weisheit wird Religion. Nicht erst der fromme Jude Philon, sondern schon der weise Philosoph erschrickt vor dem hybriden, sich jede Erkenntnis zutrauenden Menschen – was sich dann bei vielen Philosophen in der Tendenz zur Esoterik wie Mysterien, Gnosis und Magie zeigt (ein Phänomen, das übrigens Parallelen in der Gegenwart hat). Bereits Platon, das große Vorbild, räumte der Mantik, dem ἐνθουσιασμός, der Ekstase und μανία einen wesentlichen Platz in seiner Philosophie ein[27].

Mit dieser Bemerkung möchte ich die systematisch-philosophische Ebene verlassen und zur anthropologisch-existentialen übergehen. Um gleichzeitig auch den traditionsgeschichtlichen Aspekt zu wechseln, nenne ich diesen zweiten Teil „Der Gott des Alten Testamentes", ohne damit behaupten zu wollen, dass bei Philon dieser Zug allein durch das Biblische bedingt sei.

2. Der Gott des Alten Testamentes

Ein faszinierender Zug bei Philon ist die Art, wie alttestamentliche bzw. jüdische Motive mit den hellenistischen Philosophoumena zur Deckung kommen. Das mag angesichts der im einzelnen meist gewollt wirkenden Allegoresen Philons überraschen. Aber wenn Philon das ganze Arsenal ontologischer Theologie von Parmenides und Heraklit über Platon bis zu Eudoros aufwendet, um die Unerkennbarkeit Gottes zu begründen, bringt er damit zugleich auch die alttestamentlich-jüdische Intention von der *Heiligkeit Gottes* zur Geltung – mit all ihren Motiven wie Bildnis-Verbot, Namens-Tabu, Tempel und Priestertum. Ein falsches verobjektivierendes, idolisierendes, vereinnahmendes Reden über Gott bekommt so zugleich mit dem Vorwurf der Torheit den der Sündhaftigkeit. Die Heiligkeit Gottes bedingt strukturell zugleich die Sündhaftigkeit des Menschen. Für Philon besteht die Sündhaftigkeit des Menschen aber nicht einfach in seiner fleischlichen Kreatürlichkeit (obwohl Philon die Leiblichkeit | des Menschen negativ bewertet: der Leib ist das Gefängnis der Seele[28]), sondern im Zentrum des Menschen selber, in seinem νοῦς. Ohne den νοῦς gäbe es keine Sünde. Das

---

[27] Phaidros 244ff.
[28] Vgl. dazu SELLIN, Auferstehung, 130ff.

Gegenüber von heiligem Gott und sündigem Menschen ist aber keine ursprüngliche und finale Ordnung, sondern eine weltliche Grundbefindlich-
keit, die auf Überwindung drängt: auf Erlösung des Menschen, und das
heißt für Philon auf die Erlösung des menschlichen νοῦς. Eine Theologie,
die von der originären Sündhaftigkeit des menschlichen νοῦς ausgeht, bekommt aber Probleme mit der Schöpfung. Hier greift Philon auf die schon
vor ihm verbreitete exegetische Auffassung von der doppelten Menschenschöpfung zurück. Gen 1,27 beschreibt die Schöpfung des himmlischen
Menschen, des himmlischen νοῦς, des Menschen, wie er sein sollte. Gen 2,7
beschreibt die Schöpfung Adams, des irdischen Menschen, wie er ist, der
nun aber ebenfalls als νοῦς bezeichnet wird (All I 31ff). Dieser νοῦς Adams
erhält dann, solange er noch nicht in den aus Materie geformten Körper eingesetzt ist, von Gott durch die Odem-Einhauchung die δύναμις ἀληθινῆς
ζωῆς und „wird" (γίνεται), nicht aber – wie Philon ausdrücklich sagt –
„wird geformt" (πλάττεται). Er wird durch diese Inspiration nicht zur
„wahrhaft lebendigen Seele" (All I 32). Vorher im Text war aber γίνεσθαι
ausdrücklich definiertes Prädikat des himmlischen Menschen, πλάττεσθαι
hingegen Prädikat des irdischen Menschen. Wird Adam hier nun plötzlich
zum himmlischen νοῦς? Man muss sich dazu die Konstruktion des zweiten
Satzes in All I 32 genau ansehen. Es handelt sich nicht (wie in Philon
Deutsch fälschlich von Isaak Heinemann übersetzt worden ist[29]) um einen
Irrealis, sondern um einen Potentialis: „Dieser νοῦς *ist* nun tatsächlich irdisch und vergänglich, wenn ihm Gott nicht δύναμις (Kraft) wahren Lebens
einhaucht"[30]. Das heißt: Adams νοῦς ist von Natur her irdisch, kann aber
durch Inspiration himmlisch werden. Kurz: Es handelt sich eigentlich gar
nicht um eine Schöpfungsaussage, sondern um eine soteriologische Aussage[31] von der erlösenden Inspiration durch das Pneuma oder die Sophia.
Der menschliche νοῦς | kann himmlisch werden, oder er bleibt irdisch. Die-
se Inspirations-Soteriologie stammt in dieser Form (vor allem mit ihrer An-
bindung an Gen 2,7) aus der alexandrinisch-jüdischen Weisheit (zu ver-
gleichen wäre z.B. SapSal 6–9)[32]. In den entsprechenden Zusammenhängen
bei Philon taucht dann auch terminologisch die Sophia oder das Pneuma
statt des Logos auf. Diese Inspiration ist die höhere Art der Gotteserkenntnis, die von oben statt von unten ausgeht.

---

[29] COHN, Philo, III, 27.

[30] Indikativ Präsens im Hauptsatz, εἰ mit Optativ des Aorist im Nebensatz: vgl. R. KÜHNER/B.
GERTH, Ausführliche Grammatik der griechischen Sprache II/2: Satzlehre, Repr. Darmstadt 1966
(= Hannover/Leipzig ³1904), 478 (§ 576b).

[31] Vgl. J. PASCHER, Ἡ ΒΑΣΙΛΙΚΗ ὉΔΟΣ. Der Königsweg zu Wiedergeburt und Vergottung
bei Philon von Alexandreia, SGKA 17/3–4, Paderborn 1931, 127; vgl. dazu ausführlich SELLIN,
Auferstehung, 103ff.

[32] Vgl. die bei SELLIN, a.a.O. 97 Anm. 75, genannte Literatur.

Was aber wird nun aus der natürlichen, aktiven Weise der Gotteserkenntnis? Alles relativ Positive, was Philon sonst darüber zu sagen weiß, wird in diesen Zusammenhängen vergessen. Der nicht inspirierte wird zum Inbegriff der hybriden Selbstbehauptung des Menschen. Das Entscheidende in dieser Anthropologie vom ambivalenten oder doppelten νοῦς ist die Dialektik: dass der wahrhaft Weise, der Fromme, erkennt, dass er von sich aus nichts weiß. Immer wieder wird das berühmte γνῶθι σαυτόν von Philon im Sinne des sokratischen „Ich weiß, dass ich nichts weiß" gedeutet[33]. Gelegentlich geht das dann in den Grundsatz mystischer Meditation über. Der Geist muss leer werden, um die wahre göttliche Fülle zu empfangen[34]. Meist zielt Philon auf die sich beschränkende Demut des Frommen ab, der Gott alles, sich selbst nur das Empfangen der Gnade zutraut[35]. Sah es also zunächst so aus, als ob die beiden Arten der Gotteserkenntnis inhaltlich gleich seien (in beiden Fällen Erkenntnis nur der *Existenz* Gottes), wird nun deutlich, dass zwischen beiden ein himmelweiter Unterschied besteht. Der aktive νοῦς ist hybrid und gottlos, der passive νοῦς des Weisen empfängt die Gnade von Gott, vertraut sich ihm an, kurz: Hier gibt es bei Philon so etwas wie Glaube, wenn auch πίστις bei ihm meist eine andere Bedeutung hat und in diesen Zusammenhängen nicht auftaucht[36]. Was sich unter der „Erkenntnis der Existenz Gottes von oben nach unten" verbirgt, ist zunächst nichts anderes als die Transzendierung der Philosophie, der Wissenschaft, in ein demütiges Gottvertrauen. |

3. Der Mensch als Logos Gottes

Die Bilder, mit denen Philon den Umschlag vom irdischen zum himmlischen νοῦς beschreibt, sind vielfältig. Ich nenne drei Modelle als die wichtigsten:

(1) *die Himmelsreise des νοῦς*, der von Gott emporgerufen wird. Eindrücklich wird das in einem zentralen Motiv vorgestellt im sogenannten Si-

---

[33] Z.B. Migr 134.137; Mut 54; Som I 57–60.212; SpecLeg I 10.44.236f.

[34] Z.B. Gig 53; Migr 35.

[35] Vgl. Congr 127–138. Zur zentralen Bedeutung der χάρις in Philons Theologie vgl. jetzt D. ZELLER, Charis bei Philon und Paulus, SBS 142, Stuttgart 1990, 33ff.

[36] Nahe kommt diesem Verständnis immerhin aber die Verwendung von πίστις in Cher 85; Post 13; Plant 70; Ebr 40; Conf 31; Her 94.108; Mut 201; Abr 268–273; VitMos I 34; Virt 216. Eine wichtige Rolle spielt dabei Abraham (Gen 15,6): vgl. dazu ZELLER, Charis, 89f. Meistens jedoch verwendet Philon πίστις im Sinne von Zuverlässigkeit, Nachweis usw. (vgl. insbesondere Hebr 11,1 mit Migr 43f; Somn I 68 und VitMos II 288).

nai-Aufstiegsmysterium des Mose[37]. Die Heraufberufung und der Aufstieg des Mose werden als die Verwandlung des νοῦς gedeutet;

(2) *die pneumatische Inspiration,* die jeden Frommen zum Propheten macht[38]; und

(3) *die Selbstaufgabe des* νοῦς in der Ekstase, wo der νοῦς ganz verschwindet und durch das göttliche Pneuma selbst ersetzt wird.

Dieses dritte soteriologische Modell ist das radikalste und soll hier näher betrachtet werden. Die entscheidenden Stellen sind Her 263–265; Fug 166f; Som I 118 und II 228–236. Aus Som I 118f geht hervor, dass Philon das Ekstase-Modell der Soteriologie nicht selber gefunden hat, denn er beruft sich dort auf andere allegoresierende Ausleger. Die Bedeutung des Modells ist folgende: Wenn sich der Geist Gottes im Menschen niederlässt, muss der νοῦς, da er irdisch ist, weichen. „Es entfernt sich der νοῦς in uns bei der Ankunft des göttlichen Pneuma und kommt wieder bei dessen Entfernung; denn Sterbliches kann nicht mit Unsterblichem zusammenwohnen" (Her 264f). Man beachte, dass der νοῦς an dieser Stelle nicht einmal mehr das Organ für den Empfang der himmlischen Inspiration ist, wie das im an Gen 2,7 entwickelten Modell der Inspiration nach All I 32 noch der Fall war[39]. Nun, nach dem Ekstase-Modell, gilt: Wenn der irdische νοῦς bei Ankunft des himmlischen πνεῦμα gänzlich weicht, dann ist der Mensch kein Mensch mehr. Nach Som II 230 ist der so ergriffene Weise „ein Mittelwesen ... weder ein Gott noch ein Mensch, sondern an beide Extreme heranreichend ...". Und das wird nun mit einem Rekurs auf Lev 16,17 durch die Funktion des Hohenpriesters am Versöhnungstag erläutert: „Wenn er [der Hohe- | priester] in das Allerheiligste hineingeht, wird er kein Mensch sein, bis er herauskommt" (Som II 231). Nebenbei sei erwähnt, dass diese Deutung gewaltsam ist, denn in Lev 16,17 wird nur gesagt, dass kein Mensch *bei* dem Hohenpriester im Allerheiligsten sein darf. Entscheidend ist, dass der Pneumatiker, ἄνθρωπος θεοῦ, im Augenblick seiner Ekstase eigentlich kein Mensch mehr ist, sondern das Menschliche hinter sich gelassen hat. Das ist freilich zu Lebzeiten nie als bleibender Zustand möglich. Die Ekstase muss auch keineswegs immer wörtlich verstanden werden (etwa als unio mystica). Sie kann auch Bild sein für den Augenblick der reinen Gottesbeziehung oder – in christlicher Sprache – des Glaubens, der, recht verstanden, ja nie als Zustand festgehalten werden kann.

---

[37] Die wichtigste Stelle ist Quaest in Ex II 27–46; vgl. All 95–103; Plant 18–27; VitMos II 69–71.

[38] Z.B. Her 260ff; vgl. die Stellenbelege bei SELLIN, Auferstehung, 143–151.

[39] Nachzutragen ist hier freilich, dass Philon den Widerspruch dort im Auge gehabt hatte und ihn dadurch herabspielte, dass er in All I 33 nur von der πνοή als einer Schwachform von πνεῦμα sprach.

Die besondere Deutung von Lev 16,17 begegnet in Som II schon einmal zuvor, in § 189. An dieser Stelle ist aus dem Kontext nur sehr schwer zu erkennen, worauf sie sich bezieht. Der Hohepriester ist allegorisches Denotat des im Kontext durch den Bibeltext vorgegebenen „Mundschenk Gottes" (§ 183: „Wer ist nun Gottes Mundschenk? Der die Trankopfer darbringende, der wahrhaft große Hohepriester ...". Was aber ist die allegorische Bedeutung des Hohenpriesters? In § 183 ist es zunächst ebenfalls der bisher beschriebene Weise bzw. der vollkommene νοῦς („... der Hohepriester, der den Zutrunk der ewig strömenden Gnadengaben annimmt und als Gegenleistung ... sich selbst darbringt" – das ist das spiritualisierte Opfer des Frommen). In § 185f wird der Hohepriester dann jedoch weiter beschrieben als „Vater heiliger Logoi. Von ihnen sind die einen Aufseher und Leiter der Vorgänge in der Natur ... die anderen Diener Gottes ...". Die Logoi sind nach dieser Beschreibung Kräfte, δυνάμεις Gottes, Mittlerwesen und Engel. Danach ist der Hohepriester also der höchste Logos, Inbegriff der Mittlerkräfte Gottes. Dafür spricht auch das hier vom Hohenpriester gebrauchte Prädikat δημιουργός. Dass diese Interpretation nicht abwegig ist, zeigt z.B. die Stelle Fug 108, wo der Hohepriester explizit als θεῖος λόγος gedeutet wird. Das Ergebnis unserer Exegese an dieser Stelle ist: Die Begriffe Logos und vollkommener Weiser gehen ineinander über[40]. Diese Einheit von göttlichem Logos und charismatischem „Menschen Gottes" soll nun genauer untersucht werden.

Der negativen Aussage, der ἄνθρωπος θεοῦ sei wie der im Aller- | heiligsten fungierende Hohepriester „kein Mensch" mehr, entspricht an anderen Stellen die positive Aussage von einer hierarchisch höheren Stufe dieses Pneumatikers. Auszugehen ist von der berühmten Stelle Conf 146f. Hier wird der positive Menschentyp gemäß der seit Gig 60 im Allegorischen Kommentar eingeführten dreifachen Klassifizierung in Erdenmensch, Himmelsmensch und Gottesmensch[41] noch einmal aufgeteilt in den Typ des Schauenden, der „Sohn Gottes" genannt wird, und in den relativ niederen Typ des „Hörenden", der beschrieben wird als „Sohn des Schauenden", also „Sohn" des „Sohnes Gottes". Der „Schauende" aber ist Israel, seine Söhne sind die „Söhne Israels", also die Menge der normalen Israeliten. Der durch Israel selbst verkörperte Menschentyp, der Pneumatiker, wird aber nun explizit ὁ λόγος und εἰκὼν θεοῦ („Bild Gottes") genannt. Das wird durch eine Reihe von Prädikaten und Namen ausgeführt. Dieser höchste Menschentyp wird genannt: erstgeborener Logos, Ältester unter den Engeln, Erzengel mit

---

[40] F.H. COLSON, Philo V, LCL 275, 529 deutet diese Stelle ausschließlich auf den göttlichen Logos.

[41] Bis dahin unterscheidet Philon nur zwischen dem Erden- und dem Himmelsmenschen im Sinne weisheitlich-dualistischer Auslegung von Gen 1,27 und 2,7.

vielen Namen, ἀρχή, Name Gottes, Logos, Mensch nach dem Bilde Gottes, der Schauende, Israel, und dann – in einer gewissen Korrektur – εἰκὼν θεοῦ (nicht wie kurz vorher: ὁ κατ᾽ εἰκόνα θεοῦ). Traditionsgeschichtlich steckt dahinter eine ganze Reihe von jüdischen Motiven – so vor allem das Motiv vom Stehen Israels an der Spitze der Engel, ja vor den Engeln direkt bei Gott, was dann sogar den Neid der Engel hervorruft[42]. Dieses Motiv vom Überragen der Engel durch den Gottesmenschen finden wir dann in christologischer Verwendung auch im Hebräerbrief. Wichtig ist nun, dass dieser Menschentyp, der hier υἱὸς θεοῦ (und sonst bei Philon ἄνθρωπος θεοῦ) genannt wird, zunächst mit dem gemäß Gen 1,27 geschaffenen himmlischen Menschen gleichgesetzt wird. Noch wichtiger ist, dass Philon hier einen sonst peinlich beachteten Unterschied verwischt. Normalerweise unterscheidet er nämlich zwischen dem Logos als εἰκών Gottes und dem Menschen κατ᾽ εἰκόνα ἄνθρωπος, also dem nach dem Vorbild des Logos gebildeten himmlischen Menschen von Gen 1,27. Diese feine Unterscheidung wird hier verwischt, insofern in 146 noch ὁ κατ᾽ εἰκόνα ἄνθρωπος, in 147 aber θεοῦ εἰκών steht. Israel ist als Sohn Gottes gleichgesetzt mit dem Logos selbst. Dabei ist Israel nicht die historische Einzelperson, sondern der Typos des höchsten Frommen, des Pneumatikers, des Charismatikers. Das heißt in der | Konsequenz: auf der höchsten Stufe verschmilzt der Charismatiker mit dem Logos.

In der Philon-Forschung ist dieser Sachverhalt mit am deutlichsten von Joseph Pascher erkannt und herausgearbeitet worden[43]. Paschers Buch ist leider aber dadurch belastet, dass ihm die Annahme eines realen Mysterienkultschemas zugrunde liegt und die philosophische Genese dieser Gedanken verkannt wird. Wie es nämlich gedanklich möglich und plausibel wird, dass der Weise und der Logos identisch werden, ist völlig durch Philons platonische Ontologie erklärbar. Die Ideen sind Allgemeinbegriffe, und je höher sie innerhalb der ontologischen Pyramide stehen, desto allgemeiner sind sie. Die höchste Stufe und Spitze der Pyramide bildet der Logos, der alles Etwas-Sein umfaßt. Logos sein heißt also nichts anderes als auf der höchsten Seinsstufe angesiedelt sein. Auf dieser Stufe gibt es keine unterscheidbaren Wesen mehr. Ein Wesen ist hier nur noch durch seine isotopische Bestimmung identifizierbar. Diese höchste Seinsstufe, diese Ebene, die der Logos ist, ist nun zugleich die nächstgelegene Stufe zu Gott. Wer auf dieser Logos-Stufe steht, ist nicht nur nicht mehr vom Logos unterscheidbar, sondern auch zugleich ein Wesen direkt unter Gott, d.h. „Sohn

---

[42] Zum Motiv des Engelneides und der Engelverachtung vgl. G. SELLIN, Die Häretiker des Judasbriefes, ZNW 77 (1986) 206–225: 219ff.

[43] S.o. Anm. 31; vgl. M. HENGEL, Der Sohn Gottes. Die Entstehung der Christologie und die jüdisch-hellenistische Religionsgeschichte, Tübingen 1975, 82–89; SELLIN, Auferstehung, 165–169.

Gottes", wobei die Sprachfügung „Sohn des ..." lediglich die hierarchische Abhängigkeit zum Ausdruck bringt. Logos sein ist also im Grunde nichts anderes als die Lokalisierung auf der höchsten erreichbaren Seinsebene. Entsprechend wird der Logos bei Philon auch τόπος genannt[44]. Wer auf diesem „Platz" steht, kann – mit der bekannten Einschränkung der Unerkennbarkeit der qualitas Gottes – Gott schauen (wie Israel = der Gott Schauende). Dieser Motivkomplex vom Logos als τόπος stellt wieder eine der verblüffenden philonischen (oder wahrscheinlich schon vorphilonischen) Verbindungen von Platonismus und alttestamentlichem Text dar. Im Hintergrund der Logos = τόπος-Prädikation steht zunächst Exodus 33,21: Mose will Gottes Antlitz schauen, was ihm aber aus Gründen der Heiligkeit verwehrt wird. Doch Mose darf sich auf einen Platz bei Gott (τόπος παρ' ἐμοί) stellen und dem „vorübergehenden"[45] Gott von hinten nach- | schauen. Es ist verständlich, dass dies eine der Zentralstellen Philons ist – kann er doch damit unter anderem begründen, dass selbst Mose Gottes Wesen nicht erkennen kann. Leider geht der Quaestiones-Kommentar Philons nur bis Exodus 28,34[LXX], aber die gelegentliche Erwähnung des Motivs im Allegorischen Kommentar ist schon deutlich genug. τόπος ist der Ort, wo der Mensch Gott noch am nächsten ist. Auf diesen τόπος muss man heraufberufen werden.

Hier kommt nun eine zweite Tradition ins Spiel. In der vorhin behandelten Stelle Conf 146f tauchte ein merkwürdiges Wort auf: κοσμεῖσθαι, „sich einreihen", „sich einordnen". Dieses seltene Wort ist eine Anspielung an Platon, und zwar an den Mythos vom himmlischen Götterreigen im Phaidros[46]. Dort aber spricht Platon von einem „überhimmlischen Ort" (ὑπερουράνιος τόπος), von wo aus die Seele den Reigen der Götter schaut und diese Schau als Götternahrung empfängt. Der ganze Phaidros-Mythos wird bis in einzelne Wortanklänge hinein von Philon in Quaest in Ex II 27–46 übertragen auf den Sinai-Aufstieg des Mose, der zugleich Symbol für die Inspiration und Neugeburt des Charismatikers ist. In diesem Zusammenhang ist τόπος Bezeichnung für den Logos, weil dieser die höchste hierarchische Ebene ist, auf die ein νοῦς gelangen kann. Wer auf diesem „Platz" steht, ist aber identisch mit dem Logos selbst, insofern „Logos" ja

---

[44] Op 20; Som I 66.116–119.229f. Daneben ist τόπος bei Philon jedoch auch eine Bezeichnung für Gott (z.B. Conf 96; Fug 77; Som I 64.67.127.182). Das hängt mit der negativen Theologie zusammen, insofern nämlich Gott nicht lokalisierbar ist, sondern selber die Bedingung jeder Räumlichkeit und daher der Ort von allem ist.

[45] Man kann erwägen, ob das παρέρχεσθαι von Ex 33,22 (vgl. 34,6) als terminus technicus einer Epiphanie etwas mit Mk 6,48 zu tun hat, J. GNILKA, Das Evangelium nach Markus, EKK 2/1, Zürich/Neukirchen-Vluyn 1978, 269.

[46] Vgl. zum folgenden P. BOYANCE, Philon-Studien, in: Mittelplatonismus, 33–51; SELLIN, Auferstehung, 140–143.

aus ontologischen Gründen nichts als eine Rangbezeichnung ist – nämlich für die Spitze der Ideenpyramide.

Doch bei dieser ontologisch-topologischen Kennzeichnung des Logos-Menschen bleibt es bei Philon nicht. Der an diese Spitze heraufberufene νοῦς bekommt auch aktive *Funktionen* des Logos. Das gilt vor allem von Mose, der ja schon im biblischen Sinai-Komplex eine Mittlerfunktion innehat. Wie alle Propheten ist er Logos, weil er das Wort Gottes vermittelt, insbesondere die Tora (der ganze Pentateuch ist für Philon selbstverständlich inspirierte Niederschrift des Mose). Nun sahen wir bereits, dass der Logos als Inbegriff der Kräfte Gottes, der δυνάμεις, die aktive weltzugewandte Seite Gottes darstellt. Zu solchen „Kräften" Gottes werden die Menschen auf der Logos-Stufe, die Charismatiker. Wenn Gott durch den Logos in der Welt wirkt, heißt das also auch, dass er durch besondere Menschen wirkt. Das bleibt für Philon nicht auf die großen Frommen der Ver- | gangenheit wie die Erzväter und Mose beschränkt. Diese stellen vielmehr nur Muster und Typen dar für zu jeder Zeit mögliche Charismatiker.

Bevor man dieses Phänomen einer theologia gloriae theologisch beurteilt, sollte man sich jedoch noch einmal daran erinnern, dass der Weg des charismatischen νοῦς immer über die Grenzerfahrung führt, die der Weise in der Erkenntnis der Unfähigkeit seines νοῦς sowie seiner Sündhaftigkeit und irdischen Gebundenheit erlebt. Erst wenn die Hybris des sich selbst vertrauenden νοῦς gebrochen ist, kann der Glanz der Gnade mächtig werden.

4. Die Konsequenzen der philonischen Gottes- und Logoslehre für die neutestamentliche Christologie und eine angemessene Rede von Gott

Zunächst behandele ich in diesem Schlussteil die mehr historische Frage nach dem möglichen Einfluss der philonischen bzw. alexandrinisch-vorphilonischen Logos-Konzeption auf die neutestamentliche Christologie. Danach soll es dann um eine mehr systematische Würdigung und Kritik der philonischen Gotteslehre vom Standpunkt christlicher Theologie aus gehen – wobei die Christologie eine Rolle spielt.

a) Der Einfluß der von Philon vertretenen Logos-Lehre auf neutestamentliche christologische Modelle

Das Grundmodell für die hellenistische Christologie schon im Neuen Testament scheint mir die verschwommene Einheit von Übermenschlichem und

Menschlichem in der von Philon vertretenen Logos-Konzeption zu sein[47]. Logos nennt Philon, wie wir sahen, den | mit der Welt verbundenen, von den Menschen erfahrbaren Aspekt Gottes, der eben gerade auch durch bestimmte Menschen repräsentiert werden kann. Grunderfahrung unter Juden wie unter Nicht-Juden dieser Zeit ist die Gottesferne, die radikale Transzendenz Gottes. Selbst in der Apokalyptik gilt, dass Gott sich in der Gegenwart aus der Welt zurückgezogen hat – auch wenn er schon morgen mit Macht endgültig wiederkommt. Der philonische Logos füllt die Leerstelle aus, indem er Epiphanien – d.h. die Distanz überspringende Anwesenheit Gottes bei den Menschen – ermöglicht. Und das geschieht gerade durch besondere Menschen.

Für die Fragestellung nach der Entstehung der neutestamentlichen Christologie ist zunächst eine methodologische Vorbemerkung nötig. Wie bei allen Fragen nach den Ursprüngen von Konzeptionen sind zwei Dinge zu unterscheiden: 1. der kontingente Anlass und Auslöser und 2. die Versprachlichung, damit meine ich die Kategorien der Erfahrung, Deutung, Interpretation. Der Anlass und Auslöser ist bei unserer Frage das Auftreten Jesu von Nazareth, sein Leben, Sterben, Wirken. Die Versprachlichung setzt nun aber nicht erst bei der Vertextung ein (damit meine ich nicht nur die Abfassung der neutestamentlichen Texte, auch die anfänglich vorausgehende Mission und Kerygmatisierung), sondern schon bei der Rezeption des kontingenten Ereignisses. Dabei setzt jede Erfahrung schon Deutungsmuster voraus. Gleichzeitig gilt aber auch, dass die Deutungsmuster durch das rezipierte Ereignis modifiziert werden. Das Kontingente geht also nicht einfach auf im Interpretament.

Die von Philon gebotene Logostheologie ist deutlich in einigen alten christologischen Texten des Neuen Testamentes zu erkennen. Jüngst hat Thomas Tobin in einem Aufsatz zum Johannes-Prolog noch einmal darauf hingewiesen, dass die Modelle der hypostasierten Weisheit (einschließlich der Memra-Konzeption der Targume) als Erklärung für die christologischen

---

[47] Das Modell des ἄνθρωπος θεοῦ, wonach ein Mensch zum Mittler zwischen Gott und den Menschen werden kann, findet sich im hellenistischen Judentum nicht nur bei Philo. Es gibt, soweit mir bekannt, noch zwei wahrscheinlich ebenfalls alexandrinisch-jüdische Quellen, die das gleiche Modell kennen (wobei ich die Tradition vom Henoch-Menschensohn hier ausklammern möchte): 1. das bei Origenes überlieferte „Gebet Josephs" (Text bei A.-M. DENIS, Fragmenta Pseudepigraphorum Quae Supersunt Graeca, PVTG 3, Leiden 1970, 60; Lit. bei SELLIN, Auferstehung 166 Anm. 220. Dort ist Jakob-Israel der oberste der Engel, der präexistente Erstgeborene, ein πνεῦμα ἀρχικόν (vgl. 1Kor 15.45: Christus als πνεῦμα ζῳοποιοῦν). Dieses Fragment ist mit der Philon-Stelle Conf 146f verwandt. 2. CH. BURCHARD, 1Kor 15,39–41, in: DERS., Studien zur Theologie, Sprache und Umwelt des Neuen Testaments, WUNT 107, hg. v. D. Sänger, Tübingen 1998, 203–228: 227f hat auf die Rolle der Aseneth in der wohl alexandrinischen Schrift „Joseph und Aseneth" hingewiesen: Aseneth ist als Typ der Proselytin zugleich historische wie paradigmatische Gestalt mit soteriologischer Funktion für die Heiden. Dies wäre insofern interessant, als hier eine *weibliche* menschliche Gestalt in der Rolle eines proto-christologischen Modells fungierte.

Konzeptionen nicht ausreichen[48]. Vor allem kann damit nicht erklärt werden, warum ein *Mensch* die Stelle der Hypostase Gottes eingenommen hat. Diese Tatsache ist dagegen sehr plausibel durch die von Philon gebotene Logostheologie zu erklären[49]. Dabei erübrigt es sich dann auch, | beim Johannes-Prolog einen notwendigen Genuswechsel (von der weiblichen Sophia zum männlichen Logos) zu postulieren.

Das Logos-Modell kann nun auch im Hintergrund stehen bei solchen christologischen Texten, wo das Wort Logos gar nicht auftaucht (ist dieser doch vielnamig, wie Philon in Conf 146f ausführt). Dazu gehören Phil 2,6ff (ἐν μορφῇ θεοῦ ὑπάρχων), Kol 1,15ff (εἰκών des unsichtbaren Gottes)[50], 1Kor 8,6b (Schöpfungs- *und* Erlösungsmittlerschaft)[51], 1Kor 10,4 („der Felsen war Christus")[52], 1Kor 15,45 (πνεῦμα ζῳοποιοῦν)[53] und schließlich eine ganze Reihe von Motivkomplexen im Hebräerbrief. Dabei spielt es keine Rolle, ob die Texte mehr einer Präexistenz-Christologie oder mehr einer adoptianischen Christologie zuzurechnen sind. Neben Röm 1,3f könnten also auch wesentliche christologische Partien im Mk-Evangelium dazugehören: so die Sohn-Gottes-Titulatur im Zusammenhang mit der Tauf-, der Verklärungs- und – indirekt – der Leeres-Grab-Perikope[54].

Fast alle neutestamentlichen christologischen Entwürfe aber gehen in zwei Punkten über die Logos-Konzeption Philons hinaus: 1. durch ihre Konzentration auf *eine* historische Person – wobei das Ereignis der Logos-Offenbarung als solches gar nicht oder nur noch in abgeleiteter Form wiederholbar wird – und 2. durch den Aspekt des Leidens und Sterbens (neben der Passionsgeschichte in Mk vor allem in Hebr 5,1–10 und Phil 2,6ff). Beide Unterschiede lassen sich konfundieren in dem einen: Der philonische Logos-Mensch, der ἄνθρωπος θεοῦ, ist – jedenfalls im Zustand seiner Logos-Existenz – kein Mensch mehr. Christus aber ist gerade als Mensch das Antlitz Gottes. Das wird nun zum Abschluss noch zu bedenken sein. |

---

[48] T.H. TOBIN, The Prologue of John and Hellenistic Jewish Speculation, CBQ 52 (1990) 252–269: 254.

[49] TOBIN, ebd. 256ff; vgl. HENGEL, Sohn, 92; P. HOFRICHTER, Im Anfang war der „Johannesprolog". Das urchristliche Logosbekenntnis – die Basis neutestamentlicher und gnostischer Theologie, BU 17, Regensburg 1986, 337ff.

[50] H. HEGERMANN, Die Vorstellung vom Schöpfungsmittler im hellenistischen Judentum und Urchristentum, TU 82, Berlin 1961.

[51] Lit. bei SELLIN, Auferstehung, 89f Anm. 42.

[52] Der Felsen wird bei Philon sowohl auf die Weisheit (z.B. All II 86; Det 115–118) wie auf den Logos (ebd.; Som II 221f) gedeutet.

[53] Vgl. dazu SELLIN, a.a.O. 89ff.

[54] Dazu G. SELLIN, Das Leben des Gottessohnes. Taufe und Verklärung Jesu als Bestandteile eines vormarkinischen „Evangeliums", Kairos 25 (1983) 237–253.

b) Theologische Würdigung und Kritik der philonischen Art,
von Gott zu denken und zu reden

Bevor man Philon unter der Überschrift beurteilt, „wie man über Gott nicht denken soll"[55], sollte man würdigen, was die christliche Theologie Philon letztlich verdankt und was sie auch heute noch von ihm lernen kann. Die Grundlagen der theologischen Sprachlehre Philons sind m.E. auch für christliche Theologie unverzichtbar:

Über Gott kann der Mensch nicht sprechen – das ist, so sahen wir, der erste Hauptsatz der philonischen Gotteslehre. Gott ist ἄρρητος und ἀκατ-ονόμαστος, d.h. unprädizierbar und unbenennbar. Nun macht aber Philon selber nicht nur diese beiden Aussagen über Gott (und widerspricht sich damit notwendig selbst), sondern er spricht dauernd von Gott, freilich in einer besonderen Weise, die man nachträglich in vier Regeln festlegen könnte:

1) Eine Reihe von möglichen Gottesprädikaten ist wie die beiden eben genannten negativ. Also einige Prädikate Gottes können gebraucht werden, insofern ihnen ein Alpha negativum vorausgeht. Desgleichen können Aussagen via eminentiae gemacht werden. Gott ist „besser als das Gute", „ursprünglicher als die Einheit" usw.

2) Namen Gottes können genannt werden, wenn dabei gewusst wird, dass es sich um Aspekte und Kräfte Gottes handelt. So ist der Name θεός nicht eigentlich Gottes Name, sondern der einer seiner Kräfte. Ebenso verhält es sich mit den Namen κύριος und λόγος. Die uneigentlichen Namen Gottes könnten wir heute *Symbole* nennen. In Paul Tillichs Gotteslehre gehören ganz im Sinne der philonischen Ontologie der Seins-Begriff und der Symbol-Begriff notwendig zusammen. Das Sein bleibt als Transzendentes unverfügbar, teilt sich aber mit im Symbol[56].

3) Philon gebraucht Analogien, Gleichnisse von Gott: die Sonne, das Licht, der Vater des Alls usw. Die Sprache der Analogie würden wir heute als *Metaphorizität* bezeichnen. Philons Sprache ist voller Metaphern. Wie das Symbol (auf Seiten der Namen) vermeidet die | Metapher (auf Seiten

---

[55] H. BRUNN, Wie man über Gott nicht denken soll. Dargelegt an Gedankengängen Philos von Alexandrien, Tübingen 1971.

[56] Vgl. die ergänzende Zusammenfassung im zweiten Band der „Systematischen Theologie" (Stuttgart 1958), 11ff, und das Bändchen „Symbol und Wirklichkeit" (Göttingen 1962). Tillichs Onto-Theologie ist freilich angreifbar durch eine „Dekonstruktion", wie sie Derrida im Anschluss an Nietzsche und Heidegger gegen die Annahme der Repräsentation, der Referenz auf ein Transzendentes, führt. Deshalb würde ich in Bezug auf die Semiotik des Symbols eher sagen: Der „Mehrwert", den das Symbol mit sich bringt, referiert auf eine *Geschichte,* die als Muttergeschichte des Symbols mythische Funktion hat (s.u. Anm. 64).

der Prädikate) die Verdinglichung Gottes, insofern in jeder metaphorischen Prädikation das „ist" zugleich durch ein „ist nicht" aufgehoben wird[57].

4) Philon spricht indirekt von Gott, indem er von der Erfahrung des dem tiefsten Seinsgrund vertrauenden Menschen spricht. Gott ist die Ursache solcher Erfahrungen – wenn auch nur seine Existenz darin erfahren werden kann. Dieser vierte Weg zur Sprache von Gott ist vor allem der Weg der Ekstase und der Mystik, deren Konsequenz sonst das Schweigen wäre. „Wovon man nicht sprechen kann, darüber muss man schweigen" (so Wittgenstein, ein radikaler Mystiker)[58]. Dieser Weg der Sprache geht übrigens mit den anderen Wegen zusammen, insbesondere mit dem metaphorischen. Die Mystiker drücken ihre Erfahrungen meist in Bildern aus. Das ist dann der theologische Weg zur Poesie.

Diese vier theologischen Sprachregeln finden sich bei Philon – wenn auch noch nicht als Regeln formuliert. Als Regeln explizieren sie (zu dreien bzw. zwei zusammengefasst) erst der Mittelplatoniker Albinos, dann Plotin, und schließlich finden wir sie bei Dionysios Areopagita, doch sind sie, wie Harry Wolfson gezeigt hat, erstmals bei Philon angelegt[59].

Obwohl man von Philon also einiges lernen kann darüber, wie man von Gott sprechen soll, bleibt mir nun noch die Aufgabe, auf eine letzte Unzulänglichkeit dieser Theo-Logie hinzuweisen[60]:

1) Sie wird deutlich, wenn man einmal die Sprache der synoptischen Jesustradition mit der Sprache Philons vergleicht. Zwischen den Sprüchen, Gleichnissen, Parabeln, dem Vaterunser auf der einen und Philons „entmythologisierender" Allegorese auf der ande- | ren Seite liegt eine ganze Welt. Philon traut sich letzten Endes nicht, von Gott menschlich und konkret zu reden.

2) Damit zusammen hängt bei Philon eine anthropologisch verdünnende Beschränkung auf den menschlichen νοῦς bei Verachtung der Leiblichkeit. Das ist einer der wesentlichen Kritikpunkte Herbert Brauns an Philon[61].

3) Die Überbrückung der radikalen Distanz zwischen Gott und Mensch durch das philonische Modell vom Logos-Anthropos führt zu einer Entwelt-

---

[57] P. RICŒUR, Die lebendige Metapher, München 2004, bes. 238ff. Vgl. 254ff: Ricœurs berechtigte Verteidigung gegen Heideggers und Derridas Angriffe auf vermeintliche Objekt-Metaphysik der Metaphorologie. Philon gebraucht in diesem Zusammenhang den in der Rhetorik beheimateten Ausdruck „Katachrese"; dazu RUNIA, Naming 82ff.89: „In Philo's view *katachresis* is a necessary evil, we might be tempted to say, symptomatic of the human condition ... Perhaps we should better say, for Philo *katachresis* is not a ‚necessary evil', but an audible sign of God's grace."

[58] L. WITTGENSTEIN, Tractatus logico-philosophicus – Logisch-philosophische Abhandlung. Frankfurt 1963, Nr. 7, 115. Wie die „negative Theologie" im Neuplatonismus notwendig im mystischen Schweigen endete, wird sehr eindrücklich bei MURTLEY, Word II, 97ff.119ff, dargestellt.

[59] WOLFSON, Philo, z.B. II, 73ff; DERS., Albinos und Plotin über göttliche Attribute, in: Mittelplatonismus, 150–168.

[60] Vgl zum Folgenden E. JÜNGEL, Gott als Geheimnis der Welt. Zur Begründung der Theologie des Gekreuzigten im Streit zwischen Theismus und Atheismus, Tübingen 1977, bes. 307ff.

[61] S.o. Anm. 55.

lichung des Menschen und gerade nicht zur Menschwerdung Gottes. Insofern ist Philon tatsächlich auf dem Weg zur Gnosis.

4) Trotz der grundsätzlichen Möglichkeit der metaphorischen Rede von Gott lässt Philon keine „Personhaftigkeit" Gottes[62] zu. Nach Philon ist Gottes „Gutheit" (ἀγαθότης) der Grund allen weltlichen Daseins. Er geht aber nicht so weit, von Gottes Liebe (ἀγάπη) zu sprechen. ἀγάπη ist vom Alten Testament über die Septuaginta her ein Wort mit emotionaler, ja leiblicher Konnotation. Ich bin mir auch nicht sicher, ob man den Begriff ἀγαθότης bei Philon überhaupt, wie ich es vorhin getan habe, mit „Güte" übersetzen darf und nicht vielmehr mit „Gutheit" im Sinne von Vollkommenheit. Zwar kann Philon wohl zu Gott beten, doch kaum in der Kind-Haltung, zu der der Christ durch das Gebet Jesu angehalten wird.

5) Die Möglichkeit der (metaphorisch verstandenen) anthropomorphen Rede von Gott ist im Neuen Testament durch eine geschichtliche Erfahrung begründet, die in ihrer Versprachlichung notwendig mythischen Charakter bekommt: Die Begegnung mit dem Menschen Jesus von Nazareth. Gott hat so zuerst geredet, und das Wort ist „Fleisch" geworden[63]. Wie Philon weitgehend die historische Dimension in seiner Theo-Logie fehlt, fehlt ihm entsprechend auch die mythische Sprache[64].

6) Mit allen bisher genannten Kritikpunkten hängt zusammen, dass Philons Gott letztlich keine „Sympathie" für den Menschen hat: Keine Zuneigung, kein Mitleid, keine „Leidenschaft"; auch, dass für Philon | das menschliche Leiden, die erfahrene Negativität des Daseins, keine theologische Rolle spielt. Eine „Passion" des Logos ist für Philon undenkbar.

Doch diese Kritik, die ich in den sechs Punkten vorgetragen habe, schließt die Tatsache nicht aus, dass christliche Theologie bei dem Nach-Denken ihres Glaubens in Philon einen Lehrmeister gefunden hat und finden kann, dem sie mehr verdankt, als ihr heute meistens bewusst ist.

---

[62] M. BUBER, Das dialogische Prinzip, Darmstadt [5]1984, 133ff und öfter.

[63] Vgl. dazu E. JÜNGEL, Metaphorische Wahrheit. Erwägungen zur theologischen Relevanz der Metapher als Beitrag zur Hermeneutik einer narrativen Theologie, in: DERS./P. RICŒUR, Metapher. Zur Hermeneutik religiöser Sprache, EvTh Sonderheft, München 1974, 71–122, bes. 114.

[64] Zu einer Apologie des Mythos vgl. meine sprachtheoretische Beschreibung des Mythosbegriffs: G. SELLIN, Mythologeme und mythische Züge in der paulinischen Theologie, in: DERS., Studien zu Paulus und zum Epheserbrief, FRLANT 229, hg. v. D. Sänger, Göttingen 2009, 75–90.

Das lebendige Wort und der tote Buchstabe

Aspekte von Mündlichkeit und Schriftlichkeit in christlicher und jüdischer Theologie

1. Die hermeneutische Dominanz der Mündlichkeit beim christlichen Schriftprinzip

Von einem sehr frühen Zeitpunkt an beruft sich christliche Theologie auf schriftliche Texte. Zunächst geschieht das freilich nur im unterstützenden Sinne. So findet sich in der ältesten erhaltenen neutestamentlichen Schrift, dem 1. Thessalonicherbrief des Paulus, noch keine Bezugnahme auf die „Schrift".[1] In den folgenden Paulusbriefen nimmt der Schriftbezug laufend zu[2], doch das einzelne Zitat oder die jeweilige reminiszierende Bezugnahme hat Zeugenfunktion[3] und stellt nicht die Basis oder die Norm der Theologie dar. Anfänge zu einer normativen Funktion von Schriften finden sich erst innerhalb der christlichen Tradition selbst, etwa in der deuteropaulinischen Literatur. Für den Verfasser des Epheserbriefes z.B. hat der (heute ebenfalls als deuteropaulinisch geltende) Kolosserbrief eine solche grundlegende Geltung, dass er ihn paraphrasierend seiner eigenen Ausführung zugrundelegt. Vor allem aber die Tatsache, dass man Paulusbriefe sammelt, verrät eine Tendenz zur Normierung durch schriftliche Dokumente. Wie wenig verfestigt solche Tendenzen jedoch waren, zeigt wiederum die Tatsache der Pseudepigraphie überhaupt. Dass der Verfasser der Pastoralbriefe seine normative Paulustradition (man könnte sagen: das schriftliche Testament des Paulus) selber verfasst, spricht hier für sich. Erst der wesentlich durch Markion herausgeforderte und angetriebene Prozess der Kanonisierung frühchristlicher Schriften ermöglichte eine christliche Theologie der *Schrift*. Ohne dass ich dies nun in der Theologiegeschichte weiter verfolgen könnte, scheint mir eine solche Option für eine ausschließliche Norm der Schrift

---

[1] Die Bibel der ersten Christen, welche griechische Juden waren (Apg 11,19–21.26), war die Septuaginta (LXX). Für griechische Juden hatte diese kanonische Geltung.

[2] Mit Ausnahme des Philipperbriefes. Dass 1Thess und Phil *aufgrund ihrer heidenchristlichen Adressaten* kein Bibelzitat enthielten, ist angesichts des ebenfalls an heidenchristliche Gemeinden gerichteten Galaterbriefes keine ausreichende Erklärung für den Befund. Zur Verteilung des Vorkommens von Zitaten in den genuinen Paulusbriefen vgl. die Liste bei D.-A. KOCH, Die Schrift als Zeuge des Evangeliums. Untersuchungen zur Verwendung und zum Verständnis der Schrift bei Paulus, BHTh 69, Tübingen 1986, 21–24.

[3] Vgl. KOCH, Schrift, 255f.325f.

aber nur selten konsequent verfolgt worden zu sein[4]. Bis auf wenige Aus-
nahmen wurde immer – | bewusst oder unbewusst – eine dreistellige Her-
meneutik vorausgesetzt. Dabei wurde neben dem Buchstaben der Schrift (1)
und den Rezipienten (2) eine dritte Größe angenommen, die den Sinn (den
Logos) aus den Buchstaben präsentisch vermittelt und über die Wahrheit
der Interpretation entscheidet. Das wichtigste und älteste Modell dieser
Hermeneutik ist die *pneumatische Schriftauslegung*, wie sie Paulus in 2Kor
3 voraussetzt, wo er das Pneuma als Kriterium der Schrift mit dem Kyrios
identifiziert[5] und so ein christologisches Schriftprinzip gewinnt. Diese Form
der „Exegese" geht auf Philon von Alexandrien bzw. die alexandrinische
Weisheitstheologie zurück. Die *Weisheit* oder der *Geist* oder der *Logos* sind
als gegenwärtige Inspirationsquellen Garanten und Ursache der wahren Interpretation. Die Buchstaben selber werden damit entwertet; erst mit Hilfe
des gegenwärtigen Geistes werden sie lebendig und sprechend, bekommen
sie ihren Sinn. Es ist das Prinzip der *Allegorese*, das wir heute mit unserer
historisch-kritischen Exegese überwunden zu haben meinen. Insofern Philon in seiner Gesetzesinterpretation – vor allem in den Quaestiones[6] – eine
literale Bedeutung beibehält, zu der er dann meist die allegorische als wahre, eigentliche Bedeutung hinzufügt, ist er der Vorläufer der patristisch-mit-
telalterlichen Konzeption vom mehrfachen Schriftsinn.[7]

---

[4] Grundlegend zu diesem Problem: H. PAULSEN, Sola scriptura und das Kanonproblem, in:
DERS., Zur Literatur und Geschichte des frühen Christentums. GAufs., WUNT 99, hg. v. U.E.
Eisen, Tübingen 1997, 344–361. Für das 2. Jahrhundert vgl. auch den Beitrag von W.A. LÖHR,
Mündlichkeit und Schriftlichkeit im Christentum des 2. Jahrhunderts, in: G. Sellin/F. Vouga (Hg.),
Logos und Buchstabe. Mündlichkeit und Schriftlichkeit im Judentum und Christentum der Antike,
TANZ 20, Tübingen/Basel 1997, 211–230.

[5] 2Kor 3,17.

[6] Einem bis auf einige griechische Fragmente sonst nur im Armenischen erhaltenen Kommentar zu Genesis und Exodus.

[7] W. BERNHARD, Spätantike Dichtungstheorien. Untersuchungen zu Proklos, Herakleitos und
Plutarch, Beiträge zur Altertumskunde 3, Stuttgart 1990, unterscheidet innerhalb der antiken und
spätantiken Homer-Exegese die platonische von der stoischen Form der Allegorese. Die stoische
Allegorese, die letztlich auf die vorsokratischen Naturphilosophen zurückgeht, verfährt z.B. bei
Herakleitos (um 100 n.Chr.) substituierend im Sinne der rhetorischen Definition von Allegorie und
Metapher bei Quintilian. Die homerischen Personen (Götter und Helden) werden dort meist als
Substitute der Urelemente angesehen (physikalische Allegorese). Die platonische Allegorese, die
wahrscheinlich auf pythagoreische Wurzeln zurückgeht, verfährt dagegen dihairetisch (im Sinne
der „Ketten" in der platonischen Ideenpyramide) und lässt die Personen als „Götter" bzw. Dyna-
meis („Engel") gelten. Vor allem aber substituiert sie nicht einfach die Subjekte durch Elemente o-
der andere Subjekte und Einzelgrößen, sondern analogisiert ganze narrative Zusammenhänge systematisch mit metaphysischen Zusammenhängen. Genau dieses platonisierende Verfahren findet
sich schon in der Schriftallegorese Philons. Vgl. I. CHRISTIANSEN, Die Technik der allegorischen
Auslegungswissenschaft bei Philon von Alexandrien, BGBH 7, Tübingen 1969; J. DILLON, The
Formal Structure of Philo's Allegorical Exegesis, in: D. Winston/ders. (Hg.), Two Treatises of
Philo of Alexandria. A Commentary on De Gigantibus and Quod Deus sit Immutabilis, BJSt 25,

Diese dreistellige Hermeneutik gilt selbst noch für die Schriftinterpretation der Aufklärung, insofern dort die Vernunft als vermittelnde und entscheidende Größe die Brücke zwischen Schrift und Ausleger darstellt. Als inneres Licht oder als innere Stimme ist sie präsent wie im pneumatischen Modell der Geist. Besonders wirksam geworden ist die katholische Variante dieser Her- | meneutik, insofern bei ihr die *mündliche Tradition*, institutionalisiert im Lehramt, wahre Interpretation gewährleisten soll. Alle drei genannten dreistelligen hermeneutischen Modelle (das pneumatische, das aufklärerische und das katholische) greifen letztlich auf das Prinzip der mündlichen Kommunikation (das gemeinsame räumliche und zeitliche Gegenwart der Kommunikanten voraussetzt) zurück: die Präsenz des transzendenten Geistes, der den Sinn, die Erkenntnis des Logos inspiriert; die innere, gegenwärtige Stimme der Vernunft; die von Mund zu Ohr weitergegebene und dadurch gegenwärtige Lehrtradition. In allen drei Formen wird die Schrift durch eine gegenwärtige Größe außerhalb ihrer selbst verifiziert. Heraus fällt dabei das reformatorische Schriftprinzip nach dem Schlagwort „sola scriptura". Damit soll zugleich die katholische Tradition ausgeschaltet und das Prinzip des mehrfachen Schriftsinns überwunden werden. Luther geht davon aus, dass die Schrift klar ist und ihre Wahrheit selbst evident macht. In der lutherischen Orthodoxie wird dieses Schriftprinzip, radikalisiert durch eine Lehre von der Verbalinspiriertheit der Schrift selber, wonach diese buchstäblich vom Heiligen Geist diktiert worden ist, zum Fundament der Dogmatik. Das Prinzip sola scriptura ist dann von zwei nahezu entgegengesetzten Seiten zugleich angegriffen und systematisch in die Zange genommen worden: von der katholischen Seite und von der Aufklärung im Anschluss an Descartes und Spinoza.[8] Beide Seiten werfen ihm vor, dass eine Schrift nicht allein aus sich selbst heraus gleichzeitig mit der Präsentation ihrer Aussage auch ihre Wahrheit beweisen kann. Nach Spinoza kann dies nur die ratio, die als göttliche Vernunft der Schrift übergeordnet ist. Wir würden heute sagen: Über die Wahrheit einer Aussage kann nur auf einer von der Aussage selbst metasprachlich abgehobenen Ebene entschieden werden.

Nur an einer Stelle innerhalb der soeben grob skizzierten Geschichte der Schriftauslegung ist also mit dem normativen Schriftprinzip wirklich ernst zu machen versucht worden: in der lutherischen Orthodoxie. Aber letztlich

---

Providence 1983, 77–87. Zu den Quaestiones: D.M. HAY, Both Literal and Allegorical. Studies in Philo of Alexandria's Questions and Answers on Genesis and Exodus, BJSt 232, Atlanta 1991.

[8] Die Kritik von Seiten der Aufklärung findet sich am deutlichsten in der anonymen Schrift Ludwig Meyers, eines Freundes von Baruch de Spinoza: „Philosophia sive scripturae interpres. Exercitatio paradoxa", 1666; dazu: K. SCHOLDER, Ursprünge und Probleme der Bibelkritik im 17. Jahrhundert. Ein Beitrag zur Entstehung der historisch-kritischen Theologie, FGLP 10/33, München 1966, 139.159ff.

erwies sich auch diese Position, die sich immerhin hundert Jahre halten und die Aufklärung solange aus dem protestantischen Deutschland aussperren konnte, als Illusion. In Wahrheit war es auch gar nicht die Schrift selber, die der Dogmatik die Norm gab. Schon bei Flacius Illyricus wird die Annahme der Widerspruchslosigkeit der Schrift durch das Prinzip der analogia fidei erkauft: Wer den entsprechenden Glauben hat, hat das rechte Schriftverständnis. Damit aber werden faktisch die Bekenntnisschriften, also eine Hilfsschrift, zur Norm der Norm.

Aber auch die ratio selber ist geschichtlich und nicht mit einer zeitlosen göttlichen Vernunft gleichzusetzen. Die Kritik an der Aufklärung (und an dem Versuch des Idealismus, Geschichte und göttliche Vernunft prozesshaft zu verbinden) hat schließlich zu einer Destruktion des absoluten Wahrheitsbe- | griffs geführt. Die sich im Anschluss an die Aufklärung allmählich entwickelnde historisch-kritische Exegese führte schließlich dazu, die biblischen Texte selbst als verschriftete Sprechakte zu verstehen, als Kommunikationsakte mit jeweils in ihrer Entstehungssituation verortbaren Intentionen und Wirkungen – wobei im Gefolge des Historismus die Wahrheitsfrage nur noch historisch, auf den jeweiligen Kontext bezogen, gestellt wurde.

2. Theologie des Wortes Gottes als Theologie der Mündlichkeit

Das Problem, das das reformatorische „sola scriptura" in hermeneutischer Hinsicht stellte, ist in der Theologie des 20. Jahrhundert gelöst worden durch eine Besinnung auf ein Sprachverständnis, das seine Wurzeln in der hebräischen Bibel hat und im Neuen Testament vorherrscht, und das auch Luther voraussetzt. In der „Theologie des Wortes Gottes" wird das Wort als ein *Ereignis* aufgefasst, das wesentlich in der *Anrede*, im *Zusprechen* und im *Anspruch* erscheint. Auf dieses *Wortgeschehen*, das ein Sprechen und Hören als Ereignis, also als mündliche Kommunikation, impliziert, wird nicht nur der schriftliche Text zurückgeführt, sondern das geschriebene Wort wirkt seinerseits als Anrede und Anspruch an den gegenwärtigen Menschen. In der *Predigt* kommt es zur Wirkung, im *Hören* geschieht seine Kraft (Glauben und Leben oder Verurteilung und Tod). Dieses Geschehen zwischen Text und hörendem Menschen braucht keine vermittelnde, evaluierende und entscheidende Instanz (weder Tradition und Lehramt, noch Vernunft oder mystische Meditation, noch einen vom Wort selbst unabhängigen Geist). Bei Karl Barth ist die Schrift „Repräsentant" des so wirkenden

Wortes Gottes selbst[9]. Rudolf Bultmann differenziert stärker zwischen der Schrift und dem *Kerygma*, in dem sich das Christusereignis als Anspruch an den Menschen wiederholt[10]. | Davon abgesehen ist die Bibel aber zeitgebundenes Menschenwort[11]. Gerhard Ebeling reflektiert das Verhältnis des so verstandenen Wortgeschehens zur historisch-kritischen Methode[12] und zeigt die Notwendigkeit der hermeneutischen Funktion des Wortgeschehens selbst auf[13]. Ernst Fuchs hat eine neutestamentliche Hermeneutik als Sprachlehre, die letztlich auch eine Hermeneutik des mündlichen Wortes ist, entworfen. Dabei spielt Jesu Sprechen vom Gottesreich (und damit die Sprache der Gleichnisse) eine besondere Rolle. In der existenzbezogenen Rede ereignet sich die von Jesus bezeugte Wahrheit[14]. Der Begriff „Sprach-

---

[9] K. BARTH, Die kirchliche Dogmatik 1/1: Die Lehre vom Wort Gottes. Prologomena zur kirchlichen Dogmatik, Zürich 1986, § 3–5; z.B. 112: „In diesem Ereignis ist die Bibel Gottes Wort, d.h. in diesem Ereignis ist das prophetisch-apostolische Menschenwort in eben der Weise Repräsentant des Wortes Gottes selber, wie dies im Ereignis wirklicher Verkündigung das Menschenwort auch des heutigen Predigers werden soll [...]: Menschenwort, in dem Gottes eigenes Reden zu uns Ereignis ist"; KD I/2, § 19, 514; II/2, 101ff. Allerdings behält die Schrift in ihrem Wortlaut bei Barth einen höheren Rang in Bezug auf das Wort Gottes als die aktuale Verkündigung, so dass man ihm eine Art von Verbalinspirationslehre nachgesagt hat.

[10] R. BULTMANN, Der Begriff des Wortes Gottes im Neuen Testament, in: DERS., Glauben und Verstehen. GAufs. I, Tübingen ⁵1964, 268–293, bes. 279f: „... das christliche Kerygma. Es ist ein Wort, das Macht hat, das wirksam ist. Das Gesprochenwerden ist wesentlich für dieses Wort, es wird verkündigt und muss gehört werden."; a.a.O. 282: „... Gottes Wort ist immer Anrede und wird als solches nur verstanden, wenn die Anrede verstanden, im eigentlichen Sinne gehört wird."; a.a.O. 284: „reine Anrede [...] Gottes eben jetzt sich ereignender Akt der Gnade [...] bringt Leben oder Tod"; a.a.O. 288: „... Anrede, in der das Vergangene vergegenwärtigt wird"; ebd. 289: „In der Predigt wird Christus vergegenwärtigt [...] im gepredigten Wort (vollzieht sich) das Christusgeschehen [...] weiter"; a.a.O. 293: „... im gegenwärtigen Wort begegnet er selbst, beginnt je jetzt für den Hörer die Geschichte". – Die gleiche (auf ursprünglich mythisches Sprachverständnis zurückgehende) Auffassung vom Schriftwort findet sich bei Martin Buber und Franz Rosenzweig (s.u. S. 84f).

[11] R. BULTMANN, Neues Testament und Mythologie. Das Problem der Entmythologisierung der neutestamentlichen Verkündigung, hg. v. E. Jüngel, BEvTh 96, München 1988 (= 1941).

[12] G. EBELING, Die Bedeutung der historisch-kritischen Methode für die protestantische Theologie und Kirche, in: DERS., Wort und Glaube, Tübingen ³1967, 1–49.

[13] G. EBELING, Wort Gottes und Hermeneutik, a.a.O. 319–348, bes. 319–338.348: Existentiale Interpretation ist „Interpretation des Textes in Hinsicht auf das Wortgeschehen". So ergibt sich der hermeneutische Zusammenhang von Text und Predigt. „Das hermeneutische Prinzip" ist „das Wortgeschehen selbst". Und: „Hermeneutisches Prinzip ist der Mensch als Gewissen". Vgl. auch DERS., Das Wesen des christlichen Glaubens, Gütersloh 1977, 178ff. (Anhang: „Wort Gottes und Sprache").

[14] E. FUCHS, Hermeneutik, Tübingen ⁴1970; DERS., Das Sprachereignis in der Verkündigung Jesu, in der Theologie des Paulus und im Ostergeschehen, in: DERS., Zum hermeneutischen Problem in der Theologie. Die existentiale Interpretation, GAufs. I, Tübingen ²1965, 281–305; 283: „Das Wesen der Sprache heißt Erlaubnis". Sprachereignisse sind deshalb „solche Ereignisse, die Erlaubnis erteilen, Freiheit gewähren, das Sein rechtfertigen."; ebd. 290: Jesus zeigt sich selbst in seiner Gleichnisrede. Auch in ihr „bezieht sich Jesus thematisch auf den Willen Gottes, aber nun so, daß man ihren befreienden Sinn an seinem, an Jesu eigenem Verhalten ablesen kann ..."; vgl. auch DERS., Das Wesen des Sprachgeschehens und die Christologie. Warum hat die Predigt des

ereignis" bzw. „Sprachgeschehen" hat im Anschluss an Fuchs dann in der Gleichnisforschung eine große Rolle gespielt. Bezeichnend ist der Satz von Eberhard Jüngel: „Die Basileia kommt im Gleichnis *als* Gleichnis zur Sprache. Die Gleichnisse Jesu bringen die Gottesherrschaft *als* Gleichnis zur Sprache"[15]. Dies ist die Freiheit gewährende Sprache, welche Fuchs meint, aus der der lebendig machende Geist spricht. |

Deutlicher als in den theologischen Entwürfen wird der Reiz und die Plausibilität dieser Mündlichkeits-Theologie vielleicht in einem neueren Kirchenlied (der Text stammt von Jochen Klepper, 1938):

Er weckt mich alle Morgen,
er weckt mir selbst das Ohr.
Gott hält sich nicht verborgen,
führt mir den Tag empor,
dass ich mit seinem Worte
begrüß das neue Licht.
Schon an der Dämmrung Pforte
ist er mir nah und spricht.

Die zweite Strophe beginnt:

Er spricht wie an dem Tage,
da er die Welt erschuf ...

Und die vierte Strophe:

Er ist mir täglich nahe
und spricht mich selbst gerecht ...[16]

Biblische Vorlage ist Jes 50,4f[17]. Nicht zu übersehen ist aber die für diese Wort-Theologie wichtige Anspielung an die Schöpfung durch das Wort

---

Glaubens einen Text?, in: DERS., Glaube und Erfahrung. Zum christologischen Problem im Neuen Testament, GAufs. III, Tübingen 1965, 231–248, bes. 238–241.

[15] E. JÜNGEL, Paulus und Jesus. Eine Untersuchung zur Präzisierung der Frage nach dem Ursprung der Christologie, HUTh 2, Tübingen ⁷2004, 135. Dabei ist freilich zu beachten, dass schon bei Fuchs (wie dann bei Jüngel, Wolfgang Harnisch, John D. Crossan, Hans Weder und anderen) trotz der Grundannahme von der Bindung des Sprachereignisses an das mündliche Sprechen Jesu durch den literaturwissenschaftlichen Metapherbegriff und seine Beziehung auf die Zukünftigkeit der Gottesherrschaft die Differenz (im Gegensatz zur Präsenz der Mündlichkeitsaktualität) eine große Rolle spielt. Das metaphorisch Prädizierte ist präsent nur im bzw. als Gleichnis. Das Gleichnis Jesu ist „Sprache des Möglichen als Sprache des Glaubens": W. HARNISCH, Die Gleichniserzählungen Jesu. Eine hermeneutische Einführung, UTB 1343, Göttingen 1985, 158ff. Gerade Harnischs Buch tendiert überdies zu einer literaturwissenschaftlichen Gleichnistheorie, die die Mündlichkeitskategorie mit ihrer Präsenz von Stimme und Ohr entbehrlich machen könnte. Das aber würde den wort-theologischen Ansatz in Frage stellen. Deshalb ist für Harnisch die Verankerung der Parabeln im Sprechen des historischen Jesus so wichtig.

[16] Evangelisches Gesangbuch Nr. 452.

[17] „Er weckt alle Morgen, weckt mir das Ohr, wie ein Jünger zu hören. Gott der Herr hat mir das Ohr aufgetan ...".

(Gen 1). Es ist die aktual verstandene viva vox Dei bzw. evangelii[18], die immer nur im Sprachvollzug gegenwärtig ist. Der Glaube kommt aus der Verkündigung (das Wort ἀκοή Röm 10,17 – vgl. Gal 3,2.5 – hat gleichzeitig die Bedeutung von „Hören" und „Ausruf" und entspricht bezüglich des letzteren wohl dem hebräischen terminus Miqra[19]). Dieses Wortverständnis hängt mit einer besonderen Anthropologie zusammen: Der Mensch ist ein auf Ansprache von außerhalb seiner angewiesenes Wesen. Der Glaube ist Ausdruck einer personalen Relation, die *gegenwärtig* gesetzt ist. Das Hören, und nicht das Sehen ist die religiöse Grundmetapher in der Bibel. Das Gespräch von Person zu Person ist die Modell-Szene dieser Theologie. Der Gottesbegriff ist personalistisch. Das ihr zugrundeliegende Modell der intimen Kommunikation greift schließlich weit über die Theologie hinaus. Seine überwältigende Plausibilität hat es vielleicht durch das Urbild und das Urerlebnis der anfänglichen Symbiose von Mutter und Kind mit ihrer Einheit, Zeitlosigkeit und Identität und deren Auflösung in der zunehmenden Distanzierung und Individualisierung des Kindes, bei der die Sprache den körperlichen Kontakt allmählich ersetzt. |

In der zweiten Hälfte dieses Jahrhunderts sind Versuche gemacht worden, diese „Theologie des Wortes" (wir können hinzufügen: des *mündlichen* Wortes) zu überwinden: die Offenbarung nicht an das Wort, sondern an die Geschichte zu binden[20], oder den Wortbegriff auf Information zu reduzieren, oder ihn durch politisches Handeln zu ersetzen[21]. Diese Versuche haben zwar auf in der Worttheologie vernachlässigte Aspekte aufmerksam gemacht, erwiesen sich jedoch selbst als wenig tragfähig, darum kurzlebig und vor allem ideologieanfälliger als diese.

Es könnte der Eindruck entstanden sein, dass diese Hochschätzung des mündlichen Wortes eine spezifische Angelegenheit christlicher, besonders protestantischer Theologie sei. In gewisser Weise überraschend ist deshalb, dass sie ihren radikalsten Ausdruck findet bei Martin Buber und Franz Rosenzweig, vor allem in ihrem Unternehmen der Verdeutschung der Schrift.

---

[18] Im 2. Papiasfragment (Euseb, HistEccl. III 39,4) begegnet der Terminus φωνὴ ζῶσα (παρὰ ζώσης φωῆς καὶ μενούσης – als Gegensatz ἐκ τῶν βιβλίων: „nicht aus Büchern"); vgl. dazu den Beleg bei G. LIDDELL/R. SCOTT, A Greek-English Lexicon. Revised and augmented throughout by H.S. Jones. With a Supplement, Oxford 1968, 1967, φωνέω III: Anon. Geog. Epit. p.488M: διὰ ζώσης φωνῆς.

[19] H. MARKS, Schrift und Mikra, in: Logos und Buchstabe, 103–126.

[20] W. PANNENBERG (Hg.), Offenbarung als Geschichte. In Verbindung mit T. Rendtorff, U. Wilckens, T. Rendtorff, KuD.B 1, Göttingen 1982. In seiner Kritik an diesem Versuch hat G. KLEIN, Theologie des Wortes Gottes und die Hypothese der Universalgeschichte. Zur Auseinandersetzung mit Wolfhart Pannenberg, BEvTh 37, München 1964, noch einmal indirekt die Stärken der Theologie des Wortes aufgezeigt.

[21] Zu diesen beiden letztgenannten Versuchen vgl. E. GRÄSSER, Die Krisis des Wortes Gottes in der gegenwärtigen Theologie, in: DERS., Wort Gottes in der Krise?, Gütersloh 1969, 34–55.

Bubers Philosophie und Theologie ist als solche personalistisch und dialogisch – was schon im Titel seiner philosophischen Schrift „Ich und Du" zum Ausdruck kommt[22]. Fast noch wichtiger ist Bubers Sprachverständnis. Im Vorwort zu den „Erzählungen der Chassidim" vertritt er eine Pragmatik der erzählenden Rede, die auf die Vergegenwärtigungsfunktion des Mythos zurückgeht: „Man hat Großes gesehen, man hat es mitgemacht, man muß es berichten, es bezeugen. Das erzählende Wort ist mehr als Rede, es führt das was geschehen ist faktisch in die kommenden Geschlechter hinüber, ja das Erzählen ist selber Geschehen, es hat die Weihe einer heiligen Handlung [...] die Erzählung ist mehr als eine Spiegelung: die heilige Essenz, die in ihr bezeugt wird, lebt in ihr fort. Wunder, das man erzählt, wird von neuem mächtig [...]". Es folgt dann ein Beispiel in Form eines Apophthegmas, in dem genau das vorgeführt wird, worum es geht:

„Man bat einen Rabbi, dessen Großvater ein Schüler des Baalschem gewesen war, eine Geschichte zu erzählen. ‚Eine Geschichte', sagte er, ‚soll man so erzählen, daß sie selber Hilfe sei.' Und er erzählte: ‚Mein Großvater war lahm. Einmal bat man ihn, eine Geschichte von seinem Lehrer zu erzählen. Da erzählte er, wie der heilige Baalschem beim Beten zu hüpfen und zu tanzen pflegte. Mein Großvater stand und erzählte, und die Erzählung riß ihn so hin, daß er | hüpfend und tanzend zeigen mußte, wie der Meister es gemacht hatte. Von der Stunde an war er geheilt. So soll man Geschichten erzählen'"[23].

Hinter diesem Verständnis von der erzählenden Sprache steht der Gedanke von der Präsenz-Erfahrung des Heiligen: „Im Judentum war, unbeschadet des Glaubens an ein ewiges Leben, stets die Tendenz mächtig, der Vollkommenheit eine irdische Stätte zu schaffen. Die große messianische Konzeption einer kommenden Vollendung auf Erden [...] vermochte trotz ihrer Macht über die Seelen doch dem persönlichen Leben nicht jene stete und unüberwindliche begeisterte Freude am Dasein zu schenken, die eben nur aus einer in sich erfüllten Gegenwart [...] quellen kann"[24]. Ihr Medium ist das mündliche Wort. Ihm unterliegt auch die Schrift: „Meinen wir ein Buch? Wir meinen die Stimme. Meinen wir, daß man lesen lernen soll? Wir meinen, daß man hören lernen soll. [...] Zur Gesprochenheit wollen wir hindurch, zum Gesprochenwerden des Wortes"[25]. Beinahe noch radikaler

---

[22] M. BUBER, Das dialogische Prinzip, Darmstadt 1984 (enthält die Schriften „Ich und Du", „Zwiesprache", „Die Frage an den Einzelnen", Elemente des Zwischenmenschlichen" und ein Nachwort: „Zur Geschichte des dialogischen Prinzips").

[23] M. BUBER, Die Erzählungen der Chassidim, Zürich, [14]2003, 5f. Diese Erzählung über das Erzählen könnte als Mustertext für jede Erzähltheorie dienen. Es folgt bei Buber dann eine Formgeschichte der erzählenden Gattungen, die sich mit Gewinn auf die synoptische Tradition übertragen ließe.

[24] A.a.O. 17.

[25] M. BUBER, Der Mensch von heute und die jüdische Bibel, in: M. Buber/F. Rosenzweig, Die Schrift und ihre Verdeutschung, Berlin 1936, 13–45: 45.

betont dies Rosenzweig: „Alles Wort ist gesprochenes Wort. Das Buch steht ursprünglich nur in seinem, des gelauteten, gesungenen, gesprochenen, Dienst; [...] Aber das Technische hat eine gefährliche Gewalt über seinen eigenen Herrn; unversehens wird aus dem Mittel ein Zweck [...] Das Buch, statt dem Wort zu dienen, wandelt sich zur wortbeherrschenden, wortverwehrenden, zur ‚heiligen Schrift'. Heilige Schriften, kommentiert ‚nach dem Buchstaben', dem laut-losen, stummen, alexandrinischen Homer, neuplatonischer Platon, jüdische und christliche Bibel, Koran, bezeichnen das Ende des wortdienstbaren, des mit vollkommener Selbstverständlichkeit laut gelesenen Buchs, wie es die Antike überall einzig kannte, und wie es noch heut, wo antike Tradition lebendig ist, im jüdischen ‚Lernen' etwa, bekannt ist"[26]. Rosenzweig spricht vom „Fluch der Literatur" und von „Rettung des Menschen" durch die „Mündlichkeit"[27]. Die Bibel existiert in Wahrheit als Miqra, als „Ruf"[28]. Das Ziel der Verdeutschung der Schrift ist es, die Bibel wieder hörbar zu machen und sie dadurch wieder als lebendiges, gegenwärtig sich ereignendes Wort wirken zu lassen. |

3. Das Modell mündlicher Kommunikation in Linguistik und Exegese

Der theologische Begriff *Sprachereignis* oder *Sprachgeschehen* hat eine deutliche Nähe zu einem der Grundbegriffe der neueren Linguistik (obwohl beide unabhängig voneinander entstanden sind): Texte werden in pragmatischer Hinsicht als *Sprechakte* aufgefasst. Das heißt, sie werden als intentionale Handlungen durch Worte verstanden („How to do things with words" – so lautet der Titel des grundlegenden Buches von John L. Austin)[29]. Der Kommunikationsbegriff überhaupt wird entwickelt vom Modell mündlichen Sprechens, wo Sender und Empfänger örtlich und zeitlich einander präsent sind und die Beziehungsaspekte, die dem syntaktisch-semantisch-

---

[26] F. ROSENZWEIG, Die Schrift und das Wort. Zur neuen Bibelübersetzung, in: Buber/Rosenzweig, Schrift, 76–87: 76.

[27] A.a.O. 77f.

[28] A.a.O. 80. Vgl. MARKS, Schrift, 103–126.

[29] J.L. AUSTIN, How to Do Things With Words, Oxford 1962 (deutsch: Zur Theorie der Sprechakte, Stuttgart 2007); J.R. SEARLE, Speech Acts, Cambridge 1969 (deutsch: Sprechakte. Ein sprachphilosophischer Essay, Frankfurt a.M. 2007). Zum folgenden vgl. den Beitrag von K. EHLICH, Text und sprachliches Handeln. Die Entstehung von Texten aus dem Bedürfnis nach Überlieferung, in: A. Assmann/Ch. Hardmeier (Hg.), Schrift und Gedächtnis. Beiträge zur Archäologie der literarischen Kommunikation, München ³1998, 24–43. Ehlich versteht unter Text den überlieferbaren Teil einer Sprechhandlung und rechnet dabei auch mit mündlich existierenden Texten. Damit hebt er seinen Textbegriff einerseits vom ausschließlich auf Schrift eingegrenzten, andererseits vom auf alle kommunikativen Äußerungen ausgedehnten Textbegriff ab.

pragmatisch erfassbaren Text hierarchisch übergeordnet sind[30], in der für Sender und Empfänger gemeinsamen Sprechsituation angesiedelt werden. Dieses Modell

Sprecher ⟶ | Text | ⟶ Adressat (Hörer)

wird inzwischen auch in der Exegese schriftlich vorliegender Texte vorausgesetzt. Es passt besonders gut bei den Paulusbriefen. Dabei muss allerdings eine kleine Änderung vorgenommen werden: Textproduzent und Adressat sind örtlich distanziert, was dann auch eine (allerdings kleine) zeitliche Distanz (die Zeit, die der Briefbote braucht) mit sich bringt. Letztlich ist dies Modell brieflicher Kommunikation von der mündlichen Kommunikation her entwickelt.[31] Solange Leser und Adressat zusammenfallen, besteht eine besondere Beziehung zwischen Textproduzent und Textrezipient.

Paulus ⟶ | Gal | ⟶ Galater (Adressaten)
Paulus ⟵ | Gal | ⟵ Galater (Rezipienten)

Prinzipiell lässt sich dieses Modell auch auf die erzählenden und stärker literarischen Texte des Neuen Testaments übertragen. Der Evangelist, der so ge- | nannte Redaktor, vermittelt durch sein nach einem redaktionellen Plan konzipiertes Werk seine Botschaft, sein Kerygma[32], an einen relativ offenen, aber geographisch, religionsgeschichtlich und vielleicht auch sozialgeschichtlich umreißbaren Adressatenkreis, an seine „Gemeinde". Allerdings gibt es hier noch größere Besonderheiten gegenüber der genuinen mündlichen Kommunikation als beim Brief: (1) In syntaktischer Hinsicht ist die Struktur des Textes so komplex, dass sie beim Hören nicht mehr ganz erfasst werden kann. (2) In semantischer Hinsicht bewirkt der narrative Charakter ein Dominieren der referentiellen Sprachfunktion. Adressatenbezogene (appelative) und senderbezogene (expressive) Sprachfunktionen treten zurück. Sie begegnen nur noch innerhalb der (meist auch fiktionalen) erzählten Welt. (3) In pragmatischer Hinsicht bedeutet das: Die Rezipienten sind nicht mehr identisch mit den Adressaten. Der Leserkreis ist grundsätzlich offen. (4) Vor allem aber ist der Text vom Autor (Sprecher) völlig losgelöst. Er ist der Interpretation unvorhergesehener Rezipienten völlig frei-

---

[30] P. WATZLAWICK/J.H.BEAVEN/D.D.JACKSON, Menschliche Kommunikation. Formen, Störungen, Paradoxien, Bern [11]2007.

[31] EHLICH, Text, 32, spricht hier von einer „zerdehnte(n) Sprechsituation". Der Brief wird entsprechend als „halbes Gespräch" und Ersatz für die Anwesenheit des Autors verstanden.

[32] „Intention" darf dabei freilich nicht individualistisch verstanden werden. Sie ist als „Tendenz" Ausdruck bestimmter theologischer Anforderungen der Zeit und Situation des Autors. Vgl. F.CH. BAUR, Kritische Untersuchungen über die kanonischen Evangelien, ihr Verhältnis zueinander, ihren Charakter und Ursprung, Hildesheim 1999 (= Tübingen 1847).

gegeben³³, und erst das Postulat einer historisch-kritischen Interpretation lässt den Bezug zum Autor in den Blick kommen. (5) Schließlich ist auf den ästhetischen Charakter der meisten biblischen Texte hinzuweisen. Die Realisierungen des ästhetischen Potentials eines Textes³⁴ durch die Rezipienten sind nicht vorhersehbar und nicht vollständig durch die Autorintention bestimmt. Diese fünf genannten Punkte sind Gründe dafür, dass schriftliche Texte anders rezipiert werden als mündliche. Wegen ihrer Loslösung von der Entstehungssituation und ihrer unbestimmten Adresse sind sie in ganz anderer Weise einer mehrfältigen Interpretation ausgesetzt.

Entscheidend für die Differenzierung der Kategorien „Mündlichkeit" und „Schriftlichkeit" ist dabei letztlich nicht das Medium (sichtbare oder hörbare Zeichen), sondern die Abwesenheit des Textes vom Autor. Das hermeneutische Problem der „Schriftlichkeit" entsteht schon bei tradierten mündlichen Texten³⁵. Umgekehrt gelten für Briefe prinzipiell noch die zuvor beschriebenen Möglichkeiten der mündlichen Kommunikation. Die Thessalonicher konnten die intendierte Sprechhandlung des 1Thess prinzipiell verstehen, weil ihre Verstehensvoraussetzungen sich mit denen des Paulus deckten. Der hermeneutische Graben entsteht erst dann, wenn diese Deckung nicht mehr gegeben ist, wenn z.B. andere Rezipienten als die Adressaten den Brief lesen. Der hermeneutisch entscheidende Punkt ist also die Diastase von Adresse und | Rezeption (und damit zusammenhängend die Loslösung des Textes vom Autor):

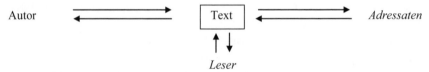

Nun sind Briefe allerdings in dieser Hinsicht ein Übergangsphänomen. Der Römerbrief macht das besonders deutlich. Das gemeinsame Feld der Kommunikationsvoraussetzungen ist stark eingeschränkt. Autor und Adressaten kennen sich nur vom Hörensagen. Und was Paulus mit diesem Text konzipiert hat, ist deutlich schon scriptura und transzendiert als Theologie die Situation. Das gilt aber auch schon – wenn auch in geringerem Maße – von

---

³³ Das ist einer der Gründe für Platons Schriftkritik (Phaidros 275d–e; 7. Brief 341b ff); vgl. D. FREDE, Mündlichkeit und Schriftlichkeit von Platon zu Plotin, in: Logos und Buchstabe, 33–54. Vgl. auch W. RAIBLE, Vom Text und seinen vielen Vätern oder: Hermeneutik als Korrelat der Schriftkultur, in: Schrift und Gedächtnis, 20–23.

³⁴ Dazu gehören nicht nur die figurativen Elemente und Strukturen, sondern auch semantische (symbolische und metaphorische) Konnotationen.

³⁵ Vgl. dazu EHLICH, Text, 32ff.

seinen anderen Briefen. Darin ist François Vouga[36] Recht zu geben. Grundsätzlich aber lässt sich vom hermeneutischen Gesichtspunkt aus ein Unterschied machen zwischen Texten in lebendiger Funktion[37] (annähernd der Mündlichkeit entsprechend) und Texten als *Fossilien* einer vergangenen Kommunikation (annähernd der Schriftlichkeit entsprechend)[38]. Wir lesen fremde Briefe, wenn wir Paulus lesen. Ja, wir sind auch nicht die Adressaten, wenn wir das Markusevangelium lesen.

4. Die Redaktionsgeschichte

In der Exegese der Evangelien hat sich mit der Methode der Redaktionsgeschichte das Prinzip der Dominanz der synchronen Textanalyse durchgesetzt. Ursprünglich freilich sollte die Redaktionsgeschichte nur eine Ergänzung der Formgeschichte sein, die sich mit den mündlichen Traditionen hinter den schriftlichen Evangelien befasste. In der Formgeschichte werden die Einzeltexte (die einzelne Erzählung, der einzelne Spruch) nach ihren *Gattungen* und deren *Sitz im Leben* analysiert. Dabei wird ein ursprünglicher *mündlicher Text* postuliert, welcher der reinen Gattungsform möglichst nahe kommt. Abweichungen von der reinen Form werden späteren Stadien der mündlichen Tradierung und schließlich der Verschriftlichung durch den Redaktor (den Sammler und Verschriftlicher des mündlichen Textes) zugeschrieben[39]. Die Redaktionsgeschichte geht heute jedoch vom Primat der Gesamtkomposition des Evangeliums aus, die den einzelnen Traditionen funktional übergeordnet ist. Die sogenannten Redaktoren werden deshalb als Schriftsteller und Theologen mit einer ihrer Situation verpflichteten eigenständigen Konzeption verstanden[40]. Nimmt man die Konsequenzen der Redaktionsgeschichte ernst, dann entstehen für die Erforschung der mündlichen Traditionen hinter den schriftlichen Werken der Evangelisten Proble-

---

[36] F. VOUGA, Apostolische Briefe als „scriptura". Die Rezeption des Paulus in den katholischen Briefen, in: H.H. Schmid/J. Mehlhausen (Hg.), Sola Scriptura. Das reformatorische Schriftprinzip in der säkularen Welt, VWGTh, Gütersloh 1991, 194–210.

[37] Vgl. S.J. SCHMIDT, Texttheorie. Probleme einer Linguistik der sprachlichen Kommunikation, UTB 202, München ²1976, 16.

[38] Vgl. EHLICH, Text, 38.

[39] Die formgeschichtliche Methode geht auf das Konzept einer israelitischen Literaturgeschichte zurück, das H. GUNKEL entwickelt hatte (vgl. seine Zusammenfassung: Die Grundprobleme der israelitischen Literaturgeschichte, in: DERS., Reden und Aufsätze, Göttingen 1913, 29–38). Auf das Konzept Gunkels greift vor allem EHLICH, Text, im Zusammenhang seines Begriffs vom mündlichen Text zurück.

[40] Im Ansatz findet sich diese Auffassung schon bei den Begründern der redaktionsgeschichtlichen Methode: H. CONZELMANN, Die Mitte der Zeit. Studien zur Theologie des Lukas, BHTh 17, Tübingen ⁵1964; W. MARXSEN, Der Evangelist Markus. Studien zur Redaktionsgeschichte des Evangeliums, FRLANT 67, Göttingen ²1959, z.B. 13.

me. Lässt sich überhaupt noch ein mündlicher Text aus dem schriftlichen Evangelium rekonstruieren, wenn man den Verfasser nicht mehr als einen Sammler, sondern als einen den Stoff nach seiner Konzeption ausfilternden und gestaltenden Schriftsteller verstehen muss? Diese Skepsis gilt vor allem für die narrativen Teile des Markusevangeliums[41]. Darüber hinaus hat die Erforschung oraler Erzähltraditionen gezeigt, dass jeder Akt des Neuerzählens eines Stoffes eine kreative Ad-hoc-Performation über einer Kompetenz von narrativen Strukturen und einem topischen Inventar (den Motiven) darstellt. Erhardt Güttgemanns hat dafür u.a. auf die Homerforschung hingewiesen (Albert B. Lord)[42]. Nun gibt es neben dem Markusevangelium (dem ältesten der vier Evangelien, das von den späteren als Quelle benutzt wurde) noch eine zweite Quelle, die sich aus dem bei Mt und Lk gemeinsamen, aber nicht in Mk vorkommenden Redenstoff erschließen läßt: der Spruchquelle (Q). Hierbei handelt es sich fast ausschließlich um Sprüche und Gleichnisse in der Jesus-Rede, die sich überwiegend auf mündliche Tradition zurückführen lassen[43].

5. Theologie der Mündlichkeit und Theologie der Schriftlichkeit

Werner Kelber verbindet in seinem Buch "The Oral and the Written Gospel. The Hermeneutics of Speaking and Writing in the Synoptic Tradition, Mark, | Paul and Q"[44] die überlieferungsgeschichtliche Frage mit der theologisch-philosophischen nach der *Hermeneutik von Mündlichkeit und Schriftlichkeit*. Gleichnisse und Sprüche aus der in Q gesammelten Tradition leben danach ganz aus der Mündlichkeit. Auch ihre Tradierung geschieht nach Kelber in lebendigen Akten ständiger Gegenwärtigkeit. Ihr „Sitz im Leben" sei nämlich die urchristliche Prophetie, in der Charismatiker durch den jeweils gegenwärtigen Geist immer neu Worte des lebendigen, auferweckten Christus sprechen und diesen dadurch jeweils aktual

---

[41] Vgl. G. SELLIN, „Gattung" und „Sitz im Leben" auf dem Hintergrund der Problematik von Mündlichkeit und Schriftlichkeit synoptischer Erzählungen (in diesem Band S. 119–140).

[42] E. GÜTTGEMANNS, Offene Fragen zur Formgeschichte des Evangeliums. Eine methodologische Skizze der Grundlagenproblematik der Form- und Redaktionsgeschichte, BEvTh 54, München [2]1971, 143–150; A.B. LORD, Der Sänger erzählt. Wie ein Epos entsteht, München 1965. Dazu vgl. W. KULLMANN, Der Übergang von der Mündlichkeit zur Schriftlichkeit im frühgriechischen Epos, in: Logos und Buchstabe, 55–75.

[43] Hier ließen sich die von EHLICH, Text, bes. 32ff, an alttestamentlichen Texten gewonnenen Überlegungen zur mündlichen Überlieferung anwenden.

[44] Philadelphia 1983; vgl. DERS., Markus und die mündliche Tradition, LingBibl 45 (1979) 5–58. Vgl. dazu die Kritik von J. HALVERSON, Oral and Written Gospel. A Critique of Werner Kelber, NTS 40 (1994) 180–195.

vergegenwärtigen[45]. Kennzeichnend für die *Mündlichkeit* sind nach Kelber also die folgenden theologischen Topoi: Leben, Auferweckung (Ostern), der Geist (vgl. den Ausdruck πνεῦμα ζωοποιοῦν „der lebendig machende Geist"), Charismatik, Aktualität, Präsenz – also all das, was oben über die moderne Theologie des (mündlichen) Wortes gesagt wurde. Die theologische Charakterisierung der *Schriftlichkeit* gewinnt Kelber in erster Linie aus dem redaktionsgeschichtlich-synchron analysierten Markusevangelium. Während Mk 1–10 seiner Meinung nach noch aus gesammelter mündlicher Tradition besteht, liege in Mk 11–16, der Passionsgeschichte, das von Anfang an schriftlich verfasste Werk des Redaktors „Markus" vor. Wie das Leben zur Mündlichkeit, so gehöre zur Schriftlichkeit der Tod. Und wie die charismatische Theologie der Wundertaten zur Mündlichkeit, so gehöre zur Schriftlichkeit die *theologia crucis*. Es sei die Absicht des Markus gewesen, entsprechend den Erfordernissen seiner Zeit die Theologie der Mündlichkeit zu beenden und sie „aufzuheben" durch und in einer schriftlichen Theologie des Kreuzes. Hier ist sicher vieles richtig beobachtet und plausibel gedeutet: so die das redaktionelle Werk als Ganzes prägende Passionstheologie. Es ist in der Tat erwägenswert, den Abfassungszweck des Mk in einer bewussten Ausschaltung der mündlichen Tradition zu sehen. Ob aber die mündliche Tradition als ihren Sitz im Leben die charismatische Prophetie zur Voraussetzung hat, ist schon sehr fraglich. Und dass hierzu auch die Ostertradition und schließlich auch noch die Tradition der Wundererzählungen gehörten, ist alles andere als plausibel. Interessant ist dieser Entwurf Kelbers aber wegen seiner symbolischen Konnotationen von Schriftlichkeit. Wenn ich vorhin die schriftlichen Texte als „Fossilien" von einst lebendigen Sprechakten bezeichnete, könnte eine solche Entsprechung von Schriftlichkeit und Tod bereits anklingen. Eine der frühen Funktionen von Schrift auf dem Wege zur Literatur war möglicherweise die Grabbeschriftung (das Epigramm) – darauf deutet ein interessanter Beitrag von Jan Assmann hin: „Schrift, Tod und Identität. Das Grab als Vorschule der Literatur im alten Ägypten"[46]. Die spezielle Bedeutung des griechischen σῆμα (allgemein: „Zeichen", „Spur") als „Grabmal" und „Grab" kündet noch davon. Assmann zieht eine Linie von der Grabinschrift zur Gattung der Biogra- | phie. Dass das Markusevangelium als Erstling der frühchristentums-spezifischen Gattung Evangelium der allgemeineren Gattung *Biographie* zuzurechnen ist, zeichnet sich heute in der Evangelienforschung deutlich ab[47]. Wir stehen

---

[45] Im Anschluss an E.M. BORING, Sayings of the Risen Jesus: Christian Prophecy in the Synoptic Tradition, Cambridge 1982.

[46] In: Schrift und Gedächtnis, 64–93.

[47] CH.H. TALBERT, What is a Gospel? The Genre of the Canonical Gospels, Philadelphia 1977; D. LÜHRMANN, Biographie des Gerechten als Evangelium, WuD 14 (1977) 25–50; PH. SHULER, A Genre for the Gospels, Philadelphia 1982; K. BERGER, Hellenistische Gattungen im Neuen Testa-

hier vor der Beantwortung der Frage, warum es um das Jahr 70 n.Chr. notwendig erschien, eine schriftliche Biographie des Kyrios Jesus zu verfassen. Denn wahrscheinlich ist man bis dahin ohne ein solches schriftliches Evangelium ausgekommen[48]. Die Verlesung dieses Evangeliums war ein kultischer Akt (wie die Feier des Herrenmahls zur Anamnesis). Die Buchstaben dienten also der bleibenden Vergegenwärtigung, die jederzeit wiederholbar wurde. Man könnte so mit gewissem Recht behaupten, Jesus sei nicht nur ins Kerygma, sondern in das geschriebene Buch auferstanden. Denn es ist der Jesus im Lichte der Auferstehung, der in den Evangelien verschriftet wurde. Die Auferstehung aber ist nichts anderes als die Versprachlichung des Kreuzes, des Todes dieses Menschen Gottes. Im Evangelium – das von nun an als *Schrift* existiert – sind Leben und Tod dieses Menschen Gottes präsent.

6. Logos und Midrasch

1989 erschien ein Buch von G. Steiner, „Real Presences", zu dessen deutscher Ausgabe Bodo Strauß ein Nachwort | geschrieben hat[49]. Dadurch ist Steiner mit in den Strudel geraten, der um Straußens Essay „Anschwellender Bocksgesang"[50] entstand. Der Titel von Steiners Buch, „Real Presen-

---

ment, ANRW II 25/2 (1984) 1031–1432.1831–1885 (Register): 1231–1245; DERS., Formgeschichte des Neuen Testaments, Heidelberg 1984, 346–359; D. DORMEYER, Evangelium als literarische und theologische Gattung, EdF 263, Darmstadt 1989; F. FENDLER, Studien zum Markusevangelium. Zur Gattung, Chronologie, Messiasgeheimnistheorie und Überlieferung des zweiten Evangeliums, GTA 49, Göttingen 1991, 13–80; R.A. BURRIDGE, What are the Gospels? A Comparison with Graeco-Roman Biography, MSSNTS 70, Cambridge 1992; P. MÜLLER, „Wer ist dieser?". Jesus im Markusevangelium. Markus als Erzähler, Verkündiger und Lehrer, BThSt 27, Neukirchen-Vluyn 1995, 166f. Zur griechisch-römischen Biographie vgl. C.W. VOTAW, The Gospels and Contemporary Biographies in the Greco-Roman World, Philadelphia 1970; zum alttestamentlichen und hellenistisch-jüdischen Einfluss vgl. K. BALTZER, Die Biographie der Propheten, Neukirchen-Vluyn 1975. Kritisch gegenüber einer Zuordnung des Evangeliums zur Biographie äußert sich aber A. DIHLE, Die Evangelien und die griechische Biographie, in: Peter Stuhlmacher (Hg.), Das Evangelium und die Evangelien. Vorträge vom Tübinger Symposium 1982, WUNT 28, Tübingen 1983, 383–413.

[48] Sollte es schon vor Mk eine Vorform des (erzählenden) Evangeliums gegeben haben, etwa in Gestalt einer *Grundschrift* des Mk (W. SCHMITHALS, Das Evangelium nach Markus. Kapitel 1,1–9,1, ÖTBK 2/1, Gütersloh [2]1986, 43ff), wäre dieser Schritt über das mündliche Kerygma und die Tradition der Herrenworte (Q) hinaus lediglich zeitlich etwas eher anzusetzen. Mit *historischer* Erinnerung hängt dieser Schritt aber nicht zusammen. Der Schritt von der Mündlichkeit zur Schriftlichkeit stellt eine neue Weise der mythischen Vergegenwärtigung des gestorbenen Kyrios dar, eine Realpräsenz nicht im mündlichen Wort, sondern im Buchstaben. Dieser Buchstabe wird freilich laut(lich) vorgelesen, wodurch der Kyrios gegenwärtig „erscheint".

[49] G. STEINER, Von realer Gegenwart. Hat unser Sprechen Inhalt?, München/Wien 1990. Das Nachwort von B. Strauß (303–320) hat den Titel: „Der Aufstand gegen die sekundäre Welt".

[50] In: Der SPIEGEL vom 8. Februar 1993.

ces", lässt nicht zufällig das der lutherischen Sakramentslehre zugehörige Stichwort „Realpräsenz" anklingen. Steiner geht es um eine theologische Dignität der Kunst und Kultur überhaupt. Im Zeichen ist seine Bedeutung – und damit das transzendente Sein – anwesend. Im *Wort* (Bild, Ton)[51] ereignet sich Realität, ist der Logos präsent. Diese theologische Begründung der Kunst ist zunächst platonisch. Strauß verweist im Nachwort zu Steiner auf die Auffassung des russischen Philosophen und Priesters Pavel Florenskij von der *Ikone*, die ein Fenster ist, in dem die Gottesmutter selber erscheint[52]. Letztlich aber ist dieser Ontologismus mythischen Charakters und mythischer Herkunft. Die Subjekte, die Namen, die Bilder transportieren als Symbole noch die Urkräfte, die Archai, die sie im Mythos darstellen. Im Ursprungsmythos erscheint der Grund des Seins als Sprache, und die Rezitation des Mythos oder die Nennung seiner Symbole *repräsentiert* jene Urkräfte. Es gehört zur Geschichte der abendländischen Verarbeitung des Mythos, dass das Sein nur noch im Logos hinter den Buchstaben des Epos (wozu der Mythos als Literatur geworden war) erschien (so vor allem in der Stoa). Bei Platon selbst war die Epiphanie des wahren Seins freilich nicht notwendig an die Buchstaben (aber auch nicht an die Laute) gebunden. Das Geschriebene ist als ein Abbild der gesagten und letztlich dann der *geschauten* Wahrheit – und so als Erinnerung – anzusehen[53]. Die Wahrheit (die Ideen) und letztlich das Sein selbst (das Gute und Eine – Gott) teilt sich in den Dingen und Sachverhalten, deren Grund es ist, indirekt mit. Platons Ontologie (vom Guten und Einen) führte schon bei Philon von Alexandrien[54], dann aber vor allem im Neuplatonismus zur „negativen Theologie": Das Gute und Eine (Gott) ist ἄρρητον, „unsagbar"[55]. Hier trifft sich die platonische Ontologie mit dem jüdischen Verbot, den Namen Gottes auszusprechen. Damit ist aber nicht ausgeschlossen, dass das Göttliche in der Welt wirksam anwesend ist. Nach Steiner ist diese Entzogenheit des Namens der Namen gerade notwendig, um die Realpräsenz des Transzendenten zu wahren: „Einmal ausgesprochen, gerät dieser Name in die zufallsbeherrschte Endlosigkeit linguistischer Spielerei, sei sie | rhetorischer, metaphorischer oder dekonstruktiver Art. In natürlicher und unbegrenzter Spra-

---

[51] Steiner nennt immer wieder die Trinität von Literatur, bildender Kunst und Musik. Die Musik wird sogar hervorgehoben, weil ihr Wesen jeweils in der Performanz gegenwärtig erscheint – wie der Logos in der Stimme.

[52] STEINER, Gegenwart, 309.

[53] Im 7. Brief nennt Platon die Stufen (1) ὄνομα (Benennung) – (2) λόγος (Erklärung, Definition) – (3) εἴδωλον (Abbild) – (4) ἐπιστήμη (Wissen) – (5) das zu Erkennende und wahrhaft Seiende. Der Logos ist also nur eine der unteren Stufen. Vgl. FREDE, Mündlichkeit.

[54] Vgl. G. SELLIN, Gotteserkenntnis und Gotteserfahrung bei Philon von Alexandrien (in diesem Band 57–77).

[55] FREDE, Mündlichkeit.

che hat Gott kein beweisbares Zuhause"[56]. Schon bei Philon ist es der Logos, der Gott in der Welt repräsentiert und damit sowohl die Verborgenheit als auch die Anwesenheit des Göttlichen garantiert.

Das soeben Zitierte zeigt nun zugleich, wogegen Steiners mythisch-platonische Ontologie[57] sich richtet: gegen die logos-entleerte Sprache des Sekundären, die Semantik der ungedeckten Zeichen, die Worte, die sich nur auf Worte beziehen in unendlicher Zeichenkette, im Spiel der Signifikanten, das letztlich zum Nihilismus der Beliebigkeit führe. Vor allem ist es die auf Jaques Derrida zurückgehende Kommentar-Methode der *Dekonstruktion*[58], mit der Steiner sich auseinandersetzt. An einer Stelle, wo er den theoretischen Zugriff in den Geisteswissenschaften als „systematisierte Ungeduld" bezeichnet, steht unvermittelt der merkwürdige und fragwürdige Satz: „Das eingedenk des immerwährenden Aufschubs des Messianischen ungeduldig gewordene Judentum trug seltsame Frucht. Heute hat diese Ungeduld extreme, nihilistische Dringlichkeit angenommen"[59]. Wie die Äußerung Bubers über die erfüllte Gegenwart im Chassidismus[60] zeigt, gibt es im Judentum andere Möglichkeiten, mit dieser Ungeduld umzugehen. Richtig an dem Satz ist aber dieses: Die Kritik am abendländischen Logozentrismus, die Bevorzugung des Buchstabens vor dem Logos, das Denken von der Differenz statt von der Präsenz her, die Fortführung der negativen Theologie in einer „negativen Dialektik" ist eine Eigentümlichkeit jüdischer Philosophie und hat ihre Wurzeln in jüdischer Theologie.

1994 erschien in Deutschland ein ebenfalls aus theologischen Wurzeln schöpfendes kulturkritisches Buch, welches das Gegenstück zu Steiners Realontologie darstellt: Micha Brumliks „Schrift, Wort und Ikone. Wege aus dem Verbot der Bilder" Dort heißt es: „ ... je nachdem, ob Gott über seine hinterlassene Schrift oder sein Fleisch gewordenes Wort verstanden wird, entscheidet sich, ob eine Kultur sich zu ihren Wahrheiten naiv oder reflektiert, im Glauben an Unmittelbarkeit oder im Wissen unvermeidbarer

---

[56] STEINER, Gegenwart, 82f.

[57] Steiners Auffassung ist bewusst „logozentrisch": „Westliche Theologie und deren bedeutendere Fußnoten wie Metaphysik, Epistemologie und Ästhetik sind ‚logozentrisch'. Das bedeutet, daß sie den Begriff einer ‚Gegenwart' als fundamental und von überragender Wichtigkeit zum Axiom erheben. Es kann die Gegenwart Gottes sein (letztlich *muß* es sie sein); die der ‚Ideen' Platons [...] Es sind diese Drehpunkte, zu denen die Speichen des Bedeutens hinführen. Sie garantieren seine Fülle. Diese Gegenwart, sei sie theologisch, ontologisch oder metaphysisch, macht die Behauptung glaubwürdig, da ‚etwas ist *an* dem, was wir sagen'." – Dieser Satz, a.a.O. 163, fasst Steiners Anliegen exemplarisch zusammen.

[58] J. DERRIDA, Grammatologie, Frankfurt a.M. [11]2004 (= 1983/französisch 1967). Als weiteres Beispiel führt Steiner an: R. BARTHES, S/Z, stw 687, Frankfurt a.M. 2001 (= 1987/französisch 1970).

[59] STEINER, Gegenwart, 119.

[60] Vgl. BUBER, Erzählungen.

Vermittlung verhält"[61]. Brumlik beruft sich für den Primat der Schriftlichkeit u.a. auf die jüdischen Philoso- | phen Derrida und Levinas: „Die Bibel, der Talmud, Spinoza und Emmanuel Levinas im Widerstreit mit Platon, kirchlichen Theologen, naiven Dogmatikern und formalen Ethikern: in allen Fällen geht es um Motive, die einer Kultur der Schrift entsprungen sein könnten, einer Kultur, die dem, was gerne als ‚jüdisches Denken' bezeichnet wird, zugrunde liegt ..."[62]. Als zwei Arten des Monotheismus (und zwei Arten negativer Theologie) stehen sich Platon und das Christentum auf der einen und das rabbinische Judentum auf der anderen Seite gegenüber: „Platons Gott bedarf der mystischen Schau, der Gott Israels der getreuen Lektüre"[63]. Dem ins Fleisch gekommenen Logos entspricht auf jüdischer Seite der eine Gott, „der sich zu gemeinsamer Interpretation seinen Geschöpfen überantwortet hat. Das Judentum, dem es minder um eine Metaphysik der Sprache denn um eine Lebensform der Schrift ging, kam ohne Opfertod aus – die befreiende Erniedrigung Gottes geschah durch Interpretation, durch Lektüre"[64].

Für diese Besinnung auf die Schrift und für die bewusste Absage an die Ontologie der absoluten Präsenz, den abgebildeten und herbeigesprochenen Gott, spielt die Erfahrung des Holocaust eine entscheidende Rolle. Die auf dem ontologischen Monotheismus Platons fußende abendländische Kultur, die im deutschen Idealismus gipfelte, brach im 20. Jahrhundert zusammen. Für Emil Fackenheim, den „jüngste(n) wichtige(n) Exponent(en) einer Form jüdischer Philosophie, die als ‚biblischer Glaube' bekannt ist, deren Ursprünge in der deutsch-jüdischen Theologie von Buber und Rosenzweig liegen"[65], hat der Holocaust die Konsequenz, dass die (logisch-begriffliche, systematische) Philosophie ausgespielt hat. An ihre Stelle tritt der *Midrasch*: das Geschichtenerzählen, das das Unausdrückbare auf seine indirekte Weise zur Sprache bringt. Die Wahrheit (Gottes) ist nur in Geschichten und im Gleichnis sagbar (metaphorisch, als Parabel). Der Midrasch ist Kommentar zur Schrift, er ist also Schrift zweiter Ordnung. Die Schrift fordert das Lesen, und das Lesen erzeugt immer einen neuen Text, der den Ba-

---

[61] M. BRUMLIK, Schrift, Wort und Ikone. Wege aus dem Verbot der Bilder, Frankfurt a.M. 1994, 8f.

[62] A.a.O. 10.

[63] A.a.O. 58.

[64] A.a.O. 59f. Als Beispiel verweist Brumlik auf eine berühmte Aggada aus bBM 59 a.b, wo Gott den Rabbinen in der Argumentation unterliegt und lächelnd spricht: „meine Söhne haben mich besiegt".

[65] N.M. SAMUELSON, Moderne jüdische Philosophie. Eine Einführung. Deutsch von Martin Suhr, Reinbek 1995, 329.

sistext umschreibt und dadurch am Leben erhält. Gott hat sich in die Buchstaben erniedrigt[66].

Wie aber wird die Schrift interpretiert? Die in der Judaistik heute im Mittelpunkt des Interesses stehende Midraschforschung betont den unsystema-
ti- | schen Charakter der Midrasch-„Methode". Die Middot (die sieben her-
meneutischen Regeln Hillels und die 13 Regeln Jišmaels) beziehen sich nur
auf den halakhischen Midrasch und sind möglicherweise bereits beeinflusst
von hellenistisch-römischer Rhetorik und Jurisprudenz[67]. Erst die letzten
sieben der 32 Middot Eliesers (aus nachtalmudischer Zeit) sind auch auf die
Aggada bezogen[68]. Die heutige Midraschforschung betont jedenfalls die
grundsätzliche Mehrdeutigkeit der Schrift und die keiner festen Methode
unterworfene Unbegrenztheit der Auslegung – nach dem Wort mAv 5,22,
wo es von der Tora heißt: „Wende und wende sie, denn alles ist in ihr." Das
impliziert eine „unendliche Interpretation"[69]. Die Auffassung, dass die tota-
le Kombination aller Buchstaben des Alphabets die Idee der gesamten
Schöpfung enthält, ist allerdings erst eine Spekulation der Kabbala[70]. Er-
staunlich und paradox ist die Tatsache, dass die Fixierung auf den Buchstaben die größte Weite der Bedeutungen und damit die größte Freiheit der

---

[66] „Die Selbsthingabe Gottes an seine Schöpfung endet im Judentum nicht nur in der Bild, sondern sogar in der Wortlosigkeit; was bleibt, ist die Schrift: Die befreiende Entmachtung Gottes in
der und durch die Interpretation seiner Weisungen führt schließlich dazu, daß Gottes Wort, die
schriftliche Weisung, die Tora [...] als Weisheit, als Wort, als Inbegriff der Schöpfung zur Idee der
Welt wird, einer Idee freilich, die nicht mehr wie bei Plato in Gestalt einer höchsten Form existiert, sondern – einer Metaphysik der Schrift gemäß – in Form von Buchstaben." (BRUMLIK,
Schrift, 72f). Die Spekulation der Kabbala, auf die in diesem Zusammenhang hingewiesen wird,
ist freilich, wie Brumlik bemerkt, nicht ohne den Neuplatonismus denkbar.

[67] D. DAUBE, Rabbinic Methods of Interpretation and Hellenistic Rhetoric, HUCA 22 (1949)
239–264.

[68] Dazu S. LIEBERMANN, Hellenism in Jewish Palestine. Literary Transmissions Beliefs and
Manners of Palestine in the I Century B.C.E. – IV Century C.E., TSJTSA 18, New York 1950,
68ff. Zu den Middot insgesamt: G. STEMBERGER, Einleitung in Talmud und Midrasch, München
[8]1992, 25ff.

[69] Zur neueren jüdischen Midraschforschung: I. HEINEMANN, darkhe ha-aggada, Jerusalem
[3]1970; J. AMIR, Rabbinischer Midrasch und Philonische Allegorese, in: DERS., Die hellenistische
Gestalt des Judentums bei Philon von Alexandrien, FJCD 5, Neukirchen-Vluyn 1983, 107–118; G.
PORTON, Defining Midrash, in: J. Neusner (Hg.), The Study of Ancient Judaism, New York 1981,
55–92; M. FISHBANE, Biblical Interpretation in Ancient Israel, Oxford 1985; STEMBERGER,
Einleitung, 231ff; DERS., Midrasch. Vom Umgang der Rabbinen mit der Bibel. Einführung, Texte,
Erläuterungen, München 1989; vgl. vor allem aber M. FISHBANE, Orally Write therefore Aurally
Right, in: Logos und Buchstabe, 91–102. Die rabbinischen Midraschim lassen sich einteilen in
exegetische und homiletische, erstere wiederum in halakhische und aggadische. Das literaturwissenschaftliche Interesse richtet sich heute vorwiegend auf den aggadischen Midrasch, obwohl
er rabbinisch erst in späterer Zeit begegnet.

[70] Diesem faszinierenden Gedanken hat Jorge Luis Borges einen Ausdruck in seiner Erzählung
„Die Bibliothek von Babel" gegeben. Auch seine Erzählung „Das Aleph" gehört in diesen
Zusammenhang. Beide sind abgedruckt in dem dtv-Bändchen: J.L. BORGES, Labyrinthe.
Erzählungen, München 1962.

Deutung gewährt[71]. So sind es zwei Möglichkeiten des Midrasch, die ihn für die Literaturwissenschaft und die Theologie gleichermaßen interessant machen: seine neben- und translogische Parabelhaftigkeit, die es erlaubt, Gott narrativ und metaphorisch auszusagen, ohne seinen Namen und sein (ohnehin unfassbares) Wesen auszusprechen, und seine spielerische Distanz zum historischen Ursprungssinn des Bibelwortes. Beides macht seine Kreativität aus. Ist nun der Buchstabe auch „tot", ist der schriftliche Text auch ein „Fossil" – so ist dieser fixierte, „tote" Text doch zugleich äußerst fruchtbar. Er zeugt neue Texte, die zunächst Kommentare, Metatexte sind, deren Wahrheit aber nicht mehr an ihren ob- | jektiven Ursprungsbezügen allein gemessen wird, sondern an ihrer Wirkung in neuen Kontexten.

Lässt sich aber die Unterscheidung von Logos und Midrasch, von Mündlichkeit und Schriftlichkeit, von Präsenz und Differenz als eine Alternative oder gar als antithetische Beschreibung von Christentum und Judentum verstehen? Auch die jüdische Theologie kennt die leibhaftige Präsenz-Erfahrung des Heiligen. Umgekehrt lässt sich Christus, der fleischgewordene Logos, als Gleichnis Gottes begreifen. Und schließlich ist auch die theologia crucis ein Ausdruck *negativer Theologie*[72]. Metapher (Differenz) und Symbol (Realpräsenz) sind auf beiden Seiten sich notwendig einander bedingende Formen. Die Gefahr der Idolisierung von Mythos und Symbol ist gewiss nicht von der Hand zu weisen[73], doch wird sie durch die Metaphorizität der religiösen und theologischen Sprache gebannt, deren Prinzip das Leben in eschatologischer Differenz, im „Haben als hätte man nicht", darstellt.

7. Die „tote" Schrift als Potential neuer Sprechakte

Es bleibt noch das hermeneutische Problem der unendlichen Mehrdeutigkeit und Interpretation, das der Midrasch als Prinzip aufwirft. Ihm müssen wir uns zum Abschluss stellen. Die historisch-kritische Exegese im Gefolge von Ferdinand Ch. Baur lebt, wie wir sahen, vom Kommunikationsmodell mündlicher Sprechakte: Wer hat was, wann, warum, zu wem, wozu, in welcher Situation mitgeteilt? Aber als Geschriebenes entwickelt dieses nun sein Eigenleben. Anders als der Sprecher in der mündlichen Kommunikation hat der Autor keinen Einfluss mehr auf die Rezeption, und die Rezipienten ha-

---

[71] Über die Grenzen der Freiheit des Midrasch vgl. FISHBANE, Write, 91.

[72] Vgl. dazu J. HOCHSTAFFL, Negative Theologie. Ein Versuch zur Vermittlung des patristischen Begriffs, München 1976, der neben den (neu)platonischen auch auf die biblischen Wurzeln des Begriffs verweist.

[73] P. TILLICH, Symbol und Wirklichkeit, KVR 151, Göttingen 1962. In dieser Gefahr stehen nicht nur Fundamentalismus und Schwärmertum, sondern die meisten idealistischen und materialistischen Ideologien.

ben nur noch indirekten Zugang zu den analoghaften Beziehungsaspekten der Kommunikation. Je komplexer der schriftliche Text, desto reicher ist er an potentiellen Sinnstrukturen, die in der Rezeption unterschiedlich je nach geschichtlicher Situation realisiert werden können. Der „Sinn" eines Textes ist deshalb niemals objektiv und vollständig greifbar. Die Redaktionsgeschichte, so sahen wir, führte am Ende zur Dominanz der synchronen Textanalyse. Auch wenn die geschichtliche Kommunikationsfunktion des Textes dadurch nicht notwendig aus dem Blick gerät, rückt die ästhetische Wirkung des Textes in den Vordergrund. Dabei stellt sich die Frage nach den Kriterien, den Regeln und Grenzen von Rezeption und Interpretation, um eine absolute Subjektivität und Beliebigkeit auszuschließen, die einen Streit über Sinn oder Bedeutung eines Textes von vornherein überflüssig machen würde. |

Die rabbinische Literatur ist nun gerade ein treffendes Beispiel dafür, wie wenig das Modell der Mündlichkeit mit seinem Postulat des historischen Sinns noch trägt – gerade bei einer Literatur, die prinzipiell mündliche Wurzeln hat. Das zeigt ein bemerkenswerter Vortrag von Arnold Goldberg: „Der verschriftete Sprechakt als rabbinische Literatur"[74]. Besonders in der nettestamentlichen Wissenschaft herrschte ja lange die Meinung vor, gerade die rabbinische Literatur sei ein Muster an oraler Tradition, die zuverlässige Rückschlüsse auf ihre Ursprünge erlaube, und die Vertreter einer „gepflegten" mündlichen Jesustradition berufen sich gerade auf sie[75]. Goldberg spricht hier aber von einem „Dogma der Mündlichkeit". Was vorliegt, ist reine Vertextung, die nur schriftlich greifbar und möglich ist. Der (ursprüngliche, lebendige) Sprechakt ist nicht mehr auffindbar. „Alles in allem erfahren wir aus dieser Literatur nichts über sie selbst, nichts über ihre Produktion, nichts über ihre Bestimmung, nichts über ihre Leser und Hörer"[76]. Am Beispiel einer rabbinischen Homilie kommt Goldberg zu dem Ergebnis: „Der Text ist vor allem Möglichkeit und bietet vielfältiges Verstehen an. Als Homilie kommt er erst in der produktiven Rezeption zustande, die die angebotenen Möglichkeiten annimmt und realisiert. Der Text verlangt nicht, dass man ihn nach der Intention des Vertexters verstehe. Er ist aus der Situation der Vertextung – eine andere ist nicht auffindbar – längst in das Buch entlassen, und zwar so entlassen, dass die Intention des Vertexters für die Rezeption unerheblich ist"[77]. Die Versuchung ist groß, dieses Ergebnis heute auf alle Schriftlichkeit auszudehnen. Angesichts dieser Versuchung erinnere ich mich an meinen Lehrer Willi Marxsen, der sich immer

---

[74] In: Schrift und Gedächtnis, 123–140.
[75] Vgl. dazu G. SCHELBERT, Wo steht die Formgeschichte?, in: Methoden der Evangelien-Exegese, ThBer 13, Zürich/Köln 1985, 11–39, bes. 27ff.
[76] GOLDBERG, Sprechakt, 134.
[77] A.a.O. 138.

aufgeregt hat, wenn jemand die Wendung gebrauchte: „Der Text sagt ...“. Der Text kann nichts sagen, sagte Marxsen, sondern ein *Mensch* (z.B. Paulus oder der anonyme Verfasser des Markusevangeliums) hat mit diesem Text seinen Adressaten etwas gesagt. Das Prinzip des „solus textus“ führte nach Marxsens Meinung zu der Methode der *dicta probantia*: Man sucht sich die passenden Wortlaute der Schrift, um seine davon unabhängig längst bestehende Dogmatik zu stützen. Beleg steht dann gegen Beleg. Indirekt setzte Marxsen in seinen Vorträgen in den fünfziger Jahren dagegen bereits das Sprechaktmodell voraus[78]. Auch wenn er gerade durch seine Entdeckung der Redaktionsgeschichte[79] im Ansatz das Problem der Schriftlichkeit erkannte, blieb er beim Modell des historischen Ursprungs-Sinnes, das im Prinzip an der mündlichen Kommunikation gewonnen worden war. Und die Frage ist, ob man dieses überhaupt aufgeben darf. Marxsen erkannte durchaus, dass der schriftliche Text neue lebendige Sprechakte hervorruft. Ihm ging es gerade um die Predigt. Die historisch- | kritische Exegese aber sollte der Kontrolle der Rezeption dienen und vor Etikettenschwindel bewahren. Die Frage nach den Kriterien einer legitimen Rezeption ist uns auch heute bei aller Erkenntnis über die andersartige Hermeneutik des schriftlichen Mediums gestellt[80]. In den meisten Fällen schafft eine rein subjektive und beliebige freie Rezeption gerade keine neuen, innovativen Sprechakte. Meist sind es doch nur die Vorurteile der Leser, die ihre längst feststehende Position mit Hilfe des Textes legitimieren wollen. Gerade das, was eine Hermeneutik der Differenz leisten könnte, nämlich das respektierende Verstehen des Fremden, des Anderen, wird so verhindert. Gewiss, die drei klassischen Wahrheitszeugen wie Heiliger Geist, Lehramt oder Stimme der Vernunft helfen hier überhaupt nicht weiter. Angesichts dieser Situation

---

[78] W. MARXSEN, Der Exeget als Theologe. Vorträge zum Neuen Testament, Gütersloh 1968 (z.B. 29ff; 52ff; 104ff; 115ff; 198ff).

[79] S.o. Anm. 40.

[80] Generell für die Literatur stellt heute U. ECO die Frage nach den Grenzen der Interpretation: Die Grenzen der Interpretation, 1995 (italienisch: 1990), z.B. 59ff. 425ff; vgl. 426: „Es hat so den Anschein, dass die hermetische Semiose in jedem Text [...] die Fülle der Bedeutungen und nicht deren Fehlen feststellt. Und dennoch kam es in dieser von den Signaturen durchdrungenen und vom Prinzip der universellen Bedeutsamkeit beherrschten Welt zum Phänomen des beständigen Entgleitens jeder möglichen Bedeutung. Da nämlich das Signifikat eines bestimmten Wortes oder eines bestimmten Dinges nichts anderes war als ein weiteres Wort oder Ding, war alles, was man sagte, nichts als eine mehrdeutige Anspielung auf etwas anderes. Das Signifikat eines Textes wurde dergestalt immer weiter nach hinten verschoben, und das endgültige Signifikat konnte nur ein unerreichbares Geheimnis sein.“ Auf den ersten Blick ist an der von Eco kritisierten „hermetischen Semiose“ zwar wahr, dass unser ganzes Verstehen immer nur einen konstruktiven Prozess von Analogisierungen darstellt. Würde es sich dabei aber um einen schlichten regressus ad infinitum handeln (eine unendlich aufgeschobene Eschatologie), wäre damit die Sprache selbst ad absurdum geführt. Aber weder die Mystik der negativen Theologie noch die Poesie des Schweigens (Günter Eich, Paul Celan) kommt zu solchem Schluss. In beiden Fällen ist die Sprache selbst ganz da. Nach Derrida wäre die Präsenz des Signifikats der Tod. Gerade der aber setzt Wahrheit voraus.

tun wir, denke ich, gut daran, den schriftlichen Text als „toten Sprechakt" in seiner historischen Fremdheit zu respektieren und seinem Produzenten die Andersheit des Du zu belassen – und sei es auch nur aus Pietät, wie Franz Overbeck meinte.[81]

---

[81] Zum Beispiel: F. OVERBECK, Christentum und Kultur, hg. v. B. von Reibnitz, Stuttgart/Weimar 1996, S.76: „Alle [heilige und unheilige Texte] sind gleichen Schutzes gegen die Attentate ungewaschener Subjektivität ihrer Ausleger bedürftig und würdig".

Schrift und frühes Christentum

Die Entstehung des schriftlichen Evangeliums[1]

1. Zur neueren Evangelienforschung

Das Christentum setzt in seinen Anfängen eine Kultur der Schriftlichkeit längst voraus. Es entsteht innerhalb der jüdischen Religion, die einen Schatz von hebräischen Schriften besitzt. Und es entsteht in einer globaleren Umwelt, die hochgradig schriftlich kommuniziert und sich auf eine umfangreiche und Jahrhunderte alte griechische Literatur beziehen kann. In dieser griechischen Kultur und Sprache kommuniziert das Christentum sehr bald ausschließlich. Allerdings bleibt dabei die jüdische Tradition maßgeblich, insofern sie den Fundus bietet für die Ausarbeitung des spezifischen christlichen Symbolsystems, das nicht nur als religiös, sondern als theologisch zu bezeichnen ist. Schon in den Anfängen ist es aber das *hellenistsche* Judentum, das diese Rolle spielt. In Alexandrien ist längst eine griechische Version der jüdischen heiligen Schriften zusammen mit original erst dort entstandenen Beiträgen in – zumindest, was die Tora betrifft – kanonischem Gebrauch.

Und dennoch entsteht der Keim des Christentums nicht als schriftliches Phänomen. Die „Jesusbewegung" – der Begriff ist von Gerd Theißen geprägt[2] – in Galiläa und bald auch in Judäa ist zunächst ein rein „mündliches" Phänomen. Ich will mich im Folgenden auf die Evangelien beschränken, und zwar auf das Markusevangelium, das nach überwiegendem Konsens in der neutestamentlichen Wissenschaft als Quelle und Muster für Matthäus und Lukas gedient hat und das älteste Exemplar der Gattung „Evangelium" darstellt. Matthäus und Lukas haben gemeinsam noch eine zweite Quelle benutzt, die sogenannte Spruch- oder Logienquelle, die (fast) ausschließlich aus Sprüchen bestand. Ein großer Teil dieser Sprüche wird „Erinnerung" an Worte aus dem Munde des „historischen" Jesus sein. Wichtig ist hier das Wort „Erinnerung", denn die ganze hypothetisch rekonstruierbare Quelle stellt kein Protokoll dar, sondern eine durch Auswahl,

---

[1] Vortrag vor Germanisten und Literaturwissenschaftlern auf der Tagung „Schrift und Religion" der Arbeitsgruppe „Geschriebene Sprache" in Bad Homburg v.d.H. am 10.12.1999.

[2] G. THEISSEN, Soziologie der Jesusbewegung. Ein Beitrag zur Entstehungsgeschichte des Urchristentums, Gütersloh [7]1997.

Kontextanordnung, Zusätze und Gliederung konstruierende Interpretation[3]. Auf jeden Fall gibt es in der gesamten Überlieferung kein Indiz dafür, dass Jesus etwas Schriftliches hinterlassen hätte. Der Inhalt seiner Botschaft, nämlich die Erwartung des sofortigen Anbruchs der Gottesherrschaft, also ihr eschatologischer Charakter, erklärt, warum dies so ist: Die Situation am unmittelbar bevorstehenden Ende verlangt radikale Umkehr. Das hatte bereits der Lehrer Jesu, Johannes der Täufer, verkündet (ebenfalls ein „mündlicher" Prophet). Eine weitere Besonderheit unterscheidet aber Jesu Verkündigung von der des Täufers. Die Nähe der Gottesherrschaft lädt diejenigen, die umkehrbereit sind, zu einer gerade nicht asketischen Lebensführung ein. Die Sprachformen dieser Sprüche sind zum großen Teil metaphorisch, bisweilen paradox, haben Ähnlichkeit mit den Weisheitssprüchen Salomos oder Kohelets, aber auch mit den aus kynischer Tradition überlieferten Sprüchen. Ein etwas exaltierter Zweig der neuesten Jesusforschung betont gerade diesen kynischen Charakter und möchte die apokalyptische Eschatologie ausschalten. Was die Sprachformen betrifft, ist die Beobachtung jedoch zutreffend. Eine besondere Mischgattung zwischen Spruch und Erzählung macht die Nähe zur kynischen Tradition deutlich. Viele Worte Jesu sind wie die Worte von „mündlichen Philosophen" (Sokrates z.B. oder Diogenes von Sinope) als „Apophthegmata" gestaltet. Ein kurzer narrativer Rahmen gibt eine zugespitzte Situationsangabe, in die dann als Pointe der Ausspruch des Lehrers hineinwirkt[4]. Die Gattung begegnet allerdings selten in der Spruchquelle – am häufigsten dagegen bei Markus. Diese Art von Spruchanekdote spielt eine wichtige Rolle bei der Frage nach der Entstehung des (schriftlichen) Evangeliums.

Alles in allem ist die frühe Jesusbewegung eine charismatische, ganz auf die nahe Zukunft, ja auf den Augenblick der Wende in der Gegenwart gerichtete „Bewegung". Und die Worte sind mit dem unmittelbaren Lebensvollzug verbunden. Worte und Taten bilden eine Einheit. Für diese kometenhafte Religionsentstehung wird die fortdauernde Zeit freilich ein Problem. Die Ekstase des Lebens der Gottesherrschaft ist nicht beliebig streckbar. Die „Bewegung" kommt zum Stillstand, wenn nicht neue Institutionen und neue Medien die Vergegenwärtigung des Heils bewirken.

Matthäus und Lukas haben schon eine schriftlich fixierte Form der Sprüche Jesu vorgefunden, und zwar in griechischer Sprache: die bereits er-

---

[3] J. SCHRÖTER, Erinnerung an Jesu Worte. Studien zur Rezeption der Logienüberlieferung in Markus, Q und Thomas, WMANT 76, Neukirchen-Vluyn 1997, 4 (Anm. 10). 464 – im Anschluss an J. ASSMANN, Das kulturelle Gedächtnis. Schrift, Erinnerung und politische Identität in frühen Hochkulturen, München [2]1997, 52.

[4] R. TANNEHILL, The Pronouncement Story and its Types, in: Ders. (Hg.), Pronouncement Stories, Semeia 20 (1981) 1–13; DERS., Types and Functions of Apophthegms in the Synoptic Gospels, ANRW II 25/2 (1984) 1792–1829.

wähnte Spruchquelle Q, die man mit der literarkritischen Methode als schriftlichen Text annähernd rekonstruieren kann. Das setzt allerdings einen Kulturwechsel in mehrfacher Hinsicht voraus: vom Mündlichen zum Schriftlichen, vom Aramäischen zum Griechischen. Die Quelle Q muss im Zugriffsbereich von Matthäus und Lukas als Dokument existiert haben. Diese beiden Evangelien sind nicht im palästinischen Raum entstanden (vielleicht aber irgendwo in Syrien). Da die Quelle nirgends erhalten ist, wird sie nach ihrer Integration in die beiden Evangelien verloren gegangen sein. Vielleicht hängt das mit einem Sich-überlebt-Haben der Form und des Inhalts dieser Spruchsammlung zusammen. Die Erzählung – und das heißt: das Markusevangelium – hatte die Zukunft. Mit Mk als Gerüst konnten Mt und Lk das Spruchgut tradieren – ohne solchen erzählerischen Rahmen ging die Spruchsammlung verloren. Als Gattung und als eine Art Reflex überlebte sie freilich in der gnostischen Entwicklungslinie, wie das 1945 in Ägypten gefundene Thomasevangelium zeigt[5].

Beim *Markusevangelium* stellt sich das Problem von Mündlichkeit und Schriftlichkeit sehr viel radikaler. Am Ende des 19. Jahrhunderts, als die Zwei-Quellen-Theorie stand, sahen die Neutestamentler in Q eine Quelle für die *authentische Lehre* Jesu und in Mk eine *Biographie des Lebens* Jesu. Ich muss hier in Hinsicht auf meine weiteren Ausführungen eine Anmerkung machen. Dass Mk eine „Biographie" darstellt, ist heute durchaus im neuesten Trend der Evangelienforschung zutreffend. Nur versteht man darunter heute etwas anderes als im 19. und frühen 20. Jahrhundert. Im Zuge der Formgeschichte hatte Rudolf Bultmann geschrieben: „Den Evangelien fehlt das historisch-biographische Interesse, und sie berichten deshalb nichts von Jesu menschlicher Persönlichkeit, seiner Erscheinung und seinem Charakter, seiner Herkunft, Bildung und Entwicklung"[6]. In diesem Sinne ist Mk keine Biographie – doch ist dabei das Wesen antiker Biographien verkannt. Eine historisch zutreffende Schilderung der Jahre des öffentlichen Auftretens Jesu und seiner äußeren wie inneren Person kann das Evangelium gar nicht leisten. Schon 1901 konnte William Wrede zeigen, dass das Markusevangelium eine dogmatische Konstruktion darstellt, die – so Wrede – zwei Formen von Christologie ausgleichen wollte[7]. Und zu Beginn der formgeschichtlichen Exegese (Martin Dibelius, Rudolf Bultmann – beide im Anschluss an den Alttestamentler Hermann Gunkel) deutete Karl Ludwig Schmidt den episodenhaften „Perikopen-Charakter" des Mk als Aneinanderreihung von mündlichen Einzeltraditionen, die der „Redaktor"

---

[5] Dazu SCHRÖTER, Erinnerung, 122–140.

[6] R. BULTMANN, Die Geschichte der synoptischen Tradition, FRLANT 29, Göttingen ⁹1979, 397.

[7] W. WREDE, Das Messiasgeheimnis in den Evangelien. Zugleich ein Beitrag zum Verständnis des Markusevangeliums, Göttingen ¹⁰1995.

gesammelt, verschriftlicht und durch einen zeit-örtlichen „Rahmen" mehr
schlecht als recht verbunden hätte[8]. Bultmann und Dibelius und die ganze
formgeschichtliche Exegese bis in die siebziger Jahre des zwanzigsten Jahrhunderts haben dann das Augenmerk auf die einzelnen Traditionen gerichtet, ihre angebliche mündliche Urform rekonstruiert und dabei ihre Gattung
und ihren „Sitz im Leben" bestimmt. Zielebene der Analyse und Interpretation war weder der historische Jesus (wie in der Zeit vor Wrede) noch der
Evangelist bzw. Redaktor Markus (so später in der um 1955 aufkommenden
Redaktionsgeschichte), sondern die anonyme mündliche Gemeinde und ihr
sich in den einzelnen mündlichen Erzählungen ausdrückender Glaube. Die
erwähnte *Redaktionsgeschichte* hat den Fokus dann auf den „Rahmen" der
Erzählung eingestellt – überwiegend und zunächst in der Absicht, die Auslegung der Einzeltraditionen zu *ergänzen* durch die Interpretation der
Schicht des redaktionellen Rahmens. Aber bereits Willi Marxsen, der als erster das Markusevangelium redaktionsgeschichtlich untersuchte, hatte dies
älteste Evangelium trotz seines synthetischen Charakters als einheitlichen
kohärenten Ausdruck des „Redaktors" verstanden, der nun eigentlich nicht
mehr als „Redaktor", sondern als das Ganze gestaltender Schriftsteller und
Theologe anzusehen sei[9]. Dabei allerdings wurde – was manche Kritiker
der Redaktionsgeschichte übersahen – der Schriftsteller Markus von Marxsen nicht als schriftstellerndes Individuum im modernen Sinne verstanden,
sondern als Träger einer theologiegeschichtlichen *Tendenz*, der eine *Gattung* hervorbringt, die eine besondere *Funktion* in ihrem besonderen „*Sitz
im Leben*" (ein von Hermann Gunkel geprägter Begriff) hat[10]. In der neueren literaturwissenschaftlichen Exegese, die sich überwiegend mit dem
Markusevangelium befasst, wird dieser insoweit berechtigte formgeschichtliche Aspekt zu Unrecht häufig zugunsten einer rein synchronen, z.B. struk-
turalen Interpretation missachtet. Gegen die Formgeschichte ist aber zu
betonen, dass das Markusevangelium nicht einfach eine verschriftlichende
Sammlung mündlicher Einzeltraditionen darstellt, sondern in seiner Makrostruktur genuin schriftlich komponiert ist. Das wird besonders deutlich im
Schlussteil 14,1–16,8, der Passionsgeschichte, die eine geschlossene Erzählung darstellt, deren wichtigste Teile nicht als einst isoliert in mündlicher
Tradition existierende Fertigbau-Elemente verstanden werden können. Aber
auch die eher herauslösbaren Perikopen in Kap.1–12 sind Erzählungen, die
als komponierte Kette das ganze Markusevangelium als eine *Erzählung* (im
Unterschied zur *Rede*) konstituieren. Die moderne narratologische Exegese

---

[8] K.L. SCHMIDT, Der Rahmen der Geschichte Jesu. Literarkritische Untersuchungen zur ältesten Jesusüberlieferung, Darmstadt [2]1969 (= Berlin 1919).

[9] W. MARXSEN, Der Evangelist Markus. Studien zur Redaktionsgeschichte des Evangeliums,
FRLANT 49, Göttingen [2]1959, 7–14.

[10] H. GUNKEL, Art. Literaturgeschichte, biblische, RGG[2] 3 (1929) 1675–1677.

verwendet deshalb – im Gegenzug gegen die formgeschichtliche – die Erkenntnisse der literaturwissenschaftlichen Erzähl- und Roman-Theorien, die systematisch-synchronisch verfahren – dabei allerdings die Fragen nach Funktion und „Sitz im Leben" weitgehend aussparen[11].

Ich möchte nun zwei scheinbar banale Fragen, welche die Formgeschichte herausgearbeitet hat, noch einmal stellen, nun aber bezogen auf das ganze Evangelium als literarische Großform. Die erste Frage: Wie und warum wird im frühen Christentum erzählt? – und dann die zweite: Warum wird ein *schriftliches* erzählendes Evangelium geschaffen?

2. Wie und warum wird im frühen Christentum erzählt?

Die ältesten schriftlichen Dokumente des Christentums, die als solche schriftlich überliefert wurden, sind die Paulusbriefe. Der Brief ist zwar eine schriftliche Gattung, doch steht er der Kommunikation mündlicher Rede noch nahe. Die Abwesenheit des Apostels verlangt die schriftliche Kommunikation, deren Hin und Her zeitlich versetzt und verzögert ist. Auch wenn die Paulusbriefe narrative Elemente enthalten (die für die paulinische Theologie grundlegend sind), sind sie doch keine narrativen Texte. Sie sind in erster Linie appellativ, sodann argumentativ. Allerdings sind die letzten theologischen Begründungen auch bei Paulus mythischer Art und damit narrativ. Die kerygmatische Formel 1Kor 15,3–5 z.B. ist eine rohe Ur-Erzählung: Christus starb, wurde begraben, wurde auferweckt und erschien dem Kephas. Dass es sich um *mythische* Erzählung handelt, zeigen die symbolischen Konnotationen „für unsere Sünden", „nach den Schriften" und wahrscheinlich auch „am dritten Tage"[12]. Narrativ ist auch die kultbegründende Herrenmahlformel 1Kor 11,23–26, die – in variiertem Wortlaut – eine zentrale Funktion ebenfalls im Markusevangelium hat. Hier gibt es in der Tat eine Brücke von Paulus zum erzählenden Evangelium. Paulus zitiert diese Ur-Erzählungen, die sonst mündlich (in Kult und Bekenntnis) fungierten.

Nun setzt das Markusevangelium aber sehr viel mehr Erzählungen voraus, und zwar – und das unterscheidet diese Schrift wesentlich von den Paulusbriefen – Erzählungen über den vorösterlichen Jesus. Auch wenn es nicht beweisbar ist, so ist es aber doch wahrscheinlich, dass diese weder auf eine vormarkinische Quelle zurückgehen (eine solche ist nicht rekonstruier-

---

[11] Vgl. die Beiträge in F. Hahn (Hg.), Der Erzähler des Evangeliums. Methodische Neuansätze in der Markusforschung, SBS 118/119, Stuttgart 1985.

[12] G. Sellin, Mythologeme und mythische Züge in der paulinischen Theologie, in: Ders., Studien zu Paulus und zum Epheserbrief, FRLANT 229, hg. v. D. Sänger, Göttingen 2009, 75–90: 83f.88f.

bar), noch sich der schöpferischen Phantasie des schriftstellernden Erzählers verdanken[13], sondern dass dieser auf einen Pool *mündlich* tradierter
Erzählungen zurückgreifen konnte. Eine Gestalt oder gar ein Wortlaut einer
einzelnen dieser Erzählungen lässt sich aber (etwa durch Trennung von Tradition und Redaktion) in keiner Weise rekonstruieren. Wie diese Erzählungen ursprünglich ausgesehen haben, wissen wir nicht. Die „Texte" mündlicher Erzählungen werden bei jeder einzelnen Performation transformiert
und gefiltert. Sie können je nach Situation und individuellem Sprecher
verkürzt oder amplifiziert, der Akzent kann verlagert werden. Die Kontexte
solcher mündlich-narrativen Performationen sind nicht mitüberliefert[14].
Wenn wir diese freie Erzählüberlieferung auch nur indirekt erschließen
können, etwa durch Analogieschlüsse aus gegenwärtiger Folkloristikfor-
schung, so ist es doch bezeichnend, dass wir bei der Rezeption und Reproduktion im *schriftlichen* Bereich, wo wir eine Textbasis kontrollieren können und wo diese Basis die Transformation eigentlich sehr viel mehr zügeln
könnte, eine Kontrolle haben, die diese Freiheit der Transformierung be-
stätigt: bei der Wiedergabe der Mk-Perikopen durch Matthäus einerseits
und Lukas andererseits. Ein Beispiel: Die „Segnung der Kinder" Mk 10,13–
16 dient bei Lukas dadurch, dass er aus den „Kindern" (παιδία) „Babies"
(τὰ βρέφη) macht und den Schlussvers (die Segenshandlung Jesu) weglässt,
zu einer metaphorischen Erwachsenenbelehrung: Werdet wie die Kinder,
damit ihr ins Gottesreich kommt! Umgekehrt lässt Mt diesen bei Mk vorgegebenen Spruch aus und bezieht den Tadel der Jünger dadurch, dass er am
Anfang der Perikope die markinische Aussage „Sie brachten Kinder zu
ihm" einfach ins Passiv kehrt („Es wurden Kinder zu ihm gebracht"), auf
die Kinder selbst, insofern das Pronomen „die Jünger drohten *ihnen*" nun
auf die Kinder bezogen werden kann. Das aber heißt: Für Mt geht es um die
Zulassung (größerer) Kinder zum christlichen Kult, man kann sagen: die
Begründung eines Kinder-Katechumenats (die Kinder werden als selbstän-
dige Aktanten thematisiert). So hat jeder auf seine Weise eine bei Mk vor-
findliche Ambivalenz einseitig aufgelöst[15]. Bei beiden ist die Markus-Basis
eindeutig erkennbar, aber die beiden Aussagen sind diametral verschieden.
Das alles lässt den Schluss zu, dass wir beim Erzählstoff hinter Mk nicht

---

[13] So aber W. SCHMITHALS, Das Evangelium nach Markus. Kapitel 1,1–9,1, ÖTBK 2/1,
Gütersloh ²1986, 44–51, der allerdings damit nicht den Redaktor und Evangelisten „Markus"
meint, sondern den Verfasser einer Vorstufe, der „Grundschrift".

[14] W. KELBER, Markus und die mündliche Tradition, LingBibl 45 (1979) 5–65; DERS., The
Oral and the Written Gospel. The Hermeneutics of Speaking and Writing in the Synoptic Tradition, Mark, Paul, and Q, Philadelphia 1983; G. SELLIN, „Gattung" und „Sitz im Leben" auf dem
Hintergrund der Problematik von Mündlichkeit und Schriftlichkeit synoptischer Erzählungen (in
diesem Band 119–140).

[15] G. KLEIN, Jesus und die Kinder. Bibelarbeit über Markus 10,13–16, in: DERS., Ärgernisse.
Konfrontationen mit dem Neuen Testament, München 1970, 58–81.

zurückkommen, weil uns der Zugang durch die Schallmauer der Verschrift-lichung verwehrt ist. Die Verschriftlichung schneidet die mündliche Tradi-tion auf jeden Fall ab. Die Erinnerung an den Kult-Helden ist nun vollstän-dig „aufgehoben" in das nun der ständigen Wiederholung durch Rezitation zugängliche „Evangelium". Wenn man aus dieser Feststellung nun komple-mentär folgern wollte, dass die Verschriftlichung damit zugleich eine stän-dige Kontrolle der Rezeption gewährleisten sollte, so wäre – wie das ge-nannte Beispiel der diametralen Transformierung bei Mt und Lk zeigt – die-se Intention allerdings misslungen.

Auch wenn damit bereits die nächste Frage (warum entstand ein *schrift-liches* Evangelium?) berührt ist, sollte es hier zunächst nur um die Frage der *Narrativität* gehen, und zwar im Bereich der mündlichen Vorgeschichte der Evangeliums-Gattung. Paulus kennt solche vorösterlichen *stories* über Jesus nicht. Dass er sie bewusst unterdrückt hätte, ist nicht anzunehmen (trotz 2Kor 5,16). Aus der anderen synoptischen Textsorte, der Spruchüberliefer-ung, kennt Paulus einiges, doch weiß er damit wenig anzufangen. Schon die Überlieferung solcher situationslosen Sprüche einer „bedeutenden" Person setzt deren Abwesenheit, ihren Tod, voraus. Solche Überlieferung dient der Vergegenwärtigung, der Repräsentation des „Lehrers" – denn als solcher wird die Person in der Welt der Spruchüberlieferung verstanden. „Sprüche" machen Weise, Propheten, Gesetzgeber, Väter. Es ist in erster Linie ein *Ethos*, um das es geht. Nun gibt es neben den isolierten Sprüchen, die in ei-ner Spruchsammlung aufbewahrt werden, die Lehrer-Anekdoten; damit meine ich die schon erwähnten Apophthegmata. In bestimmten Situationen reagiert der Lehrer auf einen Stimulus (auf eine Frage oder eine Beobach-tung) mit einer überraschenden, jedenfalls bemerkenswerten Antwort, die einerseits der Situation entspricht, sie andererseits aber auch transzendiert:

Und es kommen seine Mutter und seine Brüder, und sie schicken von draußen, um ihn zu rufen. Und es saß um ihn herum eine Menge, und sie sagen ihm: „Schau, deine Mutter und deine Brüder und deine Schwestern draußen suchen dich." Und er antwor-tet ihnen: „Wer sind meine Brüder?" Und sich nach den im Kreis um ihn Herumsit-zenden umblickend sagt er: „Siehe, das sind meine Mutter und meine Brüder. Wer den Willen Gottes tut, der ist mein Bruder und meine Schwester und meine Mutter" (Mk 3,31–35).

Hier kommt ein biographischer Zug in die Lehrüberlieferung hinein. Wahr-heit wird in einer Lebenssituation verankert. Das biographische Interesse ist allerdings einem anderen Prinzip untergeordnet. Mit dieser Spruch-Anek-dote wird eine neue Lebenspraxis begründet: die Relativierung der leiblich-en Blutsbande zugunsten einer gesinnungs- und praxisdefinierten *familia dei*. Das latent Biographische dient der Normbegründung. Vielleicht macht das *praesens historicum*[16] bei den Verben des Sagens diesen zeitlos-gegenwärtigen Charakter deutlich. Legitimierung der neuen Gesinnung und Praxis ist die biographische Rückbindung an das *Leben* des Lehrers. Dass im Markusevangelium diese Gattung „Apophthegma" so häufig Verwendung findet (nach grober Übersicht 40 mal – einschließlich der Streit- und Schulgespräche, wo die Form dialogisch expandiert ist), hat seinen Grund im *biographischen* Charakter des Markusevangeliums. Das *Leben* dieses Lehrers ist ein besonderes. Das zeigt die Beauftragung und Zurüstung zum Charismatiker durch den Geist sowie die Gottesstimme bei der Taufe durch Johannes am Anfang (Mk 1,9–11), das zeigt in der Mitte die Verklärungserzählung (eine Epiphanie des transzendenten Wesens der Person: Mk 9,2–8), und das zeigt am Schluss der Tod des Helden (Mk 15,20b–39), der aber nicht im Grabe bleibt, sondern für die Zukunft jederzeit gegenwärtig werden kann. Man „sieht" ihn, wenn man ihm, der auf dem Weg nach Galiläa ist, nachfolgt (Mk 16,1–8). Hier am Schluss trifft sich das Markusevangelium mit dem paulinischen Kerygma. Bedeutsam sind vor allem Tod und Auferweckung. Allerdings: Eine Erscheinung des Auferweckten, wie sie Petrus, Jakobus und Paulus selber nach 1Kor 15,1–11 erlebten, wird bei Mk nicht mehr erzählt, wohl aber für jenseits der Erzählung für die Jünger und damit für alle Leser und Leserinnen in Aussicht gestellt (Mk 16,7). In der erzählten Welt des Markusevangeliums allerdings muss das scheitern, denn die Frauen schweigen (Mk 16,8). Mit diesem Vers endet das Buch – die Verse 16,9ff sind sekundäre Nachträge[17]. Dieser nicht bloß offene, sondern aporetische Schluss mit 16,8 ist ein großes Rätsel.[18]

Die von mir erwähnten Perikopen (von der Taufe, der Verklärung, vom Sterben und vom leeren Grab) haben alle Epiphaniecharakter. Da sie aufeinander bezogen sind und makrostrukturelle Funktion für die *ganze* Erzählung haben, sind sie der bewussten Kreation des Autors „Markus" zuzuschreiben. Anders als bei Paulus bekommen nicht nur Tod und Auferweckung Offenbarungs- und Erlösungsrelevanz, sondern die ganze *Biographie* des Gottessohnes. Es ist anzunehmen, dass „Markus" nicht der erste ist, der Geschichten aus dem Leben Jesu erzählt. Das legt sich nahe aufgrund der zahlreichen Wundererzählungen in Mk (18 an der Zahl – daneben gibt es 5 weitere im Lk-Sondergut, 1 im Mt-Sondergut und 4 im Joh-Evangelium) sowie der Bezeugung des Wunderwirkens Jesu in der Spruchquelle. Nach Gerd Theißen haben diese Erzählungen die Funktion „symbolischer Handlungen", worunter er Geschichten zur Bewältigung von Negativitäten des

---

[16] Dazu J. FREY, Die johanneische Eschatologie II: Das johanneische Zeitverständnis, WUNT 110, Tübingen 1998, 81–89.

[17] K. ALAND, Der Schluss des Markusevangeliums, in: DERS., Neutestamentliche Entwürfe, TB 63, München 1979, 246–283.

[18] Dazu s.u. 3.c) Der „Sitz im Leben".

Lebens versteht[19], eine Sichtweise, die vor der Gefahr rationalistischer Verkürzung nicht ganz geschützt ist. Der Begriff ist m.E. aber zutreffend, wenn man darunter Geschichten versteht, die im Sinne von Epiphanien symbolische Repräsentationen des Heiligen sind, wobei diese Repräsentation durch erinnerndes Erzählen bewirkt wird. Das ist eine der Funktionen des mythischen Erzählens. Veranschaulichen möchte ich das mit einem Zitat aus einem der klassischen Texte zur narrativen Theologie: aus Martin Bubers Vorwort zu den „Erzählungen der Chassidim":

> Man hat Großes gesehen, man hat es mitgemacht, man muss es berichten, es bezeugen. Das erzählende Wort ist mehr als Rede, es führt das was geschehen ist faktisch in die kommenden Geschlechter hinüber, ja das Erzählen ist selber Geschehen, es hat die Weihe einer heiligen Handlung. ... die Erzählung ist mehr als eine Spiegelung: die heilige Essenz, die in ihr bezeugt wird, lebt in ihr fort. Wunder, das man erzählt, wird von neuem mächtig. Kraft, die einst wirkte, pflanzt in lebendigem Worte sich fort und wirkt noch nach Generationen. – Man bat einen Rabbi, dessen Großvater ein Schüler des Baalschem gewesen war, eine Geschichte zu erzählen. „Eine Geschichte", sagte er, „soll man so erzählen, dass sie selber Hilfe sei." Und er erzählte: „Mein Großvater war lahm. Einmal bat man ihn, eine Geschichte von seinem Lehrer zu erzählen. Da erzählte er, wie der heilige Baalschem beim Beten zu hüpfen und zu tanzen pflegte. Mein Großvater stand und erzählte, und die Erzählung riss ihn so hin, dass er hüpfend und tanzend zeigen musste, wie der Meister es gemacht hatte. Von der Stunde an war er geheilt. So soll man Geschichten erzählen."[20]

Dieser Text Bubers setzt eine geradezu klassische Theorie des *mündlichen* Erzählens voraus (Buber und Rosenzweig sind vielleicht die konsequentesten Vertreter einer theologischen Mündlichkeit), ist aber selbst ein Muster *schrift*-stellerischer Komposition, was z.B. die kunstreiche Einbettungsstruktur von „Rede" und „Erzählung" betrifft.

Wir haben bisher eine Antwort auf die Frage versucht, warum im frühen Christentum (mündlich) erzählt wurde. Im Erzählen wurde eine als heilsmächtig geltende Person der Vergangenheit nicht nur aktualisiert, sondern vergegenwärtigt, repräsentiert. Dies geschieht hier zunächst so, dass diese Person zwar als gestorbene abwesend ist, als durch Gott auferweckte aber jederzeit anwesend sein kann. Die Repräsentation einer gestorbenen Person ist aber das Prinzip einer Bio*graphie* – wobei es interessant ist, dass in diesem Wort das γράφειν fest eingebunden ist. Bio*logie* (λέγειν) kann nicht gesagt werden.

---

[19] G. THEISSEN, Urchristliche Wundergeschichten. Ein Beitrag zur formgeschichtlichen Erforschung der synoptischen Evangelien, StNT 8, Gütersloh [7]1998, 283–297.

[20] M. BUBER, Die Erzählungen der Chassidim, Zürich [12]1992, 6.

3. Warum brauchte man um das Jahr 70 herum ein schriftliches Evangelium?

Diese Frage richtet sich 1. auf die *Gattung* des Textes „Markusevangelium", 2. auf die *Funktion* der Gattung, 3. auf den *„Sitz im Leben"* der Gattung, d.h. den sozio-kulturellen Ort, in dem diese Gattung mit und wegen ihrer kommunikativen Funktion erforderlich wurde.

a) Die Gattung

Der Trend der Evangelienforschung geht heute dahin, die kanonischen vier Evangelien, Mk voran, der Gattung „Biographie" zuzuordnen – und zwar, wie schon gesagt, nicht im Sinne moderner historisch-kritischer Biographie im Banne des Historismus, sondern einer Biographie nach antiken Maßstäben, deren Funktion eine begründende und gründende ist[21]. Dass die Gattung der Biographie von Anfang an mit der Schrift, dem Tod, der Differenz und der Identitätsgründung zusammenhängt, kann man eindrücklich aus Jan Assmanns Aufsatz „Schrift, Tod und Identität" lernen.[22] Durch ihre (be)-gründende, identitäts-stiftende und repräsentierende Funktion hat sie zugleich mythischen Charakter. Einige der üblichen Topoi auch antiker Biographien wie Geburt, Kindheit und Bildungsgang vermisst man freilich bei Markus. Das gibt es erst bei Lk – man vergleiche dort etwa die Geschichte vom zwölfjährigen Jesus im Tempel mit der *Vita* des Josephus: der 14-jährige Josephus vor den Priestern (§ 9)[23]. Stattdessen ist der *Tod* im Werk des Markus von zentraler Bedeutung. Der Anfang des Buches dagegen ist ausgerichtet an dem Muster einer Propheten-Vita, die mit der Beauftragung beginnt – hier während der Taufe durch Johannes. Es werden dann die „Taten" des Protagonisten erzählt, deren Funktion symbolische Heilsver-

---

[21] CH.H. TALBERT, What is a Gospel? The Genre of the Canonical Gospels, London 1978; D. LÜHRMANN, Biographie des Gerechten als Evangelium, WuD 14 (1977) 25–50; D. DORMEYER, Evangelium als literarische und theologische Gattung, EdF 263, Darmstadt 1989; F. FENDLER, Studien zum Markusevangelium. Zur Gattung, Chronologie, Messiasgeheimnistheorie und Überlieferung des zweiten Evangeliums, GTA 49, Göttingen 1991, 13–80; R.A. BURRIDGE, What are the Gospels? A Comparison with Graeco-Roman Biography, MSSNTS 70, Cambridge 1995; D. FRICKENSCHMIDT, Evangelium als Biographie. Die vier Evangelien im Rahmen antiker Erzählkunst, TANZ 22, Tübingen/Basel 1997.

[22] J. ASSMANN, Schrift, Tod und Identität. Das Grab als Vorschule der Literatur im alten Ägypten, in: A. Assmann/Ch. Hardmeier. (Hg.), Schrift und Gedächtnis. Beiträge zur Archäologie der literarischen Kommunikation, München ³1998, 64–93.

[23] Das „Eigenlob" dort ist nicht nur aus rhetorischen Gründen gerechtfertigt, sondern hat vielleicht auch topische Gründe – mag uns heute auch die Persönlichkeit des Josephus ambivalent erscheinen.

mittlung ist. Von den indirekt damit zusammenhängenden Kultgötter-Areta-
logien[24] unterscheiden sich diese Wundererzählungen eben durch ihre pragmatische Funktion. Gewiss stehen aber Prophetenerzählungen wie die von
Elia und Elisa im Hintergrund (1Kön 17–2Kön 13). Das häufige Vorkommen von Apophthegmen spricht ebenfalls für die Gattungsbestimmung des
Mk als Biographie.

b) Die Funktion der Gattung

Der Tod macht ein Leben erst vollständig, und er wirft Licht auf die Vita
des Helden. Eine Biographie setzt die Abwesenheit der Person voraus – und
„erinnert" und vergegenwärtigt doch zugleich die Person[25]. Diese muss freilich eine besondere Bedeutung haben. Wenn es um den Vorbildcharakter
geht, ist das Ziel die *Mimesis* (im erzählenden Evangelium wird diese abgewandelt zur „Nachfolge" auf dem „Weg" – was zugleich anschaulich und
symbolisch wirkt). Aber das *Mimesis*-Motiv hat kultischen und dann (erzählend und literarisch) mythischen Ursprung[26]. Die Bedeutung der Person
liegt häufig darin, dass sie etwas begründet hat. So sahen wir, dass die
Apophthegmata immer normbegründende Funktion haben – ob es sich nun
um die neue Verwandtschaft (Mk 3,31–35), das „lasset die Kinder zu mir
kommen" (Mk 10,13–16) oder um die Relativierung des Sabbats (Mk 2,23–
28) handelt. Durch den Tod des Helden schließlich wird ein neuer Kult ge-
gründet. Wie noch bei Plutarch dieses Motiv eine Rolle spielt, lässt sich am
Kleomenes zeigen: Die Bewacher des unter Ptolemäus IV. in Alexandrien
getöteten und dann an ein Kreuz gehängten Spartanerkönigs Kleomenes

---

[24] Bekanntestes Beispiel ist die Isis-Aretalogie von Kyme (abgedruckt bei J. LEIPOLDT/W.
GRUNDMANN [Hg.], Umwelt des Urchristentums II: Texte zum neutestamentlichen Zeitalter,
Berlin ⁷1986, 96–98): „... Ich bin die Herrin der Flüsse und Winde des Meeres ... Ich besänftige
und wühle das Meer auf ... Ich befreie die Gefangenen. Ich bin die Herrin der Seefahrt ... Ich bin
die Herrin des Regens ...". Auch wenn hier eine Nähe zur Sturmstillung (Mk 4,35–41) und zu den
Rettungswundern (dazu THEISSEN, Wundergeschichten, 107–111) festzustellen ist, so kommen
den häufigsten Wundererzählungen, den Therapien (dazu THEISSEN, a.a.O. 98–102), die In-
schriften von Epidaurus (vgl. dazu H.-J. KLAUCK, Die religiöse Umwelt des Urchristentums I:
Stadt- und Hausreligion, Mysterienkulte, Volksglaube, KStTh 9/1, Stuttgart u.a. 1995, 134–139)
weit näher.

[25] ASSMANN, Gedächtnis, 33f.

[26] Das scheint bei Paulus noch durch in dem bei ihm häufigen Motiv der *imitatio Christi*, das
als rein ethisches Streben psychologisch missverstanden wäre. Bei Philon von Alexandrien ist das
von Platon abgeleitete τύπος-μίμημα-Schema auf das Verhältnis des Frommen zum Logos bezogen, von dem der Fromme „geprägt" ist. Auch wenn Paulus das Schema häufig imperativisch
gebraucht („werdet meine μιμηταί, wie auch ich Christi – ergänze: μιμητής – bin", 1Kor 11,1),
setzt er ein Seins-Verhältnis zu Christus voraus. Vgl. H.D. BETZ, Nachfolge und Nachahmung
Jesu Christi im Neuen Testament, BHTh 37, Tübingen 1967, 169.

sehen plötzlich eine große Schlange auf seinem Haupt, die sein Gesicht verdeckt. Der König Ptolemäus bekommt Furcht und veranlasst einige Frauen
zu diversen Reinigungsriten (wohl zu Sühnezwecken), zumal diese fühlen,
dass hier einer ans Kreuz gehängt wurde, der ein Götterfreund (θεόφιλος)
und von übernatürlichem Wesen war. Die Alexandriner pilgern zu dem Ort
und verehren den Kleomenes als Heroen und „Göttersohn" (παῖς θεῶν). Natürlich will Plutarch damit nicht den Kleomenes-Kult begründen. Das Beispiel zeigt nur, dass die Kultgründung mit dem Tod eines Biographiehelden
thematisch zusammenhängt. Darüber hinaus sind die Analogien der religionsgeschichtlichen Motive von Interesse: Zeichen beim gewaltsamen Tod
eines Unschuldigen (Mk 15,33–38) – die Rolle der rituell handelnden Frau-
en (Mk 16,1) – die Bezeichnung des Helden als Göttersohn bzw. Gottessohn (Mk 15,39).

Im Fall des Markusevangeliums veranschaulicht das davor liegende Leben des Gottessohnes die neue Botschaft: in den Heilungen, den Gastmäh-
lern mit Sündern, immer auf dem Weg. Insgesamt ist das Markusevangelium eine *Biographie in mythischer Funktion*. Allerdings handelt es sich um
einen *schriftlichen* Mythos. Nun ist der Begriff *Mythos* in der Wissenschaft
heute sehr unbeliebt, zumal in der Theologie. Dass er im Neuen Testament
selber negativ besetzt ist (1Tim 1,4; 4,7; 2Tim 4,4; Tit 1,14; 2Petr 1,16),
macht ihn aber nicht unbrauchbar für die Exegese. Das gleiche gilt für die
Tatsache, dass Interpretation des Mythos mit der Aufgabe der Entmythologisierung gekoppelt ist. Das eigentliche Problem besteht darin, dass es keine annähernd verbindliche Definition von Mythos gibt. Ich nenne nur einige
Kennzeichen, die man bei einigen Texten, die allgemein als Mythen gelten,
finden kann: 1. Es sind narrative Texte. 2. Es sind fundierende Erzählungen,
die beanspruchen, den Referenzrahmen aller weiteren Zeichen, also auch
allen nicht-mythischen Erzählens, zu gründen[27]. 3. Häufig stellt die Rezitation solcher Erzählungen einen deklarativen Sprachakt dar, indem der Er-
zählvorgang das wiederholt, wovon die Erzählung handelt, d.h. der Erzähl-
vorgang repräsentiert, vergegenwärtigt die heiligen Ursprünge. 4. Der Mythos ist nicht metaphorisch oder allegorisch, sondern (mit Schelling gesprochen) *tautegorisch*. 5. Aber implizit ist jeder Mythos auch schon gebrochen, indem er sich selbst interpretierende Elemente enthält. 6. Die erzählte Welt des Mythos hat zum Teil andere Gesetze als unser „modernes"
Wirklichkeitsverständnis. Z.B. erscheint das, was wir als metaphorische Relation verstehen würden, im Mythos als Metonymie, d.h. Analogien werden
als Kontiguitäten präsentiert. Darüber findet sich Wesentliches im 2. Band

---

[27] SELLIN, Mythologeme, 76f.80f; ASSMANN, Gedächtnis, 52.98ff; J. MOHN, Mythostheorien.
Eine religionswissenschaftliche Untersuchung zu Mythos und Interkulturalität, München 1998,
121–135.

von Ernst Cassirers Philosophie der symbolischen Formen[28]. 7. Anders als Cassirer, aber auch anders als Romantik und Idealismus, würde ich das Verhältnis von Mythos und Symbol bestimmen: Mythen sind Erzählungen, die einer Kultur ihre Symbole liefern. Der Mythos ist die Mutter des Symbols, und nicht umgekehrt. Auf das Markusevangelium bezogen: Ohne das Evangelium wäre das Kreuz nichts als ein praktischer Gegenstand oder ein formales Zeichen[29].

c) Der „Sitz im Leben"

Das Evangelium ist ein *schriftlicher* Mythos. Wir wissen nicht, ob es für seine fortlaufend erzählende Gestalt schon eine mündliche Vorstufe gab. Die genaue redaktionskritische Analyse des ältesten schriftlichen Evangeliums spricht dagegen. Aber wie wir bei Paulus sahen, gab es schon narrative Elemente, die man als Keime des schriftlichen Evangeliums auffassen kann: „In der Nacht, als er verraten wurde, nahm der Kyrios Jesus das Brot ..." (1Kor 11,23–25) oder: „Christus starb für unsere Sünden nach den Schriften, wurde begraben, wurde auferweckt am dritten Tage nach den Schriften und erschien dem Kephas ..." (1Kor 15,3–5). Hier wird freilich schon die Gebrochenheit des Mythos sichtbar, insofern die symbolischen Elemente explizit als Deutungen genannt werden. Wahrscheinlich gehen diese mythogenen Symbole auf die antiochenische und nicht schon auf die jerusalemer Urgemeinde zurück. Was Alexandrien in seiner Beziehung zu Jerusalem war, wurde für das frühe „Christentum" Antiochien in seiner Beziehung zur jerusalemer Urgemeinde. In Antiochien wurden die Jesus-Jünger zuerst Χριστιανοί genannt (Apg 11,26). Nun hatten diese (später „Christianoi" genannten) Jesus-Jünger bereits ihre heiligen Schriften: die Bücher der Septuaginta. Paulus zitiert allerdings nur aus Büchern, die auch im hebräischen Kanon stehen – und dabei auch nicht aus allen (es fehlen z.B. Jeremia, Ezechiel und Daniel). Interessanter ist allerdings, dass Paulus

---

[28] E. CASSIRER, Philosophie der symbolischen Formen II: Das mythische Denken, Darmstadt [9]1997.

[29] Diesem Mythosverständnis steht das von Ernst Cassirer entgegen, der den Mythos als eine (wenn auch wesentliche) symbolische Form unter anderen (z.B. der Sprache, der Wissenschaft, der Kunst) versteht. Damit kann Cassirer zwar die Form der mythischen Symbolisierungsarbeit des Geistes und die Strukturen mythischen Denkens beschreiben, die besonderen Kultur-*Funktionen* des Mythos in seinen historischen Manifestationen (z.B. seine Identität stiftende bzw. bewahrende Funktion) aber nicht in den Blick bekommen. Vgl. dazu MOHN, Mythostheorien, 84ff, der sich für seinen eigenen integrativen Ansatz auf M. ELIADE, Mythos und Wirklichkeit, Frankfurt a.M. 1988, bezieht; A. ASSMANN/J. ASSMANN, Art. Mythos, HRWG 4 (1998) 179–200; P.-G. KLUMBIES, Der Mythos bei Markus, BZNW 108, Berlin/New York 2001, 63–69; G. SELLIN, Art. Mythos, 4. Neues Testament, RGG[4] 5 (2002) 1697–1699.

im ältesten seiner erhaltenen Briefe, dem 1Thess, überhaupt keinen Bezug
auf die Schrift nimmt, geschweige denn aus ihr zitiert. Stattdessen wird
massiv auf die Erinnerung an den Anfang in Thessalonich selbst gesetzt,
d.h. an die kurze Zeit der Missionierung und Gründung der Gemeinde, eine
Zeit der Heilspräsenz im Zusammensein der Gemeinde mit dem Apostel,
eine Phase der „Mündlichkeit". Umgekehrt wird im Galaterbrief – ebenfalls
an eine aus ehemaligen Heiden bestehende Gemeinde gerichtet – massiv
und wesentlich auf die Schrift Bezug genommen, vor allem auf den Abra-
hamzyklus der Genesis (Gen 12; 15; 16–22). Dennoch muss man sehen,
dass die Schrift für Paulus nur begrenzt die Funktion eines fundierenden
Textes hat. Sie hat sie z.B. da, wo Paulus sie allegorisch interpretierend verwendet, so in der schwierigen Allegorese von Hagar und Sara und ihren
Söhnen in Gal 4,21–31. Dort spielt die Schrift genau die mythische Rolle,
die z.B. Homer für die Neuplatoniker hat, d.h. die Rolle der Substanz für
die formende Interpretation. Der hermeneutische Schlüssel aber liegt im
Christusgeschehen, der eigentliche fundierende „Text" bzw. der begründende Mythos ist das, was in der Fachsprache das Christuskerygma genannt
wird. Die schon bei Paulus erkennbare doppelte Bezugnahme auf das Chris-
tus-Ereignis *und* auf die Schrift (gewissermaßen als die beiden Pole) führt
dann in der Interpretation später zur *Typologese*, in der die beiden Testa-
mente aufeinander bezogen werden. Etwas entfernt Analoges gibt es später
bei den Neuplatonikern, wo Homer die Substanz der Allegorese und Platon
den hermeneutischen Schlüssel liefert.

Zwanzig Jahre später – Paulus hatte Antiochien längst im Streit mit Petrus und Barnabas verlassen und ist nach seinem selbständigen Missions-
werk im Osten in Rom umgekommen (das paulinische Erbe wird nicht in
Antiochien, nicht im südlichen Kleinasien gepflegt, sondern in Ephesus) –
entsteht das erste schriftliche Evangelium, das mit dem Namen des Johannes Markus in Verbindung gebracht wird. Johannes Markus aber hatte mit
Antiochien und dem dort residierenden Barnabas zu tun. *Hier*, in der Zeit
nach Paulus, ist m.E. das älteste (im Kanon das „zweite") Evangelium entstanden. Der Begriff „Evangelium" wird in diesem Buch noch ganz so wie
bei Paulus verwendet (als Inbegriff der mündlichen Botschaft von Jesus
Christus überhaupt), aber in der Überschrift dieses Buches findet sich der
Ausdruck doppeldeutig mit einer Selbstreferenz auf das Buch: „Anfang des
Evangeliums von Jesus Christus (...)". Wenn dies die Überschrift für das
ganze Buch ist, dann stellt dieses Buch nur den *Anfang* (ἀρχή) des Evangeliums dar. Da dieser Anfang das Leben und Sterben Jesu zum Inhalt hat,
hätten wir es hier mit einem mythischen ἀρχή-Begriff zu tun – zwar nicht so
wie bei Johannes, wo mit ἐν ἀρχῇ auf die Schöpfung zurückgegriffen wird,
aber doch im Sinne eines Gründungsmythos, einer Basiserzählung für die
Symbolgemeinschaft der Christen, einer Erzählung, die die Symbole bio-

graphisch begründet[30]. Allerdings ist diese Deutung, ἀρχή beziehe sich auf das ganze Buch, umstritten. Wahrscheinlich bezieht es sich nur auf den Prolog (Johannes der Täufer, Taufe Jesu, Versuchung). Dann finden wir hier zwar nicht den mythologischen Begriff der ἀρχή, sondern nur ein *Incipit*[31], aber das Buch selbst vertritt das Evangelium schlechthin, das nun in der Gestalt des Buches erscheint. Damit werden aber auch sprachliche Funktionen des *mündlichen* Evangeliumsbegriffs auf das *Buch* übertragen. Das Buch erhält nun die Kräfte, die dem Evangelium als *deklarativem* Sprechakttyp zustanden, zugesprochen. Das heißt: Auch das Evangelium als Buch gilt als Sprechakt, der durch sich selbst eine Wirklichkeit konstituiert, so wie ein Gerichtsurteil durch den mündlichen Vortrag selbst in Kraft gesetzt wird, also *das* zugleich verwirklicht, *was* es aussagt. Und so, wie die erinnernde Jesus-Christus-Erzählung die Repräsentation des Christus selbst darstellt, so gewährt nun das Buch die Heilsgegenwart Christi. Das alles wird einem Papier mit Zeichen darauf zugetraut. Das Buch übernimmt die Funktion des deklarativen Wort-Aktes. Es ist in diesem Sinne konsequent, wenn das Evangeliar in den orthodoxen Kirchen als heiliges Buch gilt, das Christus selbst sakramental gegenwärtig macht.

Damit können wir nun die Frage stellen, warum nach 40 Jahren Mündlichkeit (von Spruchsammlungen und distanzüberbrückenden Kommunikationsmitteln wie den Briefen abgesehen) jetzt nach dem Jahre 70 das Evangelium in der leiblichen Gestalt des Buches erscheint. Man muss sich zunächst klarmachen, dass ein großer Teil der Rezipienten nicht lesen konnte; dass, wer lesen konnte, meistens mit Stimme, also laut, las (nach dem Zeugnis Augustins war Ambrosius von Mailand, der „stumm" las, eine Ausnahmeerscheinung); und vor allem, dass *vorgelesen* wurde – was für kultisch relevante Schriften die Regel war. Die der Mündlichkeit wesentliche Stimme kommt so auch beim Buch wieder ins Spiel. Das Evangelium ist also *geschrieben* worden zum Zwecke des Vorlesens in der Versammlung (man denke an das hebräische *miqra*). Wieso geschah das aber erst jetzt um das Jahr 70?

Für eine Antwort auf diese (selten gestellte) Frage hat Werner Kelber in seinem Buch „The Oral and the Written Gospel"[32] eine Antwort angedeutet: Die mündliche Tradition hätte in prophetisch-charismatischem Bewusstsein gelebt. Der *Geist* sei es gewesen, der die stets erforderliche Heilspräsenz er-

---

[30] H. WEDER, „Evangelium Jesu Christi" (Mk 1,1) und „Evangelium Gottes" (Mk 1,14), in: DERS., Einblicke ins Evangelium. Exegetische Beiträge zur neutestamentlichen Hermeneutik. Gesammelte Aufsätze aus den Jahren 1980–1991, Göttingen 1992, 45–59; KLUMBIES, Mythos, 123–133.

[31] So G. ARNOLD, Mk 1,1 und Eröffnungswendungen in griechischen und lateinischen Schriften, ZNW 68 (1977) 123–127.

[32] KELBER, Gospel.

möglicht hätte, indem er Christus in den jeweilig inspirierten Herrenworten anwesend sein ließ. Der Evangelist aber habe diese Theologie der Oralität destruiert. Im Einzelnen ist das hier nicht zu diskutieren, überzeugend ist aber die These von der bewussten Destruktion der Mündlichkeit, was Kelber besonders am Schluss des Evangeliums zeigen kann. Die Frauen erfahren am Grab von der Auferweckung, doch sie sagen nichts weiter, und so bricht die mündliche Tradition, deren Träger die Jünger gewesen waren, endgültig zusammen. Was Mk dafür einsetzt, ist – Schrift, Literatur.

Diese Theorie erklärt einige paradoxe Züge im Markusevangelium: so die implizite Kritik der Wunder durch die Schweigegebote, das Unverständnis der Jünger, denen doch – im Unterschied zur Menge – das „Geheimnis des Gottesreiches" gegeben worden ist (4,11–12); das Fehlen der Jünger als Augenzeugen bei der Passion, und schließlich das Schweigen der Frauen und damit ihren Ausfall als Tradenten der Osterbotschaft. Damit werden die Leser vollständig auf das Buch verpflichtet, das als einziges Medium und Zeugnis verbleibt. Das aber – so Kelber – sei keine Biographie, sondern eine große *Parabel*. Damit hebt Kelber die *Differenz* der Schriflichkeit hervor. In der Tat ist das Markusevangelium durch seine Esoterik (das sogenannte „Messiasgeheimnis") wenn auch nicht parabolisch, so doch allegorisch bzw. symbolisch, was ja die Unmittelbarkeit einer Präsenz bricht oder gar zerbricht. Indirekt verbindet Kelber die Mündlichkeit mit dem Prädikat „Leben", und die Schriftlichkeit mit dem Prädikat „Tod". Die Wunder, die Jesussprüche der Propheten, die Erscheinung des Auferweckten – all das wird von Markus in der Tat relativiert und gebrochen durch die zentrale Darstellung der Passion. Höhepunkt ist die Kreuzigungserzählung, nicht die Erscheinung des Auferweckten. Diese wird vielmehr aus der Erzählung herausverlagert: in die Möglichkeit der außerliterarischen Welt der Rezipienten des Buches, in das Leben. Die Aufforderung, nach Galiläa zu gehen, wohin der Auferweckte den Jüngern bereits vorangegangen ist, impliziert ein „Nachfolgen" der Jünger, mit denen sich die Rezipienten identifizieren sollen. Hier am Schluss erfahren wir also am eindeutigsten etwas über die außertextliche Situation.

Nun ist die Aufforderung, nach Galiläa zu gehen, sehr merkwürdig. Seit dem Jahr 67 ist Galiläa wieder fest in römischer Hand. Früher aber kann das Markusevangelium nicht abgefasst worden sein. In der Passionsgeschichte erkennt ein *römischer Offizier* als einziger im am Kreuz Gestorbenen den „Sohn Gottes". In *Galiläa* begann die Epiphanie des Gottessohnes, dort geschahen die Wunder, dorthin werden die Rezipienten nun am Ende wieder orientiert. Ich bin der Meinung, dass die Ausrichtung der Leser nach Galiläa eine doppelte Bedeutung hat: eine wörtliche und eine symbolische. In gewissem Sinne ist die Aufforderung „Geht nach Galiläa! Dort werdet ihr ihn sehen" die Aufforderung zu einer Wiederholung des Anfangs, zu einer Wiederholung der Lektüre des Buches (zu einer *relecture*) – nun im Sinne einer Spirale. Mit der Kenntnis vom Ausgang der Geschichte in Jerusalem werden die Epiphanien, die in Galiläa geschahen, in neuer Beleuchtung neu gelesen[33]. Auf diese Weise werden die Leser „ihn dort sehen". – Daneben hat „Galiläa" auch eine wörtliche Bedeutung. Ich bin nicht der Meinung, dass die Richtungsangabe „nach Galiläa" einen Auszug aus dem Judentum – etwa als Flucht zu den Römern – bedeute, wohl aber, dass es um eine Öffnung zu den Heiden geht, was ja schon seit den Hellenisten um Stephanus und dann seit Paulus selbstverständlich war. Schon in Kap. 6–8 entfernt sich der erzählte Jesus mit seinen Jüngern nach jenseits des Galiläischen Meeres, nach Caesarea-Philippi, nach Tyros und Sidon. Diese Ortsangaben legitimieren einen Weg in die heidnische Welt. Dort soll das „Evangelium" verkündet werden (13,10). Galiläa ist also das Tor in die Völkerwelt des römischen Reiches und liegt – so gesehen – auf halbem Wege nach Syrien mit dem Fluchtpunkt Antiochien.

Nun hatte Paulus diesen Weg längst eingeschlagen, ebenso (wenn wir der Apostelgeschichte vertrauen) wie Barnabas, mit dem die Person des Johannes Markus, der in der Zuschreibung κατὰ Μάρκον mit der Entstehung dieses Evangeliums in Verbindung gebracht wird, zu tun hat. Aber während Paulus Ende der 40er / Anfang der 50er Jahre ohne einen Zyklus von Jesus-Geschichten auskam, braucht die antiochenische Gemeinde jetzt nach dem jüdischen Krieg einen verlässlichen Mythos. Der Kultherr Jesus war inzwischen im Bewusstsein der Gemeinde eine Gestalt der Vergangenheit, die Tradition seiner Worte und erzählten Taten erscheint inzwischen überwuchert und zersagt. Während die Traditionen wuchern, reduzieren sich die primären Erinnerungen. Einige sind im Markusevangelium noch bewahrt. Die anonyme Frau, die Jesus salbte, soll im Gedächtnis behalten und mit der ganzen Jesusgeschichte mitverkündigt werden: „Wo immer in der ganzen Welt das Evangelium verkündet wird, da wird auch das, was sie tat, erzählt werden zu ihrem Gedächtnis" (14,9). Man kennt noch die Namen der Söhne des Simon von Kyrene, der das Kreuz trug: Rufus und Alexander. Das sind Juden aus der griechischen Diaspora. Solche kleinen Personallegenden gehören nach Mk zum Evangelium hinzu, weil sie mit ihren (wahrscheinlich durch Mk selbst induzierten) symbolischen Konnotationen kerygmatischen Gehalt haben. Aber im Ganzen zeigt das schon einen großen Abstand – zeitlich und auch geographisch. Gut 40 Jahre nach der Kreuzigung ist auch die zweite Generation bereits am Abtreten. Das Werk des

---

[33] J.L. MAGNESS, Sense and Absence. Structure and Suspension in the Ending of Mark's Gospel, SBL. Semeia Studies 15, Atlanta 1986; N.R. PETERSEN, When is the End not the End? Reflections on the Ending of Mark's Narrative, Interp. 34 (1980) 151–166; P.L. DANOVE, The End of Mark's Story, Biblical Interpretations Series 3, Leiden 1993.

Markus stellt in dieser Situation eine „Vereindeutigung" der Ambivalenzen der mündlichen Tradition und eine Profilierung dar.

Die Jesusbiographie, die Markus schreibt, ist freilich keine in unserem Sinne kritische. Auch die angebliche Sorgfalt des Lukas, der später allem genau nachgegangen sein will, ist mehr eine theologische Plausibilisierung und ein Versuch, durch Epochisierung und das Motiv der Steuerung durch den Heiligen Geist eine Kontinuität der Heilsgeschichte aufzuzeigen. Im Übrigen verlassen sich alle drei weiteren Evangelisten auf den Entwurf des Markus und bringen nur wenig an Erzähltraditionen im Sondergut hinzu. Was Markus geleistet hat, ist die Schaffung eines schriftlichen (bleibenden und wiederholbaren) Kultmythos, den die im römischen Reich mit anderen Kulten rivalisierende Christus-Bewegung dringend brauchte, der aber ebenso auch für ihre eigene Binnenstabilisierung und Bewahrung der Identität notwendig war.

Diese vom Präsenzdenken her getragene Vorstellung ist gewiss ein Hauptgrund für die Verschriftlichung des Evangeliums gewesen. Die Verschriftlichung hat aber auch eine gegenteilige Wirkung gehabt. Sie hat zugleich das Evangelium zu einem Phänomen der *Differenz* gemacht, oder genauer: Sie hat die Illusion der naiven Präsenz aufgedeckt. Die Erscheinung des auferweckten Christus steht nicht mehr im Buch, sondern wird den Jüngern, und das meint hier: den Lesern, als ein in Zukunft mögliches „Sehen" verheißen. Das bleibt aber mehrdeutig. „Sehen" und „hören" haben zugleich eine symbolische Bedeutung: „erkennen" und „glauben". Während die Jünger in der Ambivalenz von Verheißung („euch ist das Geheimnis der Gottesherrschaft gegeben", 4,11) und Versagen verbleiben, gibt es Figuren im Evangelium, denen die Augen und Ohren geöffnet werden (geheilte Blinde und ein Taubstummer z.B.). Das heißt: In der erzählten Welt („Galiläa") gibt es Figuren, die für die Leser das „Sehen" vorbilden. Im Buch des Evangeliums ist also der Christus präsent, aber doch verborgen, z.B. für die Zuschauer unter dem Kreuz, die ein Schauwunder erwarten (Mk 15,29–32, vgl. 8,11–13). Die Symbole des Mythos sind verhüllt, der Mythos ist ein gebrochener.

„Gattung" und „Sitz im Leben" auf dem Hintergrund der Problematik von Mündlichkeit und Schriftlichkeit synoptischer Erzählungen[1]

Die seit etwa 1920 sich allmählich durchsetzende Formgeschichte bedeutete in der Exegese durchaus so etwas wie einen Paradigmenwechsel im wissenschaftstheoretischen Sinne. Die bis dahin seit der zweiten Hälfte des 19. Jahrhundert sowohl die alttestamentliche wie die neutestamentliche Exegese beherrschende Fixierung auf die historischen Fakten und ihre Quellen (d.h. die Literarkritik) wurde aufgebrochen, insofern sich das Interesse nun auf die sprachlichen Reflexe, die Ausdrucksformen der Wahrnehmung und Erfahrung der geschichtlichen Ereignisse, richtete. Diese neue Art von Literaturgeschichte als Geschichte der „Lebensäußerungen" einer komplexen sozialen Gemeinschaft[2] hat eine ästhetische und eine soziologische Komponente, die beide durch den Begriff der „Gattung" vermittelt werden. Für die klassische Formgeschichte von Gunkel bis Dibelius und Bultmann ist charakteristisch die konsequente Zuordnung und Funktionalisierung von Form (bzw. Stil), Gattung und „Sitz im Leben". Alle drei Begriffe sind dabei auf Phänomene mündlicher Kommunikation bezogen.

Heute nun ist die Formgeschichte gerade auf dem Felde der neutestamentlichen Wissenschaft in eine Grundlagenkrise geraten. Zwischen Redaktionsgeschichte, neuer Literarkritik[3], Sozialgeschichte, Strukturalismus und Archetypenlehre[4] scheint sie heute aufgerieben zu werden. | Die Kritik an der Formgeschichte richtet sich vor allem gegen zwei Faktoren: einmal gegen das ungeklärte Verhältnis von Mündlichkeit und Schriftlichkeit – oder etwas anders gefasst: gegen das ungeklärte Verhältnis von Formgeschichte und Redaktionsgeschichte, zum anderen gegen das ungeklärte Verhältnis von ästhetischem und historischem Ansatz innerhalb der Formge-

---

[1] Leicht überarbeitete und um die Anmerkungen ergänzte Fassung eines Referates in der Projektgruppe „Formgeschichte" innerhalb der Wissenschaftlichen Gesellschaft für Theologie, gehalten am 21. März 1988 in Bethel. – Erst nach Fertigstellung ist mir bekannt geworden: C. BREYTENBACH, Das Problem des Übergangs von mündlicher zu schriftlicher Überlieferung, Neotest. 20 (1986) 47–58. Ich freue mich über manche Übereinstimmungen.

[2] Vgl. H. GUNKEL, Art. Literaturgeschichte, biblische, RGG[2] 3 (1929) 1677–1680: 1677.

[3] Vgl. W. SCHMITHALS, Das Evangelium nach Markus. Kapitel 1,1–9,1, ÖTBK 2/1, Gütersloh [2]1986, bes. 43ff; vgl. DERS., Kritik der Formkritik, ZThK 77 (1980) 149–185.

[4] Vgl. E. DREWERMANN, Tiefenpsychologie und Exegese I: Die Wahrheit der Formen. Traum, Mythos, Märchen, Sage, Legende, Olten/Freiburg 1984; II: Die Wahrheit der Werke und der Worte. Wunder, Vision, Weissagung, Apokalypse, Geschichte, Gleichnis, Zürich [6]2001.

schichte selbst. Dieser zweite Kritikpunkt lässt sich noch weiter entfalten. In der Tat besteht die Schwäche der klassischen Formgeschichte in einer Reihe von Fällen einer *metabasis eis allo genos,* von denen ich als die wichtigsten drei nenne: (1) Aussagen über die Gattung gehen unvermittelt über in Aussagen über den Einzeltext (das Gattungsexemplar). (2) Ästhetische Aussagen werden unvermittelt zu historischen Aussagen, so z.B. im Falle der behaupteten traditionsgeschichtlichen Priorität der einfachen oder reinen Form. (3) Aussagen über die sprachliche Form gehen unvermittelt über in Aussagen über das soziale Leben.

Im Folgenden will ich zwei Problemen nachgehen: I. dem Verhältnis von Mündlichkeit und Schriftlichkeit, II. dem Zusammenhang von Gattung und „Sitz im Leben". Meine These läuft darauf hinaus, dass die Chancen der Formgeschichte weniger in einer Rekonstruktion der Historie und des Lebens hinter den fixierten Texten liegen, als vielmehr in einem Verstehen der in den Texten sich ausdrückenden Kommunikationsimpulse. Die Hauptschwierigkeit liegt dabei in dem ungeklärten Verhältnis von „Text" und „Leben". Der Begriff des „Sitzes im Leben", der die Brücke schlagen soll, ist leider außerordentlich unscharf, wenngleich er auch die Pointe der formgeschichtlichen Methode beinhaltet, die als solche keineswegs überholt ist. Die scheinbar funktionale Verbindung von „Gattung" und „Sitz im Leben" suggeriert jedoch eine zu einfache Beziehung von Literatur bzw. Sprache und Leben bzw. Historie. Darin liegt das Problem.

1. Mündlichkeit und Schriftlichkeit – oder: Das Verhältnis der Formgeschichte zu Redaktionsgeschichte und Literarkritik

a) Formgeschichte als literaturwissenschaftliche Paläontologie der christlichen Urgeschichte

Die wissenschaftliche Innovation der Formgeschichte wird bis heute darin gesehen, dass sie dem Regress zu den historischen Anfängen, der in der literarkritischen Quellenanalyse an das Ende seiner Möglichkeiten gekommen zu sein schien, durch die methodische Erschließung der mündlichen Tradition neue Wege eröffnete. Gewissermaßen als Vorarbeit hatte K.L. Schmidt[5] die bis dahin herrschende Anschauung vom chronologischen Charakter des Markus-Evangeliums erschüttert, indem er die Eigenart dieses ältesten Evangeliums in seinem Perikopen-Aufbau erkannte: Einzelne in

---

[5] Vgl. K.L. SCHMIDT, Der Rahmen der Geschichte Jesu. Literarkritische Untersuchungen zur ältesten Jesusüberlieferung, Darmstadt [2]1969 (= Berlin 1919).

sich vollständige und isolierbare Texteinheiten sind se- | kundär durch einen redaktionellen Rahmen zu einer Einheit verbunden worden.[6] Auf die herausschälbaren in sich gerundeten Einzelperikopen, deren ursprünglicher Aggregatzustand als „mündlich" verstanden wird, wurde dann von M. Dibelius[7] und R. Bultmann[8] die von H. Gunkel[9] entwickelte formgeschichtliche Methode angewandt. Damit wurde es möglich, die neutestamentliche Literaturgeschichte nun doch noch – trotz Versagens der Literarkritik – nach rückwärts zu den Ursprüngen hin zu verlängern. Dabei war es vor allem für Bultmann klar, dass der „Anfang" nicht einfach mit dem historischen Auslöser dieses Anfangs, nämlich dem historischen Jesus, identifiziert werden dürfte. Bultmann ging im Anschluss an Gunkel streng methodisch davon aus, dass neutestamentliche Theologie nur auf der Basis einer neutestamentlichen Literaturgeschichte möglich sei. Jesus ist zwar Gegenstand und Auslöser, nicht aber Anfang dieser Literatur. Der Begriff Literatur war nun aber von Gunkel ausgeweitet worden auf den Bereich mündlicher Sprechakte. Danach gibt es nicht nur mündliche Texte[10], sondern auch mündliche *Literatur,* die nur durch das Medium des Erinnerns und Weitersagens ihren Entstehungsakt überlebt. Dauer und Verlauf solcher Tradierungsprozesse sind jedoch nur schwer zu erfassen. Dies gilt erst recht für die mündlich-literarischen Produkte vergangener Kulturen (wie die Kultur bzw. Religion Alt-Israels). Paradoxerweise spielt dabei das Sich-Durchsetzen der Schriftkultur für den Literaturhistoriker eine zugleich hilfreiche wie blockierende Rolle: hilfreich insofern, als sie literarische Produkte vergangener mündlicher Kulturen als Fossile bewahren kann; blockierend insofern, als das Medium der Schrift den mündlich-literarischen Produkten eine neue Gestalt gibt, die die alte mündliche Gestalt vollkommen auslöscht. Dies gilt jedenfalls dann, wenn die Verschriftlichung nicht ein Protokoll eines originalen, mündlich vorgetragenen literarischen Aktes darstellt.

Bevor ich auf das damit angesprochene Problem näher eingehe, muss ich noch auf den Unterschied zwischen alttestamentlicher und neutestament-

---

[6] Dabei ist auffällig, dass Schmidt mit W. Wredes theologischer Deutung des gleichen Befundes so gut wie nichts anfangen konnte: W. WREDE, Das Messiasgeheimnis in den Evangelien. Zugleich ein Beitrag zum Verständnis des Markusevangeliums, Göttingen [4]1969.

[7] Vgl. M. DIBELIUS, Die Formgeschichte des Evangeliums, Tübingen [6]1971 (= [3]1959).

[8] Vgl. R. BULTMANN, Die Geschichte der synoptischen Tradition, FRLANT 12, Göttingen [10]1995.

[9] Vgl. H. GUNKEL, Die israelitische Literatur, in: P. Hinneberg (Hg.), Kultur der Gegenwart 1/7: Die orientalischen Literaturen, Darmstadt 1963 (= Berlin 1925), 51–102; DERS., Die Grundprobleme der israelitischen Literaturgeschichte, in: DERS., Reden und Aufsätze, Göttingen 1913, 29–38; vgl. o. Anm. 2 und W. KLATT, H. Gunkel. Zu seiner Theologie der Religionsgeschichte und zur Entstehung der formgeschichtlichen Methode, FRLANT 100, Göttingen 1969.

[10] Die neuere „Texttheorie" geht indirekt davon aus, dass Texte sogar in erster Linie mündliche Sprechprodukte sind: S.J. SCHMIDT, Texttheorie. Probleme einer Linguistik der sprachlichen Kommunikation, München [2]1976, 16: „Texte-in-Funktion".

licher „Mündlichkeit" eingehen. Gunkel unterschied drei Epochen der israelitischen Literaturgeschichte: die *Urzeit,* wo Sprache und Leben in den
mündlichen Gattungen eine Einheit bildeten; für diese Epoche | dient die
von ihm entworfene Gattungsgeschichte gewissermaßen als Paläontologie.
Es folgen dann zwei „schriftliche" Epochen: die Zeit der *Klassiker,* z.B. der
großen Schriftpropheten, die sich dieser Gattungen in genialer Weise be-
mächtigen, und die Zeit der *Epigonen* – das ist eben in erster Linie auch die
Zeit der Sammler, Verschriftlicher und Redaktoren, die die reinen Formen
mischten und verwässerten[11]. Die Tatsache, dass das Neue Testament bereits in einer Schriftkultur entstand, dass ferner die christliche Urgemeinde
als literaturproduzierende Lebensgemeinschaft nicht von einheitlicher Kultur war, dass schließlich der in Frage kommende Zeitraum der Ur-Epoche
auf maximal fünfzig Jahre anzusetzen ist, lassen das Gunkelsche Epochen-
schema auf dem Felde der Evangelienforschung eigentlich gar nicht zu.
Und doch konnten die neutestamentlichen Formgeschichtler ein analoges
Modell voraussetzen: Im Gefolge von F. Overbecks These der christlichen
Ur-Zeit[12] wird die „urchristliche" Zeit bis zur Entstehung der beiden schriftlichen Werke Mk und Q als eine im wesentlichen auf schriftliche Literatur
verzichtende, nur Formen sogenannter „Kleinliteratur" benutzende quasi-
archaische Epoche verstanden. Leben und sprachlich-„literarischer"
Ausdruck wären hier noch eins gewesen. Vor allem die alles bestimmende
eschatologische Naherwartung hätte eine schriftlich-literarische Produktion
ausgeschlossen.

Doch ist dieses Postulat – eine der Prämissen der klassischen Formgeschichte – keineswegs zwingend. Für Overbeck selbst verlief die formgeschichtliche Grenze nicht zwischen Mündlichkeit und Schriftlichkeit,
sondern zwischen zwei Arten von Literatur (zunächst zwischen der „apostolischen" und der patristischen bzw. der der Apologeten)[13]. Impliziert ist
dabei allenfalls noch eine Rückverlagerung dieser Grenze bis zum
lukanischen Doppelwerk, insofern hier wohl erstmals das Bewusstsein für
die Vergangenheit der Ur-Zeit da ist. Weder aber schließt eschatologische
Naherwartung schriftliche Kommunikation aus, noch verzichtet das
Urchristentum auf die Verwendung bereitliegender jüdischer und
hellenistischer Literaturformen – wobei die Grenze zwischen Kleinliteratur

---

[11] Vgl. GUNKEL, Literaturgeschichte, 1679.

[12] Vgl. F. OVERBECK, Über die Anfänge der patristischen Literatur, Libelli 15, Darmstadt 1984
(= HZ 48, München 1882, 417–472); DIBELIUS, Formgeschichte, 1–8; PH. VIELHAUER, Geschichte
der urchristlichen Literatur. Einleitung in das Neue Testament, die Apokryphen und die Apostolischen Väter, Berlin/New York 1985, 1–8; E. GÜTTGEMANNS, Offene Fragen zur Formgeschichte
des Evangeliums. Eine methodologische Skizze der Grundlagenproblematik der Form- und Redaktionsgeschichte, München ²1971, 82ff.

[13] Vgl. OVERBECK, Anfänge.

und Literatur überdies nur schwer zu ziehen ist. Das heißt: Man kann die Jahre 30 bis 50 (oder 30 bis 70) nicht einfach als eine buchstabenlose Urzeit verstehen. Gerade die Apokalyptik ist eine ausgesprochen literarische, *schriftlich*-literarische Bewegung[14]. |

b) Die Eigenart mündlicher Erzähltradition

Auf der anderen Seite lässt sich kaum bestreiten, dass Jesus und die palästinische Jesusbewegung eine überwiegend und zunächst wohl ausschließlich mündliche Art von Literatur produzierten. Logien und Gleichnisse, in weisheitlicher und prophetischer Tradition stehend, sind zwar poetisch-rhetorisch kalkulierte und stilisierte, aber als Gattungen doch für aktuellen mündlichen Vortrag konzipierte Redeformen. Das gleiche gilt aber auch für die beiden anderen, in Mk hinzukommenden Hauptgattungen (neben Spruch und Gleichniserzählung): nämlich für die reine Erzählung (das sind: a] Wundergeschichten, b] Epiphanien wie Tauf-, Verklärungs-, Kreuzigungs- und Grabeserzählung, c] Legenden) und für die apophthegmatischen Formen. Die in ihnen dominierenden syntaktischen Erzählgesetze sind Gesetze *mündlichen* Erzählens.

Die Erforschung oraler Literatur ist heute schon so etwas wie eine eigene Wissenschaft[15]. Ich nenne hier einige für die Synoptikerexegese relevante Ergebnisse. Die ersten fünf betreffen die syntaktische, semantische und pragmatische Eigenart mündlicher Texte:

1. Untersuchungen gegenwärtigen alltäglichen Erzählens haben gezeigt, dass unreflektiertes Erzählen gewöhnlich nach einer generellen Sequenzstruktur in fünf Teilen verläuft: Orientierung – Komplikation – Evaluation –

---

[14] Vgl. K. BERGER, Einführung in die Formgeschichte, UTB 1444, Tübingen 1987, 112ff.

[15] Vgl. W.H. KELBER, The Oral and the Written Gospel. The Hermeneutics of Speaking and Writing in the Synoptic Tradition, Mark, Paul and Q, Bloomington u.a. 1997; DERS., Markus und die mündliche Tradition, LingBibl 45 (1979) 5–58; DERS., Biblical Hermeneutics and the Ancient Art of Communication: A Response, Semeia 39 (1987) 97–105; B.O. LONG, Recent Field Studies in Oral Literature and the Question of „Sitz im Leben", Semeia 5 (1976) 35–49; TH.E. BOOMER-SHINE, Peter's Denial as Polemic or Confession. The Implications of Media Criticism for Biblical Hermeneutics, Semeia 39 (1987) 47–68; BERGER, Einführung, 103ff. Die Klassiker dieser Disziplin sind M. PARRY, Studies in the Epic Technique of Oral Verse Making, I: Homer and Homeric Style, Harvard Studies in Classical Philology 41 (1930) 73–147; II: The Homeric Language as the Language of Oral Poetry, HSCP 43 (1932) 1–50, und A.B. LORD, Der Sänger erzählt. Wie ein Epos entsteht, München 1965. Dazu: GÜTTGEMANNS, Fragen, 136ff; vgl. auch G. THEISSEN, Urchristliche Wundergeschichten. Ein Beitrag zur formgeschichtlichen Erforschung der synoptischen Evangelien, StNT 8, Gütersloh [6]1990, 189ff. Theißen verkennt jedoch (im Gegensatz zu Güttgemanns) die Konsequenzen, die das für die Möglichkeiten der Rekonstruktion von Überlieferungen im Einzelfall hat. – Die neuesten exegetischen und hermeneutischen Anwendungen der Wissenschaft von der mündlichen Literatur finden sich in: L.H. Silbermann (Hg.), Orality, Aurality and Biblical Narrative, Semeia 39, Decatur 1987.

Auflösung – Coda[16]. Während dies Schema in vielen Parabeln deutlich wiederzufinden ist, bestehen Wundererzählungen eher aus drei Teilen: Exposition – Lösung – Schluss[17]. |

2. A. Olriks Erzählgesetze[18] erklären sich z.T. aus den Erfordernissen des Zuhörens: Gesetz von ruhigem Eingang und Abschluss, Gesetz der Wiederholung, der Dreizahl, der szenischen Zweiheit, des Gegensatzes, der Zwillinge, des Achtergewichtes, der Einsträngigkeit, der Konzentration um die Hauptperson, der Einheit der Handlung, der narrativen Logik.

3. Erzähler und Hörer befinden sich in einer zeitlich-räumlichen Einheit. Dadurch spielen Gesten, Stimmodulation, Intonation usw. eine semantische Rolle. In schriftlichen Texten (bei räumlich-zeitlicher Distanz zwischen Sprecher und Rezipient) müssen diese impliziten Beziehungsaspekte der Kommunikation[19] fortfallen oder explizit gemacht werden.

4. Es gibt zwischen Erzähler und Hörer Rückkopplungseffekte. Der Erzähler lässt sich durch die Situation zu Improvisationen hinreißen.

5. Das zu anwesenden Hörern gesprochene Wort ist in stärkerer Weise als das geschriebene Wort ein „Sprachereignis". Die mündliche Sprache wirkt unmittelbarer.

Die nächstgenannten fünf Punkte (6.–10.) betreffen stärker den Traditionsprozess von Texten im mündlichen Medium.

6. Die folkloristischen Forschungen von M. Parry und A.B. Lord[20] haben gezeigt, dass die Tradierung mündlicher narrativer Literatur nicht nach dem Modell der kontinuierlichen Reproduktion eines festen Textes (etwa durch memorierende Rezitation) verläuft, sondern nach dem Modell einer jeweiligen Neuschöpfung in aktueller Situation. Kontinuität besteht nur in den allgemeinen narrativen Strukturen, bestimmten Gattungsmerkmalen, Motiven und Themen. Jede Wiederholung einer Erzählung ist eine variierende Performation (d.h. eine verbale, sonare Aufführung) über einer bestimmten Struktur, die nur in der Kompetenz von Erzähler und Hörer angelegt ist.[21] Schon alle gesprochenen Textfassungen einer Geschichte durch denselben Erzähler sind neue Kreationen.

---

[16] Vgl. W. LABOV/J. WALETZKY, Erzählanalyse. Mündliche Versionen persönlicher Erfahrung, in: J. Ihwe (Hg.), Literaturwissenschaft und Linguistik 2, Frankfurt a.M. 1973, 78–126.

[17] Dabei sind Komplikation und Evaluation (z.B. die Feststellung der Dauer der Krankheit) in die Exposition einbezogen. Hier taucht dann die Frage auf, ob diese Abweichungen vom Normalschema nicht auf literarische Einflüsse hindeuten (etwa auf den Einfluss der Heilungsinschriften in Tempeln).

[18] Vgl. A. OLRIK, Epische Gesetze der Volksdichtung, ZDA 51 (1909) 1–12, jetzt abgedruckt in: W. Harnisch (Hg.), Gleichnisse Jesu. Positionen der Auslegung von Adolf Jülicher bis zur Formgeschichte, WdF 366, Darmstadt 1982, 58–69.

[19] Vgl. P. WATZLAWICK u.a., Menschliche Kommunikation. Formen, Störungen, Paradoxien, Bern [11]2007.

[20] Vgl. PARRY, Studies; LORD, Sänger.

[21] Das ist eins der wichtigsten Ergebnisse von GÜTTGEMANNS, Fragen.

7. Was die Tradierung der Erzählung von Erzähler zu Hörer (der dann als neuer Erzähler Tradent werden kann) betrifft, so ist zu beachten, dass schon das Hören eine selektive und konstruktiv-interpretierende Rezeption darstellt. Rezeption ist kein passiver, sondern ein aktiver, kreativer sprachlicher Vorgang[22].

8. W.H. Kelber[23] betont vor allem den „Filter" der „sozialen Identifizie- | rung" im Prozess der Tradierung. Gehört, überliefert und verstärkt wird nur das, was in der jeweiligen Situation akzeptiert werden kann.

9. Die Transformationen, die eine Erzählung im Überlieferungsprozess durchlaufen kann, lassen sich grundsätzlich nicht berechnen. Es gibt – je nach den Umständen – Erweiterungen und Kürzungen. Es ist keineswegs so, dass Abweichungen von der gattungsreinen Form Indizien für ein späteres Stadium der Tradition sind. Aber auch die umgekehrte Annahme, die z.B. K. Haacker vertritt[24], trifft nicht zu, wonach am Anfang die amorphe, ungerundete Fassung stehe, die dann im Laufe der Überlieferung immer weiter zur reinen Form abgeschliffen werde. Die reine Form ist vielmehr eine abstrakte Größe der Kompetenz, die zu jeder Zeit mehr oder weniger rein in der Performanz realisiert werden kann.

10. Eine wesentliche Annahme der Formgeschichte, die auch W.H. Kelber teilt, wird nach Th.E. Boomershine[25] durch die Erforschung der oralen Literatur gerade nicht gestützt: nämlich, dass das Nebeneinander von unabhängigen kurzen Einheiten typisch für mündliches Erzählen sei. Zumindest die einzelnen Erzählsituationen sind von ausgesprochen langer Dauer. Das würde bedeuten, dass die synoptischen Einzelerzählungen in ihren Performationen niemals isoliert vorkamen, sondern immer schon Episoden eines längeren Erzählfadens, Perlen einer Erzählkette, gewesen wären. Die dabei vorauszusetzende Makrosequenz wäre dann aber ebenso unbestimmbar und jeweils *ad hoc* geschaffen wie die Einzelerzählungen[26].

Diese Ergebnisse haben, wenn man sie einmal akzeptiert, Konsequenzen für die traditionsgeschichtlichen Implikationen der klassischen Formgeschichte. Diese ging davon aus, dass der schriftlich vorliegende Synoptiker-

---

[22] Zur Rezeptionsästhetik vgl. R. Warning (Hg.), Rezeptionsästhetik. Theorie und Praxis, München [2]1979, 9ff.126ff.228ff.253ff.277ff; H.R. JAUSS, Literaturgeschichte als Provokation der Literaturwissenschaft, a.a.O. 126–162, und W. ISER, Die Appellstruktur der Texte. Unbestimmtheit als Wirkungsbedingung literarischer Prosa, a.a.O. 228–252.

[23] Vgl. KELBER, Gospel.

[24] Vgl. K. HAACKER, Leistung und Grenzen der Formkritik, ThBeitr 12 (1981) 53–71; vgl. DERS., Neutestamentliche Wissenschaft. Eine Einführung in die Fragestellung und Methoden, Wuppertal [2]1985, 48ff; R. BLANK, Analyse und Kritik der formgeschichtlichen Arbeiten von M. Dibelius und R. Bultmann, Basel 1981.

[25] Vgl. BOOMERSHINE, Denial.

[26] Boomershine's These kann aber wohl nicht dahingehend ausgelegt werden, dass es schon mündliche Vorstufen eines kompletten Evangeliums gegeben habe; vgl. KELBER, Hermeneutics, 100.

text die ihm vorausliegenden mündlichen Vorstufen der Nachwelt konserviert hätte. Dabei wurde der mündliche Text jedoch in der rekonstruierenden Analyse behandelt wie ein schriftlicher Prae-Text, der vom Redaktor in einem fixierten Zustand aufgegriffen und dabei transformiert worden wäre. Diese Transformation wiederum wurde aufgefasst als eine Zitierung der mündlichen Prae-Texte bei gleichzeitiger redaktioneller Abwandlung. Das heißt aber, es wurde die Methode der Literarkritik angewendet. All dies steht im Widerspruch zu den Bedingungen der Mündlichkeit. Zunächst einmal bedeutet es, dass die von B. Gerhardsson, E.E. Ellis, R. Riesner u.a. vorgestellten Modelle von Traditionsgeschichte aus der Erörterung wohl vollständig auszuscheiden haben[27]. Aber auch Bult- | manns Methode der traditionsgeschichtlichen Analyse ist letzten Endes nicht haltbar, wie bereits angedeutet wurde. Wenn es stimmt, dass – zumindest auf dem Gebiet der Erzählstoffe des Mk – jede Neuerzählung nicht eine Reproduktion, sondern eine Neuschöpfung mittels eines eigenen sozialen kerygmatischen Filters darstellt, dann ist der postulierte jeweilig rezipierte Prae-Text der Tradition nicht mehr erkennbar und rekonstruierbar. Der an sich richtige Hinweis, dass sich in den synoptischen Evangelien noch die Gesetze mündlichen Erzählens finden lassen (Merkmale von Mündlichkeit nach W. Labov/J. Waletzky und A. Olrik), hilft über die Mauer, die zwischen Schriftlichkeit des Textes und postulierter Mündlichkeit in seiner Vorgeschichte besteht, nicht hinweg. Denn während Merkmale für Schriftlichkeit bzw. genuin schriftliche Gattungen (z.B. Prooemien, Summarien, Rück- und Vorausweisungen, Schriftbelege, symbolisch-allegorische Bezüge usw.) von der Mündlichkeit fast ganz ausgeschlossen sind, können umgekehrt mündliche Erzählgesetze nicht von der Schriftlichkeit ausgeschlossen werden. Der Schriftsteller *kann* sich mündlicher Gattungen und Erzählgesetze bedienen. Das Konstatieren mündlicher Gattungen und Erzählgesetze in Mk bedeutet also noch keineswegs, dass der betreffende Text aufgrund dieser Elemente in irgendeinem Stadium der mündlichen Tradition angehört haben muss[28]. Beispiele für schriftstellerische Adaptionen mündlicher Gattungen und Stilmerkmale bietet Lukas: Seine Legenden in der Apg sind Lehrbeispiele für anschauliches Erzählen. Im Evangelium macht er reihenweise von sich aus ungerahmte Logien zu Apophthegmen (Chrien)[29]. Manche seiner Apo-

---

[27] Vgl. B. GERHARDSSON, Memory and Manuscript. Oral Tradition and Written Transmission in Rabbinic Judaism and Early Christianity, Lund/Copenhagen 1961; E.E. ELLIS, New Directions in Form Criticism, in: G. Strecker (Hg.), Jesus Christus in Historie und Geschichte (FS H. Conzelmann) Tübingen 1975, 29–315; R. RIESNER, Jesus als Lehrer. Eine Untersuchung zum Ursprung der Evangelien-Überlieferung, WUNT II/7, Tübingen ³1988. Vgl. zu diesen Vertretern einer „gepflegten Jesustradition" G. SCHELBERT, Wo steht die Formgeschichte?, ThBer 13 (1985) 11–39: 27ff.

[28] Vgl. BERGER, Einführung, 111.

[29] Vgl. DIBELIUS, Formgeschichte, 161ff.

phthegmen, Wundererzählungen, Parabeln und Beispielerzählungen sind wohl freie Produkte seiner schriftstellerischen Kompetenz.

c) Der Wechsel zur Schriftlichkeit und die Redaktionsgeschichte

Das Prinzip der Diskontinuität gilt nun auch für die letzte Transformation, nämlich die von der Mündlichkeit in die Schriftlichkeit. Auf diesen letzten kreativen Rezeptionsvorgang will ich mich hier beschränken. Nehmen wir der Einfachheit halber einmal an, es sei (am Beispiel des Mk) der Redaktor (= Verfasser) des Evangeliums, der einen mündlichen Stoff erstmals verschriftlicht. Auch hier ist ein Filter anzunehmen. Dieser Filter besteht in dem, was man im Rückblick die (bewusste und unbewusste) Gesamtkonzeption des Evangelisten nennen kann. Bekanntlich hat W. Marxsen als erster auf diesem redaktionsgeschichtlichen Prinzip vom Primat der Ganzheit vor den Teilen beharrt. Nicht an K.L. Schmidt, son- | dern an J. Wellhausen und W. Wrede knüpfte er folglich an[30]. Die einzelnen Elemente fungieren hiernach als Teiltexte im Kontext des Gesamttextes Mk. Die redaktionsgeschichtliche Auslegung ist danach in erster Linie nur synchronisch möglich. Das heißt, die Redaktion wird nicht diachronisch von der Tradition abgehoben, denn der Stoff der Tradition ist selber ein Bestandteil der Redaktion geworden. Der Sinn einer Einzelperikope ist ihre Funktion im Gesamttext. Die so verstandene Redaktionsgeschichte hat nun selber wieder eine formgeschichtliche Komponente: Der Gesamttext stellt eine geschlossene Form dar, die sich gattungsmäßig bestimmen lassen muss. Als literarischer Ausdruck aber muss sie eine Funktion im gesellschaftlich-historischen Kontext gehabt haben: einen „Sitz im Leben". Diese von Marxsen selbst vorgenommene gattungsgeschichtliche Einbindung der Redaktionsgeschichte bewahrt vor dem oft erhobenen Vorwurf der Überschätzung des Verfasser-Individuums. Eine nicht unbedeutende Konsequenz ist jedoch, dass sich hier – wie einst bei Overbeck – Gattungsgeschichte auf ein *schriftliches* literarisches Werk bezieht. Nun will Marxsen keineswegs die Berechtigung der formgeschichtlichen Analyse der vormarkinischen Einzelstoffe bestreiten. Doch stehen wir hier vor der Schallmauer zur mündlichen Tradition. Man könnte daraus die Konsequenzen ziehen und sich mit einer synchronischen Analyse des Mk begnügen. Doch eine solche Bescheidung bliebe sehr unbefriedigend, da das Gesamtwerk eindeutige Indizien dafür enthält, dass es nicht aus einem Guss ist (Risse, Nähte, Verschachtelungen von Erzählsträngen usw.). Diese Indizien, die man alle als Kohärenzspannungen aufzufas-

---

[30] Vgl. W. MARXSEN, Der Evangelist Markus. Studien zur Redaktionsgeschichte des Evangeliums, FRLANT 67, Göttingen ²1959, 11ff.

sen hat, sind nun aber eindeutig von *literarkritischer* Art, d.h. sie setzen *fix-ierte* und dann wohl *schriftliche* Texte voraus. Die überzeugendsten Ana-lysen bei Bultmann finden sich denn auch immer dort, wo er mit fixierten, schriftlichen Traditionen rechnet und folglich Schnitte und Nähte nachwei-sen kann. Da Bultmann aber das Problem der Mündlichkeit nicht weiter bedacht hatte, konnte er schließlich behaupten, es sei „nebensächlich, ob man die mündliche oder die schriftliche Tradition verantwortlich macht; ein prinzipieller Unterschied besteht nicht"[31]. Genau das aber ist nach den neue-ren Erkenntnissen über mündliche Literatur und Kommunikation zu bestrei-ten.

Aber auch damit ist die formgeschichtliche Bearbeitung der Teiltexte des Mk nicht erledigt. Die Methode funktioniert mit Einschränkungen nämlich auch und sehr gut bei *schriftlichen* literarischen Texten und Teiltexten – zu-mal die meisten *Gattungen* dieser Teiltexte genuin mündliche Gattungen sind. Nur um die traditionsgeschichtliche Rekonstruktion der Einzeltexte, der Gattungsexemplare, ist es hier schlecht bestellt. |

d) Eine Bemerkung zur Literarkritik

Die Redaktionsgeschichte hat, wie wir sahen, selber formgeschichtliche Aspekte – nicht aber ist sie ein Komplement der Formgeschichte (nach dem additiven Modell von Tradition und Redaktion). Eher schon lässt sich das Komplementaritätsverhältnis von Redaktionsgeschichte und *Literarkritik* behaupten[32]. Von der Synchronie (Redaktionsgeschichte) zur Diachronie führt nur die Literarkritik, die fixierte, in der Regel schriftliche Prae-Texte voraussetzt[33]. Was häufig als Traditionsgeschichte ausgegeben wird, ist

---

[31] Vgl. BULTMANN, Geschichte, 91; vgl. 347.

[32] Das bedeutet indirekt ein methodisches Anknüpfen an F.CH. BAUR, Kritische Untersuchung über die kanonischen Evangelien, ihr Verhältnis zueinander, ihren Charakter und Ursprung, Hildesheim 1999 (= Tübingen 1847) – freilich unter der Voraussetzung der Zwei-Quellen-Theorie mit ihrer Annahme der Mk-Priorität.

[33] Das ist die prinzipielle methodische Berechtigung von W. Schmithals' Grundschrifthypo-these. Fragwürdig erscheint mir daran jedoch 1. die theologische Prämisse, das älteste Evangelium sei letztlich nichts anderes als paulinisches Kerygma, von einem genialen Schriftsteller in narrative Form gegossen, und 2. die Rekonstruktion dieser Grundschrift im einzelnen, die stark von der theologischen Prämisse geleitet ist und der markinischen Endredaktion zu wenig Bedeutung beimisst. – Wenn es eine Grundschrift gab, dann setzt sie selbstverständlich schon mündliche Stoffe voraus (auch wenn diese in keiner Weise mehr als Texte rekonstruierbar sind), und ihr Verfasser kann kaum als der Erfinder des Erzählens im christlichen Bereich gelten. Das Problem der Entstehung des ältesten Evangeliums ist freilich damit nur von Mk aus zurückverlagert. Doch zwingen m.E. literarkritische Indizien zu der Annahme wenigstens einer vormarkinischen (schriftlichen) Quelle – auch wenn eine Rekonstruktion z.Zt. aussichtslos erscheint. Andernfalls bleibt nur eine synchrone Exegese des End-Evangeliums (mit unerklärter Konstatierung von Kohärenzspannungen und topischen Einzelanalysen).

zumeist inkonsequente Literarkritik. Man sollte den Begriff Traditionsgeschichte heute stärker von der Formgeschichte abheben und ihn verwenden
für motiv-, themen- und religionsgeschichtliche Analysen, kurz: für all das,
was sich auf die *Topik* von Texten bezieht[34]. Dass insbesondere in der Mk-
Exegese die Literarkritik nicht zu allgemein anerkannten Ergebnissen ge-
führt hat (weder in der Form der Ur-[35] oder | Deutero-Mk-Theorie[36], noch in
der Form der Teilsammlungs-Theorie[37], noch in der Form der Grundschrift-
Theorie[38]), spricht nicht dagegen, dass die Literarkritik an sich einer mündlichen Traditionsgeschichte, meist Formgeschichte genannt, methodisch bei
weitem vorzuziehen wäre. Das Operieren mit einer mündlichen, d.h. nicht
fixierten Tradition ist methodisch schwer kontrollierbar.

Bei diesem Ergebnis, das zu einer skeptischen Einschätzung bestimmter
traditionsgeschichtlicher Möglichkeiten der Formgeschichte nötigt, angekommen, drängt sich die Frage auf, ob nicht die Kategorie des „Sitzes im
Leben" einen Zugang zur mündlichen Vorgeschichte des Mk ermöglicht.

---

[34] Zur antiken rhetorischen Topik vgl. G. v. GRAEVENITZ, Mythos. Zur Geschichte einer Denk-
gewohnheit, Stuttgart 1987, 65ff: „Topik kann sich zum reinen Inventar entwickeln, zum Vor-
ratshaus der Überlieferung" (56). „Zur materialorientierten *enumeratio* trat stets die *divisio*"
(57). Topik ist „kein logisches Schließen, sondern Abschreiten von loci, ... Eine solche Ordnung
ist nicht perspektivisch, denn ihr fehlt ... der ... hermeneutische Standpunkt" (62). Traditionsgeschichte kann sich nur auf Referenten (Subjekte) als Elemente des Inventars eines Textes beziehen. Insofern ist sie topisch. Als solche hat sie ihre Berechtigung neben der Formgeschichte.
Die Formgeschichte wollte aber die systematische Ganzheit der Texte genealogisch deduzieren.
Das Ziel kann sie nicht erreichen. Im weitesten Sinne gehört natürlich auch die Gattung eines Textes zu seiner Topik. Doch insofern hier (neben der Semantik) auch Syntaktik und Pragmatik ins
Spiel kommen, ist die thematische Sphäre („topic") durch die „rhematische" („comment") über-
schritten.
[35] So schon H.J. HOLTZMANN, Die synoptischen Evangelien, Leipzig 1863; in neuerer Zeit z.B.
G. BORNKAMM, Art. Evangelien, synoptische, RGG³ 2 (1958) 753–766. Dagegen z.B. W.G.
KÜMMEL, Einleitung in das Neue Testament, Heidelberg ²¹1989, 35–37; W. SCHMITHALS, Einleitung in die drei ersten Evangelien, Berlin/New York 1985, 201ff.
[36] Vgl. A. FUCHS, Sprachliche Untersuchungen zu Mt und Lk. Ein Beitrag zur Quellenkritik,
AnBibl 49, Rom 1971; U. SCHNELLE, Einführung in die neutestamentliche Exegese, UTB 1253,
Göttingen ⁷2008, 54f.
[37] Vgl. H.W. KUHN, Ältere Sammlungen im Markusevangelium, StUNT 8, Göttingen 1971.
Wirklich gesichert sind wohl nur die Vorlagen von Mk 13 und der Passionsgeschichte (doch gelegentlich auch bestritten) schriftlich gewesen. Im Falle von Mk 2,1–3,6; 4,1–34; 10,1–45 sowie
der Wunderkomplexe in Kap. 4–8 gehen die Meinungen sehr auseinander.
[38] Vgl. SCHMITHALS, Evangelium; DERS., Kritik (unter Aufnahme von Ansätzen Volkmars,
Wendlings und Wredes). Vgl. DERS., Art. Evangelien, synoptische, TRE 10 (1982) 570–626, bes.
591f.608f. 623ff; DERS., Einleitung, 178ff.327f.333ff.409ff.

2. Gattung und „Sitz im Leben"

a) Zur Klassifikation der synoptischen (Teiltext-)Gattungen

Es ist nicht leicht zu sagen, was eine Gattung eigentlich ist. Es handelt sich um einen Begriff der Beschreibungsebene: Gattungen werden die Textgruppen oder Textsorten genannt, die sich aufgrund einer Systematisierung ergeben. „Text" ist dabei sowohl auf mündliche wie auf schriftlich-literarische Kommunikation zu beziehen. Eine Gattung existiert also nicht als Objekt, sondern nur als Konzept in der kommunikativen Kompetenz des Menschen[39]. Das bedeutet, ein latentes Gattungsbewusstsein gehört mit zum Sprechen und Verstehen als eine Art Sprachnorm (ebenso wie die Beherrschung der Grammatik). Diese kommunikative Gattungskompetenz hat verschiedene Ebenen: Manches ist anthropologisch-universal bedingt (wie etwa die Beherrschung des Erzählens bzw. des Verstehens von Erzähltem), manches ist kulturgeschichtlich bedingt (wie etwa das Produzieren oder Rezipieren einer Apokalypse), manches ist schließlich so speziell, dass es nur aufgrund spezifischer historischer Umstände und ganz besonderer sozialer und institutioneller Bedingungen zu verstehen und zu beherrschen ist (etwa die Gattung der öffentlichen Ausschreibung einer Professur). Die einzelnen Gattungen bilden dabei die unterste Ebene einer systematischen Textsortenpyramide. Es ist jedoch nicht ausgeschlossen, dass eine Gattung noch einmal in einer | neuen Pyramide unterteilt werden kann in Subgattungen. Nun ist eine systematische, deduktive Textsortenklassifikation ein schwieriges, ja aussichtsloses Unterfangen. Doch sind wir diesem Problem insofern enthoben, als wir ein festes Text-Korpus vor uns haben (die Teiltexte der synoptischen Evangelien) und die vorhandenen Exemplare nur zu klassifizieren brauchen. Das systematische Problem bleibt freilich insofern bestehen, als die Kriterien der Einteilung in irgendeiner Weise relevant sein müssen (eine Einteilung der Texte in Klassen jeweils nach ihrem Anfangsbuchstaben wäre sicherlich keine relevante). Doch können solche sprach- und textwissenschaftlichen Kriterien hier nicht erörtert werden. Eine aus mehreren Gründen sinnvolle Einteilung ist die von Bultmann zugrundegelegte: in Redenstoff und Erzählstoff[40]. Bultmanns Einteilung der Gattun-

---

[39] Vgl. K. HEMPFER, Gattungstheorie. Information und Synthese, München 1973.

[40] Es handelt sich dabei um den auch hermeneutisch grundlegenden Unterschied von „erzählter" und „besprochener Welt", H. WEINRICH, Tempus. Besprochene und erzählte Welt, München ⁶2001. Nach dieser Unterscheidung lassen sich außerdem bei den Evangelien verschiedene ineinandergebettete „Kommunikationsniveaus" (vgl. C. KAHRMANN u.a., Erzähltextanalyse. Eine Einführung mit Studien- und Übungstexten, Weinheim 1996, 43ff) hierarchisch abstufen, wobei sich jeweils eine „besprechende" (Rede) und eine „erzählende" Ebene abwechseln:

gen lässt sich noch ein wenig verbessern, wenn man Gleichniserzählungen und Apophthegmen als eigenständige Gattungsklassen neben Logien und Erzählungen auffasst. Die Parabeln und Beispielerzählungen sind zwar Redenstoff (Sprecher: der Protagonist Jesus), aber Erzählungen innerhalb der Rede („geredete Erzählungen"). Die Apophthegmen und Streitgespräche hingegen sind von ihrem Rahmen her Erzählungen, und zwar erzählte Logien bzw. Dialoge („erzählte Rede"). Auf diese Weise erhält man vier Hauptklassen synoptischer Gattungen:

Rede (überwiegend Q)	Erzählung (überwiegend Mk)
I Spruch	**II Erzählung**
Aussagespruch Sentenz Bildspruch Mahnspruch	Wundererzählung Ephiphanien (Christuserz.[41]) Legende
proph.-apokal. Sprüche gesetzl. Sprüche christol. Sprüche	
III „geredete Erzählung"	**IV „erzählte Rede"**
Parabel Beispielerzälung Allegorie futurische Erz. (Mt 25,31ff)	Apophthegma Streitgespräch Schulgespräch

| Die Gleichniserzählungen (III) sind Erzählungen zweiter Stufe, insofern sie in die „erzählte Welt" der den Rahmen bildenden Erzählungen erster Stufe (II) eingebettet sind. Die apophthegmatischen Texte (IV) sind eine Mischung aus Erzählung (II) und Spruch (I). Während die Klassen III und

---

I   Reale Kommunikationssituation (Evangelist – Leser)
II   „Rede" des Evangelisten an seine Adressaten (Vorwort usw.)
III „Erzählung" des Evangelisten (Protagonist: Jesus)
IV   „Rede" des Protagonisten an die erzählten Hörer (Logien)
V   „Erzählung" des Protagonisten in der Rede (Parabeln usw.)
Auf der Ebene III befinden sich alle Teiltexte der narrativen Gattungen, auf der Ebene IV alle Spruchgattungen, auf der Ebene V alle Gleichniserzählungen (während die Gleichnissprüche zur Ebene IV gehören). In den apophthegmatischen Gattungen schließlich werden die Ebenen III und IV miteinander verbunden. Die narrativen Ebenen bewirken jeweils einen „Sprung" aus der gerade als zeitlichräumlicher Referenzrahmen geltenden „Welt" in eine neue „Welt" (sei diese nun rein fiktional oder historisch). Zur Bedeutung des Narrativen: P. RICŒUR, Zeit und Erzählung I: Zeit und historische Erzählung, München [2]2007; DERS., Zeit und Erzählung II: Zeit und literarische Erzählung, München [2]2007; vgl. DERS., Erzählung, Metapher und Interpretationstheorie, ZThK 84 (1987) 232–253.
[41] Vgl. G. BORNKAMM, Art. Evangelien, formgeschichtlich, RGG[3] 2 (1958) 749–753.

IV annähernd mit Gattungen zusammenfallen (Parabel und Beispielerzählung könnte man schon als Subgattungen auffassen, eventuell ebenso Streitgespräch und Schulgespräch – oder gar die fünf bzw. sechs Typen von „pronouncement stories", die R.C. Tannehill findet[42]), bilden die Klassen I und II noch keine Gattungen, sondern Klassen von Gattungen. Ein besonderes Problem stellen die Überschneidungen von Klasse II und IV dar. Die Gattung der Berufungserzählung (als eigenständige Gattung durch das AT ausgewiesen) erscheint schon in der apophthegmatischen Form (Mk 1,16ff; 2,13f). Die nach G. Theißen sogenannten Normenwunder-Erzählungen (Mk 2,1–12; 3,1–6; 7,24–30)[43] sind apophthegmatisch. Selbst die „Kultätiologie" Mk 14,22–25 ist apophthegmatisch aufgebaut. Dabei kann man generell beobachten, dass die apophthegmatischen Züge dominant sind. Wenn man dann noch damit rechnen darf, dass einige Apophthegmen sekundäre Rahmungen ungerahmter Logien der Klasse I darstellen, und wenn man sieht, wie noch Lukas den Logienstoff chrienartig rahmt (s.o. Anm. 29), dann könnte man zu dem Ergebnis kommen, dass es in der Geschichte der synoptischen Tradition so etwas wie eine allgemeine Tendenz zur Apophthegmatisierung gab, die schon bei Mk zu beobachten ist (ca. 40 von den ca. 90 Perikopen haben apophthegmatische Form) und die vor allem im Lk fortgesetzt wurde. Damit ist der Aspekt der Gattungsgeschichte angesprochen. |

b) Gattung und Gattungsexemplar

Wenn man bemerkt, dass die Gattung nichts als ein Konzept ist, das – zu einem großen Teil historisch vermittelt – in der Kompetenz der Sprecher/Hörer und Verfasser/Leser existiert, dann lassen sich aus Beobachtungen zur Gattung nicht einfach Folgerungen zur Geschichte eines Einzeltextes ziehen. Zu Recht wird deshalb Bultmann vorgeworfen[44], dass er ein ästhetisches Urteil (über die Reinheit einer Gattungsform, die ein bestimmter Text aufweist) als Begründung für ein historisches Urteil (über die Ursprünglichkeit des Textes) heranzieht. Grundsätzlich gilt ja, dass die reine Gattung selbst nie erscheint, sondern immer nur ihre mehr oder weniger rei-

---

[42] Vgl. R.C. TANNEHILL, The Pronouncement Story and Its Types, Semeia 20 (1981) 1–13; DERS., Varieties of Synoptic Pronouncement Stories (ebd. 101–119); DERS., Types and Functions of Apophthegms in the Synoptic Gospels, ANRW II 25/2 (1984) 1792–1829.

[43] Vgl. THEISSEN, Wundergeschichten, 114ff.

[44] Z.B. von SCHMITHALS, Kritik, 16ff; HAACKER, Leistung, 57ff; BLANK, Analyse, 201, und passim; KELBER, Markus, 36f. Zum kulturgeschichtlichen Ursprung der Berufung auf die „reine Form" vgl. BERGER, Einführung, 63ff.

ne jeweilige Performation. So hat schon A. Jolles[45] die „einfache Form", die als Text gar nicht existiert, unterschieden von der „angewandten Form". Der Abstand eines einzelnen Textes von seiner abstrakten reinen Gattungsform kann also nicht der Gradmesser für das Alter des Textes sein. Bei literarkritischen Befunden dagegen sind historische Urteile über die Vorgeschichte des Textes durchaus möglich, insofern sich in diesem Falle noch Anzeichen für einen Prae-Text finden. Was die Gattungsfrage betrifft, so haben wir es hier häufig mit der Überlagerung von zwei „angewandten Formen" zu tun. So hatte Bultmann im Fall von Mk 2,1–12 wohl recht, wenn er behauptete, dass hier eine Wundergeschichte durch V.5b–10 zu einem Streitgespräch umgeformt worden wäre[46]. Bei Mk 3,1–6 dagegen lässt sich eine solche an der Gattungsfrage orientierte diachronische Analyse nicht durchführen. Hier liegt von Anfang an eine geschlossene Konzeption vor, bei der die Wunderheilung im Erzählrahmen nicht ohne das Streitgespräch für sich existiert haben kann. Die Tatsache, dass wir es hier mit einer Gattungsmischung zu tun haben, lässt in diesem Fall kein traditionsgeschichtliches Urteil zu[47].

c) Gattung und „Sitz im Leben"[48]

Die soeben dargestellte Unterscheidung von Gattung und Gattungsexemplar spielt eine Rolle für die Frage nach dem „Sitz im Leben". Im Sinne der Gattungsgeschichte Gunkels gehört der Begriff „Sitz im Leben" auf die Seite der Gattung, nicht aber auf die Seite des Einzeltextes. Das wurde auch von den neutestamentlichen Formgeschichtlern immer | wieder betont, so von Bultmann, der zu Recht behauptete: Die Frage nach dem Sitz im Leben „fragt nicht nach dem Ursprung eines einzelnen Berichtes in einer einzelnen geschichtlichen Begebenheit, sondern nach dem Ursprung und der Zugehörigkeit einer bestimmten literarischen Gattung in und zu typischen Situationen und Verhaltungen einer Gemeinschaft"[49]. Hinter dieser Bindung von „Sitz im Leben" an die Gattung steht nun aber die in der Tat faszinierende Idee Gunkels, dass die Kommunikationsgebilde (Texte) einer Kommunikationsgemeinschaft mit dem Leben, in erster Linie den sozialen Bedingungen

---

[45] Vgl. A. JOLLES, Einfache Formen. Legende, Sage, Mythe, Rätsel, Spruch, Kasus, Memorabile, Märchen, Witz. Konzepte der Sprach- und Literaturwissenschaft 15, Tübingen [8]2006.

[46] Vgl. BULTMANN, Geschichte, 12ff. Anders DIBELIUS, Formgeschichte, 63ff; SCHMITHALS, Kritik, 161.163.

[47] Diese Feststellung steht nicht im Widerspruch zur soeben vorgetragenen Vermutung einer allgemeinen Tendenz zur Apophthegmatisierung, die eine *gattungsgeschichtliche* Beobachtung war, während es hier um die Frage der Geschichte des Einzeltextes geht.

[48] Vgl. die Graphik unter 2.a).

[49] DERS., Geschichte, 40; vgl. 4.

und Funktionen einer Gesellschaft, *funktional* zusammenhängen. Wie aber die Texte Exemplare bestimmter Typen sind, so sind die Lebensbedingungen und -funktionen ebenfalls nur als Typen in den Blick zu bekommen. Das bedeutet: Der Begriff „Sitz im Leben" ist ein *soziologischer* Begriff (insofern die Soziologie nur typische Sozialfunktionen als Gesetzmäßigkeiten wahrnehmen und erklären kann). Diese funktionale Zuordnung von Gattung und „Sitz im Leben" lässt nun auch bei einer ganzen Reihe von Gattungen die Feststellung eines „Sitzes im Leben" zu. Das soziologische Modell funktioniert (jedenfalls teilweise) vor allem bei spezifischen *Institutionen* gebundenen Gattungen (z.B. kultischen Gattungen, Gattungen aus dem Rechtsleben, der Verwaltung usw.). Aber schon für diese einfachen Fälle gilt: Aus der gattungsspezifischen *Form* der Texte allein ist der „Sitz im Leben" in der Regel nicht zu erschließen. Einer der Hauptmängel der klassischen Formgeschichte ist aber wohl gerade die einlinig-funktionale Zuordnung von Gattung und „ihrem" „Sitz im Leben". Im Anschluss an die neueren soziologischen Studien oraler Literatur kann B.O. Long für die alttestamentliche Formgeschichte folglich behaupten: „If multiple settings for a single genre, then single setting for multiple genres"[50]. Das heißt: Man kann nicht von der literarischen Form eines Textes auf den „Sitz im Leben" schließen. Es bedarf hier zusätzlich unabhängig von der Gattung zu gewinnender historischer Kenntnisse von den Institutionen. Und die fehlen – was die synoptischen Erzähltexte betrifft. Was man hier hat, sind großenteils pauschale Vermutungen über Missionspredigt, innergemeindliche Erbauungsstunde (das Gegenstück zum alttestamentlichen Lagerfeuer, um das sich die Erzählgemeinschaft sammelte) und Katechese. So hat denn auch Bultmann die von ihm programmatisch zitierte soziologische Zuordnung von Gattung und „Sitz im Leben" keineswegs eingehalten, wenn er aufgrund inhaltlicher Kriterien mancher Einzeltexte die Streitgespräche der Apologetik und Polemik der Gemeinde zuordnet. Apologetik und Polemik sind aber im Sinne Gunkels noch kein „Sitz im Leben". Dieser angebliche „Sitz im Leben" passt schon für die verwandte Gattung des „biographischen Apophthegmas" nicht mehr, für das Bultmann einfach die von Dibelius auf das „Paradigma" gemünzte Predigttheorie übernimmt[51]. Zwischen Streitgespräch, Schulgespräch | und „biographischem Apophthegma" sind aber die Grenzen sehr fließend, so dass hier miteinander verwandte Gattungen sehr diametrale „Sitze im Leben" zugeordnet werden.

In dieser Lage wäre es sinnvoll, die Frage nach dem „Sitz im Leben" hier vorläufig zurückzustellen und zunächst einmal nach der *sprachlichen Funk-*

---

[50] Vgl. LONG, Studies, 43; ähnlich HEMPFER, Gattungstheorie, 188, in Bezug auf die literaturwissenschaftliche Gattungstheorie überhaupt.

[51] Vgl. BULTMANN, Geschichte, 64; vgl. DIBELIUS, Formgeschichte, 8ff.34ff.

tion dieser Textsorte aufgrund ihrer formalen Struktur zu fragen, wie das etwa bei R.C. Tannehill für die Klasse der apophthegmatischen Formen (ähnlich wie in der neueren Gleichnisexegese[52]) geschieht[53]. Was leistet die Sprachform, für welche rhetorischen, für welche pragmatischen Zwecke *eignet* sie sich? Das heißt: Zwischen die Größen „Gattung" und „Sitz im Leben" sind zunächst einmal die Größen „syntaktische Struktur" und „semantisch-pragmatische Funktion" einzuschieben, d.h. es sollte zunächst einmal eine synchronische Textanalyse durchgeführt werden. Am Beispiel des Apophthegmas: Gattungsspezifisch ist die Spannung zwischen narrativem Rahmen und sentenziösem Logion. Eine allgemeine Funktion wird deutlich im Gegenüber zum isolierten Spruch, z.B. der in allen möglichen Situationen verwendbaren und wiederverwendbaren Sentenz: Das Apophthegma trägt dem Umstand Rechnung, dass die verkündigte Wahrheit an spezifische Situationen und Personen gebunden ist. Die Aussprüche sind *Antworten,* nicht allgemeine Wahrheiten. Von daher könnte sich nun scheinbar ein biographisch-legendarisches Interesse ergeben: So war er, der Diogenes! – oder: So war er, der Jesus! Doch scheidet diese Möglichkeit gerade aus formalen Gründen aus: In den meisten Apophthegmen findet sich so etwas wie eine Norm-Begründung. Tannehills Subgattung der „descriptions"[54] findet sich bezeichnenderweise nicht in den Evangelien. Immer wird eine konkrete Position behauptet, begründet, verstärkt, bestritten, verneint oder korrigiert. Das heißt: Es geht um die Legitimierung von Normen. Das gilt nicht nur für die spezifischen Streitgespräche, sondern auch für die einfachen (Bultmann: „biographischen") Apophthegmen (z.B. Mk 3,31–35: die neuen Verwandten; Mk 10,13–16: die Rolle der Kinder). Mit diesem Ergebnis bewegen wir uns zwar nicht mehr ganz auf der Ebene der fast archetypischen „Geistesbeschäftigungen", wie sie A. Jolles für die „einfachen Formen" postuliert, aber auch noch lange nicht auf der Ebene des „Sitzes im Leben" im Sinne Gunkels. Man kann aber nun gattungsgeschichtlich weiterfragen, wobei sich einige pauschale Beobachtungen ergeben: (1) Die apophthegmatischen Formen begegnen kaum in der Q-Tradition (und kaum im Mt-Sondergut), gehäuft aber in Mk und Lk-Sondergut. (2) Apophthegmen (Chrien) begegnen eher im hellenistischen Bereich, spät erst im rabbinischen[55]. (3) Im 2. Jahrhundert tritt die Form in der | christ-

---

[52] Vgl. dazu die Beiträge in dem Band: W. Harnisch (Hg.), Die neutestamentliche Gleichnisforschung im Horizont von Hermeneutik und Literaturwissenschaft, WdF 575, Darmstadt 1982.

[53] Vgl. TANNEHILL, Story; DERS., Varieties; DERS., Types.

[54] Vgl. TANNEHILL, Types, 795 Anm. 6.

[55] Vgl. G.G. PORTON, The Pronouncement Story in Tannaitic Literature. A Review of Bultmann's Theory, Semeia 20 (1981) 81–99; H.A. FISHEL, Studies in Cynism and the Ancient Near East. The Transformation of a Chria, in: J. Neusner (Hg.), Religions in Antiquity. Essays in Memory of E.R. Goodenough, SHR 14, Leiden 1970, 372–411.

lichen Literatur auffällig zurück[56]. – Man könnte aus diesen drei Beobachtungen den Schluss ziehen, dass diese Gattung ihre Funktion in der Übergangsphase der hellenistischen Gemeinde in Auseinandersetzung mit der Synagoge hatte. Da sie in der paulinischen Traditionslinie nicht auftaucht, könnte man ihre Adaption und Entfaltung in die nachpaulinische Zeit etwa Antiochiens verlegen – oder aber mit einer hellenistischen Sonderentwicklung neben Antiochien rechnen. Die Gattung verliert in dem Augenblick ihre lebendige Funktion, wo die neuen Normen keiner Legitimierung mehr bedürfen.

Die eben angestellten Erwägungen sind natürlich ein spekulatives und ziemlich allgemeines gattungsgeschichtliches Modell. Im Zusammenhang dieser Ausführungen soll es nur zeigen, dass man von dieser Gattung aus nicht so leicht zu einem „Sitz im Leben" (im soziologischen Sinne) gelangen kann. Der Begriff „Sitz im Leben" wird denn auch in der neutestamentlichen Exegese nach zwei Seiten hin abgewandelt: Einmal, indem er von der Gattung auf den konkreten Text verlagert wird und nun die sozialhistorische Entstehung der Einzeltexte erklärt. Diese Linie führt zur (religionsgeschichtlichen und) sozialgeschichtlichen Exegese. Die andere Abwandlung nimmt dem Begriff „Sitz im Leben" seine soziologische Profilierung und sprengt ihn auf in eine literarische, kulturelle, anthropologische Kategorie. Hier nähert er sich etwa dem, was Jolles mit der „Geistesbeschäftigung" meinte, aus der die „einfachen Formen" hervorgingen. Das bedeutet allerdings noch keine ahistorische Gattungsarchetypik, denn alle Gattungen haben eine eigene *Gattungsgeschichte,* sind also nur historisch zugänglich[57]. Bei nahezu allen synoptischen Gattungen führt diese freilich weit über den historischen Rahmen des Urchristentums hinaus – in zeitlicher und kulturräumlicher Sicht. Über Apokalyptik und Weisheit lassen sich die meisten Spruchgattungen in die alttestamentliche Zeit zurückführen. Dabei stößt man dann möglicherweise auch auf soziologisch bestimmbare „Sitze im Leben": etwa beim Mahnspruch auf eine Schulweisheit und eine Familien- und Sippenweisheit. Eine so spezielle Gattung wie der Makarismus lässt sich über Apokalyptik und Weisheit in das Alltagsleben zurückführen, wo er offenbar die Funktion einer profanen Beglückwünschung hatte. Das Gegenstück, der Weheruf, geht über Apokalyptik und Prophetie zurück zur alltäglichen Totenklage[58]. Schwieriger ist es mit den erzählenden Gattun-

---

[56] Eine Ausnahme bildet freilich die Form des aus der Apokalyptik stammenden esoterischen Lehrgesprächs (das schon in Mk begegnet) in der gnostischen Literatur.

[57] Gegen DREWERMANN, Tiefenpsychologie. Drewermanns antihistorische Tendenz verdankt sich z.T. seiner völligen Missachtung der hermeneutisch zu bedenkenden „unhintergehbaren" Sprachlichkeit aller psychischen und religiösen Phänomene – so vor allem auch des Traums.

[58] Vgl. CH. HARDMEIER, Texttheorie und biblische Exegese. Zur rhetorischen Funktion der Trauermetaphorik in der Prophetie, BEvTh 79, München 1978.

gen. Analogien für | Wundererzählungen gibt es (abgesehen von wenigen Prophetenerzählungen im AT und noch wenigeren rabbinischen Erzählungen) zunächst nur im hellenistischen Raum. Auch spielen hier literarische und rhetorische Gesichtspunkte eine größere Rolle. Ein institutionalisierter „Sitz im Leben" lässt sich dabei allenfalls für Heilungsberichte in Tempelinschriften angeben. G. Theißens Idee, den „Sitz im Leben" der urchristlichen Wundererzählungen in der Werbung und Propaganda für charismatische Wundertäter zu finden[59], ist eine schwer zu belegende Vermutung. Möglicherweise ist das Problem des „Sitzes im Leben" der Wundererzählungen bereits mit schriftlichen literarischen Gattungen verbunden (Aretalogien, hellenistisch-jüdische Werke wie Philons VitMos, Vorlagen der Apollonios-Tradition usw.). Ähnliches wird auch vom Apophthegma gelten. Es ist ja kein Zufall, dass man für beide synoptischen Gattungen – selbst bei der Annahme der ursprünglichen mündlichen Einzelexistenz ihrer Gattungsexemplare – keinen institutionellen „Sitz im Leben" angeben kann. Die Textproduzenten – seien sie nun Schöpfer der Gattung bzw. ihrer Abwandlung (so möglicherweise bei den Wundererzählungen), oder seien sie nur Anwender der Gattung (so beim Apophthegma) – sind soziologisch nicht zu bestimmen, jedenfalls dann nicht, wenn man sie im mündlichen Bereich sucht. Wir wissen nicht, wer wem wozu und in welcher Situation solche Stories zu erzählen pflegte. Die Mauer der Literarizität ist in diesen Fällen nicht nur in der Frage der Traditionsgeschichte der Einzeltexte nicht zu durchbrechen, sondern auch in der Frage nach dem (mündlichen) „Sitz im Leben" dieser Gattungen.

d) Versuch einer systematischen Entfaltung des Begriffs „Sitz im Leben"

Der Begriff „Sitz im Leben", das Herzstück der formgeschichtlichen Methode und nach W. Klatt eine geniale Erfindung Gunkels[60], ist als heuristischer (und im wissenschaftlichen Sinne nur vage normierter) Terminus außerordentlich unscharf – was vielleicht mit zu seiner bedeutsamen Rolle beigetragen hat. Im engsten Sinne meint er den institutionellen Gebrauchsort einer Textgattung. Die Form der Gattung ist abhängig von ihrem kommunikativen Zweck im Rahmen der Institution. Schon die Frage, ob der Gebrauchsort zugleich der Entstehungsort sein muss, ist nicht ganz einfach zu beantworten. Zunächst wird man (mit Ch. Hardmeier[61]) literarische Zitierung und Parodierung einer Gattung im Einzelfall nicht als einen se-

---

[59] Vgl. THEISSEN, Wundererzählungen, 257–261.

[60] Vgl. KLATT, Theologie.

[61] Vgl. HARDMEIER, Texttheorie.

kundären „Sitz im Leben" (bzw. als „Sitz in der Literatur") auffassen dürfen – es sei denn, dies geschieht usuell, wie z.B. im Fall des Leichenliedes
(Qinah), das in der prophetischen Parodierung zu einer neuen Gattung wird.
In diesem Fall könnte man sagen, dass der neue „Sitz im Leben" insofern
Ursprungsort ist, als die alte Gattung umfunktioniert und damit zu einer
neuen Gattung wird. Aber gilt das auch noch z.B. im | Fall von Makarismus
und Weheruf?[62] Ist der jesuanische Makarismus eine andere Gattung als der
weisheitliche oder der apokalyptische, oder hat hier die gleiche Gattung nur
nacheinander verschiedene „Sitze im Leben"? Daraus könnte man die Frage
ableiten, ob eine Gattung nur durch ihre *Form,* oder ob sie zugleich auch
durch ihren „Sitz im Leben" konstituiert wird. Aber das ist eine falsche Alternative. Zunächst einmal sprechen wir auch dort von Gattungen, wo sich
kein institutioneller „Sitz im Leben" angeben lässt (etwa beim Sprichwort).
Also kann der „Sitz im Leben" nicht konstitutiv sein. Auf der anderen Seite
ist der Begriff „Form" alleine nicht ausreichend für die Konstitution einer
Gattung, insofern er eine Ausblendung der inhaltlichen und funktionalen
Aspekte der Sprache suggeriert. Ich möchte deshalb den Begriff „Gattung"
auffassen als eine Größe, die zwischen Sprachformen (in einem gleich noch
zu bestimmenden weiteren Sinne) und „Lebensformen" (ebenfalls in einem
sehr weiten Sinne) vermittelt. Die Sprachform einer Gattung ist nicht nur
durch die syntaktische Form, sondern auch durch ihren Weltbezug (die
Semantik) und ihre sprachlich-kommunikative Funktion (ihre Pragmatik)
bestimmt. All dies gehört noch zur sprachformalen Seite des Gattungskon-
zeptes (vgl. die linke Seite der folgenden Modellskizze).

Pragmatik   Semantik   Syntaktik
  Sprachfunktion   narrativ   Sequenzen
  Sprechakttyp   metaphorisch   Aktanten
  Rhetorik   symbolisch
          (allegorisch)

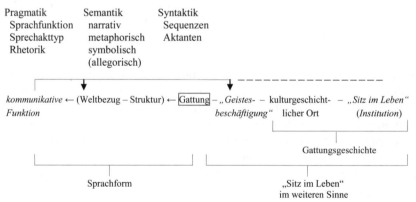

Das Problem ist nun, wie die Sprache mit dem Leben und der Geschichte
(rechte Seite des Modells) verbunden ist. „Sitz im Leben" als institutionel-

---

[62] Dazu K. Koch, Was ist Formgeschichte? Neue Wege der Bibelexegese, Neukirchen-Vluyn
⁵1989.

ler Ort (im soziologischen Sinne) ist nur ein sehr spezieller Aspekt dieser Seite. In Sprach- und Literaturwissenschaft wird jedoch der Begriff „Sitz im Leben" sehr viel weiter gefasst, nämlich im Sinne des Postulates, dass jede Sprachform im weitesten Sinne eine Funktion im menschlichen Leben haben muss. Selbst die Spielerei der künstlichen l'art pour l'art hat eine Lebensfunktion: das lebensnotwendige Spiel als anthropologische Konstante. Im Anschluss an Jolles verwende ich deshalb als universale Kategorie auf dieser Seite die „Geistesbeschäftigung". Es gibt ein anthropologisch universales Bedürfnis des Menschen nach dem Erzählen von Mythen, Märchen, Sagen, Witzen, Sprüchen, Rätseln, Apophthegmen | usw. Hier lässt sich von der Seite der Sprachform und Literatur her eine Brücke schlagen zur Seite des Lebens[63]. In verschiedenen Kulturen werden die Formen mit ihren Funktionen dann unterschiedlich realisiert. Als Beispiel erwähne ich die Rolle der Allegorie oder des Visionsberichtes in der Apokalyptik oder die Rolle der Legende im christlichen Mittelalter. Gelegentlich, aber keineswegs immer, lässt sich dann auch noch der „Sitz im Leben" im engeren Sinne angeben. Doch schon von der „Geistesbeschäftigung" zum kultur- bzw. religionsgeschichtlichen Ort gibt es keine einlinige monokausale Verbindung mehr: „multiple settings for a single genre ... single setting for multiple genres"[64].

Das Ergebnis dieser Überlegungen zu „orality" und „Sitz im Leben" ist insofern negativ, als gerade von der „oralen" Literaturwissenschaft her zwei Annahmen der klassischen Formgeschichte sich als illusionär erwiesen: 1. die Annahme, dass man von einem schriftlichen Einzeltext über die Form- und Gattungsanalyse zu einer ursprünglichen mündlichen Urgestalt zurückgelangen kann, und 2. die Annahme, dass von der sprachlichen Form einer Textsorte ein direkter, einlinig funktionaler Weg zum „Sitz im Leben" führt. In Wahrheit handelt es sich bei der formgeschichtlichen Arbeit um zwei Wege, die keineswegs immer zusammentreffen: eine synchronische sprachliche Analyse, mit der man bis zu den pragmatisch-rhetorischen Sprachfunktionen einer Textsorte gelangen kann, und eine historische Analyse, die religionsgeschichtlich, sozialgeschichtlich, mentalitätsgeschichtlich – im wesentlichen topologisch – arbeitet und vielleicht zu den diversen institutionellen Bedingungen einer Gattung gelangen kann. Das Dilemma hat am eindrücklichsten der Literaturwissenschaftler H. Kühn beschrieben:

„Fast jede Form ist in der Kultur polyfunktional ... Und fast jede Funktion der Kultur ist polymorph ... Darum binden sich ... Sprachgestalten nirgends eindeutig mit Funk-

---

[63] Insofern ist DREWERMANN, Tiefenpsychologie, eine Berechtigung nicht abzusprechen; vgl. aber o. Anm. 57.

[64] Vgl. LONG, Studies.

tionen".[65] „Gestalt und Lebenstechnik ... der Beobachter kann sie nie miteinander sehen ... Was als Gestalt ergriffen wird, löst sich schon dadurch von seinem Leben; was
sich dem Blick als Leben bietet, zerstört schon dadurch die Ansprüche der Gestalt ...
so gerät ... der Kulturhistoriker in eine ‚Komplementarität' zwischen Lebensvorgang
und Gestalt"[66].

---

[65] H. KÜHN, Zur Typologie mündlicher Sprachdenkmäler, SBAW.PH 5 (1960) 1–32: 21.

[66] Ebd. 27. Mein eigener Versuch, mit Hilfe der Jolles'schen Kategorie der „Geistesbeschäftigung" eine Brücke zu schlagen, fällt auf den ersten Blick übrigens gleichfalls unter das Verdikt
Kuhns: Der Aufsatz, aus dem ich zitiert habe, richtet sich in erster Linie gerade gegen Jolles, dessen „Morphologie" sich letztlich in Konstruktion verliere und keine brauchbare Phänomenologie
mündlicher Sprachdenkmäler ergebe. Doch lässt sich, wie Kuhns eigener Versuch zeigt, die von
Jolles angeregte Typologie heute verbessern. Im Anschluss an Jolles, Kühn und H. BAUSINGER,
Formen der Volkspoesie, Berlin [2]1980, könnte man folgende Typologie mündlicher Gattungen
vorschlagen:

I Zauberspruch (kultische Deklarative)
II Aufführende Gattungen (kultische Repräsentative)
    1. Ritus, Liturgie, Kultdrama (Schauspiel)
    2. Lied (Hymnus)
III Spruchgattungen (weisheitliche Konstative und Direktive)
    1. Aussagespruch (Sprichwort, Sentenz, Epigramm, Aphorismus)
    2. Mahnspruch
    3. Rätsel
IV Narrative Gattungen A. Pointen-Gattungen (Kurzformen)
    1.Witz
    2. Exempel (Kasus), Fabel, Parabel
    3. Memorabile, Anekdote
V. Mythos (Märchen, Legende, Sage).

Allegorie und „Gleichnis"

Zur Formenlehre der synoptischen Gleichnisse

1. Jülichers Definitionen von „Allegorie" und „Gleichnis"

Adolf Jülicher hat im 1. Band seines Werkes ‚Die Gleichnisreden Jesu', und zwar dort im 2. Abschnitt (über ‚Das Wesen der Gleichnisreden Jesu') die bis heute grundlegenden Kriterien einer formalen Betrachtung der Gleichnisse[1] vorgestellt[2]: a) Die Form des Gleichnisses ist von der der Allegorie zu unterscheiden. Die in den synoptischen Evangelien vorliegenden Gleichnisse sind genuin keine Allegorien. Sie sind deshalb auch nicht durch Allegorese zu interpretieren. – b) Mit allen Mitteln der antiken Rhetorik lassen sich Allegorie und Gleichnis unterscheiden: das Element der Allegorie sei die *Metapher*, das des Gleichnisses die „Vergleichung": „Denn wie das Gleichnis die auf ein Satzganzes erweiterte Vergleichung, so ist die Allegorie die auf ein Satzganzes erweiterte Metapher"[3]. Aber wie verhalten sich dann Vergleich und Metapher? Jülicher bestimmt beide im Anschluss an Aristoteles, Rhetorik III 4. Aristoteles spricht dort von „Bild" (das Jülicher als „Vergleichung" bestimmt) und „Metapher". Beiden gemeinsam ist, dass sie auf dem Prinzip der Analogie beruhen. Beide bezeichnen ein Gemeinsames von zwei Ebenen, ein ὅμοιον. Unterschieden aber sind sie dadurch, dass im Vergleich „neben die Sache oder die Person, von denen die Rede ist, etwas ähnliches ge- | rückt" wird, „um die Anschauung des Hörers zu beleben oder richtig zu leiten, in der μεταφορά verschwindet im Ausdruck die Sache oder die Person, von denen die Rede ist, hinter etwas ähnlichem, das direkt an ihrer Stelle auftritt: durch einen, wenn auch meist höchst einfachen Denkprozess muss der Hörer erst den Begriff, der gemeint ist, für

---

[1] Es ist zu beachten, dass seit Jülicher der Ausdruck „Gleichnis" als Bezeichnung auf drei verschiedenen Ebenen gebraucht wird: 1. in der breitesten Anwendung für alle bildhaften und lehrhaft erzählenden Texte (vom bildhaften Spruch über die Parabel bis zur Beispielgeschichte einerseits, zur Allegorie andererseits); 2. für alle diese Texte außer der Allegorie (so gebraucht im Obertitel dieses Aufsatzes); 3. für das Gleichnis im engeren Sinne im Unterschied zur Parabel und Beispielerzählung. Der Ausdruck παραβολή wird in den Synoptikern zunächst für bildhafte Sprüche Jesu gebraucht, dann aber auch für alle Erzählungen aus seinem Munde, auch wenn sie wie die Beispielerzählungen gar nicht mehr parabolisch sind.

[2] A. JÜLICHER, Die Gleichnisreden Jesu I: Die Gleichnisreden Jesu im Allgemeinen, Darmstadt 1976 (= Tübingen ²1910), 25–118.

[3] A.a.O. 58.

den, der genannt wird, einsetzen"[4]. Danach ist die Metapher verstanden als Ergebnis einer *Substitution,* während der Vergleich auf der Ebene der eigentlichen Rede verbleibe. – c) Im Anschluss an Aristoteles, Rhetorik II 20, wird das Gleichnis durch ein Analogieverhältnis zweier Sätze bestimmt, von denen der eine „Sache", der andere „Bild" ist. Sachhälfte und Bildhälfte haben nur *ein* tertium comparationis[5], während bei der Allegorie jede einzelne Metapher zu übertragen ist. In einem Gleichnis können daher nicht mehrere Gedanken zugleich zum Ausdruck kommen. Die Bildhälfte hat eine didaktische Funktion. Sie soll ein Urteil aus dem Bereich der allgemeinen Wahrheit unterstützen. Rhetorisch zählt das Gleichnis daher zu den Beweismitteln (den κοιναὶ πίστεις)[6]. „Ich definiere das Gleichnis als diejenige Redefigur, in welcher die Wirkung eines Satzes (Gedankens) gesichert werden soll durch Nebenstellung eines ähnlichen, einem anderen dem Gebiet angehörigen, seiner Wirkung gewissen Satzes."[7] – d) Die Gleichnisse sind zu unterteilen in *Gleichnisse im engeren Sinne* (eine Satzwahrheit wird unterstützt durch ein Bild), *Parabeln* (ein erzähltes Gleichnis) und *Beispielerzählungen.* Die Parabel hat die gleiche Funktion wie das einfache Gleichnis. Jülicher bestimmt sie von der *Fabel* her. „Durch ihre Anschaulichkeit ersetzt die Fabel, was das Gleichnis durch die Autorität des allgemein Bekannten und Anerkannten voraus hat"[8]. „Ich kann die Fabel nur definieren als die Redefigur, in welcher die Wirkung eines Satzes (Gedankens) gesichert werden soll durch Nebenstellung einer auf anderm Gebiet ablaufenden, ihrer Wirkung gewissen erdichteten Geschichte, deren Gedankengerippe dem jenes Satzes ähnlich ist"[9]. Auch die Parabel will beweisen. Jülicher zitiert Bernhard Weiss: „Die Deutung der Parabel kann nur in einer *allgemeinen Wahrheit* liegen, die aus der Übertragung der dargestellten Regel auf das Gebiet des religiös-sittlichen Lebens, auf die Ordnungen des Gottesreiches sich ergiebt"[10]. Das gelte auch von der Beispielerzählung, nur dass | bei dieser die Geschichte „nicht, wie unsre ‚Parabel'-Definition es forderte, auf anderm Gebiete" abläuft, „sondern auf demselben, auf dem der zu sichernde Satz liegt, mit andern Worten: Die Geschichte ist ein Beispiel des zu behauptenden Satzes"[11].

Diese Grundgedanken der Arbeit Jülichers sind in jüngerer Zeit zunehmend heftiger kritisiert worden. Der Vorwurf läuft durchgehend darauf hi-

---

[4] A.a.O. 52.
[5] A.a.O. 70.
[6] A.a.O. 71.
[7] A.a.O. 80 (bei Jülicher z.T. gesperrt).
[8] A.a.O.97.
[9] A.a.O. 98 (bei Jülicher z.T. gesperrt).
[10] A.a.O. 105.
[11] A.a.O. 112.

naus, dass die Kategorien der antiken Rhetorik den neutestamentlichen Gleichnissen nicht gerecht werden.

1. So hat Paul Fiebig gemeint, von rabbinischem Material her Jülicher widerlegen zu können[12]: Die jüdische Denkweise sei eine völlig andere als die griechische. Fiebig erhob den Vorwurf, als habe Jülicher Jesus abstrakte Denkweise unterstellt[13]. Dabei ist aber verkannt, dass schon die antike philosophische Rhetorik, die ja gerade bei Aristoteles nicht auf eine bloße Technik hinauslief, der Versuch war, menschliche Rede *überhaupt* begrifflich zu fassen. Dem, der spricht (oder – im Sinne einer literarischen Rhetorik – schreibt), brauchen die Gesetze, die er anwendet, nicht bewusst zu sein. Sodann ist Fiebigs Versuch, die Gleichnisse den rhetorischen Kategorien zu entziehen, nicht geglückt; gerade die von ihm angeführten rabbinischen Beispiele verfahren didaktisch und rhetorisch grundsätzlich nach den von Jülicher herangezogenen Regeln: Ein Problem entsteht (meist ein exegetisches) – es wird dazu ein Gleichnis gebildet – durch Analogieschluss wird das Problem gelöst.

2. Seit Fiebig wird immer wieder versucht, Jülichers Distinktion von Allegorie und Gleichnis aufzuweichen. Einmal wird Jülichers Annahme, die Gleichnisse seien genuin (als Verkündigung des historischen Jesus) nicht allegorisch, bestritten. Gerade vom jüdischen Denken her wird das Allegorisieren auch für Jesus postuliert[14]. Aber außer Mk 12,1–12, dem Gleichnis von den bösen Weingärtnern, das wohl kaum auf Jesus selbst zurückgeht[15], begegnen innerhalb der synoptischen Evangelien allegorische Elemente nur als nachträgliche Gleichnis-Deutungen (Mk 4,13ff | par.; Mt 13,37ff) oder Zufügungen (Mt 22,2–14). Es trifft auch keineswegs zu, dass das Allegorisieren eine Eigentümlichkeit semitischen Denkens sei. Es wird weiter unten gezeigt, dass man beinahe das Gegenteil behaupten kann. – Zum andern wird immer wieder versucht, den Unterschied zwischen Allegorie und Gleichnis überhaupt zu bestreiten[16].

Dabei wird dann das Prinzip *eines* tertium comparationis über Bord geworfen. Diese Versuche haben jedoch zu keinem befriedigenden Ergebnis,

---

[12] P. FIEBIG, Altjüdische Gleichnisse und die Gleichnisse Jesu, Tübingen 1904; DERS., Die Gleichnisreden Jesu im Lichte der rabbinischen Gleichnisse des neutestamentlichen Zeitalters, Tübingen 1912, 119ff.

[13] FIEBIG, Gleichnisreden, 126ff; vgl. auch J. JEREMIAS, Die Gleichnisse Jesu, Göttingen [11]1998, 16f.

[14] Z.B. FIEBIG, Gleichnisreden, 128; J.J. VINCENT, The Parables of Jesus as Self-Revelation, StEv 1 (= TU 73), Berlin 1959, 79–99.

[15] R. BULTMANN, Die Geschichte der synoptischen Tradition, FRLANT 29, Göttingen [10]1995, 191.215f.222. Es ist bezeichnend, dass man da, wo man dieses Gleichnis für jesuanisch hält, eine nichtallegorische Urform nach dem Muster von EvThom 65 postuliert, z.B. JEREMIAS, Gleichnisse, 68ff.

[16] Z.B. M. BLACK, The Parables as Allegory, BJRL 42 (1962) 273–287: 287.

sondern lediglich zu unpräzisen und letztlich methodisch unkontrollierten Exegesen geführt[17]. Es ist die Intention des vorliegenden Aufsatzes, Allegorie und Gleichnis auf zwei verschiedene semantische Modelle zurückzuführen und aus zwei verschiedenen Traditionen herzuleiten. Jülichers Distinktion wird dabei auf jeden Fall festzuhalten sein.

3. Stichhaltiger als die Versuche, Jülichers strenge Differenzierung von Allegorie und Gleichnis aufzuweichen, ist eine Kritik seiner Verhältnisbestimmung von Sachhälfte und Bildhälfte. Ingo Baldermam beschreibt den rhetorischen bzw. didaktischen Vorgang, der nach Jülicher dem Verstehen eines Gleichnisses zugrunde liegt: „über die Induktion zum Kerngedanken und dann auf dem Wege der Deduktion zur Anwendung, also über die Abstraktion zur nachfolgenden Konkretisierung"[18]. Es fragt sich in der Tat, ob Jülichers rationalistische Bestimmung dem sprachlichen Vorgang beim Bilden oder Verstehen eines Gleichnisses angemessen ist, wenn er die Sachhälfte als allgemeine Wahrheit definiert und die didaktische Funktion des Gleichnisses im Veranschaulichen einer dann vom sprachlichen Vorgang auch ablösbaren und letztlich von ihm unabhängigen Satzwahrheit sieht. Mag diese Verhältnisbestimmung auf das einfache Gleichnis allenfalls noch zutreffen, so ist sie bei der Definition der Gleichniserzählung nicht mehr durchzuhalten. Die Kategorie Erzählung ist bei Jülicher nicht zureichend erfasst.

4. Dennoch sind Jülichers Begriffspaar Sachhälfte/Bildhälfte und die Rede vom „tertium comparationis" beizubehalten – wenn sie auch anders zu bestimmen sind. Das ist gegen Eberhard Jüngel zu betonen. Jüngel hat Jülicher vorgeworfen, mit der Übernahme der rhetorischen Kategorien des Aristoteles auch dessen Logik und Ontologie übernommen zu | haben[19]. Mit der aristotelischen Logik möchte Jüngel auch die Rede von Sachhälfte und Bildhälfte sowie vom tertium comparationis zurückweisen[20]. Aber er selber spricht von der „analogische(n) Kraft" des Gleichnisses sowie von dessen „Pointe". Prinzip der Analogie ist es aber, aus zwei Hälften zu bestehen, die ein gemeinsames Drittes haben. Dies hängt nicht an der aristotelischen Satzlogik, sondern gilt z.B. schon für die Form der parallel gebauten weisheitlichen Analogiesprüche der alten israelitischen Weisheit (s.u. 2.3). Man kann die Bezeichnung „Bildhälfte" und „Sachhälfte" dafür beibehalten, wenn man unter Sache nicht mehr etwas Abstraktes versteht. Der Ausdruck

---

[17] Vgl. R. BULTMANN, Die Geschichte der synoptischen Tradition. Ergänzungsheft, bearb. v. G. Theißen/Ph. Vielhauer, Göttingen [10]1995, 73f.

[18] I. BALDERMANN, Biblische Didaktik. Die sprachliche Form als Leitfaden unterrichtlicher Texterschließung am Beispiel synoptischer Erzählungen, Hamburg [3]1966, 15f.

[19] E. JÜNGEL, Paulus und Jesus. Eine Untersuchung zur Präzisierung der Frage nach dem Ursprung der Christologie, HUTh 2, Tübingen [7]2004, 95f.

[20] A.a.O. 135f; vgl. u. Anm. 147.

„Pointe" schließlich eignet sich für die Erzählung in der Tat besser als der Terminus „tertium comparationis". Allerdings kommt darin nicht zum Ausdruck, dass die Pointe bei einer Parabel in einem bestimmten Verhältnis zu einer *anderen* Ebene als der der erzählten Geschichte (des „Bildes") steht. Jülicher kam es vor allem auf das *eine* tertium comparationis an, das wir bei der Erzählung dann auch Pointe nennen können (wobei zu beachten ist, dass es sich um Erzählung handelt, die nicht in abstrakte Begrifflichkeiten überführt werden kann[21]). Eine Parabel hat eben nur eine Pointe, auf die jeder Einzelzug hinzielt. In diesem Sinne sind die Gleichniserzählungen äußerst ökonomisch aufgebaut[22]. Die Pointe wird zwar durch die Einzelzüge der Erzählung selber erzeugt, jedoch in strenger Hinsicht auf die Sachhälfte. Man muss dabei nur bedenken, dass die Sachhälfte etwas anderes ist als eine abstrakte Wahrheit. |

    5. Noch einen Schritt weiter in der Kritik an Jülichers rhetorischen Kategorien ist Wolfgang Harnisch gegangen[23]. Er wendet sich gegen die bis heute vertretene These, die Gleichnisse hätten eine argumentative (d.h. rhetorische) Funktion[24]. Nur insoweit ist ihm zuzustimmen, als die rhetorische Funktion eines Gleichnisses (im Grunde geht es aber wieder um die Gleichnis*erzählung*) nicht identisch ist mit einem logischen Argument. Der rhetorische Begriff „argumentativ" wird aber längst nicht immer so streng gebraucht. Harnisch betont ausschließlich den offenen, nichtargumentativen Charakter der Parabeln, ohne zu sehen, dass die Analogie gerade dadurch ihre Sprachkraft gewinnt, dass sie Altes in neuem Licht erscheinen lässt, d.h. dass sie situations- bzw. kontextbezogen ist.

---

[21] Dies hat Jülicher nicht gesehen, was sich daran zeigt, dass er bei Definitionen von Parabel und Beispielerzählung vom zu sichernden „Satz" der Sachhälfte und von der „allgemeinen Wahrheit" spricht (JÜLICHER, Gleichnisreden, 98.105.112). Insofern ist die Antikritik, die E. GÜTTGEMANNS, Die linguistisch-didaktische Methodik der Gleichnisse Jesu, in: DERS., studia linguistica neotestamentica. GAufs. zur linguistischen Grundlage einer Neutestamentlichen Theologie, BEvTh 60, München 1971, 99–183: 123ff, an BALDERMANN, Didaktik, übt, nicht ganz berechtigt. Allerdings hat Güttgemanns darin recht, dass Jülicher neben den unzureichenden Definitionen von Parabel und Beispielerzählung im Ansatz immer wieder eine sachgemäßere Beurteilung der sprachlichen Funktionen der beiden Erzählungsgattungen durchblicken lässt. Auch ist darauf hinzuweisen, dass Jülicher bei der Auslegung der Parabeln im II. Band seine Parabeldefinition selber gar nicht einhält, insofern er z.B. als Pointe von Lk 15,11ff nicht einen begrifflichen Gedanken herausdestillieren kann, sondern den „Vorgang des Gleichnisses soteriologisch" nacherzählt: L. SCHOTTROFF, Das Gleichnis vom verlorenen Sohn, ZThK 68 (1971) 27–52: 43.

[22] BULTMANN, Geschichte, 203.

[23] W. HARNISCH, Die Sprachkraft der Analogie. Zur These vom ‚argumentativen Charakter' der Gleichnisse Jesu, StTh 28 (1974) 1–20.

[24] Z.B. JÜLICHER, Gleichnisreden, 90ff.96ff; BULTMANN, Geschichte, 194f.197f.207f; C.H. DODD, The Parables of the Kingdom, London [3]1936, 22ff; JEREMIAS, Gleichnisse, 17f.34ff; E. LINNEMANN, Gleichnisse Jesu. Einführung und Auslegung, Göttingen [5]1969, 25.30f.35f; BALDERMANN, Didaktik, 128f.130; R. DITHMAR, Die Fabel. Geschichte, Struktur, Didaktik, UTB 73, Paderborn 1971, 142.173f.

6. Völlig von der Eigenbewegung der Erzählung möchte Dan O. Via ausgehen[25]. Er wendet sich zunächst – zu Recht – gegen eine Auslegung, die vollkommen von der historischen Situation (als „Sitz im Leben") geleitet ist (z.b. bei Joachim Jeremias, abgewandelt bei Ernst Fuchs[26]), und betont die ästhetische Autonomie der Erzählung. Aber schon seine Auslegung zeigt, dass man ohne die Kategorie Kontext und Situation nicht auskommt. Seiner literarischen und existentialen Auslegung geht z.B. immer eine „historisch-literarische Kritik" voraus. Ohne „Kontext" verlöre eine Parabel ihre dichterische Funktion (und wäre dann keine Parabel mehr). Eine Poetik der Parabel (ästhetische Autonomie) muss also durch eine Rhetorik (didaktische Funktion) ergänzt werden. Aber wir werden sehen, dass sogar schon in der Poetik der Parabel so etwas wie Kontext angelegt ist.

7. Fuchs hat dagegen (eher implizit als explizit) eine notwendige Korrektur an Jülicher vorgenommen, die uns weiterführen kann: indem er die *Sachhälfte* in der *Situation* fand[27]. Das, was man gewöhnlich als Gleichnis oder Parabel bezeichnet, indem man z.B. den Wortlaut Lk 15, | 11–32 angefangen von „Ein Mann hatte zwei Söhne ..." heraushebt, ist nur eine Hälfte der Parabel. Was fehlt, ist der Kontext, die Situation (Lk 15,1f). Ohne diese andere Hälfte wäre die Erzählung Bildhälfte, funktionslos und keine Parabel mehr. Indem man Sachhälfte und Situation zusammenlegt, ist das Problem der allgemeinen Satzwahrheit der Sachhälfte, die Hauptschwierigkeit der Kategorien Jülichers, beseitigt.

8. Eine zweite Schwierigkeit bei Jülicher bleibt aber noch bestehen, die die Zuordnung von Allegorie und Metapher betrifft. Zunächst hat Jülicher Recht, wenn er die Allegorie als Gebäude aus Elementen bestehen lässt, die eine Substitution eines gemeinten Begriffs durch einen anderen darstellen. Genau auf dem Substitutionsprinzip basiert die Semantik der Allegorie, wie weiter unten genauer dargestellt wird. Nur wenn Jülicher dieses Element *Metapher* nennt, entstehen Schwierigkeiten. Bei Jülichers Ausführungen selbst schimmert an einigen Stellen ein anderes Verständnis von Metapher noch durch, etwa wenn er sagt: „Die Vergleichung ist unterrichtend, die Metapher ist interessant ... sie will das Auge stutzig machen."[28] So etwas könnte Jülicher von der Allegorie doch ganz und gar nicht sagen. Schon die antike Rhetorik hatte mit der Metapher ihre Schwierigkeiten. Bei Aristote-

---

[25] D.O. VIA, Die Gleichnisse Jesu. Ihre literarische und existentiale Dimension. Aus dem Amerikanischen und mit einem Nachwort von E. Güttgemanns, BEvTh 57, München 1970.

[26] Auf die Problematik von „Sitz im Leben", „Situation" und „Kontext" ist weiter unten näher einzugehen: s. 4.2.

[27] E. FUCHS, Bemerkungen zur Gleichnisauslegung, in: DERS. Zur Frage nach dem historischen Jesus. GAufs. II, Tübingen [2]1965, 136–142: 137: die Sachhälfte „ist der eigentliche Sitz im Leben für das Gleichnis".

[28] JÜLICHER, Gleichnisreden, 57.

les, Rhetorik III 4,11, werden z.B. auch Bild (Vergleich), Sprichwort und Hyperbel als Metaphern bezeichnet[29]. Hinter der Definition der Metapher als uneigentlicher Redeweise schimmert bei Aristoteles noch ein anderes Verständnis von Metapher durch. Die rhetorische Metapher will ja nicht verbergen (was sie als reines Substitutionselement täte), sondern Entdeckung stiften[30]. Einer genaueren Betrachtung der Metapher werden wir uns im nächsten Abschnitt zuwenden. Eine der Hauptthesen dieses Aufsatzes ist: Die Metapher ist nicht der Baustein der Allegorie, sondern des Gleichnisses[31]. |

9. Problematisch ist auch Jülichers Ableitung des Gleichnisses aus dem Vergleich. Die antike Rhetorik hatte den Vergleich als rational der Metapher übergeordnet und die Metapher als abgekürzten Vergleich verstanden. Jülicher hat das übernommen – ein weiterer Grund für seine rationalistische Auffassung von der „Sachhälfte". Es ist zwar richtig, dass beim Gleichnis das „Bild" neben die „Sache" tritt. Das gilt aber auch von der Metapher, die keine Substitution darstellt, auch wenn die „Sache" nicht genannt wird. Im nächsten Abschnitt soll auch gezeigt werden, dass der Vergleich nur ein Spezialfall der Metapher ist.

10. Der Sache nach hat Jülicher das Wesen der Allegorie richtig dargestellt. Wir müssen nur den Begriff Metapher aus diesem Zusammenhang ersetzen. Wir nennen den Baustein der Allegorie Chiffre oder Symbol[32]. Im Abschnitt 3. soll die Allegorie von der Semantik des Symbols her erklärt werden.

---

[29] Rhetorik III 4,l: Ἔστι δὲ καὶ εἰκὼν μεταφορά. Metapher wird danach als Oberbegriff von „Bild = Vergleich" aufgefasst. Vgl. dazu I. CHRISTIANSEN, Die Technik der allegorischen Auslegungswissenschaft bei Philon von Alexandrien, BGBH 7, Tübingen 1969, 16ff.

[30] Vgl. dazu die eingehende Analyse des aristotelischen Metaphern-Verständnisses bei E. JÜNGEL, Metaphorische Wahrheit. Erwägungen zur theologischen Relevanz der Metapher als Beitrag zur Hermeneutik einer narrativen Theologie, in: P. RICŒUR/DERS., Metapher. Zur Hermeneutik religiöser Sprache, EvTh Sonderheft, München 1974, 71–122: 86ff, bes. 97f. Jülicher bemerkt an einer Stelle: „Daß die Metapher doch noch etwas mehr ist als bloß eine durch Weglassung des ὡς abgekürzte Vergleichung, hat Aristoteles wohl empfunden ..." (Geichnisreden, 52).

[31] Diese These ist nicht neu, wenn sie auch erst in jüngerer Zeit vertreten wird: E. FUCHS, Hermeneutik, Bad Cannstatt 1954, 211ff; BALDERMANN, Didaktik, 121; R.W. FUNK, Language, Hermeneutic, and Word of God. The Problem of Language in the New Testament and Contemporary Theology, New York 1966, 133ff; N. PERRIN, Wisdom and Apocalyptic in the Message of Jesus, in: Proceedings of the Society of Biblical Literature 2, Atlanta 1972, 543–572; S. TE SELLE, Speaking in Parables. A Study in Metaphor and Theology, Philadelphia 1975, bes. 43ff; P. RICŒUR, Stellung und Funktion der Metapher in der biblischen Sprache, in: DERS./E. JÜNGEL, Metapher, 45–70; JÜNGEL, Gott als Geheimnis der Welt. Zur Begründung der Theologie des Gekreuzigten im Streit zwischen Theismus und Atheismus, Tübingen 1977, 396–404. Uns kommt es im folgenden Abschnitt auf einige Konsequenzen an, die sich aus der neueren philosophischen, literaturwissenschaftlichen und linguistischen Metaphernforschung für die Gleichnisexegese ergeben.

[32] Der Ausdruck Symbol wird allerdings noch zu präzisieren sein: s.u. 3.

Unsere Darstellung der Prinzipien der Gleichnisdeutung Jülichers und einiger neuerer Kritiken an Jülicher lässt sich *zusammenfassen*: Festzuhalten ist 1. an der strengen Differenzierung von Allegorie und Gleichnis, 2. an dem System von Bildhälfte und Sachhälfte und dem einen tertium comparationis, 3. an der Differenzierung der drei Untergruppen Gleichnis (im engeren Sinne), Parabel und Beispielerzählung. Zu korrigieren ist Jülicher m.E. aber in folgenden Punkten: 1. Die Differenz von Gleichnis und Gleichniserzählung ist von Jülicher nicht deutlich genug herausgestellt. Das Erzählerische ist nicht als eigenmächtige Kategorie erkannt. Das Verhältnis von Aussage und Erzählung wird also näher zu untersuchen sein. (Darauf wird der 5. Abschnitt eingehen.) 2. Die „Sachhälfte" ist nicht als abstrakte Wahrheit zu bestimmen, sondern als Kontext oder Situation. 3. Die Verhältnisbestimmung von Metapher/Allegorie einerseits und Vergleich/Gleichnis andererseits ist neu zu be- | stimmen. Dies kann allerdings hier nur als These behauptet werden, die in den nächsten beiden Abschnitten begründet wird: Die Metapher ist die Wurzel des Gleichnisses, die Chiffre oder das Symbol die Wurzel der Allegorie.

2. Die Metapher

Das Verständnis der Metapher als Substitution eines gemeinten Begriffes durch einen anderen und, damit zusammenhängend, die Definition der Metapher als verkürzter Vergleich (Quintilian) ist in neuerer Zeit grundsätzlich in Frage gestellt worden.

1. In der Beschäftigung der Literaturwissenschaft mit der Lyrik erweist dieser klassische Metapherbegriff am deutlichsten seine Schwäche. Denn von ihm her wären die Metaphern eines Gedichtes ja überführbar in eigentlich gemeinte Begriffe, und das Gedicht wäre nur Verhüllung oder ornamentale Verzierung eines gemeinten Textes[33].

Zwei Beispiele mögen das verdeutlichen:

Unserer Sehnsucht lange Karawane
findet nie die Oase der Schatten und Nymphen! ...
mein Leben ist ein Regnen und ein Klagen
ein langes Sterben von Novembertagen.[34]

---

[33] Vgl. C. BROOKS, Paradoxie im Gedicht. Zur Struktur der Lyrik, edition suhrkamp 124, Frankfurt a.M. 1965, 100ff. Nach B. ALLEMANN, Die Metaphern und das metaphorische Wesen der Sprache, Weltgespräch 4 (1968) 29–43: 42f, zeigt gerade die moderne Dichtung, dass „der Weg zu dieser konventionellen Erklärung des metaphorischen Wesens der Sprache verlegt worden ist, und wir auf diese Weise gezwungen sind, das metaphorische Wesen der Sprache, und der Dichtung im Besonderen, von Grund auf neu zu überdenken".

[34] Y. GOLL, Dichtungen. Lyrik, Prosa, Dramen, hg. v. C. Goll, Berlin/Neuwied 1960, 161.167.

Es handelt sich ohne Zweifel um Metaphern, aber niemand käme auf die Idee, ein Gedicht aus einer Mehrzahl solcher Metaphern als Allegorie zu bezeichnen, selbst dann nicht, wenn die Metaphern alle aus einem Bildfeld genommen oder sonstwie miteinander verbunden wären. Es wäre auch völlig witzlos, die Metaphern dadurch zu „deuten", dass man sie durch angeblich eigentlich Gemeintes ersetzte. Vielmehr bilden hier jeweils zwei Aussagenteile eine Spannung – eine Aussage über den Menschen, eine über die Natur bzw. einen Kulturvorgang: das Leben des Individuums – der Novemberregen; die menschliche Sehnsucht – | eine Karawane in der Wüste. Der Mensch spiegelt sich und seine Situation in der Natur und deutet so seine Existenz mit der Sprache. Sinndeutende Aussagen können nun aber nicht anders als in Metaphern zur Sprache kommen, es sei denn, es handele sich um deduktive Aussagen in einem System – die dann aber keine deutende Funktion mehr hätten. So wird heute die Metapher statt in der Rhetorik in der Poetik verankert[35].

2. Diese lyrische Funktion der Metapher ist nicht „modern". Vielmehr ist eine solche „moderne Lyrik" gerade eine archaische Regression. Wesentliche Einsichten in das Wesen der Metapher und ihre Funktion in Sprache und Denken verdanken wir Bruno Snell[36]. Das archaische Denken, das er bei den Griechen untersuchte, bietet besonderen Einblick in ursprünglichere Sprach- und Denkvorgänge, die auch das philosophisch ausgeprägtere Denken klassischer Zeit begründen, aber stärker verdeckt sind. An den homerischen Gleichnissen konnte Snell zeigen, dass Metaphern ursprünglich und notwendig sind, „zumal selbst das abstrakte Denken von den Metaphern nicht loskommt und sich auf den Krücken der Analogie bewegt"[37]. Zunächst werden bei Snell einige rhetorische Irrtümer über das Verhältnis von Metapher und Vergleich ausgeräumt: „Wir müssen Homer beim Wort nehmen, wenn er sagt, ‚wie ein Löwe' stürzt sich jemand auf den Feind: Es ist dasselbe, was in dem Löwen und in dem Krieger wirkt ... wenn der Mensch ‚wie ein Löwe' daherkommt, so besteht ein faktischer Zusammenhang zwischen beiden. Die Tiere der homerischen Gleichnisse sind nicht Symbole, sondern die spezifischen Träger der lebendigen Kräfte ..."[38]. Vor allem aber erkannte Snell in den homerischen Gleichnissen eine fundamentale

---

[35] Dort, wo die Gleichnisse als ästhetische Objekte betrachtet werden, wird dieser Einwand gegen Jülicher und die rhetorische Definition der Metapher am deutlichsten formuliert: VIA, Gleichnisse, 72ff; RICŒUR, Stellung, 45f: Die „dichterische Funktion [der Metapher] im Gegensatz zu ihrer bloß rhetorischen Funktion" besteht in ihrer Fähigkeit 1. zur „semantische[n] Neuerung", 2. zur Eröffnung neuer Bereiche von Welterfahrung, 3. zur Sinnschöpfung und Neubeschreibung der Existenz. Damit sind wir freilich schon bei der Semantik der Metapher: s.u. 2.).

[36] B. SNELL, Die Entdeckung des Geistes. Studien zur Entstehung des europäischen Denkens bei den Griechen, Göttingen ⁴1975, 178ff.

[37] A.a.O. 184.

[38] A.a.O. 186.

„Denk"-bewegung, in der sich der Mensch in der Natur spiegelt, die Natur aber selber schon anthropomorph betrachtet: „Dies eigentümliche Verhältnis, daß menschliches Verhalten erst deutbar wird durch etwas, das selbst erst nach diesem menschlichen Verhalten gedeutet ist, gilt auch ... bei den | echten Metaphern und überhaupt überall dort, wo der Mensch etwas ‚versteht'."[39] Erst allmählich entwickelt sich dann aus dem Ursprung des notwendigen Gleichnisses so etwas wie ein wissenschaftliches Analogiedenken, eine Logik, ein Kausalitätsprinzip. Die Wurzel dieser rationaleren Denkwege ist aber die sinnliche, anschauliche Zuordnung. „Ursprünglich ist das Logische nur ‚implizit' in der Sprache."[40] Die Beobachtungen Snells haben weitreichende Folgen. Einmal fällt die Parallele der archaischen Sicht von Mensch und Welt zur Metaphorik der lyrischen Beispiele auf. Sodann wird deutlich, dass das wissenschaftliche Denken, das im Griechentum entstand, hervorgewachsen ist aus dem archaischen Analogiedenken. Schließlich und vor allem wird damit gezeigt, dass menschliche Sprache und Denken prinzipiell metaphorische Züge haben[41].

3. Ein dritter Bereich „archaischen" „Denkens", aus dem die Metapher uns unverstellt begegnet, ist die alttestamentliche Erfahrungsweisheit. Im Proverbienbuch findet sich eine Reihe von Sprüchen, die charakteristisch aufgebaut sind:

Goldene Äpfel in silbernen Schalen /
ein Wort geredet zur rechten Zeit (Prov 25,11).
Eine Stadt mit durchbrochener Mauer /
ein Mann ohne Selbstbeherrschung (Prov 25,28).

Diese durch die beiden Beispiele vertretenen Sprüche verraten die gleiche Denkstruktur wie die oben zitierten lyrischen Metaphern und wie die von Snell aufgezeigten Natur-Mensch-Analogien der homerischen Gleichnisse. Schon durch die Form des Parallelismus membrorum wird hervorgehoben, dass es bei diesen Sprüchen um entdeckte Analogien geht[42]. Die häufig für diese Sprüche gewählte Bezeichnung „Vergleichsspruch" ist etwas irreführend, denn im Hebräischen fehlen dabei die Vergleichspartikel und die Kopula[43], so dass einfach zwei Phänomene im Nominalstil nebeneinandergerückt werden. „Der Sinn dieser Sätze wäre weit unterschätzt, wenn man diese Vergleichungen nur als ein didaktisch-rhetorisches Stilmittel zur Veranschaulichung einer Aussage verstehen wollte. Wären dann nicht die Ver-

---

[39] A.a.O. 185. Darin ist die grundsätzliche sprachliche Struktur von Weltdeutung angelegt.

[40] A.a.O. 195.

[41] S.u. 2.d).

[42] G. v. RAD, Weisheit in Israel, Neukirchen-Vluyn 1970, 46f.159f; H.-J. HERMISSON, Studien zur israelitischen Spruchweisheit, WMANT 28, Neukirchen-Vlyn 1968, 58ff.148ff.

[43] Im Hebräischen kennt der Spruch kein Tempus; er ist im Nominalstil abgefasst (dazu HERMISSON, a.a.O. 137ff). In Sprachen, die ohne Tempus nicht auskommen, steht dann das Präsens.

gleiche allzuweit hergeholt? Diese | Vergleiche haben keine pädagogische, sondern ... noetische Funktion. Sie dienen dem Aufweis von Analogien, fast sind sie als Entdeckungen zu werten von Gemeinsamkeiten, die sich auch zwischen ganz verschiedenen Phänomenen erkennen lassen."[44] Dahinter steht der Glaube an eine versteckte, den Menschen immer einbeziehende Ordnung der Welt. Mit Hilfe der Sprache orientiert sich Weisheit im zunächst kontingent wirkenden Bereich der Erfahrung „Dickicht des Alltags"[45]. Israel hat dabei das archaische Weltverständnis länger durchgehalten als etwa die Griechen. Es kam zu keiner Herausbildung eines Systems von Abstrakta wie in der Ontologie. Dadurch blieben das Denken sinnlicher und die metaphorischen Züge der Sprache offener[46]. „... eine Wirklichkeit, die nicht durch verobjektivierende Sammelbegriffe eingefangen ist, stellt sich anders dar; ja ... rückt dem Menschen stärker auf den Leib."[47]

4. Auch in der Philosophie hat die Metapher einen neuen Stellenwert bekommen. Nach dem Metaphernverständnis der aristotelischen Logik und Rhetorik hat die Metapher in der Dialektik, in der es um Wahrheitsfindung geht, und folglich beim Definieren nichts zu suchen. Aber schon die Ausführungen Snells zeigten uns, dass der Logik und Ontologie selber implizit eine Denkbewegung zugrunde liegt, die auf der Analogie basiert. Hans-Georg Gadamer hat auf eine der Sprache implizit zugrunde liegende „natürliche Begriffsbildung" hingewiesen: „Darin besteht die Genialität des sprachlichen Bewußtseins, daß es solchen Ähnlichkeiten Ausdruck zu geben weiß. Wir nennen das seine grundsätzliche Metaphorik, und es kommt darauf an zu erkennen, daß es das Vorurteil einer sprachfremden logischen Theorie ist, wenn der übertragene Gebrauch | eines Wortes zum uneigentlichen Gebrauch abgedrückt wird."[48] Hans Blumenberg ist der Rolle der

---

[44] v. RAD, Weisheit, 160. Wo die Analogiesprüche im Rahmen eines Streitgesprächs begegnen, kommen wir von der Poetik der Metapher zu ihrer Rhetorik und damit zum Gleichnis neutestamentlicher Art: „Besonders beliebt waren solche Hinweise auf Analoges im Streitgespräch, wo sie die Stringenz der verfochtenen These zu sichern hatten. Kein Wildesel schreit, wenn er junges Gras zu fressen hat; kein Ochse über seinem Futter. Daraus könnten die Freunde entnehmen, dass es mit Hiobs Klage eine besondere Bewandtnis hat." (a.a.O. 161) Der Satz vom Wildesel und Ochsen ist isoliert noch keine Metapher, er wird es erst durch den Kontext. Dieser ist als solcher für die Metaphernbildung fundamental. Im Analogiespruch ist der Kontext selber (als „Sachhälfte": die Aussage über den Menschen) verfestigt in den Spruch mit eingegangen. Beim Gleichnis ist meist lebendige Erzählung oder Situation.

[45] v. RAD, a.a.O. 41.

[46] Dass auch die Ontologie in ihren letzten Aussagen metaphorisch wird (bleiben muss), zeigt z.B. Platons Höhlengleichnis; dazu vgl. den nächsten Absatz.

[47] v. RAD, a.a.O. 27.

[48] H.-G. GADAMER, Wahrheit und Methode. Grundzüge einer philosophischen Hermeneutik, Tübingen [4]1975, 406. Die natürliche Begriffsbildung beherrschte die Dialektik der Akademie (vgl. GADAMER, a.a.O. 407; auch CHRISTIANSEN, Technik, 13.30ff) und liegt noch in Ansätzen bei Aristoteles vor. Indem Aristoteles jedoch ein Ideal des logischen Beweises zum Kriterium erhebt, wird „die logische Leistung der Sprache um ihre wissenschaftliche Legitimation gebracht ... Sie

Metaphorik in der Philosophie nachgegangen und hat gezeigt, dass ein Postulat der Überführung von Metaphern in eigentliche Rede (Begriffe) nicht immer möglich ist. Metaphern weist er da ihre Legitimität in der philosophischen Sprache zu, wo sie nicht in die begriffliche Sprache der Logik überführt werden können. Solche Metaphern nennt er „absolute Metaphern"[49]. „Absolute Metaphern ‚beantworten' jene vermeintlich naiven, prinzipiell unbeantwortbaren Fragen, deren Relevanz ganz einfach darin liegt, dass sie nicht eliminierbar sind, weil wir sie nicht stellen, sondern als im Daseinsgrund gestellte vorfinden."[50] Zu solchen absoluten Metaphern rechnet Blumenberg auch Gleichnisse wie z.B. Platons Höhlengleichnis. Diese Metaphern lassen sich nicht überführen in „eigentliche", begrifflich abgesicherte Rede. Begriffssprache gibt es überhaupt nur in einem umgrenzten („definierten") Bereich, einem System. Die metaphorischen Züge der Sprache brechen aber jeweils das System auf, erweitern es und machen den prinzipiell offenen Charakter der menschlichen Sprache offenbar[51].

---

findet nur noch unter dem Gesichtspunkt der Rhetorik ihre Anerkennung und wird dort als das Kunstmittel der Metapher verstanden." (GADAMER, a.a.O. 409). Verbunden ist damit eine einseitige Betonung der bezeichnenden Funktion der Sprache, die das wissenschaftliche Denken bis heute prägt. (Dazu s.u. 3. zur Semantik des Symbols und der Allegorie.)

[49] H. BLUMENBERG, Paradigmen zu einer Metaphorologie, ABG 6 (1960) 7–142: 9.

[50] A.a.O. 19: „Daß diese Metaphern absolut genannt werden, bedeutet nur, daß sie sich gegenüber dem terminologischen Anspruch als resistent erweisen, nicht in Begrifflichkeit aufgelöst werden können, nicht aber, daß nicht eine Metapher durch eine andere ersetzt bzw. vertreten oder durch eine genauere korrigiert werden kann. Auch absolute Metaphern haben daher Geschichte … die Metaphorologie [als Metapherngeschichte, die der Begriffsgeschichte noch überlegen ist] sucht an die Substruktur des Denkens heranzukommen … aber sie will auch faßbar machen, mit welchem ‚Mut' sich der Geist in seinen Bildern selbst voraus ist und wie sich im Mut zur Vermutung seine Geschichte entwirft." Zum Problem der Differenzierung absoluter und übertragbarer Metaphern s.u. die folgende Anm.

[51] Vgl. K.O. APEL, Die Frage nach dem Sinnkriterium der Sprache und die Hermeneutik, Weltgespräch 4 (1968) 9–28, bes. 26ff. Vgl. auch JÜNGEL, Metaphorische Wahrheit, 104 Anm. 86: „Die durchgehende metaphorische Struktur der Sprache birgt die Möglichkeit zur Innovation, von der sowohl die Wissenschaft als die Dichtung lebt." In diesem Zusammenhang entsteht allerdings ein Problem. Wenn die Sprache schon ihrem Wesen nach metaphorisch ist, wodurch sind dann die offensichtlichen Metaphern von übrigen sprachlichen Äußerungen, die wir als nichtmetaphorisch empfinden, unterschieden? Ja, lässt sich die prinzipielle Nicht-Paraphrasierbarkeit der Metapher noch begründen? K. LÖWITH, Die Sprache als Vermittlerin von Mensch und Welt. Ges. Abhandlungen. Zur Kritik der geschichtlichen Existenz, Stuttgart [2]1969, 208–227: 223, hat die Frage gestellt: „Ist also alles Reden metaphorisch und gleichnishaft?" und darauf geantwortet: „Darauf läßt sich mit Ja und mit Nein antworten. Mit Nein, wenn die Übertragung im engeren Sinn von speziellen Metaphern verstanden wird, mit Ja, wenn man verstanden hat, worin alle Vergleichbarkeit und Übertragbarkeit gründet, nämlich in dem ungeteilten, aber beziehungsreichen Weltverhältnis des Menschen, worin das eine das andere bedeuten kann." Die Rede von der prinzipiellen metaphorischen Struktur der Sprache birgt nun allerdings als Globalisierung in sich die Gefahr, dass Metaphern kaum noch von nichtmetaphorischer Sprache unterschieden werden können. Man muss also die spezielle Metapher vom grundsätzlich metaphorischen Zug der Sprache noch einmal abheben. Dann kann man sagen, dass die spezielle Metapher der deutlichste Ausdruck für Grundeigentümlichkeit der Sprache ist, die anderswo mehr oder weniger dem Schein

Die- | ser metaphorischen Eigenart der Sprache kann man nicht entkommen, indem man einen metaphysischen archimedischen Punkt sucht. Innerhalb der Sprache gibt es durchaus metaphernfreie Systeme definierter Begriffe. Die prinzipielle Metaphorik der Sprache überhaupt lässt sich aber nicht ontologisch begründen. Echte Metaphern sind immer der Ontologie voraus. Es ist offenbar gerade in der Theologie eine große Versuchung, Metaphern zu objektivieren, sie zu ontologischen Größen zu erheben und dann darauf weitere Schlüsse aufzubauen[52]. Der Wirk- | lichkeitsbezug der Metapher ist mit der Zurückweisung dieser Tendenz zur Objektivierung freilich nicht geleugnet. Metaphern sind gerade Ausdruck von Erfahrung. Die Problematik der Ontologisierung entsteht überhaupt erst dann, wenn der Bezug der Metapher zur Erfahrung verlorengeht oder vergessen wird[53]. Wir können sagen: Metaphern sind gedeutete Erfahrung.

5. Von größter Bedeutung für das Metaphernproblem sind im angelsächsischen Bereich die Ausführungen von Max Black[54]. Black unterscheidet drei Arten von Metaphern: „substitution-metaphors", „comparison-metaphors" und „interaction-metaphors". Die ersten beiden Arten können durch Übersetzung aufgelöst werden, wobei die einfache Vergleichsmetapher auf die Substitutionsmetapher zurückzuführen ist. Für die Philosophie von Wichtigkeit sind allein die „interaction-metaphors", die nicht übertragbar sind[55]. Black beschreibt sie als Übereinanderprojektion von zwei Ebenen, als zwei aufeinandergelegte Raster[56]. Dadurch wird einmal deutlich, dass

---

der Begrifflichkeit verborgen bleibt. Aber selbst das ist nicht genug. Es gibt nämlich auch eine unbezweifelbar unmetaphorische Sprache, diese allerdings nur sozusagen als ein abgeschlossenes System, in dem alles definiert ist: die formalisierte Präzisionssprache. Sie hat keine deutende, sinnerfassende Kraft mehr, da sie deduktiv verfährt. Sie ist völlig der Gemeinsprache untergeordnet. In Ansätzen liegt sie jeder fixierten Begriffssprache zugrunde. Der Versuch, metaphorische Sprache in „reine" Begriffssprache zu übertragen, erweist sich schon von daher als abwegig, weil jene dadurch alles verlieren würde, was sie auszeichnet. Wenn man zugibt, dass es innerhalb der Sprache durchaus Systeme definierter Begriffssprachen gibt, dann ist die Differenzierung Blumenbergs in übertragbare und nichtübertragbare (absolute) Metaphern berechtigt, die in Widerspruch stünde zur These der metaphorischen Grundstruktur der Sprache. Das gleiche gilt für die Thesen von Max Black, denen wir uns im nächsten Absatz zuwenden. Uns kommt es im Folgenden allein auf die absoluten Metaphern an. Aufgrund der semantischen Bestimmung scheiden für uns die substituierbaren Metaphern aus, die wir im Folgenden als Symbole auffassen (s.u. 3.).

[52] Vgl. dazu LÖWITH, Sprache, 226; H. FISCHER, Glaubensaussage und Sprachstruktur, Hamburg 1972, 274ff.

[53] Dass Jesus Gottessohn ist (eine Metapher), verliert z.B. seinen Sinn, wenn es vom Bekenntnis (Erfahrung) zum Dogma, zu einer (An-sich-)Seins-Aussage wird.

[54] M. BLACK, Metapher, in: DERS., Models and Metaphors. Studies in Language and Philosophy, Ithaca 1962, 24–47; DERS., Models and Archetypes, a.a.O. 219–243.

[55] Vgl. Metapher, 31ff.45f. Vgl. den Begriff der „absoluten Metapher" bei Blumenberg (s. bei Anm. 50). Die übertragbaren Metaphern rechnen wir im Folgenden aufgrund ihrer Semantik zu den Symbolen.

[56] Diese Beschreibung der Metapher geht auf K. BÜHLER, Sprachtheorie. Die Darstellungsfunktion der Sprache, Jena 1934, 348ff, zurück. Bühlers Modell wird weitergeführt von W.

Metaphern aus zwei Elementen bestehen, die sich gegenseitig beeinflussen.
Vor allem aber bedeutet das, dass die metaphorische Potenz der Sprache eine Semantik fordert, nach der nicht die Dinge einen Namen haben, sondern
die Objekte durch kategoriale Brillen geschaut werden[57]. Im Anschluss an
Black hat Paul Ricœur das Wesen der Metapher als „Finden" von Analogien bezeichnet: „In der metaphorischen Aussage geht es tatsächlich darum,
da eine Verwandtschaft aufscheinen zu lassen, wo das gewöhnliche Hinsehen keine gegenseitige Übereinkunft festzustellen vermöchte ... Metaphern sind jene, die mehr eine Ähnlichkeit stiften, als dass sie sie nach-
zeichnen."[58] Black stellt die Metapher auf eine Ebene mit der für die Er-
kenntnistheorie | wichtigen Kategorie des Modells[59]. Er unterscheidet drei
Arten von Modellen, die nicht zufällig seinen drei Arten von Metaphern
entsprechen: Stufen-Modelle (verkleinerte Nachbildungen), Analogie-Mo-
delle (isomorphe Strukturwiedergaben) Theorie-Modelle. Die letztgenannten, die den größten erkenntnistheoretischen Wert haben, sind fiktive Gebil-
de, die auf einen komplexen und noch undurchschaubaren und ungeklärten
Bereich bezogen werden. Sie dienen dann als eine Brille, durch die der
komplexe Bereich strukturiert geschaut wird. Das Gleiche behauptet Black
von der Metapher Sie bringt zwei getrennte Bereiche in Beziehung, indem
der eine Bereich sozusagen sprachlich durch den anderen geschaut wird[60].
So ist die Sprache ein Instrument der Entdeckung neuer Zusammenhänge:
„Metaphor and model-making reveal new relationships; both are attempts to
pour new content into old bottles."[61] Letztlich verlaufe alle Erkenntnis
durch ständige analogisierende Ausdehnung von Modellen. Das noch Unbekannte betrachten wir im Lichte des Bekannten. Sprachlich zeigt sich das
im Gebrauch von Metaphern[62]. Die Erkenntnisse Blacks sind von Ricœur
auf die synoptischen Gleichnisse bezogen worden[63]. Im 4. Abschnitt werden wir auf die Modellfunktion der Gleichnisse näher eingehen.

6. Mehr oder weniger unbewusst wird in den neueren philosophischen
Beiträgen zum Metaphernproblem eine besondere Semantik der Metapher

---

KÖLLER, Semiotik und Metapher. Untersuchungen zur grammatischen Struktur und kommunikativen Funktion von Metaphern, Studien zur Allgemeinen und Vergleichenden Literaturwissenschaft 10, Stuttgart 1975, 199f.

[57] Vgl. BLACK, Metapher, 42ff.

[58] RICŒUR, Stellung, 48; vgl. BLACK, Metapher, 37.

[59] BLACK, Models, 219ff. Vgl. auch KÖLLER, Semiotik, 266 (leider hat Köller Blacks Aufsätze
nicht herangezogen).

[60] BLACK, Models, 236f.

[61] A.a.O. 238f.

[62] Die postulierten Grundmodelle, die ein Denker analogisierend ausdehnt, nennt Black Archetypen (a.a.O. 242). Entsprechend der Warnung vor einer Ontologisierung der Metaphern (s. bei
Anm. 53) warnt Black vor einer Hypostasie der Archetypen.

[63] RICŒUR, Stellung, 51f.65.

vorausgesetzt, die in linguistischen Beiträgen erarbeitet worden ist. Kennzeichnend für diese neuere linguistische Beschreibung der Metapher sind die ersten drei von zehn Thesen, die Harald Weinrich über die Metapher aufgestellt hat:

1. Es genügt nicht, die Metapher als eine rhetorische Figur oder als ein Stilistikum aufzufassen. Die Metapher ist ein semantisches Phänomen.
2. Die schulmäßige Definition „Die Metapher ist ein verkürzter Vergleich" (Quintilian) ist unbrauchbar. Das Phänomen der Metapher ist ursprünglich; man kann den Vergleich als eine erweiterte Metapher auffassen.
3. Eine semantische Definition der Metapher ist nur in einer Textsemantik möglich. Ein Wort in einem Text setzt eine bestimmte Kontexterwartung, die | von dem tatsächlichen Kontext enttäuscht werden kann. Die Metapher ist definierbar als ein Wort in einem konterdeterminierenden Kontext ...[64].

Aus der semantischen Metaphernbestimmung ergibt sich, dass entscheidende Funktion bei einer Metapher der Kontext hat. Er gehört zur Metapher hinzu, die eine spannungsreiche Verbindung von Elementen darstellt. Man kann sie daher als besondere Art einer Prädikation auffassen. Jede sprachliche Äußerung ist als Prädikation und damit als Einanderzuordnung von zwei Elementen aufzufassen. Einem Vorliegenden (Gegenstandsbegriff, „Subjekt" im ursprünglichen, den grammatischen Begriff erweiternden Sinne) wird ein Bestimmungsbegriff (Prädikat) zugeordnet. Das gilt selbst für einwertige Aussagen, bei denen das Subjekt impliziert wird (das, worauf man zeigt; wovon gerade die Rede ist). Das Subjekt ist kontextmäßig bestimmt und erscheint daher in der Regel determiniert. Subjekt und Prädikat determinieren sich darüber hinaus gegenseitig semantisch. Sie müssen zusammenpassen. Das Prädikat „lacht" passt z.B. nur zu einem menschlichen Subjekt. In der neuesten und wohl aspektreichsten Untersuchung über die Metapher hat Wilhelm Köller nun die Metapher in semantischer Hinsicht als eine mangelnde Beziehungsmöglichkeit von Gegenstandsbegriff und Bestimmungsbegriff erklärt. Bei einer Aussage wie „der Wald schläft" fehlt zunächst die natürliche semantische Beziehungsmöglichkeit. Der Satz wäre sinnlos, wenn der Hörer des Satzes nicht in der Lage wäre, ihm durch semantische Uminterpretation Sinn zu geben[65]. Diese Eigenschaft der Metapher hebt Ricœur hervor, wenn er ihr die Fähigkeit zuschreibt, dass sie Sinn stiftet: „... da ich mit den gewöhnlichen lexikalischen Werten des Wortgebrauchs keinen Sinn erzeugen kann, bringe ich, um die ganze Aussage zu

---

[64] Vgl. H. WEINRICH, Die Metapher (Bochumer Diskussion), Poetica 2 (1968) 100–130: 100; vgl. DERS., Semantik der kühnen Metapher, in: DERS., Sprache in Texten, Stuttgart 1976, 295–316, bes. 311; DERS., Allgemeine Semantik der Metapher, a.a.O. 317–327; DERS., Streit um Metaphern, a.a.O. 328–341.
[65] KÖLLER, Semiotik, 179.

retten, die Worte in einer Art Arbeit am Sinn in eine Verdrehung, dank derer die metaphorische Aussage ihren Sinn erhält"[66]. Weinrich spricht von den Metaphern sogar als „demiurgische[n] Werkzeuge[n]"[67]. Dieser schöpferische Prozess der Uminterpretation und Sinngebung lässt sich nicht mehr durch ein semantisches Schema nach Art der signum-res-Zuordnung erklären:

> „Die demiurgische Leistung von Metaphern kann … darin gesehen werden, daß sie das usuell gültige System von sprachlichen Kategorisierungen in | Frage stellen und zugleich neue Kategorisierungen vornehmen. Dadurch verdeutlichen Metaphern immer wieder, daß Wörter nicht Etiketten von vorgegebenen Entitäten sind, sondern Resultate von kognitiven Prozessen, in denen verschiedene Objekte nach bestimmten Erkenntnisinteressen und Kriterien zu einer Klasse von Objekten zusammengefaßt werden."[68]

Wir werden durch diese semantische Beschreibung erinnert an das, was Gerhard v. Rad über die noetische Funktion der Analogiesprüche aus dem Proverbienbuch sagte[69].

7. Das Besondere an Köllers Arbeit über die Metapher ist nun, dass er es nicht bei einer semantischen Bestimmung der Metapher belässt. Er geht aus vom „semiotischen Modell", wonach Zeichen (Bedeutungsträger) unter drei Aspekten untersucht werden: hinsichtlich ihrer Verknüpfung untereinander (Syntakik), hinsichtlich ihrer Objektbeziehung (Semantik) und hinsichtlich ihrer Interpretantenbeziehung, ihrer Funktion im kommunikativen Vorgang (Pragmatik)[70]. Während Köller den syntaktischen Aspekt bei der Metapher für unergiebig hält[71], legt er alles Schwergewicht auf den pragmatischen. Letzten Endes ist nach Koller die Metaphern-Semantik verankert in der Pragmatik: „… der Sinngehalt einer Metapher ergibt sich … erst dann, wenn wir die gesamte metaphorische Prädikation vor dem Hintergrund der pragmatischen Umstände ihrer Realisierung interpretieren"[72]. Dies legt sich

---

[66] RICŒUR, Stellung, 47.

[67] WEINRICH, Semantik, 309.

[68] KÖLLER, Semiotik, 199.

[69] S.o. Anm. 44. Vgl. auch die Äußerung Ricœurs (vgl. Anm. 58).

[70] Dieses Modell, das auf den Behavioristen CH. MORRIS, Signs, Language, and Behavior, New York 1946, zurückgeht, benutzen für ihre Untersuchung der Metapher neben Köller u.a. auch Ricœur und P. WHEELWRIGHT, Semantics and Ontology, in: Metaphor and Symbol. Proceedings of the Twelfth Symposion of the Colston Research Society held in the University of Bristol, London 1960, 1–9. Zu Wheelwright s.u. Anm.77.

[71] Für die Erzähl-Metapher (= Parabel) gilt dies freilich nicht mehr; nur sprengt die Syntax dabei den Satz als Einheit, so dass man von einer „Text-Syntax" der ganzen Erzählung sprechen müsste, wofür man auch Struktur sagen kann.

[72] KÖLLER, Semiotik, 173. Die Betonung der pragmatischen Komponente der Semiotik entspricht dem neuesten Trend in der Linguistik (unter den Stichworten „Textlinguistik" und „kommunikationsorientierte Linguistik"): z.B. S.J. SCHMIDT, Texttheorie, UTB 202, München ²1976. Für die Literaturwissenschaft (aber auch für die Exegese) ist diese Form der Linguistik noch am

ja schon nahe | durch die gewichtige Rolle, die bei der Metapher der Kontext spielt. Im Kommunikationsvorgang kann der Kontext mit der Situation der Aussage gleichgesetzt werden.

8. Wir können nun aufgrund der semantischen und pragmatischen Beobachtungen zur Metapher sagen: Eine Metapher ist eine Prädikation, in der auf einen „Gegenstandsbegriff" („Subjekt", auch „Bildempfänger") ein „Bestimmungsbegriff"[73] („Prädikat", auch „Bildspender") projiziert wird, der durch den Gegenstandsbegriff noch nicht determiniert ist, der also auf einer anderen semantischen Ebene liegt. Bei der Überlagerung der beiden Ebenen ergibt sich ein neues Vorstellungsbild, eine neue, unerwartete Kategorie, eine entdeckte Analogie (also ein „tertium"). In Hinsicht auf die Gleichnisse lässt sich weiter sagen: Der *„Gegenstandsbegriff"* ist identisch mit der *Sachhälfte* (das, was neu prädiziert werden soll), der *„Bestimmungsbegriff"* mit der *„Bildhälfte"*. Der „Gegenstandsbegriff" ist darüber hinaus im *Kontext* oder der *Situation* vorgegeben. Wie für die Metapher der „Kontext"[74] konstitutiv ist, so auch für das Gleichnis. Damit ist (aufgrund der Semantik der Metapher) der in der Gleichnisforschung übliche Begriff „Sachhälfte" gegenüber Jülichers Verständnis neu zu fassen: er ist nicht schon die intendierte Wahrheit, sondern eine bestimmte Struktur der Situation, in die die Bildhälfte hineinwirkt und so erst eine neue Erkenntnis, die die Situation verändert, bewirkt.

9. Kurz ist noch auf den *Vergleich* einzugehen. Er ist keineswegs das Gegenstück zur Metapher, wie Jülicher meinte. Er ist auch nicht der Oberbegriff gegenüber der Metapher, wie die Rhetorik in der Tradition Quintilians meinte, die die Metapher als verkürzten Vergleich auffasste. Heute wird der Vergleich stattdessen als Spezialfall der Metapher aufgefasst, als rationalisierte Metapher[75]. Man kann vielleicht noch weitergehen. Der Vergleich erklärt sich aus dem Bestreben, Metaphern losgelöst von ihrer Verankerung in der Situation überlieferbar zu | machen, indem die Sachhälfte mitgeliefert wird[76]. Der Schein, als sei die Metapher nur eine Substitution, ent-

---

ergiebigsten. In unserem Zusammenhang ist von Interesse, dass dabei Begriffe wie „Kontext" und „Situation", aber auch „Sprechakt" (vgl. den Begriff „Sprachereignis" in der Theologie: dazu s.u. 4.) eine maßgebliche Rolle spielen. Eine Zusammenfassung und Präzisierung der neuesten linguistischen und semiotisch-pragmatischen Aspekte der Metaphernforschung bietet K. STIERLE, Aspekte der Metapher, in: DERS., Text als Handlung, UTB 423, München 1975, 152–185.

[73] In Aufnahme der Terminologie Köllers (vgl. Anm. 65).

[74] „Kontext" kann einmal im Sinne der gesamten Voraussetzung und Umgebung einer Äußerung aufgefasst werden, sodann aber auch im engeren Sinne als *sprachliche* (oder gar textliche) Umgebung einer Äußerung. Wir unterscheiden grob zwischen *Kontext* (als textlicher Umgebung) und *Situation*, lassen das sachliche Verhältnis zwischen beiden hier aber noch ungeklärt (s.u. 4.).

[75] Vgl. WEINRICH, Semantik; H. LAUSBERG, Handbuch der literarischen Rhetorik. Eine Grundlegung der Literaturwissenschaft I, München ⁴2008, 286 (§ 558).

[76] Ein aufschlussreiches Beispiel für einen analogen Vorgang sind die Apophthegmata: Ein Ausspruch verlangt einen situativen Rahmen, um besser überlieferbar zu sein. Aussprüche sind

springt ja daraus, dass die Metapher nicht immer als Prädikation (und damit als zweistelliges Phänomen) erkennbar ist, nämlich dann, wenn das „Subjekt" impliziert wird. Der Vergleich will das implizierte Subjekt explizieren.

Wir können *zusammenfassen*: Man muss die traditionelle Zuordnung der Metapher zur Allegorie korrigieren. Die Metapher ist stattdessen der Baustein des Gleichnisses. Sie ist nicht Ergebnis einer Substitution, sondern einer Spannung, Überschneidung, einer Aufeinanderprojektion von zwei Ebenen. Sie ist kein etiketthaftes Zeichen, *hinter* dem eine Bedeutung steckt, sondern immer ist die Situation, der Kontext, bei ihr ein konstitutives Element. Sie ist der deutlichste Ausdruck des analogischen Charakters der Sprache überhaupt, der menschlichen Fähigkeit, Beziehungen zu sehen, zu verbinden, zu interpretieren, Sinn zu erfassen. Wie aber ist dann die Allegorie semantisch zu erklären? Bevor wir dem Gleichnis als Metapher nachgehen (s.u. 4.), wenden wir uns nun der Allegorie zu.

3. Die Allegorie

l. Die Allegorie ist eine Literaturform, die auf dem semantischen Modell der Substitution beruht. Ihr Grundelement ist das Symbol. Unter Symbol ist hier eine nahezu mathematische Größe verstanden. Wir könnten dazu verdeutlichend auch Chiffre oder Steno-Symbol[77] sagen.

Einem Zeichen | wird auf eindeutige Weise eine Größe als Bezeichnetes zugeordnet. Die Beziehung zwischen Zeichen und Bezeichnetem gibt die Sprache allerdings nicht selber her (wie das bei der Semantik der Metapher

---

Antworten, keine allgemeinen Wahrheiten. Freilich wird die Situation stilisiert. Ähnlich kann man die Wendung „das Gottesreich ist gleich ..." als abgekürzten und stilisierten Kontext auffassen.

[77] WHEELWRIGHT, Semantics, 5ff; DERS., Metaphor and Reality, Bloomington 1962, 70ff.92ff; PERRIN, Wisdom. Wheelwright geht von der Metapher als sprachlicher Grunderscheinung aus. Bei jeder Metapher unterscheidet er ein *epiphores* und ein *diaphores* Moment. Das erste bezieht sich auf den Grad der Fremdheit der Übertragung, das zweite auf die Ähnlichkeit, das Moment der Analogie. Beide Elemente müssen bei einer guten Metapher ausgewogen sein. Eine rein epiphore und eine rein diaphore Metapher wären als Metaphern nicht mehr erkennbar. Bei der ersten hätten Gegenstands- und Bestimmungsbegriff überhaupt keine Beziehung mehr zueinander, bei der zweiten wäre die Analogie sozusagen zur Identität ausgedehnt. Nun kann es aber sein, dass eine Metapher stabilisiert wird. In bestimmten Situationen wird für bestimmte Gegenstandsbegriffe immer die gleiche Prädikation verwendet (Wiederholbarkeit, Eindeutigkeit, Lösung von der Situation möglich). Eine solche Metapher nennt Wheelwright *Symbol*. Beim Symbol besteht nun die Möglichkeit, dass der diaphore Charakter völlig zurücktritt zugunsten des epiphoren. Dann handelt es sich um ein „steno-symbol". Ist das Metaphorische (genauer nun: das diaphore Moment) noch latent vorhanden, redet Wheelwright von „tensive-symbol". Diese Symbole spielen in der Literaturwissenschaft und der Psychologie eine größere Rolle. Perrin betrachtet die Rede vom „Gottesreich" als ein solches (metaphorisches) „tensive-symbol".

aufgrund des Analogieprinzips der Fall ist). Sie muss in einem metasprach-
lichen Bereich verabredet sein, d.h. diese Semantik der Zuordnung von res
und signum ist nur möglich in einem Unter-System der Sprache; sie ist nur
möglich für eine Sprache zweiter Ordnung, die schon definiert ist. Ein Stenosymbol lässt keine Interpretation zu[78]. Es ist daher der Baustein forma-
lisierter Sprachen. Sofern derart Wörter als Etiketten von festgelegten Größen behandelt werden, redet man von *Steno-Sprache* oder *digitaler* (im Gegensatz zu *analoger*) Sprache[79]. In semantischer Hinsicht sind also Symbol
und Metapher grundverschieden: *Das Symbol ist keine Prädikation mehr*,
sondern eine Substitution, eine Etikettierung. Der Kontext spielt keine semantische Rolle, Zeichen und Bedeutung sind ja in ihrem Verhältnis zueinander zeitlos festgelegt. Allerdings geschieht dies schon auf einer zweiten Ebene. Das Symbol fungiert in einer *Sondersprache*. Es setzt (wie entsprechend auch die Allegorie) eine „Welt mit doppeltem Boden" voraus.
Das gilt zunächst in semantischer Hinsicht[80]: |

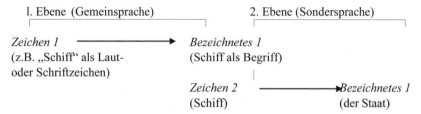

Bezeichnetes 1 ist in der Allegorie der gesagte Begriff; dieser wird wiederum zu einem Zeichen (Zeichen 2) für den gemeinten Begriff (Bezeichnetes
2). Die Relation zwischen Zeichen 2 und Bezeichnetem 2 (auf der zweiten
Ebene) ist festgelegt im Code der Sondersprache. Normalerweise gibt es
allerdings auch dabei Übertragungsregeln, die auf der Analogie basieren. In

---

[78] BLUMENBERG, Paradigmen, 124, hebt entsprechend das Symbol von der Metapher ab: „Das
Symbol fungiert dadurch, daß es einer Identifizierung dient; aber es ist sinnlos, es auf seinen *Ge-
halt* hin zu befragen; wo das dennoch möglich ist, haben sich symbolische und metaphorische
Funktionsmomente zusammengefunden."

[79] In den künstlichen Sprachen des mathematisch-naturwissenschaftlichen Formalismus hat das
digital ausgerichtete semiotische Schema, das der Allegorie zugrunde liegt, einen neuen Ort gefunden. Es ist aber bezeichnend, dass in der Literatur gewissermaßen als Gegengewicht die Metapher
das Symbol verdrängt hat. Die analogen Züge der Sprache sind gewissermaßen die menschli-
cheren: In den Metaphern „brechen … analoge Kommunikationsformen in die Sprache ein, die
offenbar eine wichtige anthropologische Funktion haben, weil sie verhindern, daß die natürliche
Sprache ihre Polyfunktionalität einbüßt und zu einem chemisch reinen digitalen Zeichensystem er-
starrt, wie es beispielsweise bei den formalisierten Sprachen zu beobachten ist" (KÖLLER, Semiotik, 332).

[80] Weiter unten wird gezeigt, dass dies auch in pragmatischer Hinsicht gilt.

semantischer Hinsicht kommt es jedoch auf die Eindeutigkeit der Beziehung an, wobei die Analogie abgeblendet werden kann. Da die Sprache der Literatur als reine Steno-Sprache kaum existiert, gibt es faktisch auch keine semantisch reine Allegorie. Jede Allegorie enthält zugleich Momente der Analogie, ist also in sekundärer Hinsicht auch metaphorisch. Vom Gesichtspunkt der formalisierten Symbolsprache aus enthält sie Unschärfen. Das macht den ambivalenten Charakter der Allegorie aus, deren semantische Bestimmung wir nur idealtypisch durchführen können.

2. Wenn man die Allegorie als einen aus Symbolen bestehenden Text auffasst, muss man auch von ihrer Syntax reden. Die Verknüpfung der Symbole ist vollkommen von der Ebene des Gemeinten her bestimmt. Die Symbole können untereinander keine eigene sprachliche Entfaltung entwickeln, keine eigenständigen Verbindungen eingehen, weil sie dann ja nicht mehr das Gemeinte symbolisieren würden[81]. Via sieht die fundamentale Eigenschaft der Allegorie darin, „daß die Struktur, der Umriss und die gegenseitigen Verbindungen einer Allegorie durch etwas außerhalb ihrer selbst bestimmt sind, nämlich durch ihren Sinn oder ihren Sinnbezug. Die Struktur einer Allegorie ist eine Ableitung ihres | Sinnes"[82]. Für die *Pragmatik* der Allegorie bedeutet das: „Weil eine Allegorie von ihrem Sinn oder Bezugspunkt, ihrer Bezugssituation abhängig ist, muss der Leser mit dieser vertraut sein, um die Geschichte zu verstehen. So kann eine Allegorie eine verborgene Information nur dem Eingeweihten vermitteln. Eine Allegorie vermittelt also jemandem etwas bereits von ihm Gewusstes, obwohl sie es in symbolischer und veränderter Weise vermittelt."[83]

3. Von hier aus lässt sich das Verhältnis von Allegorie (als einem ursprünglich allegorisch verfassten Text) und allegorischer Auslegung (*Allegorese*) etwas näher beleuchten. Beide setzen eine „Welt mit doppeltem Boden" voraus, wie wir sie bei der Semantik der Allegorie erwähnten. In beiden Fällen geht es im Grunde um *zwei* Texte. Die Allegorese will zu dem Primärtext einen echten oder vermeintlichen Sekundärtext liefern, also den versteckten Sinn *ent*rätseln. Aber auch die ursprüngliche Allegorie ist im Grunde ein Text über einen Text[84]. Sie bietet einen Sekundärtext statt des

---

[81] Die Allegorie hat wie das Symbol keine eigene Sprachkraft: „So gesehen unterscheidet sich ein Symbol dann dadurch von einer Metapher, daß sein Sinngehalt primär aus dem ontologischen oder ideologischen System abgeleitet werden muß, in dem es eine bestimmte Verweisfunktion hat, während der Sinngehalt einer Metapher primär aus ihrer prädikativen Grundstruktur abgeleitet werden muß, die zu den usuell realisierten Prädikationsstrukturen in einer spezifischen Spannung steht. Das bedeutet, daß der Sinngehalt von Symbolen zwar sehr komplex sein kann, daß er in seinen Bezügen aber kulturell und ideologisch relativ fest abgesichert ist." (KÖLLER, a.a.O. 239)

[82] VIA, Gleichnisse, 17.

[83] VIA, a.a.O. 19f.

[84] Der Literaturwissenschaftler E. HONIG, Dark Conceit. The Making of Allegory, London 1959, 12, erklärt eine Allegorie als eine zweimal erzählte Geschichte. Vgl. auch VIA, a.a.O. 19f.

eigentlichen Textes, um diesen zu *ver*rätseln. Dennoch gibt es einen wesentlichen Unterschied. Die Allegorese ist ein Mittel der Interpretation der *eigenen Situation* (die man als Primärtext verstehen könnte) durch einen vorgegebenen Text. Da sie enträtseln will, muss sie sich an die Analogien halten[85]. Aber wie die Allegorie, so ist auch die Allegorese in ihrer Eigenart wiederum ambivalent. Hält sie sich einerseits an die Analogien und ist somit wissenschaftlich ausgerichtet, so beruft sie sich daneben auch auf Offenbarung. Dadurch verliert sie | prinzipiell an Methode, so dass sie dem Vorwurf der Willkürlichkeit ausgesetzt sein kann.

4. Die Nähe der Allegorie zum *Rätsel* ist schon oft hervorgehoben worden[86]. Die Ergebnisse der morphologischen Rätselforschung von André Jolles und Walter Porzig lassen sich nun sehr genau auch auf die Allegorie anwenden[87]. Jolles hat die Form des Rätsels zurückgeführt auf die *Sondersprache* des Geheimbundes. Beim Rätsel ist die Lösung „eine Parole, ein Losungswort, das Zugang zu etwas Abgeschlossenem verleiht". Der Rätsel Aufgebende (Jolles nennt ihn den Weisen) vertritt eine Gruppe von Wissenden, eine „durch Weisheit gebundene Gruppe". Der Ratende will in den Bund aufgenommen werden[88], er sucht durch die Losung die Einweihung, den Zugang zur Weihe. Verrätselt aber wird das „Geheimnis des Bundes, das was in dem Bunde zugleich heimisch und heimlich ist"[89]. Die Art der Verrätselung geschieht in der Sondersprache des Bundes: „... die Prüfung besteht an erster Stelle darin, zu ergründen, ob der Fremde die Sprache des Eingeweihten versteht"[90]. Aber auch das Rätsel ist ambivalent, so dass behauptet werden kann, „daß in jeder Vergegenwärtigung [der einfachen Form Rätsel] die Lösung irgendwie umschlossen liegt. Der Aufgebende, der verrätselt, verrät andererseits in seinem Rätsel"[91]. Dadurch besteht über-

---

[85] So hat Irmgard Christiansen zunächst recht, wenn sie sich gegen den Vorwurf der Willkürlichkeit der Allegorese wendet. Sie zeigt, dass die Exegese Philons sich weitgehend an die platonische Diairese (= dialektische Begriffsbildung) hält, d.h. mit den Mitteln der natürlichen Analogie-Begriffsbildung arbeitet. Dennoch gibt es gerade bei Philon auch ein esoterisches Verständnis von Allegorese, die Philon selber ein Mysterium nennen kann, vgl. CHRISTIANSEN, Technik. E. STEIN, Die allegorische Exegese des Philo aus Alexandria, BZAW 51, Berlin 1929, 49, führt Philos allegorische Auslegung entsprechend auf zwei Wurzeln zurück: eine profane („die in einem Milieu entstanden ist, dem das Hebräische ganz fremd war, [in ihr] stützte sich in der Regel alles auf sachliche Vergleichspunkte, auf die ὁμοιότητες, und eine theologische („in dieser Exegese gewann selbst das kleinste Bibelwort und jeder Akzent Bedeutung").

[86] Vgl. v. RAD, Weisheit, 56; BALDERMANN, Didaktik, 118.

[87] A. JOLLES, Einfache Formen. Legende, Sage, Mythe, Rätsel, Spruch, Kasus, Memorabile, Märchen, Witz. Konzepte der Sprach- und Literaturwissenschaft 15, Tübingen ⁴1968, 126ff; DERS., Rätsel und Mythos, in: Germanica (FS E. Sievers), Halle 1925, 632–645; W. PORZIG, Das Rätsel im Rigveda, a.a.O. 646–660.

[88] JOLLES, Einfache Formen, 135.

[89] A.a.O. 138.

[90] A.a.O. 140.

[91] A.a.O. 146.

haupt die Chance, ein Rätsel lösen zu können. Es gibt freilich auch das unlösbare Rätsel, das nur durch Verrat oder Offenbarung (im Märchen vielleicht durch überirdische Hilfe) gelöst werden kann. Die Fiktion der reinen
Allegorie der Esoterik entspricht genau dem unlösbaren Rätsel.

5. Es ist folglich kein Zufall, dass die Allegorie zu Hause ist in einer
Welt der Esoterik. Semantisch zeigt sich das schon in ihrer Sondersprache,
die zugleich aber auch eine soziologische Größe ist[92]. Belegen lässt | sich
diese Rolle der Allegorie z.B. in drei für das Urchristentum wichtigen religionsgeschichtlichen Bereichen: in den Mysterienkulten, in der Gnosis und
in der Apokalyptik. Aus Gründen der Quellenverfügbarkeit beschränkt sich
diese Darstellung im Folgenden auf die Apokalyptik:

a) Typisch ist dort das Phänomen der *Deutung* von Visionen, Träumen
und Erzählungen (Gleichnissen). Die Gestalt des Deute-Engels[93] ist geradezu konstitutiv für diese Literatur. Bereits das Ezechielbuch verrät das Schema von Offenbarung und Deutung der Offenbarung. So findet sich denn
hier in auffallender Häufigkeit die Form der Allegorie. In der christlichen
Apokalypse des Hermas findet man die zwei wesentlichen Formen apoka-
lyptischen Offenbarungsempfanges nebeneinander: Visionen und „Gleichnisse". Beide müssen gedeutet werden (Herm sim V 3,1).

b) Ein zweites Merkmal ist die *Trennung in Eingeweihte und Außenstehende*. Die Geheimnisse dürfen nur einem bestimmten Kreis mitgeteilt werden, z.B. 4Esr 8,62: „Dies habe ich nicht vielen kundgetan, sondern nur dir
und wenigen dir Gleichen."[94] Die Wissenden sind mit dem *Schweigegebot*
belegt (z.B. 4Esr 12,36ff).

c) Der entscheidende Begriff in diesem Zusammenhang ist folglich das
„Geheimnis", μυστήριον. Das Weltverständnis, das dabei in der Apokalyptik zum Ausdruck kommt, hat Günther Bornkamm zusammengefasst in
dem Satz: „Das Seiende, das Geschehende und Zukünftige hat sein Wesen
also nicht in sich selbst, sondern im Himmel, da sind seine Geheimnisse
schon bereitet, da wird es geschaut oder auf Tafeln gelesen."[95] Die Welt besteht danach aus zwei Ebenen, wobei das Sichtbare nur Verhüllung des
Wahren, von Gott Beschlossenen ist. Die Realität ist letztlich eine Wirklichkeit nur zweiter Ordnung, sei es, dass sie Vorstufe der kommenden Welt
ist oder dass sie nur einen Schein, einen Abglanz der Transzendenz dar-

---

[92] Vgl. PORZIG, Rätsel, 660: „Die einfache Form Rätsel verwirklicht sich im Element der Sprache als Sondersprache … Mit dem Begriff der Sondersprache ist nicht nur eine sprachliche Erscheinung gesetzt. Mitgesetzt sind vielmehr eine soziale Tatsache (die Existenz eines Standes der
Wissenden gegenüber der Masse der Nichtwissenden) und eine geistige Haltung (Gerichtetsein auf
den Sinn der Dinge und nicht auf ihr Dasein) … Der Priester, der für sich die Welt deutet, und seine Gemeinde – das ist die gelebte Form des Rätsels."

[93] In den Mysterien entspricht dem Deute-Engel der Mystagoge.

[94] Vgl. 4Esr 12,36ff; 14,5–8.26.45f.

[95] G. BORNKAMM, Art. μυστήριον, ThWNT 4 (1942) 809–834: 821.

stellt. Die Allegorie setzt nun gerade durch ihre Form ein solches doppelbödiges Wirklichkeitsverständnis voraus. Die höhere Wirklichkeit ist nur den Eingeweihten, den Weisen zugänglich. Auch diese haben aber nicht von sich aus, sondern nur durch Offenbarung Zugang zur Wahrheit. Dabei ist das Geheimnis doppelt verborgen. Es muss gezeigt und zusätzlich gedeutet werden. Es handelt sich also um einen Geheimtext, zu dessen Verständnis man eines Dekodierschlüssels bedarf. |

d) Hier hat seinen Ort auch das *„Jüngerunverständnis"*. Es ist für die Esoterik notwendig, dass die Offenbarungsempfänger nicht von sich aus verstehen. Daher sind sie auf die Deutung angewiesen. Das Geheimnis kann aufgrund seiner grundsätzlichen Verborgenheit gar nicht vom Menschen selbst entdeckt werden. Während in der Welt des Rätsels gewöhnlich das Geheimnis dem Klugen zugänglich ist, der sich dem Kreis der Wissenden (der Rätsel-Aufgebenden) als ebenbürtig erweisen kann[96], ist in der Welt der Apokalyptik der Zugang zum Geheimnis nur durch Offenbarung möglich[97]. Das schließt nicht aus, dass der Offenbarungsempfänger würdig sein muss. Aber Würdigkeit und prinzipiell Unverständigkeit gehören zusammen[98].

6. An einer Stelle im Neuen Testament spielen diese Phänomene auch eine Rolle im Zusammenhang der Gleichnis-Thematik, nämlich in Mk 4, 1–34. Alle oben unter 5. aufgeführten Züge finden wir dort wieder: Deutung einer Erzählung, Trennung in Eingeweihte und Außenstehende, μυστήριον, Jüngerunverständnis. Die nachträglich gedeutete Erzählung wird mit ἀκούετε ἰδού ... eingeleitet[99] und mit dem in Gnosis[100] und Apokalyptik[101]

---

[96] Vgl. das häufige Märchenmotiv der Rätselweisheit (Turandot).

[97] Aber auch dieser Zug begegnet (z.B. im Märchen) als Motiv des unlösbaren Rätsels. Nur durch Verrat oder überirdische Hilfe wird dann das Geheimnis entdeckt (Rumpelstilzchen). Das berühmte Simson-Rätsel (Ri 14,14) ist im jetzigen Kontext unlösbar, insofern es auf einer zufälligen Konstellation (Honig in einem Löwenkadaver) beruht. Folglich können die Philister es nur durch Verrat lösen (nicht zufällig spielt die Wettszene vor dem Brautgemach, einem hermetischen Bereich). Zu Recht hat man aber vermutet, dass der ursprüngliche Sitz im Leben die Hochzeitssituation war und das Rätsel eine sexuelle Bedeutung hatte, vgl. O. EISSFELDT, Die Rätsel in Jdc 14, ZAW 30 (1910) 132–135, und H.-P. MÜLLER, Der Begriff „Rätsel" im Alten Testament VT 20 (1970) 465–489: 467ff.

[98] Z.B. 4Esr 10,38f; 12,36ff; äthHen 37,4. Entsprechend können in 4Esr 4,5 unlösbare Rätsel dazu dienen, den unendlichen Unterschied des Menschen zur oberen Welt hervorzuheben.

[99] Ein Hinweis, dass besondere Belehrung mit verborgenem Sinn erfolgt: R. PESCH, Das Markusevangelium I.Teil. Einleitung und Kommentar zu Kap. 1,1–8,26, HThK 2/1, Freiburg u.a. ²1980, 231.

[100] So im Thomas-Evangelium am Schluss von fünf Gleichnissen, „ohne Frage als Aufruf an den Gnostiker, den geheimen Sinn der Gleichnisse zu ergründen" (JEREMIAS, Gleichnisse, 109).

[101] F. HAHN, Die Sendschreiben der Johannesapokalypse. Ein Beitrag zur Bestimmung prophetischer Redeformen, in: G. Jeremias u.a. (Hg.), Tradition und Glaube. Das frühe Christentum in seiner Umwelt (FS K.G. Kuhn), Göttingen 1971, 357–394: 377ff, bes. 380; PESCH, Markusevangelium, 230.235.

beheimateten „Weckruf" (V.9) abgeschlossen. Bezeichnenderweise fehlt die Nennung der Sachhälfte; das Gleichnis gibt sich sozusagen kontextlos. Damit wird deutlich, dass | Mk 4,3ff als Allegorie aufgefasst werden soll, denn die Sachhälfte versteckt sich nun hinter der Erzählung, so dass das semantische Schema der Substitution vorausgesetzt wird. Folglich kann das Gleichnis nun gedeutet werden, im Sinne der Esoterik aber nur den Eingeweihten, den Jüngern. In V.10 und V.13 begegnet das Jüngerunverständnis: Die Jünger bleiben von Offenbarung abhängig. Vom Schema der Esoterik her lässt sich auch die Funktion des Zitates Jes 6,9 in Mk 4,12 erklären. Den Außenstehenden wird die Lehre bewusst verhüllt. Sie hören (den ersten Schritt der Offenbarung erleben sie notwendigerweise mit), dürfen aber nicht verstehen. Ob die Möglichkeit einer Bekehrung im Zitat selber gegeben ist (im einleitenden ἵνα bzw. im μήποτε des Zitates[102]), ist eine unnötige Frage, wenn man von der formgeschichtlichen Funktion des ganzen Zitates ausgeht. Esoterik schließt Proselytentum keineswegs aus. Der Hinweis auf das Geheimnis verlockt ja dazu, dem Kreis der Würdigen beitreten zu dürfen. Nur wer zur Gemeinde gehört (vgl. V.10), hat die Möglichkeit, nicht bloß zu hören, sondern auch zu verstehen. Ja selbst der Jünger ist auf ständige Deutung angewiesen (vgl. Mk 8,18). Das sogenannte Verstockungswort hat gar nicht die Funktion zu verstocken, sondern hebt nur hervor, dass die Rede ohne esoterische Deutung kein Heil vermitteln kann. Für die Menge gibt es als Menge keine Buße. Mit diesen Ausführungen zu Mk 4 soll nicht behauptet werden, dass das Parabelkapitel oder gar das markinische Messiasgeheimnis ausschließlich von der apokalyptischen Esoterik her zu verstehen ist. Es wurde schon darauf hingewiesen, dass die gleichen Merkmale der Esoterik sich in ähnlicher Form auch in Mysterien und Gnosis finden[103]. Die deutlichsten Parallelen zu Mk 4 enthält aber die Apokalyptik, so dass hier eine religionsgeschichtliche Beziehung anzunehmen ist[104]. Dass damit schon die theologische Intention von Mk 4 erfasst sei, ist damit keineswegs behauptet[105]. |

---

[102] Das ist aber unwahrscheinlich. Der finale Sinn ist erstens sprachlich der nächstliegende, vgl. BAUER-ALAND, Wörterbuch [6]1988, 747f, und zweitens inhaltlich im Zusammenhang der Esoterik geradezu gefordert: Allein Offenbarung kann in den Kreis der Erwählten versetzen; daneben gibt es nur Nicht-Verstehen.

[103] Vgl. BORNKAMM, μυστήριον, 810ff.818ff.

[104] Vgl. E. SJÖBERG, Der verborgene Menschensohn in den Evangelien, SHVL 53, Lund 1955, 1–13; BORNKAMM, a.a.O., 825; M. HORSTMANN, Studien zur markinischen Christologie. Mk 8,27–9,13 als Zugang zum Christusbild des zweiten Evangeliums, NTA.NF 6, Münster 1969, 114.

[105] Die markinische Intention lässt sich nur durch den Kontext im weitesten Sinn erheben. Das Geheimnis wird in Mk 4 als „Geheimnis des Gottesreiches" qualifiziert. Was damit gemeint ist, erklären die beiden Gleichnisse 4,26ff und 4,30ff, wo das Stichwort Gottesreich wieder auftaucht. Nach der Saat vollzieht sich im Verborgenen das Wachstum; nichts ist zu sehen und zu tun, auf einmal, von alleine, ist die Ernte da. Das unscheinbare Senfkorn bringt einen gewaltigen Baum hervor. Was hat das mit dem Gottesreich zu tun? 4,21–25 leiten dafür die Interpretation: Das Ge-

7. In Mk 4,11 taucht der Begriff παραβολή in einer Verwendung auf, die uns zum Anlass dienen soll, der Beziehung zwischen den Formen des Gleichnisses und der Allegorie wortgeschichtlich und religionsgeschichtlich nachzugehen; ἐν παραβολαῖς bildet in Mk 4,11 den Gegensatz zum (gegebenen) Geheimnis. Der Menge ist das Geheimnis verborgen, also ein Rätsel. παραβολή ist in LXX Wiedergabe von *mašal*. Dieses Wort hat im Alten Testament schon den Bedeutungssektor „Rätsel"[106]. Im Hirten des Hermas und im Barnabasbrief (6,10; 17,2) wird entsprechend παραβολή verwendet, ebenso Sir 47,17[107]. Im hebräischen *mašal* muss diese Bedeutung mit angelegt sein. Die Begriffsbestimmung dieses Wortes ist allerdings äußerst kompliziert. Die Grundbedeutung der Wurzel ist „ähnlich sein, gleich sein"[108]. Demnach ist der typische *mašal* der Analogie- oder Vergleichsspruch der Spruchweis- | heit[109], bei dem das Prinzip der Ähnlichkeit ja bis in die Form des Parallelismus membrorum verwirklicht wird. Das gleiche Wort steht nun aber in den Rahmungen der Bileam-Sprüche (Num 23,7.18; 24,3.15) in der Bedeutung von „Orakel" oder „Seherspruch". Otto Eißfeldt hatte das als durch die Apokalyptik beeinflusste späte Bedeutungsvariante angesehen[110]. Es fragt sich aber, ob hier wie auch in der späteren apokalyp-

---

heimnis soll offenbar werden (V. 22). Verborgenheit und Offenbartheit stehen also in einem notwendigen Verhältnis zueinander. Dies ist das Geheimnis des Gottesreiches. Die Menge kann dies nicht verstehen, weil sie nur die unscheinbare Aussaat miterlebt, die öffentlich geschieht, aus der sich aber nichts ableiten lässt. Jesu Verkündigung ist kein Vorgang, der unzweideutig Glauben erzeugt. Seine Verkündigung ist „Aussaat". Wo und wenn sie aufgeht ist das Gottesreich da: die gute Frucht, die dann geerntet wird.

[106] Ps 49,5; 78,2; Ez 7,2; Hab 2,6; Prov 1,6 steht es in synonymer Parallelität zu hidha, dem eigentlichen Wort für Rätsel. Bezeichnend ist auch das äthiopische *mesal* in äthHen 37,5; 38,1 u.ö. für „Bilderrede", eine apokalyptische Redegattung. Der Begriff παραβολή liegt wohl auch zugrunde 4Esr 4,3: die drei „Gleichnisse" sind die drei o. Anm. 98 erwähnten Rätsel.

[107] Die Belege hat JEREMIAS, Gleichnisse, 12, zusammengestellt. Er behauptete daraufhin, Mk 4,11 müsse übersetzt werden: „denen aber, die draußen sind, ist alles rätselvoll", und bestritt jeden genuinen Bezug auf die Gleichnisform (a.a.O. 13). Sein Interesse ist dabei aber davon geleitet, Mk 4,11f als ursprüngliches Jesuswort vom Kontext der Gleichnisrede zu isolieren. Dagegen ist zu betonen, dass παραβολή bzw. *mašal* an den erwähnten Stellen eine Redegattung, eine literarische Form bezeichnet: das Rätsel, die Bilderrede, das verschlüsselt Gleichnis, ἐν παραβολαῖς kann deshalb nicht verallgemeinernd als „rätselvoll" aufgefasst werden, vgl. gegen Jeremias auch G. BORNKAMM, Jesus von Nazareth, UB 19, Stuttgart u.a. ⁶1964, 183 (Anm. IV 11). Ob sich V.11f vom Kontext der Gleichnisrede isolieren lässt, ist von daher fraglich. Gerade das Gleichnis 4,3ff wird jedoch schon durch die Deutung zu einer Allegorie erklärt. ἐν παραβολαῖς heißt hier also „in Rätselgsen" (= Allegorien).

[108] Das dürfte nach O. EISSFELDT, Der Maschal im Alten Testament, Gießen 1913, und A.R. JOHNSON, משל, in: Wisdom in Israel and the Ancient Near East. Presented to H.H. Rowley, VT.S III, Leiden 1955, 162–169, feststehen.

[109] S.o. 2.3. Nach HERMISSON, Spruchweisheit, 38ff.137ff, sind diese Sprüche nicht als Volkssprichwörter aufzufassen, sondern als Kunstsprüche.

[110] EISSFELDT, Maschal, 37ff. Entsprechend hat G.B. GRAY, A Critical and Exegetical Commentary on Numbers, ICC, Edinburgh 1956, 345, die Rahmenverse der Bileam-Sprüche für späte Zufügungen erklärt. Dagegen hat sich D. VETTER, Seherspruch und Segensschilderung.

tischen Verwendung des Begriffs nicht eine sehr alte Bedeutung durchschimmert, die sich ebenfalls von der Grundbedeutung „ähnlich sein"
herleiten lässt[111], die auch die Wurzel der formaleren (= Analogiespruch)
sein könnte. Die priesterliche Orakelwissenschaft beruht ja gerade auf einem Herstellen von Beziehungen. Bestimmten Erscheinungen der Natur
werden bestimmte Bedeutungen zugeordnet. Das aber entspricht in gewisser Hinsicht genau dem semantischen Modell der Allegorie. In diesen Bereich gehört auch die alte Traumdeutungswissenschaft, die man schon
häufig als den Ursprung der Allegorie betrachtet hat[112]. Auf diesen Bereich
der priesterlichen Wissenschaft trifft außerdem zu, was Jolles und Porzig
über den soziologischen Charakter der Sondersprache sagten[113]. Als älteste
und vielleicht wichtigste Kulturerrungenschaft dieser „allegorischen" Wissenschaft dürfte so die Erfindung der *Schrift* anzusehen sein[114]. Aufgrund
dieser Erwägungen kann man | nun vermuten, dass es eine Entwicklungs-
linie gibt vom ältesten orakelhaften *mašal* zu den Visionen und Allegorien
der Apokalyptik[115]. Im Laufe dieser Entwicklung hat sich freilich die Bedeutung des Wortes differenziert: in einen Zweig, der zur Analogie des
metaphorischen Spruchs führt, und einen anderen, der zur Symbolik der
Allegorie leitet. παραβολή bezeichnet folglich beides: Allegorie und Gleichnis. Selbstverständlich durchdringen sich auch beide Formen, sofern der
analogische Zug der Sprache niemals ganz ausgeschaltet werden kann.
Aber die dadurch bedingte Ambivalenz der Formen, die wir beim Rätsel,
bei der Untersuchung der Wortgeschichte von *mašal*, aber auch bei der Allegorese Philons belegt fanden[116], schließt nicht den prinzipiellen Unterschied der Semiotik von Allegorie und Gleichnis aus, der sich am deutlichsten in den verschiedenen semantischen Modellen (Chiffre/Metapher) und

---

Ausdrucksabsichten und sprachliche Verwirklichungen in den Bileam-Sprüchen von Numeri 23
und 24, CThM 4, Stuttgart 1974, 86 Anm. 35, gewandt.

[111] Die Ableitung von *mašal* = Orakel von einem mšl II = „herrschen", so noch E. SELLIN/G.
FOHRER, Einleitung in das Alte Testament, Heidelberg [11]1969, 339, ist dagegen fraglich. Vgl.
JOHNSON, מסל; VETTER, Seherspruch.

[112] v. RAD, Weisheit, 65f Was für *mašal* nicht mehr so deutlich zu erheben ist, ist nun ganz of-
fensichtlich beim Wort *hidha* = Rätsel. Vgl. dazu MÜLLER, „Rätsel", 471: *hidha* bezeichnet auch
„den symbolischen Traum und das änigmatische Orakel. Beide bedienen sich einer Sondersprache
wie das chiffrierte Rätsel". Nach Müller gehören beide in den Bereich der „mantischen Weisheit".
Es ist deutlich, dass Rätsel, Allegorie, Vision, symbolischer Traum und Orakel aufgrund ihrer
spezifischen Semiotik zusammengehören.

[113] S.o. 3.

[114] W. BENJAMIN, Ursprung des deutschen Trauerspiels, rev. Ausg., Frankfurt a.M. 1963,
174ff, bes. 184ff, führt die barocke Allegorie zurück auf die humanistischen Bemühungen um eine
Entzifferung der Hieroglyphen, in denen man *Abbilder* göttlicher Ideen vermutete.

[115] Vgl. VETTER, Seherspruch, 79f.

[116] S.o. Anm. 85.

der Tendenz zu Esoterik einerseits (Allegorie[117]) und Rhetorik andererseits (Gleichnis) manifestiert.

8. Die Grenzen und Schwächen der allegorischen Sprache (im Vergleich mit der metaphorischen) sind schon deutlich geworden. Eine symbolische Sprache ist nur als Untersystem (Sondersprache) der mensch- | lichen Gemeinsprache möglich. So kann die Allegorie allenfalls das „nacherzählen", was in einer Lehre oder einer zweiten Geschichte (sozusagen im Klartext) schon vorliegt. Die wenigen allegorischen Elemente[118] im synoptischen Gleichnisstoff belegen das: Mk 12,1–12 erzählt Heilsgeschichte nach; Mt 22,2–14 stellt apokalyptisches Endgericht vor, das gleiche gilt von Mt 13,36–43, der Deutung des Gleichnisses vom Unkraut unter der Saat[119]. Entsprechend wird die Allegorie gewöhnlich herabqualifiziert. Auch in der Literatur hat sie heute keinen Platz mehr[120]. Man sollte aber nicht übersehen, dass sie zumindest eine wichtige Funktion noch haben kann: die

---

[117] A. FLETCHER, Allegory. The Theory of a Symbolic Mode, New York 1964, 21, betont bei seiner religionsphänomenologischen Definition von Allegorie ausschließlich den symbolischen und esoterischen Charakter: „It is a human reconstitution of divinely inspired messages, a revealed transcendental language which tries to preserve the remoteness of a properly veiled godhead." Auf der anderen Seite hebt MÜLLER, „Rätsel", 477 (im Anschluss an PORZIG, Rätsel) den analogischen Charakter der „mantischen Weisheit" hervor: „Wer mit Rätseln umgeht, besonders aber der mantische Weise, der den symbolischen Traum und das änigmatische Orakel deutet, kennt sich unter den Analogien aus, die aufgrund solcher Partizipation [der Dinge untereinander und ihrer Attribute] die Wirklichkeit durchziehen ..." Beide Äußerungen bringen einen Grundwiderspruch zum Ausdruck, der in der Sache liegt. Jede Weltdeutung stößt an die Grenzen ihres symbolischen Systems und damit an den metaphorischen Grundzug der Sprache, weil sie ihre Semantik der Zuordnung von Zeichen und Bedeutung (etwa beim Orakel) irgendwie begründen muss. Zugleich aber ist die Weisheit wie die Philosophie bestrebt, den „archimedischen Punkt" zu gewinnen, um die Wahrheit in einem allumfassenden System festzubinden und sich aus der Pan-Metaphorik, in der alles mit allem verbunden werden kann, zu befreien. So führen sich beide an einem bestimmten Punkt auf Offenbarung zurück. Dualismus und Esoterik (z.B. in Apokalyptik und Gnosis) sind zumindest auch auf diesem Hintergrund zu sehen. Im Glauben der Apokalyptik ist in der Transzendenz alles „definiert", so dass eine „digitale", symbolische Sprache ermöglicht wird.

[118] Keine allegorischen Elemente sind die vielen „stehenden Metaphern" innerhalb von Gleichnissen (Vater, König, Sohn, Knecht usw.). Sie haben eine strukturelle Funktion für den Handlungsablauf, worauf VIA, Gleichnisse, 173, besonders hinweist. Lk 15,18.21 zeigt ganz deutlich, dass eine Symbolisierung Vater = Gott nicht vorliegt: der Vater innerhalb der Erzählung wird gerade abgehoben von Gott („ich habe gesündigt *gegen den Himmel und vor dir*"). In Wahrheit ist die Beziehung zwischen dem Vater und Gott echt metaphorisch: das Verhalten des Vaters hat seine Plausibilität in der Welt – und prädiziert so auf neue Weise die Rede von Gott.

[119] Dieser Text ist überhaupt der vollkommenste Beleg für eine Allegorie. Der erste Teil ist ein „Lexikon" (JEREMIAS, Gleichnisse, 79) der Sondersprache. Der zweite Teil liefert dann die Syntax dazu und gibt vor, die (an sich unallegorische) Gleichniserzählung im Klartext zu erzählen. Die Deutung bemüht sich, ihre „Dogmatik" im Text der Erzählung zu finden.

[120] Wenn bisweilen das Gegenteil behauptet wird, z.B. V. CALIN, Auferstehung der Allegorie. Weltliteratur im Wandel. Von Homer bis Beckett. Aus dem Rumänischen, Wien 1975, so handelt es sich zumeist um Parabeln (Kafka, Brecht). Eine Ausnahme ist aber Arno Schmidts „Zettels Traum". Ob die Allegorie einmal wieder als literarische Form eine Bedeutung bekommt, mag offenbleiben.

Erinnerung und damit Selbstvergewisserung einer Gruppe. Schon das Symbol kann, indem es als Zeichen auf ein komplexes Wertesystem verweist, ein ganzes Bedeutungssystem komprimiert darstellen[121]. Die Allegorie kann so als erzählte Dogmatik eine Art katechetischer Funktion erhalten. Sie ist allerdings äußerst redundant, d.h. sie bringt keine neue Information, ruft aber dem Wissenden in Erinnerung, was er schon weiß. – Bedeutsamer ist die Funktion der Allegorie als esoterischer Form überhaupt. Es geht hierbei nicht darum, was ein Symbol oder eine Allegorie materialiter aussagt, sondern darum, dass sie in bestimmten Zusammenhängen überhaupt erscheint. Die johanneischen „Missverständnisse" enthalten solche esoterischen, rätselhaften | Symbole. Hier begegnen wir ähnlich wie in Mk 4 allen Anzeichen von Rätsel, Chiffre und Allegorie[122]. Die johanneische Symbolik hat ihre Wurzeln in der Gnosis. Im Zusammenhang des Evangeliums hat diese Esoterik die Funktion, den Offenbarungscharakter des Glaubens gewahrt sein zu lassen. Damit wird deutlich gemacht, dass die Schöpfungsgemäßheit menschlicher Existenz nicht offen zutage liegt, die Enträtselung der Welt dem usurpatorischen Zugriff des Menschen entzogen, der Mensch auf die Anrede Gottes angewiesen ist und die Welt Sinn nur von außerhalb ihrer selbst gewinnen kann. Der esoterische Geheimnisbegriff bedeutet auf der Seite des Erkennens das, was auf der Seite des Heils der Begriff der Rechtfertigung bedeutet[123]. Darum ist Jesu Rede nach Mk 4 nicht öffentliche Rede, wenn sie auch in aller Öffentlichkeit geschieht. Sowenig wie im Gesamtkonzept des Markus das leere Grab (Mk 16,1–8) irgendeine Legitimationsfunktion hat, sowenig hat dies die Rede Jesu. Unabhängig vom Betroffen-Sein des Glaubens bleibt sie verborgene Dunkelrede. Jesu Rede muss also prinzipiell Allegorie sein[124].

---

[121] Darin liegt natürlich auch eine Gefahr, insofern die Bedeutung eines komplexen Symbols unter der Hand wechseln kann. Man denke an die Funktion des Kreuzsymbols als Siegeszeichen. Symbole sind daher geeignete Mittel der Manipulation.

[122] Das hat H. LEROY, Rätsel und Mißverständnis. Ein Beitrag zur Formgeschichte des Johannesevangeliums, BBB 30, Bonn 1968, 67–88, herausgearbeitet. Der erste Teil seiner Arbeit stellt eine gründliche Übersicht der Rätselforschung dar.

[123] Die Ausführungen des Paulus in vielen Partien des 1. Korintherbriefes sind eine Erläuterung dieser Intention. Allerdings sind die Korinther selbst Esoteriker. Nur haben sie sich das Heil in „Gnosis", Sakrament und Ekstase selbst verfügbar gemacht. Das Wort vom Kreuz ist für sie soteriologisch irrelevant, eine Torheit.

[124] Es ist verständlich, dass Lukas am wenigsten allegorische Elemente in seiner Gleichnisüberlieferung aufweist, vgl. M.D. GOULDER, Characteristics of the Parables in the Several Gospels, JThS.NS 19 (1968) 51–69: 60f. Dies hat seinen Grund nicht in größerer Überlieferungstreue, sondern in der lukanischen Theologie, die gewissermaßen eine Theologie der öffentlichen Rede und der manifesten Weisheit ist. So haben die Gleichnisse am nachweislichsten im LkEv alle eine paradigmatische und argumentative Funktion. Markus hier gegen Lukas auszuspielen, ist aber voreilig (wie umgekehrt). Wer die christliche Verkündigung ihrer öffentlichen Funktion und ihrer apologetischen Dimension beraubt, gerät in Gefahr, den Glauben ein funktionsloses Mysterium einzugrenzen.

Die Ausführungen über die Allegorie lassen sich *zusammenfassen*: Der sprachliche Baustein der Allegorie ist das Symbol. Die Semantik des Symbols besteht in einer eindeutigen Zuordnung von Zeichen und Bezeichnetem. Eine solche „digitale" Sprache ist nur möglich im Bereich einer schon definierten Sondersprache. Das Phänomen der Sondersprache hat auch eine soziologische Komponente. Diese Sprache setzt die Trennung in Wissende und Außenstehende voraus. So gesehen handelt es sich | um die Sprache des Rätsels. Aber wie das Rätsel ist auch die Allegorie ambivalent, indem sie die analogen Züge der Sprache nicht ganz ausschalten kann. Die (angeblich) reine Allegorie setzt Offenbarung (als vollständige Definition ihres Systems) voraus. Sie begegnet daher religionsgeschichtlich in esoterischen Kreisen (Apokalyptik, Gnosis, Mysterien). Ihre Entstehung lässt sich wahrscheinlich auf die alte priesterliche Orakelwissenschaft zurückführen. – Wir können uns nun dem *Gleichnis* zuwenden. Dazu knüpfen wir an den 2. Abschnitt (über die Metapher) an.

4. Das Gleichnis als Metapher

l. Das Gleichnis ist eine „auf ein Satzganzes" erweiterte Metapher (wie Jülicher es vom Vergleich behauptete). Mit Gleichnis meinen wir hier noch nicht die Erzählung, die wir mit Jülichers Terminologie Parabel nennen, sondern das, was Bultmann im Anschluss an Jülicher charakterisierte als zwei nebeneinandergestellte „Sachverhalte", wobei das Bild einen „typischen Zustand oder typischen bzw. regelmäßigen Vorgang"[125] bringt. Äußerlich erscheint diese auf einen ganzen Satz oder auf mehrere Sätze erweiterte Metapher meist als Vergleich, der ja, wie wir sahen, eine rationalisierte Metapher ist. Jeweils mit „wie" und „so" werden zwei als Sätze isolierbare vollständige Aussagen eingeleitet, die im Analogieverhältnis stehen. Unter den synoptischen Gleichnissen finden wir aber eher die Form, in der das Prädikat zu einem ganzen Satz oder zu einem aus mehreren Sätzen bestehenden Text ausgebildet ist, der Gegenstandsbegriff aber nur in einem Wort anklingt: „das Himmelreich …". Das erweiterte Prädikat kann dabei nicht alleine existieren. Es setzt den Gegenstandsbegriff voraus und bildet mit ihm zusammen die Metapher. Dieser Gegenstandsbegriff wird entweder im Vergleich genannt („das Gottesreich gleicht …"; „wie … so …") oder aber er wird vom weiteren Kontext vertreten (so durchweg im Lukasevangelium). Im literarischen Bereich beschränkt sich der Kontext meist auf den unmittelbaren schriftlichen Kontext, grundsätzlich kann es aber auch eine (nicht-textliche) Situation sein. Ohne Kontext oder Situation ist das Gleich-

---

[125] BULTMANN, Geschichte, 188.

nis sinnlos. Gleichnisse sind also wie Metaphern situations- und kontextgebunden. Eine für die Gleichnisexegese notwendige Folgerung daraus ist die Forderung, die Gleichnisse grundsätzlich in ihrer Funktion im Kontext zu exegesieren. Dies gilt vor allem (aber nicht nur) für die lukani- | schen Gleichnisse, bei denen niemals ein Gegenstandsbegriff und eine Vergleichsformel genannt werden, sondern die Sachhälfte immer aus dem Kontext zu erheben ist[126].

2. Die Begriffe „Kontext", „Situation" und „Sitz im Leben", vor allem ihre Beziehung untereinander und zum Begriff „Sachhälfte", bedürfen noch weiterer Erläuterung. Unter Kontext versteht man allgemein die sprachliche Umgebung eines Textes. Da nun die Gleichnisse nur als literarische Texte vorliegen, sind wir bei der Bestimmung der Sachhälfte auf den unmittelbaren schriftlichen Kontext (den „Rahmen") des Gleichnisses angewiesen. Joachim Jeremias hat nun aber die Forderung erhoben, die Gleichnisse auf ihren *doppelten* „Sitz im Leben", ihre Situation in der Urgemeinde und ihre Situation im Leben Jesu, hin auszulegen[127]. „Sitz im Leben" wird dabei als historische Ursprungssituation aufgefasst. In der Formgeschichte, in der der Begriff „Sitz im Leben" entstand, ist damit aber ursprünglich etwas anderes gemeint, nämlich die typische Funktion einer bestimmten Gattung, nicht aber die konkrete Entstehungssituation einer einzelnen Äußerung. Formgeschichtlich ist zu fragen: Unter welchen typischen Bedingungen erzählt oder überliefert man Gleichnisse? Man wird dabei dann auf den Bereich der orientalischen Weisheit stoßen, in der die Weisheitslehrer sich dieser Form bedienten. Insofern Jesus in bestimmten Traditionsstufen und -kreisen als Weisheitslehrer verstanden wurde, werden ihm generell diese Sprüche und Erzählungen in den Mund gelegt. Damit ist über die ipsissima vox Jesu aber noch nichts gesagt. Selbst wenn man jetzt historisch weiterfragt, kann man prinzipiell zunächst nur zum „zweiten Sitz im Leben" (der überdies der einzige sein kann) gelangen. Unter bestimmten historischen Bedingungen musste im Urchristentum in dieser oder jener Weise erzählt werden[128]. Die *konkrete* historische Situation der Entstehung eines einzelnen Gleichnisses ist jedoch prinzipiell unzugänglich[129]. Da aber das Gleichnis ohne eine

---

[126] Genau umgekehrt ist es bei Matthäus, der beinahe jeder Parabel ein „das Himmelreich gleicht …" voranstellt. Das entspricht der matthäischen redaktionellen Technik, den Redenston als von der Erzählungssituation zu lösende Lehre zu bieten.

[127] JEREMIAS, Gleichnisse, 19.

[128] Als Beispiel für eine solche Fragestellung sei auf H. KÖSTER/J.M. ROBINSON, Entwicklungslinien durch die Welt des frühen Christentums, Tübingen 1971, verwiesen.

[129] Gegen Jeremias; FUCHS, Bemerkungen, 137, hat das erkannt, wenn er sagt, dass die „Situation Jesu" uns nur durch das Gleichnis selber zugänglich werden kann. Dann ergibt sich ein Zirkel, in den man nur eindringen könnte, „wenn Jesus in seinen Gleichnissen Aussagen über sich selbst gemacht hätte … Das scheint mir nun in der Tat der Fall zu sein". Das Problem ist hier allerdings verlagert von der historischen (biographischen) Situation in die psychische des Selbstbewusst-

Sachhälfte, die nur situativ oder | im Kontext gegeben sein kann, nicht aus-
kommt, bleibt einem nichts weiter übrig, als den literarischen Kontext auf
die Sachhälfte hin abzusuchen. Damit ist eine traditionsgeschichtliche Analyse noch ausgeschlossen, nur ist sie der zweite Schritt gegenüber einer redaktionsgeschichtlichen Deutung. Offen bleibt noch das Verhältnis von
(schriftlichem) *Kontext* und *Situation*. Der Kontext ist sozusagen konser-
vierte (möglicherweise auch konstruierte) Situation. Er ist insofern schon
Typisierung von Situationen. Er kann selber wieder verdichtet sein zu einer
Metapher (z.B. „das Gottesreich"). Wir brauchen dann wieder einen weiteren Kontext, um für die Bildhälfte „Gottesreich" eine Sachhälfte zu finden.
Es geht hier also um Kontexte von Kontexten, die sich staffeln in der Form
konzentrischer Kreise. Kontext der Sachhälfte „Gottesreich", die nun selber
für einen weiteren Kontext zur Bildhälfte wird, kann dann z.b. das gesamte
Matthäusevangelium sein (speziell das Verständnis von Gottesreich bei
Matthäus), darüber hinaus auch das Verständnis von Gottesreich im Judentum des ersten Jahrhunderts (Situation)[130]. Der *Kontext* (schriftliche Umgebung des Textes) ist zwar eine Ableitung der *Situation* (Umgebung und Bedingung der Entstehung des Textes), im Verlauf der Interpretation jedoch
vorrangig.

3. Daraus ergibt sich, dass bei einem Gleichnis in erster Linie nach *Funktion* der Bildhälfte im Rahmen der Sachhälfte zu fragen ist; es geht also um
die Funktion im Kontext. Sie ist das „tertium comparationis", die „Pointe".
Beim Vergleich ist die Sache verhältnismäßig einfach, weil die Sachhälfte
genau expliziert ist. Als Beispiel diene das „Sämannsgleichnis" (4Esr 8,41):
„Denn wie der Landmann vielen Samen auf die Erde sät und eine Menge
Pflanzen pflanzt, aber nicht alles Gesäte zur Zeit bewahrt bleibt und nicht
alles Gepflanzte Wurzel schlägt, so werden auch die, die in der Welt gesät
sind, nicht alle bewahrt bleiben." Die Sachhälfte ist selber in den weiteren
Kontext eingebunden. Es geht | im Zusammenhang um das transmortale
Schicksal der Menschen. Die Bildhälfte dient nun als Modell, indem sie den
Sachverhalt des Kontextes auf anderer Ebene strukturiert. Könnte es hier
noch den Anschein haben, als bestünde die didaktische und rhetorische
Funktion eines Gleichnisses lediglich in der Veranschaulichung[131], so lässt

---

seins. Diese christologische Deutung der Gleichnisse wird dabei zur allegorischen: es ist doch
dann ein Mysterium, dass der Wert der Perle (Mt 13,45f) etwa im Handeln Gottes an Jesus bestehen sollte (138). Insofern hat VIA, Gleichnisse, 29f, Fuchs zu Recht Allegorisierung vorgeworfen.
[130] Ein Beispiel einer solchen text- und kontextmetaphorischen Interpretation gibt H. WEIN-
RICH, Streit um Metaphern, in: DERS., Sprache in Texten, 328–341: 333ff. In diesem Beitrag erweitert Weinrich seine o. bei 2.6. wiedergegebene Metapherndefinition („eine Metapher ist ein
Text in einem konterdeterminierenden Kontext"): „Eine Metapher ist ein Text in einer konterdeterminierenden Situation" (341).
[131] Metaphern können eine solche Modellfunktion haben, dass sie einen noch nicht durch-
schauten Sachverhalt durch Strukturierung durchschaubar machen, so die Skalen- und Strukturmo-

sich an einer Reihe neutestamentlicher Gleichnisse[132] zeigen, dass die Bild-
hälften als Modelle auch Innovationen herbeiführen. Nehmen wir als Beispiel das kleine Gleichnis von den beiden Schuldnern (Lk 7,41f). Es strukturiert den Sachverhalt des Kontextes auf einer anderen Ebene und befähigt
so den Pharisäer Simon und mit ihm den Leser zu einer Erkenntnis über den
von ihm falsch eingeschätzten Sachverhalt des Kontextes. Ähnliches gilt
von Lk 10,29–37 (barmherziger Samariter). Die Erzählung dient als Modell
für die Erkenntnis, wer „mein Nächster" sei. In diese Modelle ist die Person
des Gesprächspartners jeweils mit eingebaut. Im Prinzip gilt dies wohl für
alle Gleichnisse. Die beiden genannten Beispiele machen das nur besonders
deutlich, weil der Kontext die Situation des Lernprozesses erzählt (freilich
nicht das Ergebnis: ob Simon oder der Gesetzeslehrer die Konsequenz für
ihr Handeln ziehen, bleibt offen). Zumindest für die Gleichnisse bei Lukas
gilt dieses rhetorisch-didaktische Schema durchgehend. Sie haben alle eine
solche paradigmatische Funktion: z.B. ein Murren der Pharisäer, eine Frage
(„wer ist mein Nächster?"), ein erläuterungsbedürftiger Punkt in Jesu Rede
bildet das Problem; ein Gleichnis als Modell strukturiert das Problem auf
anderer Ebene; darauf ermöglicht sich eine Lösung: eine Antwort, eine
Konsequenz. Genau in diesem Sinne beschreibt Ingo Baldermann die
„sprachliche Bewegung" der Gleichnisse in drei Stufen: 1. Der „Blick des
Hörers" wird „von der aktuellen Frage abgezogen und auf einen ganz
anderen Ereigniszusammenhang gelenkt" (Distanz, Verfremdung). 2. Das
Bild wird entfaltet, indem eine Spannung entsteht, die auf Lösung drängt.
„In dieser Spannung spiegelt sich die Fragesituation, auf die das Gleichnis
antwortet." 3. „Die Span- | nung wird … einer Lösung zugeführt", die als
Argument zwingend sein muss[133]. „In dem Augenblick, da in der Gleichnis-
erzählung die Lösung der Spannung erfolgt, gerät der Hörer in eine existen-
tielle Spannung, die nun ihrerseits gebieterisch auf Lösung drängt"[134].

   4. Als analogische, metaphorische Rede sprechen die Gleichnisse nicht
über dies oder jenes, das man auch ohne Gleichnis besser ausdrücken könnte (dann wären sie ja uneigentliche Rede), sondern ganz im Sinne der „absoluten Metapher" (Blumenberg) oder des „Theorie-Modells" (Black) reden

---

delle im Sinne von BLACK, Models, 236f. Ein Beispiel dafür sind populäre Darstellungen natur-
wissenschaftlicher Vorgänge, vgl. KÖLLER, Semiotik, 266f. Hier kann das Modell überflüssig werden, wenn der Sachverhalt selber bekannt ist. Anders ist es bei den „Theorie-Modellen". Bestimmte Zusammenhänge (Theorien) müssen immer modellhaft bleiben, sie können höchstens durch
bessere Modelle abgelöst werden. Diese Modelle entsprechen den „absoluten Metaphern"
Blumenbergs, vgl. BLUMENBERG, Paradigmen, 80.84ff.107f.
   [132] Wir lassen die Differenzierung in Gleichnis, Parabel und Beispielgeschichte hier noch außer
Acht. Allerdings muss schon darauf hingewiesen werden, dass das Erzählerische dabei eine Rolle
spielt: s.u. 5.
   [133] BALDERMANN, Didaktik, 128f.
   [134] A.a.O. 133.

sie von Gott und vom Menschen. Von beiden lässt sich nicht deduktiv reden. In den Gleichnissen spiegelt sich, sich selbst deutend, menschliche Existenz. Das Gleichnis bildet nicht einfach etwas Vorfindliches ab, sondern es ist als eine Projektion zu verstehen, als eine Konstruktion von Sinneinheiten, ein Wegweiser ins Offene hinein. Wie die Metapher setzt das Gleichnis Denken in Bewegung, eröffnet neue Horizonte, lässt Wahrheit begegnen[135] (bezeichnenderweise sind die soeben gebrauchten Prädikationen durchweg Metaphern!). Wir könnten allenfalls von transzendierenden Modellen, von Entwürfen reden. Köller spricht in diesem Sinne von der „Fensterstruktur" der Metaphern[136]. Via bezeichnet das Gleichnis als „ein Fenster, durch das wir die Welt neu sehen können"[137]. Black nennt die Metapher eine Linse, durch die wir einen Gegenstand auf neue Weise erblicken[138]. Hierin liegt ihre existenzbetreffende Dimension. Allerdings darf dabei nicht übersehen werden, dass Metaphern und Gleichnisse nicht einfach freie Konstruktionen utopischer Art sind. Als Entdeckungen setzen sie eine *Erfahrung* voraus. An dieser Stelle stoßen wir von der Kontextbezogenheit der Gleichnisse (paradigmatische Modellfunktion, s.o. 3.) vor zu ihrer *Situationsbezogenheit*. Metaphorisches Sprechen ist Deutung der Situation und damit Deutung von Erfahrung. Einem erfahrenen Ereignis wird durch die metaphorische Prädikation seine Bedeutung zugesprochen, und dadurch kann dies Geschehen weiterhin bedeutsam sein. Der Gegenstandsbegriff „liegt vor" (subiectum). An ihn wird angeknüpft. Er ist gewissermaßen das Alte, das in neuem Licht erscheinen soll. Wenn wir das nun auf das Gottesreich beziehen, geraten wir scheinbar in Widersprüche: „Gottesreich" ist doch selber etwas, was nicht „vorliegt", über | das kein Einverständnis herrscht. Und umgekehrt ist das Prädikat, das sonst in der Metapher die Innovation einrührt, bei den Gleichnissen ein altbekannter Vorgang. Die Funktionen von Subjekt und Prädikat scheinen vertauscht. Aber das ist nur scheinbar so. Das Subjekt „Gottesreich" besteht selber aus einer Metapher und setzt einen weiteren Gegenstandsbegriff schon voraus, den es prädiziert. Es hat einen Erfahrungshintergrund. Wenn also vom Gottesreich die Rede ist, wissen die Hörer schon, um was es geht. Es besteht ein vorläufiges Einverständnis über die Sachhälfte. Was wir mit Erfahrungshintergrund bezeichnen, ist für uns im Falle der überlieferten Gleichnisse nur zugänglich im Rahmen der *Erzählung*, innerhalb derer die metaphorische Prädikation erfolgt. Jüngel zieht daraus die Folgerung: „Metaphern sind durch Erzählung vorbereitete Pointen der Erzählung … Metaphern

---

[135] JÜNGEL, Wahrheit, 105ff.
[136] KÖLLER, Semiotik, 268.
[137] VIA, Gleichnisse, 88.
[138] BLACK, Models, 236f.

rufen in Erinnerung, indem sie Neues sagen. Das Neue, das die Metaphern bewirken, schließt also ein, daß sie zugleich erzählte Geschichte rekapitulieren ..."[139]. Das bedeutet für Jüngel, dass Gott dem Menschen schon vertraut sein muss: „Der christliche Glaube lebt denn auch von der Erfahrung, daß Gott sich selbst bekannt gemacht, daß er Vertrautheit mit sich hergestellt hat."[140] Zunächst ist damit noch einmal betont, dass die Gleichnisse in den Erzählungsrahmen der Evangelien eingebettet sind, also erst mit ihm eine Metapher bilden. Wichtiger ist aber die Konsequenz, dass die Gleichnisse schon *von Erfahrung her* sprechen. Diese Erfahrung wird allerdings nicht als ein geheimes Wissen vorausgesetzt (wie in der Allegorie). Das Gleichnis als Metapher macht die Erfahrung gerade sagbar und nachvollziehbar. Die Sprache des Glaubens ist also keine Sondersprache. Sie ist an Erfahrung von Wirklichkeit gebunden und zielt darauf, die Erfahrung von neuem erfahrbar zu machen. Die mit dem Stichwort „Gottesreich" prädizierte Erfahrung ist das Christusgeschehen. „Gottes Herrschaft" heißt: Darin hat Gott gehandelt. Was dies für den Menschen in seiner Situation *bedeutet*, sagt dann die Bildhälfte des Gleichnisses. Sie kann es nicht stenosprachlich sagen, sondern wieder nur in metaphorischer Weise.

5. Damit wird zugleich der transzendentale Charakter christlicher Sprache gewahrt. Bei aller immanenzhaften Relevanz lässt die Sprache der Verkündigung keine Verobjektivierung zu. Gott *ist* nicht ein Vater (wenn man „Vater" nichtmetaphorisch verstehen wollte). Die Sprache | der Gleichnisse wahrt so eine auffällige Distanz. Und gleichzeitig handeln die Gleichnisse nur vom Profanen. Sie sparen in der Bildhälfte das völlig aus, worauf es ihnen in der Sachhälfte ankommt. Darin liegt ihr geradezu allegoriefeindlicher Charakter, aber auch ein wesentlicher Unterschied zur Beispielerzählung (dazu s.u. 5.). Es gibt keine Leiter, die von der Bildhälfte hinaufführt zur Religion, zur Sachhälfte. Es geht hüben total menschlich zu, wenn vielleicht auch manchmal absurd wie in manchen hyperbolischen Parabeln. Darum muss man immer die Sachhälfte wie ein Vorzeichen vor der Klammer mitlesen; eine Banalität, wenn man bedenkt, dass andernfalls z.B. Mk 4,3ff vom Ackerbau handeln würde). In dieser Sachhälfte aber setzen die Gleichnisse die Erfahrung der eingebrochenen Gottesherrschaft voraus. „Gottesherrschaft" ist, wie wir schon sahen, selber eine Metapher[141]: „Gottes Herr-

---

[139] JÜNGEL, Wahrheit, 113.

[140] A.a.O. 114. Man muss aber fragen, ob dies so vorausgesetzte Vertrautsein aufgrund von Offenbarung als notwendige Voraussetzung für das Verstehen von Gleichnissen nicht wieder zum Schema der Allegorie zurückführt.

[141] Dies stellt in der Terminologie von WHEELWRIGHT, Semantics, ein „tensive-symbol" dar, vgl. PERRIN, Wisdom, 551ff, d.h. „Gottesreich" ist ein Zeichen, das einen Komplex von Erfahrungen oder Erwartungen anklingen lässt; es ist also zugleich Symbol, insofern es einen eindeutigen Bezug auf einen Begriff hat, und Metapher.

schaft" lässt ein ganzes Bündel von Erwartungen anklingen. All das, was da erwartet wurde, ist erfüllt. Aufgrund dessen ergibt sich eine neue Sicht menschlicher Existenz, die in Metaphern zur Sprache kommt. Darin liegt die eschatologische Dimension der Botschaft der Gleichnisse.

6. Es ist das neueste Bestreben der Gleichnisforschung, die eschatologische Dimension der Gleichnisse in ihrer Sprache als solcher zu begründen. Zurück geht dieser Trend auf Jüngels Buch „Paulus und Jesus". Es geht um Jüngels berühmten Satz: „Die Basileia kommt *im* Gleichnis *als* Gleichnis zur Sprache. Die Gleichnisse Jesu bringen die Gottesherrschaft *als* Gleichnis zur Sprache."[142] Damit wird ausgedrückt, dass das Gottesreich sich in Jesu Sprechen der Gleichnisse ereigne, ein Sprachereignis sei: „... die Gleichnisse Jesu sind Sprachereignisse, in denen das, was in ihnen zur Sprache gekommen ist, *ganz* da ist, indem es *als* Gleichnis da ist."[143] Form und Inhalt fallen demnach bei den Gleichnissen in einzigartiger Weise zusammen. Die Gleichnisse sind in letzter Konsequenz selbst schon Realisierung der Sache, die sie ausdrücken.

a) Zunächst ist zu betonen, dass für die Theologie am Ereignischarakter von Sprache unbedingt festzuhalten ist. Einerseits ist Wirklichkeit immer schon durch Sprache vermittelt, erscheint nur sprachlich. Jedes Ereignis hat – in seiner Bedeutung – eine sprachliche Struktur. Ein sprachloses Ereignis ist nicht denkbar. Umgekehrt gilt auch, dass Spre- | chen Wirklichkeit schafft, Ereignischarakter hat. Hier liegt aber das Problem: Inwiefern fallen Aussage (Behauptung) und *Ereignis des Ausgesagten* zusammen? Was ist das Besondere an der Sprache des Gleichnisses, dass in ihm das Gottesreich „da" ist?

b) Das Problem liegt zunächst im universalen Anspruch, der implizit in der Formel vom Gleichnis als Sprachereignis des Gottesreiches enthalten ist. Gilt es für jedes Gleichnis, dass darin das Gottesreich sich ereignet? Was nun, wenn exegetisch alles dafür spricht, dass vom Gottesreich in diesem oder jenem Gleichnis gar nicht die Rede ist, allenfalls vielleicht von Konsequenzen des Gottesreiches gesprochen wird, die Basileia selber also nicht mehr sprachlich daherkommt[144]? Ferner: Wie steht es dabei mit der

---

[142] Vgl. JÜNGEL, Paulus, 87ff (Zitat a.a.O. 135).

[143] A.a.O. 138.

[144] So hat JÜNGEL, Paulus, 142ff, bei seinen exegetischen Beispielen bisweilen Mühe, die eschatologische Dimension darin zu finden, z.B. wenn er zu Lk 11,5–8 gegen Ende seiner Auslegung ohne Anhalt am Text plötzlich von der Basileia spricht: „Jesu Gleichnisse sind deshalb selbst von der Macht der Gottesherrschaft erfüllte Gebete" (157), oder wenn er zu Lk 10,30–35 schreibt: „So nah wie der Samariter dem vom Tode Bedrohten ist Euch die Gottesherrschaft!" (173). Ich kann deshalb der Bemerkung von E. Güttgemanns (in seiner Besprechung von Jüngels Buch in VF 12 [1967] 52–59), nicht ganz zustimmen, wenn er schreibt: „Die Berechtigung von JÜNGELs Verfahren steht und fällt nicht mit exegetischen Detailfragen der von JÜNGEL behandelten Gleichnisse ..." (57).

Frage der Authentizität? Sind nur die authentischen Jesus-Gleichnisse ein solches Sprachereignis? Was aber, wenn Exegese dies in Frage stellt? Oder ist die These gegen exegetische Einwände überhaupt immun? Offenbar sind hier These und Legitimation der These derart ineinander verschlungen, dass Verifikation und Falsifikation nicht mehr möglich sind. Perrin hat von der oben zitierten Äußerung Jüngels behauptet, sie sei „ein klarer Beweis für die Tendenz der ‚Neuen Hermeneutik', die Unterscheidung zwischen solchen Feststellungen, die nur auf der Grundlage wissenschaftlich-historischer Forschung, und solchen, die nur auf der Grundlage des Glaubens möglich sind, zu verwischen"[145]. Werden Glaube und Theologie nicht getrennt, verliert einerseits die Exegese ihre Kontrollfunktion, andererseits steht sie in Gefahr, Quelle des Glaubens zu werden.

c) Um hier nicht in Schwierigkeiten zu kommen, ist es erforderlich, zwei Ebenen getrennt zu halten. Der Unterscheidung von Exegese und Glauben entspricht eine Unterscheidung der Ebene der Aussage von der Ebene des Ereignisses des Ausgesagten. Zwar fällt für den *Glauben* notwendig beides zusammen: Als Wortgeschehen ist die Heilszusage zugleich | das Geschehen dessen, das ausgesagt wird. Jenseits des Wortes gibt es keine Legitimation. Hierin liegt eine wesensmäßige Eigentümlichkeit der Sprache des Glaubens. Der Glaube kann gerade nicht auf eine zusätzliche Legitimierung des Gesagten warten. Für die Exegese ist jedoch beides zu unterscheiden. Würde dies nicht gelten, könnte z.B. nicht mehr zwischen Wahrheit und Lüge unterschieden werden. Ein „Sprechakt" wie der Satz „Ich liebe dich" *muss* nicht die Verwirklichung des Behaupteten sein[146] – dennoch bleibt der von diesem Satz Betroffene angewiesen auf das Vertrauen in die Wahrheit des Behaupteten. In dieser Lage ist der Glaubende – aber nicht der Exeget als Exeget (wenn auch als Christ).

d) Im sprachlichen Charakter der Ereignung des Gottesreiches ist gewahrt, dass die Basileia in der Verkündigung gegenwärtig bleibt. In gewisser Weise ist die Sprache daher auch der Ursprungsort der Basileia-Verkündigung. Indem ein Gleichnis ausgesprochen wird, ist aber noch nicht das Gottesreich geboren. Die Ereignung des Gottesreiches lässt sich nicht an einer bestimmten Sprachform festmachen. Form und Inhalt lassen sich nun

---

[145] N. PERRIN, Was lehrte Jesus wirklich? Rekonstruktion und Deutung, Göttingen 1972, 281f; vgl. auch E. GÜTTGEMANNS, Offene Fragen zur Formgeschichte des Evangeliums. Eine methodologische Skizze der Grundlagenproblematik der Form- und Redaktionsgeschichte, BEvTh 54, München ²1971, 68.

[146] Die Sprechakt-Theorie ist in der Linguistik heute (im Zuge der Betonung der pragmatischen Dimension der Semiotik, s.o. Anm. 72) ins Zentrum des Interesses gerückt. Gegenüber allen Versuchen, Sprache ganz in die Dimension des Handelns zu überführen, hat H. WEINRICH, Um einen linguistischen Handlungsbegriff, in: DERS., Sprache in Texten, 21–44, Einschränkungen geltend gemacht: „Das Handeln selbst steht … immer noch auf einem anderen Blatt und vielleicht auf überhaupt keinem Blatt Papier." (44).

doch nicht in der Weise verbinden, dass der Inhalt völlig zur abgeleiteten Funktion der Form wird. Bei Jüngel werden aber die Gleichnisse als herausgehobene Sprache Jesu privilegiert. Man kann fragen, ob sie diese gleichsam kanonische Stellung nicht einfach deshalb erhalten, weil sie als authentisch gelten. Darüber ließe sich aber wieder exegetisch verhandeln[147]. |

7. Eine mit Jüngels Auffassung verwandte Gleichnistheorie vom Sprachereignis des Gottesreiches her wird neuerdings in der nordamerikanischen Exegese vertreten. John D. Crossan[148] leitet die Konsequenz, das Gottesreich ereigne sich im Sprechen des Gleichnisses selbst, gerade aus dem metaphorischen (parabolischen) Charakter der Gleichnisse her. Dabei will er sogar nachweisen, dass auch die seit Jülicher als Beispielerzählungen eingestuften Texte in Wahrheit echte Parabeln seien. In ihnen gehe es nämlich wie in den Parabeln darum, dass Jesus die Hörer mit einer völlig unerwarteten, die Maßstäbe der Welt umkehrenden Prädikation (= Metapher) konfrontiere. Die Erzählung vom barmherzigen Samariter z.B. zwinge den Hörer zu dem Schluss, ein Samariter sei gut, was dem Vorverständnis der damaligen Hörer widerspreche. Dieser Vorgang des In-Frage-Stellens sei Me-

---

[147] In seinem neuesten Werk geht E. JÜNGEL, Gott als Geheimnis der Welt. Zur Begründung der Theologie des Gekreuzigten im Streit zwischen Theismus und Atheismus, Tübingen 1977, 396–404, noch einmal ausführlich auf das Gleichnis ein. Er bestimmt es nun explizit von der Metapher her (a.a.O. 396). Aufgrund ihres Analogieprinzips vermittelt diese „das Fremde mit dem Vertrauten, das Ferne mit dem Nahen, das Neue mit dem Alten" (a.a.O. 397). Dabei wird eine neue Dimension der Wirklichkeit geschaffen. Metapher und Gleichnis sind *entdeckende* Sprache, sprachliche Ereignisse von kreativer Qualität (a.a.O. 399). Trotz der gegenüber seinem Buch „Paulus und Jesus" präziseren und sachgemäßeren Beschreibung des Gleichnisses als Metapher und deren Bestimmung durch das Analogieprinzip (Vertrautes – Fremdes) beharrt Jüngel aber auch hier auf der Zurückweisung der Kategorien Jülichers Sachhälfte – Bildhälfte und tertium comparationis, ohne die man aber für eine präzise semiotische Bestimmung der Metapher m.E. nicht auskommt (freilich in der gegenüber Jülicher modifizierten Form: s.o. 1.4 und 2.8). Dagegen hat Jüngel seine Ansichten über die Verbindung von Gottesreich und Gleichnis sowie über das Gleichnis als Sprachereignis derart präzisiert, dass ich in vielem nun zustimmen kann: Die Gleichnisse stehen deshalb für die Sprache des Glaubens überhaupt, weil Glaubenssprache prinzipiell analogische Rede sein muss (a.a.O. 400). Weil die Gleichnisse von Gott so reden, „daß sie von der Welt des Menschen erzählen" (a.a.O. 401), beziehen sie sich auf den zum Menschen kommenden Gott. So gesehen besteht eine Affinität zwischen Gleichnis und Gottesherrschaft. Jüngel vermeidet dabei jetzt aber, alle Gleichnisse prinzipiell als Gottesreichgleichnisse aufzufassen. „Von den Gleichnissen als Repräsentanten der Sprache des Glaubens überhaupt sind wiederum die Gleichnisse Jesu von der Gottesherrschaft ... besonders aufschlußreich", a.a.O. 400). Sodann wird deutlicher: Indem der *Hörer* sich auf das, wovon die Rede ist, einlässt, gelangt Gott zur Sprache, kommt es zum *Glauben* (a.a.O. 403). Damit ist eine Überschätzung der Sprachform in dem Sinne, dass hier Aussage und Realisierung des Ausgesagten im Sprechakt zusammenfielen, ausgeschlossen.

[148] J.D. CROSSAN, Parable and Example in the Teaching of Jesus NTS 18 (1972) 285–307; DERS., Structuralist Analysis and the Parables of Jesus. A Reply to Dan O. Via jr., „Parable and Example Story: A Literary-Structuralist Approach", LingBibl 29/30 (1973) 41–51. Crossans These wird neuerdings bereitwillig übernommen von PERRIN, Wisdom, 565ff, was angesichts seiner früheren Äußerungen zu Jüngel (s.o. Anm. 145) überrascht.

tapher des Gottesreiches. „The hearer struggling with the dualism of the Good/Samaritan is actually experiencing in and through this the inbreaking of the kingdom upon him. Not only does it happen like this, it happens in this."[149] Auch hier ist nach den exegetischen Kriterien zu fragen. Ist die Definition von Metapher angemessen? Der Samariter ist in der Erzählung doch wirklich gut, und der Hörer braucht nicht zwei an sich unvereinbare Elemente | *auf einer höheren Ebene* zu neuem Sinn zusammenzufügen. Die Beispielerzählungen lassen sich deshalb nicht als Parabeln auffassen. Ist das Verständnis von „Gottesreich" angemessen? Gewiss kann man sagen, dass in diesen Erzählungen eine Umwertung vorgenommen wird und eine neue Weltsicht aufleuchtet. Aber ist diese Sicht nicht eher eine Folge der gekommenen oder sich nahenden Gottesherrschaft – als das Kommen dieser Gottesherrschaft selber? Hier wird das Ereignis des Gottesreiches an eine bestimmte Sprachform gebunden. Ist denn jede paradoxe Aussage, die einem Hörer eine neue Weltsicht eröffnet, Ereignis des Gottesreiches? Schließlich ist zu fragen, ob die Struktur der Erzählungen selbst richtig beschrieben ist. Ist es so paradox, wenn jemand, von dem man es nicht erwartet, das einzig Richtige tut? Die Erzählung wirkt ja doch gerade auf der Ebene des Erzählten eine Evidenz, der sich der Hörer nicht entziehen kann. Sie arbeitet dabei mit den Mitteln der Volkserzählung (Dreizahl, Wiederholung, Achtergewicht usw.). Der Dritte, dem es keiner zutraut, handelt richtig. Ist denn das Märchen vom Aschenputtel Ereignis des Gottesreiches?

8. Auch Via versucht, Gottesreich und die Sprachform der Metapher aneinanderzubinden. Zwar behauptet er nicht (wie Crossan), auch die Beispielerzählungen seien metaphorisch und folglich Parabeln; auch identifiziert er den sprachlichen Vorgang nicht so deutlich (wie Jüngel und Crossan) mit der Sache selbst. Aber auch Via setzt voraus, dass das Faktum, ob ein Gleichnis ein Gottesreich-Gleichnis sei, nicht von exegetischen Erhebungen inhaltlich-historischer Art abhängig sei – etwa von der Beobachtung, ob das Wort Basileia überhaupt im Kontext auftaucht –, sondern nun allein von strukturellen. Da, wo in einer Erzählung eine Sohn-Knecht-Untergebenen-Figur neben einer Herr-König-Vater-Figur auftrete[150], handle es sich um eine Parabel und gebe dieser Parabel eine neue Sicht der menschlichen Existenz als einer solchen, die von der Transzendenz durchkreuzt werde[151]. Auch hier ist nach den Kriterien zu fragen. Ist die Struktur der Parabeln so exzeptionell, dass diese die auf das neutestamentlich besagte Geschehen beschränkte Gottesherrschaft gewissermaßen als Gerüst zu tragen

---

[149] CROSSAN, Example, 295.
[150] VIA, Gleichnisse, 173.
[151] VIA, Parable, 29. Vgl. DERS., Gleichnisse, 187: „… die eschatologische Durchkreuzung des Alltags".

vermögen? Z.B. haben die von Vladimir Propp[152] untersuchten russischen Volksmärchen eine ähnliche Struktur, aber es würde doch niemand behaupten, sie seien Metaphern des Gottesreiches. |

9. Die Versuche, die Sprachform der Metapher so mit dem Inhalt oder gar mit dem Ereignis des Gottesreiches zu verbinden, dass die Sprachform schon der Inhalt sei, überzeugen also nicht. Dennoch kann man nicht leugnen, dass Gottesreich und Sprachform des Gleichnisses eine Affinität haben. Nämlich insofern, als alles christliche Reden die Welt mit neuen Augen sieht, und das heißt: von der erfahrenen Gottesherrschaft her. So gesehen *eignet* sich die Metapher als bevorzugte Sprachform, weil sie eine Neubeschreibung der Welt gerade aus den Erfahrungen von Welt her (Analogien) ermöglicht. Darum ist die Metapher eine geeignete Sprachform der Verkündigung. Die neutestamentlichen Gleichnisse sind so gesehen alle vom Gottesreich her zu verstehen, sie sind aber nicht aufgrund ihrer Sprachform als Gleichnisse schon das Ereignis des Gottesreiches. Wenn wir aber sagen, dass sie alle sozusagen aus der Perspektive des Gottesreiches erzählt werden – wie denn ja auch die meisten von ihnen das Symbol „Gottesreich" als Vorzeichen haben –, dann werden wir auch mit dem Problem fertig, dass einige (vielleicht sehr viele) Gleichnisse gar nicht authentische Jesusgleichnisse sind. Sie sind aber dennoch *von Jesus her* erzählt. Das drückt sich darin aus, dass Jesus generell ihr Sprecher ist.

Zusammenfassung: Als Metaphern sind die Gleichnisse geprägt durch eine Spannung von Bildhälfte und Kontext. Die Sachhälfte hat ihren Ort im Kontext, der Situation. Metaphern sind situationsbezogene Rede. Der (schriftliche) Kontext ist eine abgeleitete und sekundäre Form der Situation, für die Exegese jedoch der primäre Anhaltspunkt. Das bedeutet den Vorrang der redaktionsgeschichtlichen vor der traditionsgeschichtlichen Auslegung. Sowohl der schriftliche Kontext wie die Situation sind streng genommen Staffelungen von Kontexten und Situationen (in Form von konzentrischen Kreisen). In den Gottesreich-Gleichnissen ist die Sachhälfte zusammengefasst in einer weiteren Metapher „Gottesreich". Indem die Sachhälfte direkt im Vergleich genannt wird (das ist immer bei Matthäus, nie bei Lukas der Fall), ist das gesamte Gleichnis vom weiteren Kontext und der Situation zunächst abhebbar. Da allerdings auch „Gottesreich" metaphorisch ist, sind weitere Kontexte und Situationen zu erheben. Die Funktion der Bildhälfte im Rahmen des Kontextes kann als tertium comparationis bezeichnet werden. Die Bildhälfte dient als Modell für die Lösung eines Problems. Dieses Modell ist Deutung der Situation und bezieht sich somit auf etwas Erfahrenes. Für die neutestamentlichen Gleichnisse ist diese Erfah-

---

[152] V. PROPP, Morphologie des Märchens, in: DERS., Morphologie des Märchens, hg. v. K. Eimermacher, München 1972, 7–152.

rung das Christusgeschehen, das gedeutet wird als die gekommene Herrschaft Gottes. Das ist die Voraussetzung der Gleichnisse, die Sachhälfte, die nun in Bezug auf ihre | Bedeutung für die menschliche Existenz weiter prädiziert wird. Diese eschatologische Dimension der Gleichnisse kann aber nicht in der Sprachform der Gleichnisse als solcher begründet sein. In der Verkündigung kann sich zwar die Gottesherrschaft ereignen, aber sie ist nicht identisch mit der Verkündigungsform (1Kor 4,20). Die Exegese muss deshalb differenzieren zwischen der Aussage und dem Ereignis des Ausgesagten. Ob Sprache zum Ereignis wird, darüber befindet der Glaube. Er tut dies allerdings nicht wider besseres Wissen. Die Sprachform der Gleichnisse als Metaphern eignet sich aber besonders für die Neubeschreibung der menschlichen Existenz aufgrund der erfahrenen Gottesherrschaft. Diese Erfahrung der Gottesherrschaft selber ist ebenfalls von sprachlicher Struktur, weil es sprachlose Erfahrung nicht gibt.

5. Die Gleichniserzählung: Parabel und Beispielerzählung

l. Alles, was wir bisher über das Gleichnis sagten, gilt auch (und manches erst recht oder überhaupt erst) für die metaphorische Erzählung, die Parabel. Das Gleichnis im engeren Sinne ist ein zeitloses Modell. Es stellt einen Sachverhalt oder typischen Vorgang dar. Sein Tempus ist daher das Präsens. Das Gleichnis behält darin eine Nähe zum Analogiespruch der Proverbien, der zumeist im Nominalstil gebildet ist. Das Tempus der Parabel ist im Griechischen der Aorist, im Deutschen entspräche dem das Imperfekt. Allerdings ist im Einzelfall die Grenze zwischen Spruch (typischer Vorgang) und Erzählung wieder fließend. So ist z.B. Mk 4,3–9 im Aorist gebildet. Jülicher rechnet den Text folglich zu den Parabeln. Aber vom Inhalt her handelt es sich eigentlich um einen typischen und immer wiederholbaren Vorgang, ein Naturmodell, das allerdings durch die Erzählform dramatisch verkleidet ist. Das Erzählerische wird durch die Steigerung und Spannung mittels Wiederholung (vier Saatvorgänge) und Gegensatz (drei negative, ein positiver) bewirkt. Hierbei handelt es sich aber schon um epische Gesetze (Wiederholung, Gegensatz, Achtergewicht)[153]. Reine Beispiele für Gleichnisse sind dagegen Mk 4,26–29.30–32. Der Vorgang wird unmittelbar im Präsens vorgestellt. Wieder ist aber einzuschränken: Gerade Kontrast und „Automatik" (bei Mk 4,26–29) implizieren eine Spannung, die schon in die Nähe des Erzählerischen kommt. Das Gleichnis drängt zur Erzählung. |

---

[153] Vgl. A. OLRIK, Epische Gesetze der Volksdichtung, ZDA 51 (1909) 1–12; BULTMANN, Geschichte, 203ff; G. EICHHOLZ, Das Gleichnis als Spiel, in: DERS. Tradition und Interpretation. Studien zum Neuen Testament und zur Hermeneutik, TB 29, München 1965, 57–77.

2. Man kann den Stoff der Evangelien einteilen in Rede (Jesus als Sprecher) und Erzählung (Jesus als Hauptperson, der Evangelist als Sprecher). Die Erzählung bildet dabei den Rahmen für die Rede. Der kompositorische Aufbau der Evangelien richtet sich nach dem Erzählstoff. Innerhalb der Rede kann nun wieder Erzählung begegnen, freilich auf der Ebene der Rede: Jesus als Sprecher dieser Erzählungen. Diese sind die Gleichniserzählungen. Sie bilden gegenüber dem Zeitschema der Rahmenerzählung ein Zeitschema zweiter Ordnung, eine neue Welt mit eigenem Orts- und Zeitsystem. Das ganze Tempusgefüge der Rahmenerzählung kann auf dieser zweiten Ebene noch einmal durchgespielt werden. Von Hintergrundhandlung (Imperfekt) in den Einleitungen über die erzählerischen Kerne (Vordergrundhandlung im Aorist)[154] zu den Höhepunkten (Praesens historicum und direkte Rede), wo das Tempus der Erzählung überspringt in den Bereich der besprechenden Tempusgruppe[155]:

Erzählung I (Rahmenerzählung):
Imperfekt ⟶ Aorist ⟶ Rede
                                        ↓

                 Erzählung II (Gleichniserzählung):
                 Imperfekt ⟶ Aorist ⟶ Praes. hist./direkte Rede

Die meisten der Erzählungen Jesu haben im Kontext der Rahmenerzählung eine rhetorische Funktion, die man paradigmatisch nennen kann[156]. Einige von ihnen sind wie die Gleichnisse erweiterte Metaphern, und zwar nun in Erzählung umgesetzte Gleichnisse. Jülicher nennt diese Form Parabel. Was sie von den Gleichnissen unterscheidet, ist nur, dass sie Erzählung sind.

3. Mit der Kategorie „Erzählung" ist hier gegenüber den bisher behandelten Formen Metapher und Gleichnis eine völlig neue Welt eingeführt, die ihre eigenen Gesetze hat, die „erzählte Welt"[157]. Es ist bezeichnend, |

---

[154] H. WEINRICH, Tempus. Besprochene und erzählte Welt, München [6]2001, 290.

[155] WEINRICH, a.a.O., 123ff, nennt diesen eigentlich irregulären Tempusgebrauch von direkter Rede und historischem Präsens in der Erzählung „Tempusmetaphern der gespannten Erzählung".

[156] Dies gilt durchgehend für Lukas, in weiterem Sinne aber auch für die synoptischen Gleichnisse allgemein; s.o. S. 173f.

[157] Vgl. den Untertitel von Weinrichs Arbeit (s. Anm. 154). Hier hat dann die sogenannte „Narrative Theologie" ihren Anknüpfungspunkt: H. WEINRICH, Narrative Theologie, Conc(D) 9 (1973) 329–334; J.B. METZ, Kleine Apologie des Erzählens, a.a.O. 334–341; DERS., Erlösung und Emanzipation, in: L. Scheffczyk (Hg.), Erlösung und Emanzipation, QD 61, Freiburg u.a. 1973, 120–141; H. ZÄHMT, Religiöse Aspekte gegenwärtiger Welt- und Lebenserfahrung. Reflexionen über die Notwendigkeit einer neuen Erfahrungstheologie ZThK 71 (1974) 94–122: 109ff; vgl. auch den Untertitel von Jüngels Beitrag zum Metaphernproblem (s. Anm. 30). Kritisch dazu jetzt D. RITSCHL, „Story" als Rohmaterial der Theologie, in: DERS./H.O. JONES, „Story" als Rohmaterial der Theologie, TEH.NF 192, München 1976, 7–41: 38ff. Der Ausdruck „Narrative Theologie" ist jedenfalls missverständlich. Sinnvoll kann nur die darin mit anklingende Intention sein, die Funktion von Erzählungen in Glaube und Theologie zu bedenken. Bisweilen findet sich aber auch

dass Jülichers moderne Kritiker nahezu ausschließlich die erzählenden Gleichnisse im Blick haben, wenn sie das Prinzip des tertium comparationis kritisieren. Es liegt in der Tat an den Gesetzen des Erzählens, der Struktur, der Eigenbewegung der Fabel, ihrer ästhetischen Autonomie, dass man aus den Texten nicht einen abstrakten Skopus, der begrifflich verallgemeinert, herausdestillieren kann. Dazu ist das Verhältnis von Erzählung und Spruch, wozu man das Gleichnis im engeren Sinn rechnen kann, näher zu betrachten. Der Spruch stellt schon eine „Summe" aus Erzählungen dar, Jülichers „allgemeine Wahrheit" lässt sich folglich gar nicht aus einer Erzählung herausdestillieren; als Verallgemeinerung kann sie allenfalls eine gleiche Erfahrung aus mehreren Erzählungen abstrahieren. Sprüche sind daher zeitlos, aber nicht lehrhaft, sondern als Ergebnisse von Erfahrungen „resignierend"[158]. Wieder ist die „Erkenntnis" des Erfahrungsspruches der logischen Satzwahrheit bzw. der syllogistischen Erkenntnis gegenüber primär. Dass Sprüche abgeleitete Erzählungen sind, verrät noch die grammatische Kategorie des gnomischen Aoristes. „Sentenzen und Sprichwörter im gnomischen Aorist sind kondensierte Erzählungen."[159] Allerdings darf das Verhältnis von Spruch und Erzählung (der Spruch als Ableitung von Erzählung) nicht einfach genealogisch betrachtet werden. Die Form der Erzählung ist zweifellos komplizierter und höher entwickelt als die des Spruches. Und Sprüche drängen wieder zur Erzählung (s.o. 5.1. zu Mk 4,3–9) – aber darin verrät sich die ursprüngliche Macht der Erzählung.

4. Erzählung beruht auf der Macht der Fiktion. Die Welt der Situa- | tion kann verlassen werden, die Erzählung hat ihre eigene Welt. Beide verhalten sich wieder wie zwei Ebenen. Erscheint die Welt des Spruches, der „Besprechung", sprachlich in der Weise des Nominalstils (oder im zeitlosen Präsens), so wird die Welt der Erzählung beherrscht vom Verb. Typisches Erzähltempus ist im Griechischen der Aorist, im Deutschen das Imperfekt. Die Erzählung nimmt den Hörer/Leser in ihre Welt gefangen, reißt ihn durch dramatische Mittel mit und treibt ihn zu auf einen Fluchtpunkt[160]. Die Personen, die den Verben als Subjekt oder Objekt zugeordnet sind, bieten sich (vor allem, sofern sie Subjekt sind) als Identifikationsmittel an. Sie ziehen den Hörer/Leser aus der Situation hinüber in die erzählte Welt.

---

hier wieder die Intention, einer Sprach*form* als solcher ausschließliche theologische Dignität zuzuerkennen (vgl. o. 4.6–9).

[158] Vgl. JOLLES, Formen, 150ff; vgl. auch o. Anm. 43 (zum hebräischen Spruch).

[159] WEINRICH, Tempus, 291. Entsprechend sind die Aoriste in Mk als gnomische Aoriste aufzufassen, BDR § 331, 1). Demnach sind wir gegenüber Jülicher im Recht, wenn wir das Gleichnis vom Sämann als Gleichnis (im engeren Sinne) und nicht als Parabel auffassen. Aber es ist zu bedenken, dass der gnomische Aorist noch den Erzählungshintergrund der Sentenz oder Gnome durchscheinen lässt.

[160] BALDERMANN, Didaktik, 124ff, spricht von einer „Engführung", wodurch die Erzählung ihre „überführende Kraft" erhält.

5. Dadurch, dass die Erzählung gegenüber der metaphorischen Rede eine völlig neue Ebene darstellt, ist das Metaphorische einer solchen Erzählung schwerer zu lokalisieren. Es besteht nicht in der Spannung zwischen einzelnen Subjekten und Prädikaten innerhalb der Erzählung. „Die Träger der Metaphern sind nicht einzelne Sätze der Erzählung, sondern die gesamten Strukturen, die Erzählungen als ein Ganzes ... Man könnte daher von der *szenischen Funktion* des Gleichnisses sprechen. Man könnte gleichermaßen sagen, dass das, was im Gleichnis metaphorisch wirkt, nichts anderes als die szenisch verstandene Erzählung ist. Dies erklärt, dass es keine Spannung zwischen einigen wörtlich und einigen anderen metaphorisch verstandenen Wörtern gibt, sondern dass die bildhafte Funktion von der Erzählung als solcher vorausgesetzt wird; die Spannung besteht dann zwischen der Szene und der Wirklichkeit des alltäglichen Lebens."[161] Innerhalb der Erzählung herrscht also *Isotopie*[162], d.h. Eindeutigkeit und Einheitlichkeit der Ebene, die in sich homogene, ein geschlossenes System von Ort und Zeit darstellende Handlung. Zwischen der Parabel und ihrem Kontext besteht diese Isotopie jedoch nicht mehr. Der Hörer muss auf einer anderen Ebene erst eine neue Isotopie schaffen, um zu verstehen. Äußerlich ist das der gleiche Vorgang wie bei der einfachen Metapher, wo ja erst auf einer zweiten Ebene z.B. „Achill" und „Löwe" zusammenpassen, nur dass hier die | Ebenen noch weiter getrennt sind: Die Ebene des Kontextes und die Ebene der erzählten Welt, die als Metapher außerdem noch einmal auf eine weitere Ebene verlagert ist.

6. Der Hörer einer Erzählung wird sinnlich stärker gefangen als bei der Rede. Die sinnliche Komponente spielt schon bei der normalen Metapher eine Rolle. Bei der erzählten Metapher wird der sinnliche Eindruck noch verstärkt. Die Erzählung bietet Identifikationsmöglichkeiten (Personen) und arbeitet mit der Spannung der Zeit (Dramatik). Gute Erzählung führt den Hörer/Leser in eine andere Welt. Aber sie entlässt ihn auch wieder in seine eigene (Kontext), und wenn sie wirklich gut ist, entlässt sie ihn bereichert. Wir können also auch hier wieder von Bildhälfte und Sachhälfte sprechen, ja (und das ist zunächst überraschend) sogar, wenn die Erzählung gar nicht metaphorisch ist. Wir werden sehen, dass die nichtmetaphorischen Beispielerzählungen, die semantisch anders beschrieben werden müssen als die Parabeln, im Kontext die gleiche Funktion haben wie die Parabeln. Sie sind e-

---

[161] RICŒUR, Stellung, 64f.

[162] Der Terminus geht auf A.J. GREIMAS, Strukturale Semantik. Methodologische Untersuchungen, Braunschweig 1971, 60ff, zurück, der ihn für die Differenzierung semantischer Ebenen gebrauchte. Insofern trifft der Ausdruck primär sogar auf die semantische Inkompatibilität von Prädikation und Kontext bei der Metapher zu, STIERLE, Aspekte, 153 u.ö. Erweitert man den semantischen zu einem narrativen Isotopiebegriff, lässt er sich auf die Erzählung innerhalb eines Erzählrahmens anwenden.

benfalls Modelle. Der Leser/Hörer muss auch bei ihnen aus zwei verschiedenen Ebenen eine neue isotope Einheit bilden. Geschieht dies nicht, dann kommt die Erzählung nicht an. Sie bleibt wohl in sich korrekt, wird aber doch nicht verstanden, so dass die Reaktion auf sie ein Achselzucken, ein „Na und?" sein muss.

7. Die Parabel ist demnach durch eine doppelte Ebenenbeziehung zu kennzeichnen: Einmal durch ihre Metaphorik (Ebene des Subjektes unterschieden von Ebene des Prädikates), sodann durch ihren Erzählcharakter (Ebene des Kontextes unterschieden von der Ebene der Welt des Erzählten). Durch ihre Überlagerung verstärken beide Mittel die Wirkung von Fiktionalität, Konkretheit und Modellfunktion. Dabei fallen jeweils die ersten beiden Pole, Subjekt und Kontext, zusammen. Diese Doppel-Kennzeichnung der Bildhälfte (metaphorisch und erzählerisch) macht die Parabel zu einem der stärksten rhetorischen Mittel. Der Hörer/Leser findet sich in ihr wieder (Identifikation) und wird zugleich zu Schlüssen gezwungen (Modellfunktion). Die lukanischen Parabeln arbeiten beinahe alle so. Wie im berühmten Beispiel aus dem Alten Testament, der Nathan-Parabel 2Sam 12, geht es dabei an die eigene Existenz. Folgt der Hörer der Erzählung und ihrer Logik, dann hat er sich selbst schon das Urteil gesprochen.

8. Das Übereinander von metaphorischer und erzählerischer Qualität der Parabel ist wahrscheinlich einer der Gründe für das folgende exegetische Problem: Einerseits wird bei der Parabel ihr evidenter, überzeugender Charakter betont, ihr Appell an das Einverständnis – andererseits ihr überraschender, oft paradoxer Zug. Als zwei konträre Beispiele | können wir Mt 20,1–16 (Arbeiter im Weinberg) und Lk 15,11–32 (verlorener Sohn) nehmen. Appelliert Lk 15 an das Einverständnis – wer würde denn ernsthaft den Vater kritisieren? Auch der ältere Sohn soll ja überzeugt werden![163] –, so ist Mt 20 in sich selbst überhaupt nicht plausibel. Lk 15 ist auch ohne den Kontext in sich verständlich[164], Mt 20 aber nicht. Eine Erzählung kann auf verschiedene Weise zum Modell werden. Bleibt sie im Wahrschein-

---

[163] Das Verhalten des Vaters Lk 15,11ff hat in der Erzählung zwar etwas Überraschendes (der Sohn konnte es – für die Erzählung ist das notwendig – nicht erwarten). Aber auf der Ebene der Plausibilität der Hörer/Leser ist es keineswegs paradox oder überraschend. Zu Recht betont LINNEMANN, Gleichnisse, 80.86f, in diesem Zusammenhang die Kategorie des Einverständnisses; vgl. auch SCHOTTROFF, Gleichnis, 47.

[164] Das heißt aber nicht, dass Lk 15 deshalb ältere Tradition oder eher authentisch sein müsste als Mt 20. Auch Lk 15,11ff braucht seinen Kontext, nämlich 15, 1–3, ohne den die Erzählung ihren metaphorischen Bezug verlöre und zum Exempel zwischenmenschlichen Verhaltens würde. Als Gleichnis *Jesu* käme sie also ohne den Kontext als Sachhälfte nicht aus. Der Rahmen 15,1–3 steht nun aber stark in Verdacht, redaktionelle Konstruktion zu sein. Dann aber lässt sich auch über ein mögliches vorlukanisches Stadium der Erzählung 15,11–32 kaum etwas sagen.

lichen, steht sie den Naturgleichnissen nahe. Die Erzählung kann aber auch mit Paradoxie und Hyperbolik arbeiten – dann ist sie so auf die Sachhälfte bezogen, dass sie eigentlich keine analogische Macht mehr hat. Die Natur und das Menschsein selbst werden schon in der Erzählung transzendiert. Der Weinbergbesitzer in Mt 20 handelt skandalös, obwohl er sich formal auf die Abmachung berufen kann, was man vom Vater in Lk 15 nicht behaupten darf. Die Paradoxie löst sich erst ganz von der Sachhälfte her. Im Gottesreich gibt es keine Anciennitätsansprüche; die Gerechtigkeit ist dort nicht mehr quantifizierbar. Diese „Logik" des Gottesreiches leuchtet erst ein, wenn der Hörer ein ganzes Stück der Sachhälfte aufgearbeitet hat. Vor Gott lebt der Mensch nicht aus seiner Leistung, sondern aus der Gnade seines Schöpfers, die nicht mehr quantifizierbar ist. Das Paradoxe der Erzählung öffnet also die Augen für eine neue Sicht des Menschseins. Der kognitive Prozess ist bei dieser erzählten Metapher äußerst kompliziert. Das Rätsel der Erzählung (warum handelt der Herr so ungerecht?) löst sich nur, wenn der Hörer den für jede Metapher kennzeichnenden Sprung in die höhere Ebene bewältigt. Die Einleitung „Das Himmelreich ist gleich …" ist ein vorangestelltes Zeichen, das darauf verweist, dass die folgende Erzählung nur aus ihrem transzendierenden Bezug ihren Sinn erhält. Die Erzählung hat hier die Aufgabe, den Hörer an den Punkt zu führen, wo er springen muss, um nie im Widerspruch zu | enden. So ist deutlich, wie hier Erzählung und Metaphorik miteinander wirken. – Lk 15,11–32 arbeitet dagegen anders. Die Erzählung ist in sich plausibel. Sie bringt den Hörer/Leser beinahe ganz, ohne dass er es merkt, an den Punkt, wo sie ihn haben will: in die Situation der Entscheidung. Der Hörer/Leser sieht sich selbst am Ende in der Gestalt des älteren Bruders auf der Schwelle stehen, wo er sich eigentlich dem Fest – und damit letztlich seiner eigenen Heimkehr in die Liebe des Vaters – nicht mehr entziehen kann. Diese Erzählung hat die Form eines Dramas. Das Erzählerische ist dem Metaphorischen so übergeordnet, dass man beinahe vergessen kann, dass es sich um eine Parabel handelt. Bei Mt 20 ist es umgekehrt: die Erzählung selber verläuft zwar auch dramatisch (Wiederholung, Überraschung), aber auf einer absurden Grundlage, mit einer Pointe, die nichts als Widerspruch hervorrufen muss – wenn sie nicht als Metapher verstanden wird.

9. So ist es kein Zufall, dass eine Parabel wie Lk 15,11–32 strukturell in ihrem inneren Aufbau sich kaum unterscheidet von einer Reihe von Erzählungen, die eigentlich gar keine Gleichnisse mehr sind, insofern sie keine metaphorischen Züge mehr haben. Gemeint sind die *Beispielerzählungen*, zu denen man seit Jülicher Lk 10,30–37; 12,16–21; 16,19–31 und 18,9–14 zählt. Mit einer kaum merklichen Nuancenverschiebung sind wir nun plötzlich bei Texten gelandet, die gar nicht mehr metaphorisch im Sinne der Semantik der Metapher sind, die aber doch παραβολαί genannt und zu Recht

zu den Gleichnissen gezählt werden[165]. Wir sahen schon, wie bei Lk 15,11–32 das Erzählerische das Metaphorische in den Hintergrund gedrängt hat. Nicht zufällig finden sich denn auch die Beispielerzählungen nur bei Lukas, bei dem alle Gleichniserzählungen eine paradigmatische Funktion haben. Diese Funktion bezieht sich sowohl auf metaphorische wie auf exemplarische Erzählungen. Worin unterscheiden sich nun aber metaphorische und exemplarische Erzählungen?

a) Die semantische Unterscheidung ist in Jülichers Definition der Beispielerzählung[166] gut getroffen. Überschneiden sich bei der Parabel | als Metapher Bild- und Sachhälfte (die Schnittmenge zwischen Gegenstandsbegriff und Prädikat als Analogie oder tertium comparationis), so liegt bei der Beispielerzählung die Bildhälfte vollständig auf dem Gebiet der Sachhälfte (Teilmenge). Ihr fehlt folglich die für die Parabel und das Gleichnis typische Distanz (s.o. 4.5).

b) Die Sachhälfte besteht zunächst wieder aus der Situation, dem Kontext, dem Rahmen für das Beispiel. Anders als bei der Metapher lässt sich in diesem Fall die Sachhälfte auch als die Summe der möglichen Beispiele auffassen. Ein abstrakter Oberbegriff oder Obersatz ist sie jedoch nicht. Aber die konkreten möglichen Beispiele haben alle eine Tendenz, die man im Zuge der Interpretation natürlich begrifflich umschreiben kann. Man könnte auch umgekehrt sagen: Das Beispiel verdichtet, konkretisiert, wirkt wie ein Brennpunkt, versammelt die Sachhälfte in einer Geschichte, so dass die Struktur der Sachhälfte durchschaubar, das Problem lösbar wird. Dann wäre die Sachhälfte die Menge alltäglicher Erfahrung. Sie tritt im Kontext der Erzählung auf: als Problem „wer ist mein Nächster?", als Selbstgerechtigkeit und Verachtung der anderen, als Armut neben Reichtum, als securitas der materiellen Güter.

c) Die Beispielerzählungen sind nun aber in der gleichen Weise Modelle wie die Parabeln. Wir sahen bereits, dass jede Erzählung gegenüber ihrem Rahmen einen Ebenen-Wechsel darstellt. Diese Ebenen-Beziehung entspricht der Ebenen-Beziehung von Gegenstandsbegriff und Prädikat bei der Metapher. Wie die Parabeln haben sie eine paradigmatische Funktion im Kontext, nur dass sie als Exempel noch konkreter sind; der Alltag bietet

---

[165] Für eine Exegese, die ihre ganzen theologischen Folgerungen an der Sprachform der Metapher aufhängt, sind diese Texte natürlich ein Ärgernis. VIA, Gleichnisse, 23f, spricht ihnen die Qualität ästhetischer Objekte ab, da sie 1. „der Entwicklung in Plan und dramatischer Erzählung" entbehren und 2. keine Distanz zu Sinn, Pointe und Gedankenwelt außerhalb der Geschichte haben. Das erste gilt aber mindestens nicht für Lk 10,30–37. Das zweite übersieht, dass auch diese Texte eine Modellfunktion haben. Vor allem CROSSAN, Parable, will diese Erzählungen wieder für echte Parabeln erklären und auf diesem Weg die Form der Exempla eliminieren (s.o. bei Anm. 148 u. 149).

[166] JÜLICHER, Gleichnisreden, 112.

selbst ein Beispiel als Modell der Wahrheit[167]. Wenn Bultmann im Anschluss an Jülicher behauptet hat: „die ‚Beispielerzählungen' bieten Beispiele = Vorbilder für das rechte Verhalten"[168], so ist die Funktion dieser
Erzählungen noch nicht zureichend beschrieben. Die Geschichte ist nicht
schon die Sache selber, sondern eben ein Modell, und zwar nun ein spezia-
lisierendes. Aber auch das Verstehen eines Beispiels setzt einen Transfer
voraus. Wenn dem Gesetzeslehrer im Anschluss an die Geschichte vom
barmherzigen Samariter gesagt wird: „Handle auch du so!", dann soll er natürlich nicht nach einem unter die Räuber Gefallenen Ausschau halten. Er
kann nicht einfach imitieren. So hat der Gesetzeslehrer im erzählten Modell
einen ganzen Erkenntnisprozess durchgemacht | (er kann seine Frage „wer
ist mein Nächster?" jetzt potentiell beantworten), der nun seine Konsequenz
fordert. Es gibt eine Solidarität, die die Grenzen von Kult und Nation
sprengt. Er als Gesetzeskundiger müsste aufgrund dieser Erkenntnis seine
enge Religion verlassen und – so kann man im Sinne des Lukas die Aufforderung „Handle auch du so!" auffassen – Christ werden[169].

10. Wir haben versucht, die Parabel als erzählte *Metapher* aufzufassen.
Als nichterzählende Form entspricht ihr der Gleichnisspruch, wir könnten
dazu auch Bildwort, Vergleichsspruch oder Gleichnis (im engeren Sinne)
sagen. Entsprechend können wir nun die Beispielerzählung als erzähltes *Exempel* bestimmen. Was würde dann der nichterzählenden Form des Gleichnisspruches beim Exempel entsprechen? Der nichtmetaphorische Spruch ist
die *Gnome*. Morphologisch gesehen ist sie – wie wir bereits feststellten –
statisch gewordene Erzählung, Erfahrung vieler Erzählungen, Summe der
Beispiele[170]. Strukturell ist sie dagegen einfacher als die Erzählung, insofern
sie die zeitlose Grundform verkörpert. Wie sich viele synoptische Gleichnisse auf der Grenze zwischen Gleichnisspruch und Gleichniserzählung be-
wegen, so gibt es auch beim Exempel Mischformen. Eine solche Misch-
form auf der Grenze zwischen Spruch (Gnome) und Beispielerzählung ist

---

[167] Allerdings wieder als Fiktion, vgl. dazu EICHHOLZ, Gleichnis, 66.

[168] BULTMANN, Geschichte, 192 Anm. 1.

[169] Vgl. dazu G. SELLIN, Lukas als Gleichniserzähler: Die Erzählung vom barmherzigen Samariter (Lk 10,25–37), ZNW 65 (1974) 166–189; 66 (1975) 19–60: 19ff, bes. 50ff.

[170] S.o. bei Anm. 157 und 158. Vgl. vor allem W.E. BEARDSLEE, Uses of the Proverb in the
Synoptic Gospels Interp. 24 (1970) 61–73. Beardslee spricht vom Erkenntnisprozess des Sprich-
wortes als einem „cluster of insights" (a.a.O. 66). Auch das Sprichwort nennt also keine systematisch abgeleitete Wahrheit: „… the proverb implies a story …" (a.a.O. 65). Fast alle Sprichwörter
in den synoptischen Evangelien neigen entweder durch ihren Zug zum Paradox und zur Hyperbel,
dazu BEARDSLEE; RICŒUR, Stellung, 65ff, oder durch ihren Kontextbezug dazu, eine metaphorische Funktion zu erhalten. Beispiel: „Niemand kann zwei Herren dienen" (eine echte Gnome)
wird im Zusammenhang mit Gott und Mammon, also durch den Kontextbezug, zum metaphorischen Spruch. Das gleiche finden wir auf der Ebene der Erzählung. Lk 15,11–32 wäre ohne seine
Kontextverankerung als Beispielerzählung aufzufassen. Hier wird deutlich, wie erst der Kontext
einen Text zur Metapher bzw. Parabel macht.

Lk 14,7–14, wie Bultmann gut festgestellt hat[171]. Wenn wir Gleichnis-spruch/Gleichniserzählung (Parabel) und Gnome/Beispielerzählung als an-gewandte *Formen* gegenüberstellen, dann stehen sich auch Metapher und Exempel als die- | sen Formen zugrundeliegende Wirkweisen, als sprach-liche Wurzeln gegenüber. Dabei haben wir das Vorhandensein einer Wurzel Exempel, die der Metapher gegenübersteht, bisher einfach aus Symmetrie-gründen postuliert. Wir müssten dieses Exempel dann noch semantisch be-stimmen. Zunächst ist es ganz einfach die nichtmetaphorische Prädikation. Auch diese ist komplizierter als es zunächst den Anschein hat. Jede Aus-sage tendiert einerseits zur Verallgemeinerung, in besonderen Fällen zum Spruch: „Hans schläft" → „Menschen können schlafen", andererseits zur Erzählung: „Hans schläft" → „Es war einmal ein Mann namens Hans, der …". Eine solche Aussage repräsentiert ein Stück Wirklichkeit. Sie hat als solche noch nichts Deutendes, sondern greift heraus aus einer Fülle mög-licher Aussagen. Erst dadurch, dass sie zwischen den Polen des Allgemei-nen und Individuellen steht, bekommt auch sie deutende Funktion. Wäh-rend die Metapher durch die Spannung zweier inkompatibler Felder sinn-deutend wirkt, geschieht dies bei der nichtmetaphorischen Aussage erst durch ihren Anspruch, das Allgemeine auszusagen oder im Besonderen das Allgemeine exemplarisch darzustellen, also in ihrer *Beispielfunktion*. Das Exempel ist also wie die Metapher eine Grundformel der Sprache, in der rhetorischen Tradition eine rhetorische Figur[172].

Als *Zusammenfassung* können wir nun zum Abschluss in einem Koordi-naten-Modell das Verhältnis der Gleichnisformen zueinander übersichtlich darstellen (wobei die Allegorie ausgeschlossen ist): |

---

[171] BULTMANN, Geschichte, 193.

[172] Geht man vom grundsätzlich metaphorischen Charakter der Sprache aus, ist das Exempel ein Sprachelement, das den metaphorischen Grundzug der Sprache verschleiert. Es ist eine seman-tisch usuelle Prädikation. Erkennbar wird erst auf der rhetorischen Ebene, wenn es eine Kontext-funktion hat. Der elemtare sprachliche Grundzug schimmert aber noch durch, wenn man sieht, wie das Beispiel Gattungen (Abstrakta) in Teile zerlegt. Die rhetorische Figur, die dem Exempel ent-spricht, ist die *Synekdoche* (pars pro toto). Zur „einfachen Form" Beispielgeschichte vgl. JOLLES, Einfache Formen, 171–199 („Kasus"); K. STIERLE, Geschichte als Exemplum – Exemplum als Ge-schichte. Pragmatik und Poetik narrativer Texte, in: Text als Handlung, 14–48. Der Beschreibung des „Kasus" bei Jolles entspricht genau, was K. BERGER, Materialien zu Form und Überlieferungs-geschichte neutestamentlicher Gleichnisse, NT 15 (1973) 1–37, formgeschichtlich als „exemplari-schen Rechtsentscheid" bestimmte. Diese Form liegt z.B. deutlich Lk 10,25–37 zugrunde, vgl. SELLIN, Lukas, 180f. Dem „Kasus" geht es um ein Abwägen im Bereich der (ethischen) Norm, um ein Urteil. Es kommt auf die Entscheidung, nicht auf das vorbildliche Verhalten an. Entsprechend bleiben die Beispielerzählungen offen.

Gleichnisspruch   Parabel

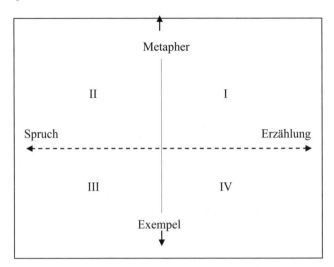

Gnome   Beispielerzählung

Wir haben also zwei Distinktionen, die je auf einer Achse liegen:
1. zwischen Erzählung und Spruch (waagerechte Achse),
2. zwischen Metapher und Exempel (senkrechte Achse).
παραβολή kann im Neuen Testament zunächst alles aus den Feldern I, II, IV heißen. Aber gerade auch die Gnome (Feld III) fällt im weisheitlichen Sprachgebrauch unter den Begriff *mašal*. Nicht zufällig wird also auch Lk 14,7–14 παραβολή genannt.

Einige symbolische und esoterische Züge
im Markus-Evangelium

Das Markus-Evangelium leistet der Exegese ganz besondere Widerstände. Das liegt zunächst daran, dass die Quellenverhältnisse ungeklärt sind, weshalb jede Erstellung eines Interpretationsprofils von sich überlagernden Kommunikationsakten (Textebenen: z.b. Quelle – Bearbeitung) äußerst schwierig ist. So scheint es aus methodischen Gründen geboten, das Mk zunächst rein synchron auszulegen: als einen Gesamttext, dessen Elemente ihre Bedeutung durch ihren Stellenwert in der Gesamtstruktur haben. Auch wenn im Folgenden ein solcher Versuch gemacht werden soll, muss doch auf die nun keineswegs geringeren Schwierigkeiten hingewiesen werden. Wenn man nämlich davon ausgeht, dass jeder Text einen Kommunikationsakt in einer ganz bestimmten Kommunikationssituation darstellt und dadurch „Sinn" enthält (nicht aber „Sinn" eine abstrakte, von Autor, Adressat und kommunikativer Situation losgelöste reine Struktur ist), dann muss die Exegese nachweisen, dass die gefundenen Bedeutungsstrukturen vom Autor intendiert waren und von den Adressaten wenigstens potentiell wahrgenommen worden sein können. Andernfalls landete man wieder bei der Allegorese[1]. Da nun aber die Darstellungsmittel jedes Autors in verschiedenem Grade vorgegeben sind (wo es nicht Quellen und nicht Traditionen sind, da sind es doch wenigstens Motive, Symbole, spezifische Wortbedeutungen usw.), ist ein wie auch immer geartetes Profil erforderlich, um nicht Strukturen willkürlich in einen Text hineinzuprojizieren. Hinzu kommt, dass Mk durchaus Kohärenzspannungen in hohem Grade aufweist (Widersprüche, Verschachtelungen, Dubletten, Verflechtungen von Erzählsträngen usw.), die sich nicht alle auf der höheren Ebene der Gesamtstruktur und Autorintention aufheben lassen. Die Quellenfrage bei Mk ist ja keineswegs erledigt, und es mehren sich die Anzeichen, dass Literarkritik für die terra incognita der Vorgeschichte des Mk wieder gefordert sein wird. Auf jeden Fall setzt auch eine synchrone Deutung eines Textes wie Mk wenigstens implizit eine Sinnschicht als Hintergrund voraus, von dem sich der manifeste Text abhebt.

---

[1] Willi Marxsen, dem dieser Beitrag gewidmet ist, hat seit seinen Mk-Studien (W. MARXSEN, Der Evangelist Markus. Studien zur Redaktionsgeschichte des Evangeliums, FRLANT 67, Göttingen ²1959), mit denen er die redaktionsgeschichtliche Exegese des Mk eröffnete, immer wieder die entscheidende Rolle der Autorintention betont.

Um in diesen Zirkel einzusteigen, empfiehlt es sich, bei bestimmten Phänomenen des manifesten Textes zu beginnen, und zwar solchen, die sich
über den Gesamttext | erstrecken: Das sind in erster Linie Phänomene der
Komposition (Makrostruktur), der internen Textverweise und der (mehrfachen) Wiederkehr von gleichen Formschemata und Motiven im Gesamttext. In diesem Beitrag soll es vor allem um die internen Verweise und Bezüge gehen: Bezugnahmen von einer Perikope auf eine (oder mehrere) andere. Solche Bezugnahmen sind freilich nicht immer explizit, sondern großenteils versteckt; und wo sie explizit sind, ist ihre Bedeutung häufig verschlüsselt. Es handelt sich zumeist um symbolische Bezüge, deren Thema
die Esoterik ist.

Mit *Esoterik* bezeichne ich alles, was in der Mk-Exegese meist unter
dem Stichwort „Messiasgeheimnis" behandelt wird. Doch ist dieser Begriff
zu sehr auf die Christologie eingeengt. M.E. verwendet Markus die Esoterik
als ein allgemeines Darstellungsmittel, z.B. auch im Zusammenhang mit
der Eschatologie. „Esoterisch" soll hier zunächst ein Begriff der Inhaltse-
bene bzw. Ebene des Erzählten sein. Wenn z.B. erzählt wird, dass nur ein
Kreis von „Eingeweihten" eine erzählte Aussage oder einen erzählten Vorgang versteht oder verstehen soll, so kann dieser erzählte Inhalt als „esoterisch" bezeichnet werden. „Symbolisch" ist dagegen ein Begriff der Be-
schreibungsebene. Jedes Zeichen im Text, das der Leser/Hörer auf zwei
Ebenen – auf der Ebene der erzählten Handlung und auf einer verborgenen
weiteren Ebene – verstehen soll, kann als „symbolisch" bezeichnet werden.
Eine spezielle Form des Symbolischen ist das Allegorische bzw. die Chiffre[2], bei der etwas in der Erzählung Erwähntes (ein Gegenstand, eine Handlung) nur Hinweisfunktion auf eine Größe der zweiten, verborgenen Ebene
hat, in deren Bedeutungsgefüge die Leser/Hörer bereits vor Kenntnis des
Textes eingeweiht sein müssen. Beim echten Symbol dagegen *repräsentiert*
der erzählte Name, Gegenstand oder Vorgang zugleich das, worauf er hinweist[3]. Das heißt für die Erzählung: Das Erzählte behält neben seiner verborgenen, zweiten Bedeutung seine erste Bedeutung, die nun aber durch die
zweite, die symbolische Bedeutung angereichert wird. Durch die symbolische Bedeutung kommt eine weitere Dimension zu erzähltem Raum und erzählter Zeit hinzu[4]. So sind z.B. die Augen- und Ohrenheilungserzählungen

---

[2] Die Chiffre (Stenosymbol, einfaches Zeichen) ist der Baustein der Allegorie. Die Chiffre
substituiert einen gemeinten Begriff und wird, wenn sie dechiffriert ist, überflüssig.
[3] Zur Semantik des Symbols (im Unterschied zu Chiffre und Metapher): G. SELLIN, Metapher –
Symbol – Mythos. Anmerkungen zur Sprache der „Bilder" in Religion und Bibel (in diesem Band
209–234, bes. 214–223).
[4] Damit gewinnt die symbolische Erzählung im Gegensatz zur Allegorie wieder die Dimension
des Mythischen. Genealogisch gesehen ist das Symbol ein Derivat des Mythischen (das Symbol
hat seinen Bedeutungsmehrwert durch seinen Stellenwert in einem „Mythos" als einer Art Urszene
erhalten). Nicht aber ist der Mythos die „Exegese des Symbols", wie F. Creuzer in der Romantik

Mk 7,31ff; 8,22ff; 10,45ff symbolische Erzählungen in dem Sinne, dass in ihnen der erzählte Vorgang, das Wunder, zugleich als realistisches Geschehen *und* als Hinweis auf das | „Verstehen" und „Erkennen" des Glaubens (s.u. 2.) Bedeutung hat. Die zweite Ebene (die meist für sich als die „symbolische" bezeichnet wird) hebt die erste also nicht auf, sondern tritt als weitere Dimension hinzu. Anders als bei der Allegorie ist die Erzählung keine Leiter, die man wegstößt, wenn die Ebene der verborgenen weiteren Bedeutung erreicht ist.

Eine Schwierigkeit beim Symbolischen besteht nun darin, dass genau wie bei der Chiffre, dem Allegorischen, die Bedeutung der symbolischen Ebene aus dem Zeichen selbst (mitsamt seiner ersten, manifesten Bedeutung) nicht zu erkennen ist. Bedeutung hat ein Zeichen ja nur in einem Zeichengefüge, einem Kontext. Bei Symbol und Chiffre ist *dieser* Kontext aber nicht manifest (anders als bei der Metapher). Was nun das Mk betrifft, so ist ein Kontext der Symbole und Chiffren auf der zweiten Ebene dennoch erkennbar, so dass die „Bedeutungen" wenigstens im Ansatz bestimmt werden können: Es ist das, was ich das „symbolische Netz" nennen möchte, das über der ganzen Erzählung liegt. Es gibt teils offene, teils versteckte Verweise von einem Teiltext zu anderen, so dass jedes Symbol und jede Chiffre in einen Kontext eingespannt ist, der ganz auf der zweiten Ebene liegt. Wie es also einen manifesten Kontext gibt (Orts- und Zeitangabe, Fortgang der Handlung von Ereignis zu Ereignis), so gibt es auch einen zweiten Kontext, der aus dem Netz der Symbole und Chiffren gebildet wird. Es ist dieses „Netz", das uns im Folgenden interessieren soll. Dass ein solches „Netz", insofern es über das ganze Werk gespannt ist, nur Ausdruck der Verfasserintention des Gesamtwerkes sein kann – dieser Sachverhalt gibt uns zugleich Zugangsmöglichkeiten zur sogenannten „Redaktion"[5]. Vier solcher „Teilnetze" möchte ich in diesem Beitrag untersuchen:

1. das Motiv der esoterischen Belehrung (Knotenpunkt: Mk 4); 2. Das Motiv des Verstehens der Wunder (Knotenpunkt: 8,14–21); 3. Das Motiv „Elia" (Knotenpunkt: 9,11–13); 4. Das Motiv des „Sehens" in Galiläa (Knotenpunkt: 16,7). |

---

meinte (vgl. F. CREUZER, Entstehung und Wesen des Symbols, in: K. Kerényi [Hg.], Die Eröffnung des Zugangs zum Mythos, Darmstadt 1982, 35ff.44ff).

[5] Dabei verwende ich den in deutscher Tradition üblichen Begriff Redaktion (bzw. Redaktionsgeschichte) im Sinne der synchronen Analyse: bezogen auf die Sinnebene des Gesamtwerkes, nicht aber im Sinne des Modells der Addition bzw. Subtraktion von Tradition und „Redaktion". Vgl. zum Begriff Redaktionsgeschichte die Bemerkungen W. Marxsen, Evangelist, 11 Anm. l. Marxsen hat dabei im Unterschied zu manchen heutigen synchronen Strukturanalysen den Text (d.h. das Gesamtwerk) immer auch als Bestandteil der Kommunikation zwischen Autor und Adressaten und dabei wiederum als Exponenten einer historischen Situation und Funktion eines „Sitzes im Leben" verstanden.

1. Die Lehre in Gleichnissen (4,11f.33f)

Ein wesentliches Kompositionsprinzip im ersten Hauptteil des Mk[6] ist die Zusammenstellung von „Lehre" und Wunderwirken Jesu, die sich im ersten Unterabschnitt (1,14–3,6) noch gegenseitig durchdringen (vgl. 1,21f; 2,1–3,6), sich dann aber zunehmend in Blöcken abwechseln[7]. In 4,1–34 wird Jesu Lehre als „Lehre in Gleichnissen" vorgestellt: „Und er lehrte sie in Gleichnissen vieles und sagte zu ihnen in seiner Lehre: Hört! Siehe, der Sämann ging aus, um zu säen ..." (4,2f). Am Ende dieser Gleichnisbelehrung heißt es: „Und in vielen solchen Gleichnissen redete er zu ihnen das Wort, wie sie es hören (!)[8] konnten. Ohne Gleichnis redete er nicht zu ihnen; wenn sie aber allein waren, löste er seinen Jüngern alles auf." Hier wird Jesu Lehre nicht nur generell[9] als Lehre ἐν παραβολαῖς verstanden, sondern Lehre ἐν παραβολαῖς bedeutet auch Lehre in Verschlüsselung, chiffrierte Lehre. Sie soll von der Menge gar nicht verstanden werden[10]. Nur die Jünger erfahren die Auflösung. παραβολή enthält hier die Bedeutungskomponente von „Rätsel"[11]. Das passt nun zu 4,11f: Die παραβολαί bieten ein „Geheimnis", das nur den Jüngern enthüllt wird. Die Außenstehenden „hören" alles verschlüsselt und können das Gehörte nicht „dechiffrieren" (sofern sie „außen"

---

[6] Ich halte eine Dreiteilung des Mk für die sinnvollste:
1,14–8,26   : Wunder und Lehre in Galiläa;
8,27–10,52   : Der Weg ans Kreuz (und der Weg der Nachfolge);
11,1–16,8   : Lehre und Passion in Jerusalem.

[7] Zur Anordnung von Lehre und Wunder in 1,14–8,26: D.-A. KOCH, Inhaltliche Gliederung und geographischer Aufriß im Markusevangelium, NTS 29 (1983) 145–166: 154–157.

[8] Nicht „verstehen", wie z.B. die Zürcher Bibel übersetzt.

[9] Vgl. das πάντα in Mk 4,11 und das πᾶσαι αἱ παραβολαί in 4,13; dazu: J. SCHREIBER, Die Markuspassion. Wege zur Erforschung der Leidensgeschichte Jesu, Hamburg 1969, 64 Anm. 244.

[10] 4,33 steht nicht in Spannung zu 4,34 und 4,11f, insofern die Menge zwar „hört", aber nicht versteht: vgl. J. SCHREIBER, Theologie des Vertrauens. Eine redaktionsgeschichtliche Untersuchung des Markusevangeliums, Hamburg 1967, 111 Anm. 96. Ich bezweifle, ob V.33 überhaupt vormarkinisch ist: vgl. J. LAMBRECHT, Redaction and Theology in Mark IV, in: M. Sabbe (Hg.), L'Evangile selon Marc. Tradition et Redaction, BEThL 34, Leuven 1974, 269–307: 276; G. SELLIN, Textlinguistische und semiotische Erwägungen zu Mk 4,1–34, NTS 29 (1983) 508–530: 517; D. LÜHRMANN, Das Markusevangelium, HNT 3, Tübingen 1987, 91; dagegen jedoch CH.M. TUCKETT, Mark's Concerns in the Parables Chapter (Mark 4,1–34), Bib. 69 (1988) 1–26: 6f. M.E. sollte man jedoch die erstmals von W. MARXSEN, Redaktionsgeschichtliche Erklärung der sogenannten Parabeltheorie des Markus, ZThK 52 (1955) 255–271, im Anschluss an J. JEREMIAS, Die Gleichnisse Jesu, Göttingen [10]1984, vertretene Teilsammlungstheorie einer Gleichnisquelle hinter Mk 4,1–34 (so auch H.-W. KUHN, Ältere Sammlungen im Markusevangelium, StUNT 8, Göttingen 1971) wieder aufgeben. Als das einzige Indiz für vormarkinischen Ursprung von V.33 wird das fehlende ἐν vor παραβολαῖς angeführt (KUHN, a.a.O. 134). Doch ein ἐν ist erforderlich im Falle des indeterminierten Gebrauchs von παραβολαί; in 4,33 ist παραβολαῖς jedoch durch τοιαύταις determiniert.

[11] Vgl. JEREMIAS, a.a.O. 12f. Doch gegen Jeremias ist zu betonen, dass der Ausdruck sich auf die „Gleichnisse" in Mk 4 bezieht, die nun als chiffrierte, verrätselte „Gleichnisse" bezeichnet werden – also als Allegorien. 4,11f kann aus diesem Grunde nicht als ein isoliertes Logion gelten.

bleiben). Sie „sehen", aber „erkennen" nicht; sie „hören" (die Rätsellehre), aber „verstehen" nicht. | Religionsgeschichtlich entstammen die Motive dieser Geheimnistheorie der apokalyptischen Esoterik. Gattungstheoretisch handelt es sich bei diesem Begriff von παραβολή um Rätselwort und Allegorie. Die Gleichnisse, die in Mk begegnen, sind vom Evangelisten überwiegend als solche Allegorien aufgefasst[12]. In diesem Zusammenhang hat der Verfasser vor allem eine apokalyptische Gattung aufgegriffen und ausgebaut, die man „esoterisches Schulgespräch" nennen kann[13]. Jesus redet öffentlich ein „Wort"; im Separaten fragen ihn die Jünger nach der geheimen Bedeutung, die sie dann in einer esoterischen Belehrung erfahren. Vorbilder finden sich in den Apokalypsen (z.B. allegorische Erzählung – Deutung durch den Deute-Engel). Solche „esoterischen Schulgespräche" begegnen (neben Mk 4,10ff) in Mk 7,14–23; 8,14–21; 9,11–13; 9,28f; 10,10–12; 10,23–27; 13,3ff. Sie stehen hier im Dienste einer künstlichen Verrätselung, einer Verlagerung zur theologischen Esoterik. Von dieser Tendenz zur Esoterik ist auch die Gattung des einfachen Bildspruchs[14] in Mk betroffen. Nahezu alle Sprüche in Mk fungieren auf der redaktionellen Ebene (oft künstlich gegen die ursprüngliche metaphorische Funktion) als symbolische oder chiffrierte Bildsprüche mit geheimer Bedeutung: 4,21–25; 7,15; 9,49f Im weiteren Sinne gilt das auch für die paradoxen Sprüche Mk 8,34–9,1; 9,43–48; 10,25, und auch die Leidensankündigungen sind (nun sogar für die Jünger) rätselhaft und unverständlich[15].

Prägnanter Ausdruck für die erste Stufe dieser Chiffrierung, für das Geheimnismotiv in Bezug auf die Lehre in Kap. 1–8, ist die Wendung τò μυστήριον τῆς βασιλείας in 4,11. Die in 1,15 programmatisch angekündigte Gottesherrschaft ist nur als Geheimnis „gegeben". μυστήριον (im Singular) ist nun aber ein apokalyptisch geprägter Begriff[16]. Damit stehen wir vor der Frage nach der markinischen Eschatologie: Ist die Gottesherrschaft, die in

---

[12] Mk 4,3–9 (vgl. den esoterischen „Weckruf" und die Deutung V.14–20); 4,26–29; 4,30–32 (der Begriff „Gottesherrschaft" bleibt von 4,11f her „Geheimnis"); 12,1–12; 13,28f und 13,33–37 sind zwar echte Gleichnisse, die jedoch allegorisierende Züge enthalten (Feigenbaum: Jes 34,4: vgl. Mk 11,12–14.20ff); zu 13,33–37 vgl. LÜHRMANN, Markusevangelium, 225. Die einzige Ausnahme ist Mk 3,22–30.

[13] Oder „apokalyptisches Lehrgespräch": so E. BRANDENBURGER, Markus 13 und die Apokalyptik, FRLANT 134, Göttingen 1984, 15.19.95.112f.116 u.ö.

[14] Der metaphorische Aussagespruch begegnet in zwei Formen: als *Vergleichsspruch* (nach alttestamentlich-weisheitlichem Vorbild), wobei die Sachhälfte im Spruch mitgenannt wird, und als *Bildspruch,* bei dem sich der Sachbezug (Bildempfänger) implizit aus dem Kontext bzw. der Redesituation ergibt. Wird der Sachbezug bewusst verschwiegen, dann wird der Bildspruch bzw. das Gleichnis zum (chiffrierten) Symbolspruch, der nicht mehr aus sich heraus verständlich ist, bzw. zur Allegorie.

[15] Vgl. auch die Bemerkung in 11,13b.

[16] Vgl. G. BORNKAMM: Art. μυστήριον, ThWNT 4 (1942) 809–834: 820ff; R.E. BROWN, The Semitic Background of the term „Mystery" in the New Testament, FB.B 21, Philadelphia 1968.

Mk 1,14f programmatisch proklamiert wird, eine gegenwärtige (bzw. perfektische) oder eine apokalyptisch-zukünftige Größe? Heißt ἤγγικεν in 1,15 „ist gekommen" (im Sinne von „ist da") oder „ist nahe herbeigekommen"? Im zweiten Fall wäre das „Geheimnis der Gottesherrschaft" (4,11) dann zu verstehen als eine gegenwärtige Verborgenheit der Gottesherrschaft, die erst im Eschaton enthüllt und damit „da" wäre (vgl. 4,23 in Korrespondenz zu 4,11). Das in | Mk 4,1–34 verwendete Material aus der Logientradition deutet auf der vormarkinischen Ebene auf eine solche apokalyptische Eschatologie hin. Insbesondere das Gleichnis von der selbstwachsenden Saat setzt ein chronologisches Schema von drei Zeiten voraus: (1) Zeit der Aussaat (Vergangenheit) – (2) Zeit des Wartens (Gegenwart) – (3) Zeit der Ernte (Zukunft). Die Zeit der Aussaat wäre demnach die Zeit des erzählten Wirkens Jesu, die Zeit des Wartens die Zeit des erzählenden Evangelisten und seiner Leser, die Zeit der Ernte das in absehbarer Zeit erwartete Eschaton. Das Verhältnis der Zeiten im Evangelium[17] ist aber nicht so einfach zu bestimmen. Schon in der Apokalyptik kann die Zukunft einer in die „erzählte Zeit" eingebetteten Rede auch mit der Gegenwart oder der Vergangenheit des Verfassers und seiner Rezipienten zusammenfallen (vaticinia ex eventu[18]). Ebenso können Ereignisse der „erzählten Zeit" (in der Regel im Tempus des Aorist) mit der Gegenwart des Verfassers und seiner Leser zusammenfallen[19]. Dass von der Gottesherrschaft an den prägnanten Stellen in Mk futurisch gesprochen wird (9,1; 14,25; 15,43), besagt also noch nichts über ihre absolute zeitliche Fixierung im theologischen „System" des Evangelisten. In Mk 13 fehlt der Begriff vielleicht nicht zufällig. Wenn man Mk 1,15 und 4,11 zusammennimmt, kann man sagen: *Die Gottesherrschaft ist bereits da – aber als* μυστήριον, das heißt: nicht für alle, sondern nur für die, denen ihr Geheimnis „gegeben" ist, für die „Insider". Die Korrespondenz von 4,11 zu 1,15 erstreckt sich auch auf 4,12: Wer beim Schauen „er-

---

[17] Vgl. N. PETERSON, Literary Criticism for New Testament Critics, Philadelphia 1978 (übersetzter Auszug in: F. Hahn [Hg.], Der Erzähler des Evangeliums. Methodische Neuansätze in der Markusforschung, SBS 118/119, Stuttgart 1985, 93–135), unterscheidet zwischen „vorgestellter" und „dargestellter" Zeit. Die Sache ist aber komplizierter, wenn auch – wie es mir bei Mk der Fall zu sein scheint – mythische Komponenten in der Erzählung zu berücksichtigen sind: vgl. dazu G. SELLIN, Mythologeme und mythische Züge in der paulinischen Theologie, in: DERS., Studien zu Paulus und zum Epheserbrief, FRLANT 229, hg. v. D. Sänger, Göttingen 2009, 75–90.

[18] So sind die Leidensweissagungen von der „erzählten Zeit" her futurische Rede, für die Erzählzeit des Verfassers jedoch beziehen sie sich auf Ereignisse seiner Vergangenheit.

[19] Dies gilt z.B. für die symbolischen Bezüge der Wundererzählungen (s.u. 2.). Eine ungeklärte Frage ist es, ob der extrem häufige Gebrauch des Präsens historicum in Mk (nach J.C. HAWKINS, Horae Synopticae. Contributions to the Study of the Synoptic Problem, Michigan [2]1968, 143f: 151mal; im Vergleich dazu: Joh 162mal; Mt 78mal; Lk 4mal) Ausdruck einer symbolischen oder mythischen Vergegenwärtigungsfunktion ist. Doch lässt sich bei dem Gebrauch von Aorist auf der einen und Präsens historicum auf der anderen Seite keine Gesetzmäßigkeit der Unterscheidung (vor allem auch keine quellen- oder traditionskritische) erkennen.

kennt" und beim Hören (vgl. 4,33) „versteht", gehört zu denen, die auf Grund der gegenwärtigen Gottesherrschaft „Buße tun" und „an das Evangelium glauben". „Erkennen" und „verstehen" sind für Mk symbolische Substitute für „glauben". ἐπιστρέφειν (4,12) korrespondiert dabei dem μετανοεῖν in 1,15b. Das die βασιλεία betreffende Zeitverständnis ist also kein absolutes, chronologisches, sondern ein je nach der Reaktion der Menschen relatives. Die Gegenwart der Gottesherrschaft ermöglicht Buße und Glauben (1,15a als Bedingung von 1,15b), doch zugleich ist umgekehrt die Jüngerschaft Bedingung der Erfahrung der Herrschaft Gottes. |

Die Jünger sind (trotz des Jüngerunverständnisses) die den Rezipienten des Mk angebotenen Identifikationsfiguren[20]. Diese Esoterik von Mk 4 mit ihren symbolischen Korrespondenzen einerseits zum Lehrstoff, insbesondere 1,14f, andererseits zum Wunderstoff, insbesondere zu 8,14–21 (s.u. 2.), hat nur sehr indirekt etwas mit der Christologie und dem von Wrede umrissenen „Messiasgeheimnis" zu tun[21]. Man kann nicht sagen, dass das „Geheimnis" von Mk 4 zum Zeitpunkt der Kreuzigung oder der Auferweckung generell enthüllt werde. Das Mk endet ja offen – mit Furcht und Schweigen der Frauen bei Abwesenheit der Jünger (s.u. 4.). Allenfalls so viel kann man sagen: Die Jünger sind und bleiben angewiesen auf das enthüllende, deutende Wort Jesu. Insofern ist das Sehen, Verstehen, Glauben wie die βασιλεία überhaupt in paradoxer Weise immer auch eine zukünftige Gabe (vgl. die Paradoxie von 9,24: „Ich glaube, hilf meinem Unglauben!").

Die Symbolik von Mk 4,1–34 ist also in erster Linie eine eschatologische und keine christologische. Doch ist das Zeitgefüge von Vergangenheit, Gegenwart und Zukunft weder chronologisch im Sinne absoluter Zeit noch apokalyptisch, sondern relativ und existentiell auf den Rezipienten bezogen[22].

---

[20] Zur Rolle der Jünger in Mk: R.C. TANNEHILL, Die Jünger im Markusevangelium – die Funktion einer Erzählfigur, in: F. Hahn (Hg.), Der Erzähler, 37–66; H.-J. KLAUCK, Die erzählerische Rolle der Jünger im Markusevangelium. Eine narrative Analyse, in: DERS., Gemeinde, Amt, Sakrament. Neutestamentliche Perspektiven, Würzburg 1989, 137–159.

[21] Vgl. S. BROWN, „The Secret of the Kingdom of God" – Mark 4:11, JBL 92 (1973) 60–74.

[22] Zur literarkritischen Analyse von Mk 4,1–34 möchte ich nachtragen, dass ich meine vorgetragene radikale Meinung (vgl. dazu: SELLIN, Textlinguistische Erwägungen, 516), nur 4,21–32 basiere auf fixierter Tradition, insofern einschränke, als ich die Beweislast für eine rein redaktionelle Entstehung von 4,3–9 nicht auf mich nehmen möchte. Redaktionell sind m.E. sicher: V.1f.11f.33f (s.o. Anm. 10 und 11); V.10.13–20 möglicherweise: vgl. dazu TUCKETT, Concerns, 8f, und besonders 22–26.

2. Das Geheimnis der Wunder (8,14–21)

Der Abschnitt 8,14–21 nimmt innerhalb des Wunderkomplexes im ersten Hauptteil (1,16–8,26) eine ähnliche herausgehobene Stellung ein wie 4,1–34 innerhalb des „Lehr"-Komplexes. Seine Form ist ebenfalls das typisch markinische esoterische Lehrgespräch. Die meisten Ausleger sind sich heute darin einig, dass er vollständig vom Evangelisten gestaltet worden ist. Lediglich V.15 wird gelegentlich noch als vorgegebenes Logion angesehen, doch ist diese Annahme nicht erforderlich. Traditionell ist nur die Metapher vom (negativ gewerteten) Sauerteig (vgl. 1Kor 5,6–8; Gal 5,9), die hier in Verbindung zu „Brot" steht. Schon die Zusammenstellung von Pharisäern und Herodes ist markinisch (Mk 3,6; 12,13)[23]. Der „Sauerteig der Pharisäer und der Sauerteig des Herodes" ist letztlich der Unglaube dieser beiden Aktanten, der direkt (3,6) oder indirekt (12,12; 6,14ff) mit der Passion in Zusammen- | hang steht. Die deutlichen und versteckten Kontextbezüge sind außerordentlich vielfältig. Nicht nur die beiden Brotwunder werden angesprochen, sondern auch die im unmittelbaren Kontext erzählten Augen- und Ohrenheilungen (7,31–37; 8,22–26; indirekt auch 10,46–52) sowie 7,24–30 (über das Stichwort „Brot" 7,27f). Weiter spielt die Zeichenforderung der Pharisäer (als Ausdruck des Unglaubens) eine Rolle (8,11–13). Vor allem stehen 8,17f und 4,11f in Korrespondenz, des Weiteren 8,17 und 6,52. Aber das Beziehungsgeflecht geht noch weiter: Über 8,11–13 steht das Thema „Sehen und Glauben" mit 15,32 in Beziehung, ebenso auch mit dem Elia-Missverständnis (besonders 15,36b: ἄφετε ἴδωμεν εἰ ...). Durch die Erwähnung des Herodes wird auch 6,14ff in Erinnerung gerufen. 6,14 vermutet Herodes aufgrund der Wunder, der Täufer sei auferstanden. V.15 werden andere erwähnt, die den Elia redivivus oder einen Propheten in Jesus vermuten. Das ist wiederum deutlicher Hinweis auf 8,27–30 und (über die Themen Elia und der Täufer) auf 9,11–13.

So erweist sich der Teiltext 8,14–21 als ein wahrer Knotenpunkt der vielfältigen Bedeutungsbezüge, mit denen der Evangelist die Komplexe seines Werkes kunstvoll vernetzt hat. Die Schwierigkeit besteht für die Exegese darin, dass zwischen (1) möglicherweise zufälligen, (2) dem Verfasser mehr oder weniger unbewussten und (3) vom Verfasser beabsichtigten Bezugnahmen unterschieden werden muss, um Überinterpretationen zu vermeiden. Mir scheint jedoch im Mk insgesamt ein derart hohes Maß an reflektierter Gestaltung erkennbar zu sein, dass man mit einem hochgradig bewussten Einsatz von internen Textverweisen und Bezügen rechnen darf. Beginnen wir zunächst mit einigen Merkwürdigkeiten im Teiltext selber,

---

[23] Vgl. LÜHRMANN, Markusevangelium, 67.183; DERS., Pharisäer und Schriftgelehrte im Markusevangelium, ZNW 78 (1987) 169–185: 170f.

die oft nicht beachtet werden. Fragt man, was die Jünger bei den beiden Speisungen nicht verstanden haben, so muss man von dem merkwürdig ausführlichen, achtergewichtigen Schluss V.18c–21 ausgehen. Des Rätsels Lösung enthalten aber kaum die beiden Zahlen „zwölf" und „sieben"[24]. Es sind nicht die symbolischen Zahlen selbst, sondern das Motiv der übriggebliebenen Brocken überhaupt. Das wird sofort verständlicher, wenn wir eine zweite Merkwürdigkeit beachten: Wozu wird in V.14b das *eine* Brot erwähnt, das die Jünger dabeihaben? Dass damit auf die Eucharistie verwiesen sei[25], ist freilich kaum zu begründen. Aber damit ist das Problem nicht erledigt. Der Abschnitt beginnt in V.14a zunächst so, als sei nun ein drittes Brotwunder fällig, diesmal speziell für die Jünger. Das in V.14b erwähnte *eine* Brot hat dann die Funktion, die Grundlage für weiteren wunderbaren Brotreichtum der Jünger abzugeben (wie die fünf bzw. sieben Brote in 6,38 und 8,5). Eine weitere Merkwürdigkeit ist sodann das Wort vom Sauerteig der Pharisäer und des Herodes. Zwar | wird meistens gesehen, dass „Sauerteig" und „Brot" assoziativ zusammenhängen. Aber darin erschöpft sich die Sauerteigmetapher nicht. Vielmehr steht der „Sauerteig" in einer metaphorischen Synonymität zu den am Schluss der Brotwunder erwähnten übriggebliebenen Brocken. Er ist ja ein Bild für einen nie endenden Prozess von Selbstreproduktion, insofern die ungebackenen Teigreste wieder sauer werden, so dass sie weiteren Teig säuern können – usw. Eine entsprechende Funktion haben die Brocken, insofern sie die Ausgangsbrotmenge übertreffen. Indirekt liegt also auch hier das Motiv von der wunderbaren, nie ausgehenden Nahrung vor (1Kön 17,13f). Die Jünger könnten also auf die Brocken zurückgreifen – gewarnt werden sie aber vor dem anderen Ausgangsstoff der Brot-Selbstreproduktion, dem Sauerteig der Pharisäer und des Herodes. Was aber bedeutet der Sauerteig der Pharisäer, was der Sauerteig des Herodes und was die wunderbaren Brotbrocken der Jünger? Denn dass Sauerteig und Brot nun symbolische Bedeutung haben, wird man nicht bezweifeln können. Der „Sauerteig" der Pharisäer bezieht seine Bedeutung aus dem unmittelbar vorangehenden Kontext: Es ist die Haltung des Unglaubens, der eindeutige „Zeichen" fordert (8,11–13), dabei aber blind ist. Die Zeichenforderungen wiederholen sich unter dem Kreuz: 15,32.35f (s.u. 3.) Was den „Sauerteig" des Herodes betrifft, so spielen ebenfalls die Wunder eine Rolle, und zwar auch die Wunder der ausgesandten Jünger (Mk 6,14–16 im Anschluss an 6,7–13). Herodes hatte den Täufer (als Elia: s.u. 3.) hin-

---

[24] Unwahrscheinlich ist ein direkter Bezug auf den Zwölferkreis und den Siebenerkreis der Hellenisten (letzteren kennt Mk wohl gar nicht). Dass jedoch die 12-Zahl die Totalität Israels symbolisiert und die 7-Zahl die kosmische bzw. ethnische Universalität, ist auch ohne Bezug auf die beiden Institutionen wahrscheinlich.

[25] So z.B. K. KERTELGE, Die Wunder Jesu im Markusevangelium. Eine redaktionsgeschichtliche Untersuchung, StANT 23, München 1970, 170.

richten lassen und fürchtet nun die Wunderkräfte des vermeintlichen auferstandenen Täufers. Seine Anhänger trachten (zusammen mit den Pharisäern) dann auch Jesus nach dem Leben (3,6; vgl. 12,13).

Die Jünger wissen nach 8,14ff noch nicht, welche wunderbare Brotquelle sie in Wahrheit besitzen. Die Gefahr, vor der sie stehen könnten, ist ihre Zuwendung zu der anderen Brotquelle, dem „Sauerteig" (als Bild des ansteckenden Unglaubens). Es ist in diesem Zusammenhang vielleicht auch wichtig, dass in beiden Brotwundererzählungen den Jüngern die Aufgabe des Brotausteilens zugewiesen war (6,37: „Gebt *ihr* ihnen zu essen!"). Die Jünger haben etwas, dessen sie sich noch gar nicht bewusst sind *(ihnen* ist das „Geheimnis der Gottesherrschaft" „gegeben", und *sie* haben die Brocken von Jesu Brotwundern eingesammelt).

Nun gibt es aber noch eine weitere symbolische Beziehung über das Stichwort Brot, nämlich zu 7,27f[26]. Von daher ist eine Erklärung der Doppelung des Brotwunders naheliegend, wonach sich 6,30ff auf die Juden, 8,1ff auf Heiden bezieht[27]. Dafür gibt es noch einige Indizien: die Zahlen 5 (Pentateuch), 5000 (zu 6,40 | vgl. Ex 18,25; Num 31,14) und 12 (Stämme) auf der einen, die 7-Zahl (als universale) auf der anderen Seite, ferner das μακρόθεν in 8,3[28]. Außerdem spielen ab 7,24 die meisten Perikopen in transgaliläischem Gebiet[29]. Schließlich ist der Anklang der Brotwunder-Erzählungen an 1Kön 17,7ff wohl nicht zufällig: Das Brotwunder Elias spielt im Heidenland, in Sarepta bei *Sidon*. Es scheint doch wohl in der Absicht des Evangelisten begründet zu sein, dass mit 6,1 eine Verlagerung des Wirkens Jesu ins Externe einsetzt (*Ab*weisung aus der Heimat und *Aus*sendung der 12 als Vorbereitung; ab 7,24 dann Einbezug der Heiden).

---

[26] Hier steht freilich ein anderes Wort (ψιχίον) als in den Speisungserzählungen und 8,19f (κλάσμα). ψιχίον („Krümel") ist jedoch durch den metaphorischen Zusammenhang der „Bescheidenheit" der Heidin gefordert. κλάσμα und ψιχίον unterscheiden sich nur quantitativ. Auf jeden Fall fällt für die Heiden etwas vom wunderbaren Brot ab.

[27] Zur Kritik an dieser schon häufig vorgebrachten Vermutung: T.A. BURKILL, The Syrophoenician Woman: The Congruence of Mark 7,24–31, ZNW 57 (1966) 23–37: 29; D.-A. KOCH, Die Bedeutung der Wundererzählungen für die Christologie des Markusevangeliums, BZNW 42, Berlin 1975, 109 (Anm. 6, 8 und a.a.O. 110 Anm. 10: Vertreter dieser symbolisierenden Deutung). Vgl. aber K. KERTELGE, Die Wunder Jesu im Markusevangelium, StANT 23, München 1970, 156, dessen Deutung trotz seiner Kritik an einer Überschätzung markinischen Allegorisierens auf die oben im Text vorgetragene symbolische Interpretation hinausläuft: V.27 „wird so nicht nur einen Hinweis enthalten auf zwei ‚Sättigungen', eine der τέκνα = Juden und eine der κυνάρια = Heiden, sondern auf die Berufung aller zum gemeinsamen Mahl der βασιλεία τοῦ θεοῦ (1,15)." Vgl. auch ebd. 144.

[28] Neben den bei KOCH, Bedeutung, Genannten z.B. auch R. PESCH, Das Markusevangelium I. Teil. Einleitung und Kommemtar zu Kap. 1,1–8,26, HThK 2/1, Freiburg u.a. [2]1977, 402f.

[29] Ob die Hypothese einer mit 7,24 einsetzenden Reise ins Heidenland haltbar ist, mag offenbleiben. Immerhin lassen sich die Dekapolis (7,31), das unbekannte Dalmanutha (8,10) und Bethsaida (8,22) – neben Cäsarea Philippi – als heidnische Regionen verstehen. Die Fahrten ans Ostufer des galiläischen Meeres beginnen jedoch schon früher: 4,35; 5,1.20; vgl. auch 6,45.53.

Auf das gleiche Bedeutungsnetz wie die Brotsymbolik am Anfang und Schluss der Perikope 8,14–21 weist auch die Mitte: das Thema des Jüngertadels mit seinem spezifischen Bildfeld. Die vielfältigen Bedeutungsbezüge lassen sich ein wenig ordnen, wenn man erkennt, dass „sehen" und „hören" jeweils in ihrer Doppeldeutigkeit die tragenden Grundsymbole darstellen. Jesu Lehre (hören) und Jesu Wunder (sehen) können je auf zwei Weisen rezipiert werden: Die *Worte* Jesu werden von denen „draußen" „gehört", aber nicht „verstanden" (4,12b; 4,33). Entsprechend werden die Wunder von den einen „erblickt" (z.B. von Herodes), aber nicht „erkannt", nicht „verstanden". Ausdruck dafür ist die Zeichenforderung, die geradezu beweist, dass von dem bisher Geschehenen nichts verstanden wurde. Neben die Symbolik von Augen und Ohren tritt als dritte die des Herzens. Auch diese wird mit einem Prophetenzitat in Verbindung gebracht: Jes 29,13^{LXX} in Mk 7,6f (neben Jes 6,9f in Mk 4,12 und Jer 5,21 bzw. Ez 12,2 in Mk 8,18. Neben diesen drei Zitaten begegnen im ersten Hauptteil (1,14–8,26) nur noch zwei Anspielungen (4,32 und 6,34) und ein Gesetzeszitat in 7,10, das aber nur thematische, jedoch keine hermeneutische Funktion hat. Die drei markanten Zitate heben die zentrale Bedeutung der drei Grundsymbole „Ohren", „Augen" und „Herz" für den ersten Hauptteil hervor. Wie das ungläubige Schauen mit der Zeichenforderung, so hängt die Herzmetaphorik mit dem Ausdruck „Herzensverhärtung" zusammen (3,5; 6,52; 8,17).

Wenn man von 4,11f herkommt, steht man vor einem Problem angesichts der Tatsache, dass 6,52 und 8,17 auch die Jünger von Blindheit, Taubheit und Herzensverhärtung betroffen sind. Zwar ist 8,18 eine warnende Frage (vgl. 4,40), doch 6,52 | wird die Herzenshärtigkeit der Jünger konstatiert, bezeichnenderweise im Zusammenhang mit dem ersten Brotwunder. Um den Widerspruch zu 4,11f zu lösen, müssen wir zunächst die Frage klären, *was* denn die Jünger nach 6,52 und 8,14–21 nicht verstehen. Wenn 4,41 („Wer ist doch dieser?") in diese Kette gehört, dann scheint es um die Messianität Jesu zu gehen, und dieser Vorwurf des Jüngerunverständnisses wäre mit 8,29 („du bist der Christus") erledigt. Freilich folgt sogleich die Leidensthematik, deren Nichtverstehen von Seiten der Jünger nicht mehr aufgelöst wird. Entsprechend hat Theodore J. Weeden[30] die Jünger als Vertreter einer vom Evangelisten bekämpften „Häresie", also als negative Typen verstehen wollen. Das aber ist nicht nur angesichts 4,11f (vgl. 7,17ff; 13,3ff), sondern auch aus erzählpsychologischen Gründen ausgeschlossen[31]. Aber nun ist auch im ersten Hauptteil des Mk das Unverständnis der Jünger keineswegs ausschließlich auf das Messiasgeheimnis bezogen. Mag das für 4,40f und 6,52 vielleicht noch zutreffen, so kommen je-

---

[30] Vgl. T.J. WEEDEN, Mark. Traditions in Conflict, Philadelphia 1971.
[31] Vgl. die Kritik von TANNEHILL, Jünger, 50f.

doch in 8,14ff wenigstens noch weitere Aspekte ins Spiel. Pointiert gesagt: Nach 8,14ff haben die Jünger die Bedeutung der *Brocken* nicht verstanden, nämlich dass sie weiterhin „Brot" erhalten (und – vielleicht dem untergeordnet – dass sie gerade auch in Zukunft „Brot" für Juden und Heiden erhalten). Noch überspitzter: Die Jünger haben ihre eigene Rolle nicht verstanden. Sie haben „Brot" – und wissen es nicht. Sie haben es selbst ausgeteilt, und sie haben mehr Brocken eingesammelt als sie an Brotmenge ausgeteilt hatten.

Die erzählerische Funktion der Jünger im Mk besteht darin, dass die Leser/Hörer des Mk sich mit ihnen identifizieren sollen. So ist der Jüngertadel an die Leser/Hörer gerichtet, deren Unzulänglichkeiten zur Sprache kommen. Darum wird das Unverständnis der Jünger bis zum Ende nicht aufgelöst. Der Schluss verweist vielmehr noch einmal in die Zukunft (16,7 – s.u. 4.). Ihr Glaube ist nie ein fertiger Zustand (vgl. 9,24). Sie müssen das „Sehen" und „Hören" immer neu lernen; immer wieder sind sie auf Jesu Belehrung und Erscheinung angewiesen: indem sie immer wieder ihr „Evangelium" hören oder lesen.

3. Elia (9,11–13)

Auch Elia wird über das ganze Mk verstreut erwähnt. Deshalb ist anzunehmen, dass sein Name eine Rolle im Konzept des Evangelisten spielt. Merkwürdig ist das Elia-Missverständnis in der Erzählung von der Kreuzigung. Es spricht einiges dafür, 15,34b–36 als redaktionellen Einschub anzusehen[32]. Durch die Übersetzung des Ge- | betsrufes Ps 22,2 ins Aramäische wird das Elia-Missverständnis überhaupt erst möglich. Aber die Übersetzung ist nur dem Redaktor zuschreiben (vgl. 5,41; 7,11.34; 15,22), der offenbar die aramäische, nicht aber die hebräische Sprache beherrschte (denn das Elia-Missverständnis wäre im Hebräischen viel deutlicher – vgl. die Mt-Parallele)[33]. Die Aufnahme von Ps 22,2 hat eine doppelte Funktion: Einmal

---

[32] Für einen Einschub auch von V.34b spricht die Doppelung des Schreis (φωνὴ μεγάλη in V.34.37). Vgl. z.B. SCHREIBER, Theologie, 25f; LÜHRMANN, Markusevangelium, 263f. In der Quelle, der m.E. das Stundenschema (V.25.33.34a.37) zugrunde liegt, folgte V.37 unmittelbar auf καὶ τῇ ἐνάτῃ ὥρᾳ (V.34a).

[33] Vgl. auch die Erläuterungen palästinischer Bräuche für hellenistische Leser: 7,3f; 15,44. Während der Redaktor selbst also palästinisch-aramäischer und apokalyptischer Tradition verbunden ist (Mk 4: s.o. 1., vgl. Mk 13), scheint seine Tradition bzw. Quelle hellenistisch-judenchristlichen Ursprungs zu sein. Es ist der Redaktor, der von sich aus den Menschensohntitel aufgreift; vgl. N. PERRIN, Die Christologie des Markus-Evangeliums, in: R. Pesch (Hg.), Das Markus-Evangelium, WdF 161, Darmstadt 1979, 356–376: 365ff; W. SCHMITHALS, Die Worte vom leidenden Menschensohn. Ein Schlüssel zur Lösung des Menschensohn-Problems, in: C. Andresen/G. Klein (Hg.), Theologia Crucis – Signum Crucis (FS E. Dinkler), Tübingen 1979, 417–445. Es ist der

wird damit das Motiv vom „leidenden Gerechten" weiter entfaltet[34] (vgl. V.24: Ps 22,19). Zugleich aber lässt sich damit noch einmal das Missverständnis des Unglaubens im Zusammenhang mit der Elia-Motivik auf dem Höhepunkt des ganzen Buches zum Zuge bringen. Meistens wird Elia hier als „Nothelfer" interpretiert. Aber gibt es eine solche Tradition überhaupt[35]? Entsprechend wird die Reaktion eines Dabeistehenden, der dem Sterbenden einen mit Essig getränkten Schwamm reicht, von vielen Exegeten grob missverstanden. Es ist zwar nicht ausgeschlossen, dass Ps 69,22b im Hintergrund steht[36], aber im Zusammenhang mit dem Vorhergehenden ist die Handlung des τις kein Spott oder gar Quälerei, sondern Ausdruck des missverstehenden Unglaubens. In Verbindung mit V.36 Ende („Lasst uns sehen, ob Elia kommt") kann der Essigschwamm nur die eine Funktion haben: die versagenden Lebenskräfte noch einmal durch einen Reiz (Säure) zu wecken, das Sterben hinauszuzögern[37]. Man will objektiv prüfen, ob nicht doch noch eintritt, was der Ster- | bende erwartet zu haben scheint. Die Funktion Elias in diesem Zusammenhang kann man nur erkennen, wenn man die verborgene Bezugnahme dieser Stelle auf 9,11–13 beachtet. Elia ist kein Nothelfer, sondern der, der das Einbrechen der Gottesherrschaft einläutet. Indirekt ist es der Einbruch der Gottesherrschaft selber, auf den zu warten die Umstehenden dem Sterbenden noch die allerletzte Chance geben wollen. Dabei ist kein Zweifel, dass das Abwarten

---

Redaktor, der die sich apokalyptischer Motivik verdankende und apokalyptische Formen verwendende Esoterik konstruiert (s.o. 1.), der Mk 13 einfügt, ja der die im wesentlichen apokalyptisch ausgerichtete Logientradition (z.B. 4,26–32; 8,38–9,1; 9,42–50) in die Erzählungskomplexe aufnimmt. Dadurch wird eine hellenistisch ausgerichtete Epiphanie-Theologie (in der Wundererzählungstradition und zentriert um den Gottessohntitel) eschatologisiert. Dazu dient auch die βασιλεία-Thematik der Jesustradition (vgl. 1,14f). Genau damit aber hängt auch die Elia-Motivik zusammen. – Diese Theorie, die ich in einem früheren Aufsatz vorgestellt habe (G. SELLIN, Das Leben des Gottessohnes, Kairos 25 [1983], 237–253, dort allerdings belastet mit dem unlösbaren Quellenproblem), widerspricht freilich dem common sense, wonach die Entwicklung immer vom Palästinischen zum Hellenistischen zu verlaufen habe. Dass gerade das „Hellenistische" den Grundstock des Mk bilde, dafür könnte sogar die Zuschreibung des Mk an den Antiochener Johannes Markus sprechen (M. HENGEL, Entstehungszeit und Situation des Markusevangeliums, in: H. Cancik [Hg.], Markusphilologie. Historische, literargeschichtliche und stilistische Untersuchungen zum zweiten Evangelium, WUNT 33, Tübingen 1984, 1–45), wenn man diese einmal von der von Papias vertretenen apologetischen Petrus-These löst und wenn man sie nicht auf den Redaktor selbst, sondern auf seine Tradition (oder Quelle) bezieht (beides gegen Hengel).

[34] Vgl. LÜHRMANN, Markusevangelium, 263f.

[35] Vgl. J. GNILKA, Das Evangelium nach Markus. II. Teilband Mk 8,27–16,20, EKK 2/2, Zürich u.a. ²1986, 322: „literarisch hier zum ersten Mal belegt".

[36] So z.B. LÜHRMANN, Markusevangelium, 263. Doch eine bewusste Anspielung auf Ps 69,22 liegt wohl erst Mt 27,34 vor (bezeichnenderweise nicht parallel zu Mk 15,34, sondern zu Mk 15,23).

[37] Schon Mt hat den Sinn der Handlung nicht mehr verstanden. Das zeigt die Tatsache, dass er in 27,48f aus dem die eigene Handlungsintention interpretierenden Wort des τις ein davon abgehobenes Wort der λοιποί macht.

der Umstehenden Ausdruck des Unglaubens und von gleicher Qualität wie die Zeichenforderung der Pharisäer und wie der Zuruf der vorübergehenden „Spötter" (15,32) ist. Auch diese wollen die Demonstration, um daraufhin zu glauben (ἵνα ἴδωμεν καὶ πιστεύσωμεν). Aber sie „schauen", und „verstehen" noch immer nicht (im Gegensatz zum Zenturio, 15,39). Sie haben nicht verstanden, was Jesus 9,11–13 den Jüngern erklärt hat: Elia kommt nicht mehr, er war längst da. Und wenn Elia da *war*, dann *ist* auch die Gottesherrschaft da – verborgen vor den Augen der „Schauenden", die nicht „erkennen". Dies ist das „Geheimnis des Gottesreiches", das den Jüngern gegeben worden ist (4,11f), das freilich auch sie *noch* nicht verstanden haben. Es kommt nämlich etwas hinzu: Das Gekommensein Elias und das Dasein des Repräsentanten des Gottesreiches (des Messias-Gottessohnes: 14,61f) ist von einer besonderen Qualität. Sowohl Elia wie der Gottessohn selber wurden misshandelt und hingerichtet. Elia ist der Täufer. Entsprechend beginnt das Mk mit dem Vorläuferthema (1,1–8). Der Täufer aber ist Vorläufer der Gottesherrschaft, die mit dem Auftreten Jesu „*da*" ist (1,14f). Mk 9,1–13 ist wieder ein Knotenpunkt, in dem die Fäden zusammenlaufen. Das Thema Elia ist dem Evangelisten kontextmäßig in der Tradition (bzw. dem Quellenstück) 9,2–8 vorgegeben. Im Anschluss an die eschatologische Elia-Erwartung (Mal 3,24) wird der wiederkommende Elia mit dem Täufer identifiziert. Das Ende des Täufers wird parallel zum Ende Jesu gesetzt. Das Ende Jesu wird nach dem Schema des „leidenden Gerechten" von SapSal 2–5 verstanden. Dort wird der leidende Gerechte „Sohn Gottes" (SapSal 2,16.18; 5,5) genannt. Der Redaktor des Mk verbindet damit zugleich den Gottessohn-Begriff der hellenistischen Wunder- und Entrückungstradition (nach dem Modell des ἄνθρωπος θεοῦ: Mose, Elia 9,2–8; vgl. aber auch schon SapSal 4,10f)[38].

Wenn man diese Bedeutung der Elia-Motivik erkannt hat, kann man sagen: Für den Redaktor ist die Kreuzigung das eschatologische Ereignis, die Epiphanie der | Gottesherrschaft – oder besser: ihre sachliche Mitte, ihr Höhepunkt. Der Unglaube wartet immer noch auf Zeichen, „hört" und „versteht" nicht, „schaut" (15,32: ἵνα ἴδωμεν; 15,36: ἄφετε ἴδωμεν) und „erkennt" nicht. Die Jünger haben zwar das „Geheimnis der Gottesherrschaft"

---

[38] Der Gottessohntitel wird m.E. in Mk 1,11.24; 3,11; 5,7; 9,7; 14,61; 15,39 im Sinne einer Tendenz zur späteren θεῖος-ἀνήρ-Vorstellung verstanden (vorgegeben durch die Tradition bzw. Quelle). Es ist aber wohl erst der Redaktor, der damit die Tradition vom leidenden Gerechten verbindet (anders aber LÜHRMANN, Markusevangelium, 250 u.ö.). Diese Tradition wird bezeichnenderweise zunächst über den Menschensohntitel eingeführt. Der unschuldig Getötete wird am Ende als der ins Recht gesetzte Richter erscheinen (Mk 14,61f): vgl. R. PESCH, Die Passion des Menschensohnes. Eine Studie zu den Menschensohnworten der vormarkinischen Passionsgeschichte, in: Ders./R. Schnackenburg (Hg.), Jesus und der Menschensohn (FS A. Vögtle), Freiburg u.a. 1975, 166–195: 185f. Gegen Pesch ist aber zu sagen, dass dieser Komplex Ausdruck markinischer Passionstheologie ist.

erhalten, doch für sie bleibt die Verwirklichung noch offen. Ihnen wird das erkennende „Sehen" nur in Aussicht gestellt (16,7; s.u. IV). Sie müssen noch lernen – und zwar durch das Lesen und Hören „ihres" Buches.

Dort finden sie Vorbilder-Geschichten von solchen, die erkannt haben, denen die Augen und Ohren geöffnet wurden (7,31ff; 8,22ff; 10,46ff), die nachfolgen (10,52). Einer, ein Heide, „erkennt" den Gottessohn am Kreuz (15,39). Die Jünger (der „erzählten Welt") haben dagegen die Kreuzigung verpasst.

4. Das „Sehen" in Galiläa (16,7)

Zu den Rätseln des Mk gehört immer noch der Schluss des Buches. Zwar herrscht in der textkritischen Frage inzwischen weitgehender Konsens: 16,9ff gehört nicht zum ursprünglichen Textbestand des Werkes[39]. Auch in der Frage nach dem ursprünglichen Buchschluss bahnt sich ein Konsens an: 16,8 ist der vom Verfasser (bzw. Redaktor) intendierte Abschluss. Eine weggebrochene Erscheinungsgeschichte hat es wohl nicht gegeben[40]. Unklarheit herrscht freilich über die Bedeutung des Buchschlusses in 16,8.

Relativ unproblematisch ist wieder die Scheidung von Vorlage („Tradition") und Eingriffen des Verfassers („Redaktion"): V.7 (sicher) und V.8b (wahrscheinlich) sind dem Verfasser zuzuschreiben[41]. Die Vorlage setzt keine Erscheinung des Auferstandenen voraus. Auch V.6 impliziert das nicht. In Zusammenhang mit 9,2–8 lässt sich vielmehr eine hellenistisch-jüdische Vorstellung von der Entrückung des ἄνθρωπος θεοῦ erschließen (Elia, Mose – Mose wurde nach hellenistisch-jüdischer Tradition entrückt, obwohl er starb und begraben worden war)[42]. Mit V.7 stellt jedoch der Verfasser so etwas wie eine Erscheinung des Auferstandenen in Aussicht. Dass das „Sehen" in Galiläa sich auf die Parusie beziehe[43], ist wegen des | wohl

---

[39] K. ALAND, Der Schluß des Markusevangeliums, in: DERS., Neutestamentliche Entwürfe, ThB 63, München 1979, 246–283; vgl. DERS., Der wiedergefundene Markusschluß?, ZThK 67 (1970) 1–14.

[40] Z.B. gegen R. BULTMANN, Die Geschichte der synoptischen Tradition, FRLANT 29, Göttingen [10]1995, 308ff; PH. VIELHAUER, Geschichte der urchristlichen Literatur. Einleitung in das Neue Testament, die Apokryphen und die Apostolischen Väter, Berlin [4]1985, 348; H.R. BALZ, Art. φοβέω κτλ. C-E, ThWNT 9 (1973) 201–216: 206f.

[41] So z.B. PAULSEN, Mk 16,1–8, in: DERS., Zur Literatur und Geschichte des frühen Christentums. GAufs., WUNT 99, hg. v. U. Eisen, Tübingen 1997, 75–112; V.8b ist auch nach LÜHR-MANN, Markusevangelium, 271, „redaktioneller Verweis".

[42] Vgl. dazu SELLIN, Leben, 243f; LÜHRMANN, Markusevangelium, 270.

[43] So noch MARXSEN, Evangelist, 53ff (im Anschluss an E. LOHMEYER, Galiläa und Jerusalem, FRLANT 52, Göttingen 1936, 10ff), u.a. unter Berufung auf 13,26 und 14,62. Marxsen hat diese These jedoch inzwischen modifiziert: DERS., Einleitung in das Neue Testament. Eine Einführung in ihre Probleme, Gütersloh [4]1978, 144f.

auch zeitlich engen Zusammenhangs von ὄψεσθε zu ἠγέρθη (ebenso von προάγειν zu ἠγέρθη: vgl. auch 14,28) eher unwahrscheinlich⁴⁴. Die Frage ist freilich, was das so in Aussicht gestellte „Sehen" konkret bedeutet.

Zunächst aber ist nach der Bedeutung von Furcht und Schweigen der Frauen zu fragen. 16,8b zeigt, dass 9,9 (Schweigegebot bis zur Auferweckung) nicht die grundsätzliche Bedeutung hat, die im Gefolge von W. Wrede dem Vers meist beigemessen wird⁴⁵. 9,9 hat lediglich die Funktion, die bei der Verklärung sichtbar gewordene Doxa nicht unter Absehung von Passion und Kreuz absolut zu setzen. Es geht also eher um eine theologische als um eine chronologische Aussage. Ähnlich scheint es bei 16,8 der Fall zu sein. Als „Termin" bedeutet die Auferweckung keineswegs das Ende der Verhülltheit und Verborgenheit der Doxa. Es wird weiter „geschaut" und nicht „erkannt", „gehört" und nicht „verstanden". Dabei schließt das Schweigen der Frauen eine Vergewisserung christlichen Glaubens am leeren Grab aus. Das gilt zunächst (auf der Ebene des Erzählten) für die Jünger: Eine Bestätigung dessen, was Jesus ihnen gesagt hatte und was sie nie verstanden hatten (z.B. 8,31; 9,9.31; 10,32–34; 14,28), erfahren sie also im Rahmen der Darstellung überhaupt nicht. Wenn wir davon ausgehen, dass die Jünger für den Leser/Hörer des Mk die Identifikationsfigur darstellen, heißt das auch: Die Rezipienten des Mk können sich nicht auf Zeugen berufen. Das „Sehen" steht auch für sie noch aus. Das Wunder des leeren Grabes ist so ambivalent wie alle die Wunder vorher.

Die zentrale Aussage von V.7 enthält drei symbolische Elemente: προάγει, Γαλιλαία und ὄψεσθε.

1. προάγειν erscheint Mk 10,32 mit christologischer Konnotation: Auf dem Weg nach Jerusalem ans Kreuz „ging Jesus ihnen [den Jüngern] voran, und sie erschraken; die aber nachfolgten, fürchteten sich". Die Reaktion der Jünger und „Nachfolger" ist typisch für die menschliche Reaktion auf eine Epiphanie, auf eine Begegnung mit dem Heiligen⁴⁶. Wichtig ist, dass dem

---

⁴⁴ Weitere Argumente gegen die Parusiethese z.B. bei GNILKA, Markus II, 343; TANNEHILL, Jünger, 64f Anm. 39; R.H. STEIN, A Short Note on Mark XIV. 28 and XVI.7, NTS 20 (1973/74) 445–452.

⁴⁵ Vgl. W. WREDE, Das Messiasgeheimnis in den Evangelien. Zugleich ein Beitrag zum Verständnis des Markusevangeliums, Göttingen ⁴1969.

⁴⁶ Vgl. dazu O. LINDTON, Der vermißte Markusschluß, ThBl 8 (1929) 229–234: 233; zum Religionsphänomenologischen: R. OTTO, Das Heilige. Über das Irrationale in der Idee des Göttlichen und sein Verhältnis zum Rationalen, München 1987 (= 1918); speziell zu Mk: H.R. BALZ, φοβέω, 205–208 („Epiphanie-Furcht", 105f.208); PESCH, Markusevangelium I, 150–152 („Admirationsmotive"). Die zur Epiphanie- bzw. Wundertopik (aber auch in den Zusammenhang der vollmächtigen Lehre Jesu) gehörenden Ausdrücke in Mk sind ἐξίστασθαι (2,12; 5,42; 6,51), ἔκστασις (5,42; 16,8), ἐκπλήττεσθαι (1,22; 6,2; 7,37; 10,26; 11,18), θαμβεῖσθαι (1,27; 10,24.32), ἐκθαμβεῖσθαι (9,15; 14,33; 16,5.6), θαυμάζειν (5,20; 6,6; 15,5.44), ἐκθαυμάζειν (12,17), τρέμειν (5,33), τρόμος (16,8), φοβεῖσθαι (4,41; 5,15.33.36; 6,20.50; 9,32; 10,32; 11,18.32; 12,12; 16,8), φόβος (4,41) und ἔκφοβος (9,6). Eine genaue semantische Differenzierung ist kaum möglich, doch

προάγειν Jesu hier ein ἀκολουθεῖν | entspricht[47]. „Nachfolgen" aber ist in Mk nicht nur an dieser Stelle ein symbolischer Begriff: den gleichen Weg wie Jesus gehen – einschließlich der Bereitschaft, das Kreuz auf sich zu nehmen (8,34). Dabei wird in 10,32 auffällig unterschieden (οἱ δέ ...) zwischen den αὐτοί, die „erschraken" (ἐθαμβοῦντο), und den „Nachfolgenden", die „sich fürchteten" (ἐφοβοῦντο)[48]. Im Unterschied zur undifferenzierten Schar der Jünger, die angesichts des „heiligen Marsches" Jesu nur die undifferenzierte Reaktion des Schreckens zeigt, scheinen die „Nachfolgenden" zu wissen, was sie erwartet; sie reagieren folglich spezifischer mit „Furcht"[49]. Die künstliche Trennung in Jünger (αὐτοί) und „Nachfolger" (die ja nicht endgültig ausschließt, dass beide Gruppen sich überschneiden können) ist also wieder ein symbolischer, d.h. ein mit über das vordergründig Erzählte hinausgehender Bedeutung aufgeladener, Erzählzug. Angesichts dieser Stelle 10,32 ist es keine Überinterpretation, wenn man dem προάγειν Jesu in 16,7 (und 14,28) eine Aufforderung zum ἀκολουθεῖν der Jünger als Komplement impliziert sein lässt.

2. Damit aber erhält das ὄψεσθε ein zusätzliches Bedeutungsmoment. Gleichgültig, ob es auf eine Erscheinung des Auferweckten oder die Parusie Bezug nimmt, das Wort hat an dieser Stelle die gleiche theologisch qualifizierte Bedeutung wie die Seh- bzw. Augensymbolik in den Zitaten 4,12 und 8,18[50]. Die wegen ihrer separaten Stellung in der Komposition[51] auffällige Blindenheilung 10,45–52 (Bartimäus) gipfelt in der Aussage des ἀκολουθεῖν auf dem „Weg" Jesu (nach Jerusalem). Die Stelle 10,32 wirkt dabei noch nach. Das „Sehen" des Auferstandenen hängt also ab von der Nachfolge auf dem Weg Jesu. Zugleich erhält damit der „Weg", der den zweiten Hauptteil 8,27–10,52 thematisch bestimmt, eine über seine rein erzählerische Funktion (als Ortsveränderung von Galiläa nach Jerusalem) hinausgehende

---

scheint φοβεῖσθαι (φόβος, ἔκφοβος) gegenüber den anderen intensivere und gelegentlich spezifizierte Bedeutung zu haben (in 9,32; 10,32; 11,18; 12,12; 16,8 wohl redaktionell).

[47] Das spricht dafür, dass auch in 16,7 weniger ein zeitliches als ein räumliches „Vorangehen" gemeint ist.

[48] Vgl. die Reaktion der Frauen angesichts der Hierophanie im Zusammenhang des leeren Grabes: τρόμος καὶ ἔκστασις ... ἐφοβοῦντο (16,8).

[49] Wahrscheinlich sind die „Nachfolgenden" nicht mit den Zwölfen zu identifizieren, die im Folgenden über das Ziel des Weges belehrt werden; ja möglicherweise gehören diese nicht einmal zu jenen. Die „Furcht" der Nachfolger setzt nämlich ein implizites Wissen um Kreuz und Kreuztragen voraus, wohingegen die Zwölf wiederholt darüber belehrt werden müssen und trotzdem innerhalb der gesamten Erzählung nicht verstehen.

[50] Die Terminologie (ὁρᾶν, ἰδεῖν, βλέπειν, ἀναβλέπειν) entscheidet nicht über das Vorhandensein einer symbolischen Bedeutung. Allenfalls einfaches βλέπειν kann das nur vordergründige, nicht-erkennende „Gucken" bezeichnen (vgl. dagegen jedoch das symbolisch qualifizierte ἀναβλέπειν in 10,52).

[51] Bis auf die zwei Handlungswunder 9,14ff; 10,45ff (sowie das singuläre Strafwunder 11,12–14.20f) begegnen alle Wunder im ersten Hauptteil (1,14–8,26).

Bedeutung. Dabei ist der „Weg" nach „Galiläa" (16,7) nicht einfach nur die Umkehrung des Weges nach Jerusalem (8,27ff), sondern – pointiert gesagt – die Wiederholung und Fortsetzung dieses Weges zugleich.

3. In seinen die redaktionsgeschichtliche Erforschung des Mk eröffnenden Studien hat W. Marxsen gezeigt, dass „*Galiläa*" keineswegs eine nur geographische | Angabe ist[52]. Gerade in 16,7 bedeutet die Richtungsangabe „nach Galiläa" eine *sachliche* Ausrichtung derer, die Jünger sein wollen[53]. In erster Linie ist es wohl nicht der Auftrag zur Heidenmission, der darin ausgesprochen wird – auch wenn diese mit in den Horizont der Richtungsangabe des Weges gehört[54]. Umfassender bedeutet der „Weg nach Galiläa" die Ausrichtung der (nachösterlichen) „Jüngerschar" an dem, was in Galiläa geschah und was in diesem Buch darüber erzählt und (aus dem Munde des erzählten Jesus) gelehrt wird. Die Orientierung nach Galiläa ist also letztlich eine Rückkehr an den Anfang, insbesondere an den Anfang des Buches, eine Wiederholung des (Vor-) Lesens. Das bedeutet allerdings keine zyklische Abgeschlossenheit. Denn das Sehen ist nur möglich, wenn der Weg der Nachfolge eingeschlagen wird. Das Mk will offenbar ein „heiliges Buch" sein, das im Zirkel immer wieder neu gelesen werden soll – wie eine Spirale, die einen voranbringt, obwohl sie scheinbar immer wieder an den Ausgangspunkt zurückführt. So ist Mk eine Schrift, die letztlich auf sich selbst zurückweist, ein „selbstbezüglicher" Sprechakt mit seiner verwirrenden Logik. Und wie die Lektüre des Buches, so endet auch der „Weg" der Nachfolger erst mit der Parusie[55]. Ausrichtung nach Galiläa bedeutet also: Ausrichtung an dem Weg, den Jesus selbst gegangen ist. Und diesen Weg haben die Jünger (mit den Lesern) noch vor sich.

So endet das Buch offen: mit Entsetzen, Angst und Schweigen. Keine Rede davon kann sein, dass die Auferstehung als glücklicher Ausgang die Negativität des Kreuzesgeschehens kompensiert. Der Schluss des Mk verstößt so gegen ein Gesetz des Erzählens: gegen das Gesetz, dass jede Erzählung nach dem dramatischen Höhepunkt zu einem ruhigen Abschluss findet, der wiederhergestellten Harmonie. Am Ende steht der Leser erregt und unbefriedigt da – einzig mit dem Verweis: In der Nachfolge nach Galiläa –

---

[52] Vgl. MARXSEN, Evangelist, 33f.

[53] Die „alten" Jünger haben den neuen, nachösterlichen „Jüngern" nichts voraus, weil sie wegen ihres Versagens neu anfangen müssen. Die Gemeinde des Mk lehnt m.E. jede Hierarchie nach dem Anciennitätsprinzip ab (vgl. auch 3,31–34).

[54] Galiläa ist für den Evangelisten Markus allerdings nicht ein erweiterter Begriff im Sinne eines „Galiläas der Heiden". Die heidnischen Nachbargebiete hat er nicht unter diesen Namen subsummiert; vgl. F. HAHN, Das Verständnis der Mission im Neuen Testament, WMANT 13, Neukirchen-Vluyn 1963, 98 Anm. l. Aber von Galiläa aus hat Jesus prototypisch Heiden erreicht (s.o. 2.).

[55] Das heißt aber nicht, das in 16,7 in Aussicht gestellte „Sehen" meine die Parusie (s. Anm. 52 und 53). Diese wäre eher das Ende des „Sehens" (wobei man dann freilich nicht 1Kor 13,12 als metaphorisches Modell zugrunde legen darf).

„dort werdet ihr ihn sehen". Die entscheidende Begegnung muss erst noch stattfinden. Das „Geheimnis" ist immer noch nicht gelöst[56].

---

[56] Und dieser Schlusssatz mag dann zugleich auch für die Arbeit des Exegeten gelten!

Metapher – Symbol – Mythos

Anmerkungen zur Sprache der Bilder in Religion und Bibel

Sprachbilder werden häufig als mangelhafte, primitive Ausdrucksformen empfunden, die in die *eigentliche* Sprache übersetzt, auf den *Begriff* gebracht werden müssten. So gilt der Mythos schon in den Anfängen der antiken Philosophie entweder als gedankenlose Ausmalung scheinbarer Zusammenhänge oder aber als chiffrierte, allegorische Darstellung philosophischer Wahrheiten, die aus ihm zu dechiffrieren seien, wobei letztlich der mythische Text überflüssig wird.

So verfuhr zum Beispiel die stoische Homerexegese. In der Odyssee wird erzählt von den Freiern der Penelope, die sich mit den Mägden abgeben, an die scheinbar verwitwete Hausherrin aber nicht herankommen. Stoiker haben das so gedeutet: Die Mägde sind die propädeutischen, trivialen Wissenschaften, Penelope aber ist die wahre Weisheit. An diese kommen die Halbgebildeten nicht heran. – Der Mythos gilt hier nur als Verkleidung vorhandener Philosophie. Eine solche allegorische Auslegung war bei der biblischen Gleichnisexegese noch bis ins späte 19. Jahrhundert üblich. Ihr hat erst Adolf Jülicher[1] ein Ende bereitet.

Eine derartige allegorische Einschätzung des Mythos hat sich im Grunde bis heute erhalten – etwa in dem Postulat einer *Entmythologisierung* religiöser Aussagen (wobei man sich dann zu Unrecht auf Rudolf Bultmann be-

---

[1] Vgl. A. JÜLICHER, Die Gleichnisreden Jesu I: Die Gleichnisreden Jesu im Allgemeinen, Darmstadt 1976 (= Tübingen ²1910). Die Anmerkungen beschränken sich auf das Nötigste. Auf folgende weitere Literatur sei hingewiesen: H. BETZ, Erfahrung und Erkenntnisse. Zugänge zur Wirklichkeit (Konzepte), 1982; W. Harnisch (Hg.), Die neutestamentliche Gleichnisforschung im Horizont von Hermeneutik und Literaturwissenschaft, WdF 575, Darmstadt 1982 (vor allem die Beiträge von R.W. Funk, P. Ricœur, E. Jüngel, G. Sellin); A. Haverkamp (Hg.), Theorie der Metapher, WdF 389, Darmstadt ²1996 (vor allem die Beiträge von I.A. Richards, M. Black, Ph. Wheelwright, R. Jakobson, H. Blumenberg, H. Weinrich); J. HEUMANN, Symbol – Sprache der Religion, Stuttgart 1983; N. HÖLZER, Bibel und Mythos, Anstoß und Information 4, Paderborn 1980; W. KÖLLER, Semiotik und Metapher. Untersuchungen zur grammatischen Struktur und kommunikativen Funktion von Metaphern, Studien zur Allgemeinen und Vergleichenden Literaturwissenschaft 10, Stuttgart 1975; J. NIEDERAAD, „Bildgesegnet und bildverflucht". Forschungen zur sprachlichen Metaphorik, EdF 63, Darmstadt 1977; P. RICŒUR, Die lebendige Metapher. Mit einem Vorwort zur deutschen Ausgabe, München ³2004; P. TILLICH, Symbol und Wirklichkeit, Göttingen 1986; J. WERMKE, Moderne Mythen und Mythenkritik. Arbeitsbuch für den Deutschunterricht, Frankfurt a.M. u.a. 1977; D.E. ZIMMER, So kommt der Mensch zur Sprache. Über Spracherwerb, Sprachentstehung, Sprache & Denken, München ²2010; H. HALBFAS, Das dritte Auge. Religionsdidaktische Anstöße, Düsseldorf ⁷1997; DERS., Wahrsage des Göttlichen. Skizzen zur Didaktik der Mythe, Religionsunterricht an Höheren Schulen 21/1 (1978) 1–13.

ruft, der mit dem in der Tat missverständlichen Schlagwort noch etwas anderes intendierte). Nicht besser steht es um die übliche Einschätzung der Metapher. Meist wird sie als Schmuck der Rede oder als *uneigentliches Bild* für einen *eigentlich* gemeinten Begriff verstanden, wobei man sich auf Aristoteles und die antike Rhetorik berufen kann. So wird etwa behauptet: Wenn Homer vom *Löwen* spricht, | meine er *eigentlich Achill*, den er einen Löwen nennt. Dieses Verständnis der Metapher als einer Substitution wird gelegentlich zurückgeführt auf ein Verständnis der Metapher als eines *verkürzten Vergleichs* (Quintilian). Substitutions- und Vergleichstheorie nehmen aber beide die Sprachfügung, die Metapher genannt wird, nicht ernst: Die Metapher ist danach nur ein ornamentales Phänomen der Rede ohne informativen Wert. Nach dieser Einschätzung wäre ein Gedicht in metaphorischer Sprache nichts anderes als eine Prosaaussage, die der Gefälligkeit wegen in blumige Sprache verpackt worden wäre. Der Forderung einer Entmythologisierung des Mythos entspräche danach auf Seiten der Metapher und damit der Poesie und Literatur Überhaupt die Forderung einer *Entmetaphorisierung*.

Auch der Terminus *Symbol* wird landläufig zu oberflächlich gebraucht – scheinbar nun in einer entgegengesetzten Richtung. Während Metapher und Mythos als erweiternde Umschreibungen, als Schnörkel präziser zu benennender Sachverhalte aufgefasst werden, klingt bei der Aussage, etwas sei *symbolisch* gemeint, meist ein verborgenes *nur* mit. Das Prädikat *symbolisch* zeige demnach eine spirituelle, gedankliche Verdünnung an. Der Gegensatz zu *symbolisch* wäre dann *wirklich, real*. Letztlich aber deckt sich das mit den oben beschriebenen Auffassungen von Mythos und Metapher. Alle drei Phänomene werden als *nur bildlicher* Ausdruck für einen *eigentlichen* Sachverhalt, für etwas von höherer Realität als das *Bild* verstanden. Dahinter steckt ein fragwürdiges Verständnis von Sprache: Sprache als Abbildung von Sachverhalten, Sprache als Vokabular von eindeutigen Namen, die nichts als die Etiketten der Dinge seien. Von dieser Einschätzung von Sprache her sind Formen wie Mythos, Symbol und Metapher rein äußerliche Erscheinungen, Verpackungen, die mit den Inhalten, den Gedanken, der Wahrheit nichts zu tun haben.

Umso auffälliger ist nun aber in neuester Zeit gerade in der Theologie ein neu erwachtes Interesse an diesen Formen. Nicht nur in der neutestamentlichen Gleichnisforschung, auch in der systematischen Theologie ist die Metapher (freilich jetzt anders verstanden als oben beschrieben) als sachgemäße Sprachform der *Rede | von Gott* neu entdeckt worden. In der Religionspädagogik scheint sich als neueste Konzeptionsphase eine Symbolhermeneutik und Symboldidaktik zu etablieren. Und der Mythos ist nach bald 40 Jahren Entmythologisierung gar *das* aktuelle Thema der gesamten Theologie geworden. Die gegenwärtige theologische Aufarbeitung der drei

Themenkreise kann nur in interdisziplinärem Horizont geschehen. Die neue theologische Wertschätzung der Metapher verdankt Wesentliches der neueren Sprachphilosophie und Literaturwissenschaft. Das Interesse am Symbol wurde von der Psychologie (der Psychoanalyse und der Tiefenpsychologie) gefördert. Die neue Wertschätzung des Mythos wird angeregt von Philosophie, Psychologie, Soziologie, Ethnologie und Religionswissenschaft. Hier wird allerdings auch am deutlichsten, dass das neue Interesse an diesen Formen auch mit einer Art Kulturkrise (*Postmoderne*) zusammenhängt, die in einer zwar lange erkannten, aber erst jetzt in breiten Schichten bewusst gewordenen Erschütterung der Vernunft besteht. Das hat dann sogar in den Wissenschaften zur Flucht in den Irrationalismus, zu geradezu alchimistischen Heilslehren verführt. Einem solchen Trend – Mythos als Mode, Metapher als Masche, Symbol als Supertrip – will ich mich mit diesem Aufsatz widersetzen, insofern es mir in erster Linie um eine Klärung der Begriffe geht.

Eine genaue Abgrenzung der drei Phänomene Metapher, Symbol, Mythos wird, soweit ich sehe, auch in der Symboldidaktik nicht versucht. Weder werden Metapher und Symbol systematisch unterschieden (das gilt selbst für den einschlägigen Aufsatz von Peter Biehl[2]), noch wird das Verhältnis von Symbol und Mythos näher untersucht. Die Frage nach dem Unterschied der drei Formen ist aber keine terminologische oder klassifikatorische Belanglosigkeit. Erst aus den Abgrenzungen lässt sich Eigenart und Funktion solcher sprachlichen bzw. geistigen Konzeptionen erkennen, wie denn Verstehen im wissenschaftlichen Sinne mit der Wahrnehmung von Unterschieden beginnt. So lautet die Ausgangsthese dieses Aufsatzes: *Metapher, Symbol* und *Mythos* sind unterschiedliche Sprachformen, die in der menschlichen Kommunikation unterschiedliches leisten und verschiedenen *Geistesbeschäftigungen*[3] zugehören. | Ich beschränke mich hierbei auf die im engeren Sinne sprachlichen, meist literarischen Erscheinungen von Metapher, Symbol und Mythos. Für den Mythos ist das nahezu selbstverständlich, denn sein primäres Medium ist die verbale Sprache. Das Symbol hingegen ist viel weniger an dieses Medium gebunden. Es kann auch als Gegenstand, als Bild, als Handlung, als Ton erscheinen. Erweitern wir *Sprache* jedoch im Sinne der Semiotik auf alle Zeichen, ist auch das Symbol grundsätzlich sprachlich. In diesem Sinne reden wir ja auch von der Sprache der (bildenden) Kunst, der Musik, des Tanzes, ja des Traumes, des Körpers.

---

[2] P. BIEHL, Symbol und Metapher. Auf dem Weg zu einer religionspädagogischen Theorie religiöser Sprache, JRP 1 (1985) 29–64.

[3] A. JOLLES, Einfache Formen. Legenden, Sagen, Mythe, Rätsel, Spruch, Kasus, Memorabile, Märchen, Witz. Konzepte der Sprach- und Literaturwissenschaft 15, Tübingen [8]2006, bes. 91ff.

1. Die Metapher

Erst im Zuge der analytischen Sprachphilosophie und der neueren Textlinguistik setzte sich die Erkenntnis durch, dass eine Metapher nicht als ein einzelnes Wort verstanden werden kann, das ein anderes, eigentlich gemeintes ersetzt. Vielmehr besteht eine Metapher immer aus wenigstens zwei Elementen, die in einer semantischen Spannung zueinander stehen. Auf den ersten Blick scheint sich ein Wort, ein Satz oder ein ganzer Text – z.B. eine Erzählung – in eine fremde Umgebung, einen fremden Kontext verirrt zu haben. Im Kontext hat sich eine bestimmte Sinnebene aufgebaut – z.B. ist in den Evangelien von der Gottesherrschaft die Rede –, die dann durch ein Element aus einer fremden semantischen Welt, aus einer anderen Sinnebene – z.B. aus der Welt der Landwirtschaft – gestört wird. Das soll nun an einem lyrischen Beispiel verdeutlicht werden:

„Abendlich blutet das Feld"

In dieser Zeile aus einem Gedicht von Albert Ehrenstein[4] steht das Prädikat „blutet" in Spannung zum Subjekt „Feld". Normalerweise „blutet" z.B. ein Finger, und vom Feld sagt man normalerweise z.B. es sei „bewachsen" oder „brach". Aber diese semantische Störung ist eine fruchtbare Störung. Auf einer höheren, gegenüber den unterschiedlichen Ebenen von Subjekt und Prädikat dritten Ebene bilden die beiden zunächst einander fremden Elemente einen neuen Sinn höherer Dimension: |

Das Gedicht, aus dem die Zeile stammt, trägt die Überschrift „Der Kriegsgott". Von daher lassen sich beide Ebenen verbinden. Das Feld erscheint im Lichte blutender, verbluteter Menschen. Es gibt freilich in dieser Zeile noch eine Vermittlung durch das dem Verb wiederum spannungsreich zugefügte „abendlich". Das Feld ist ins Licht des Abendrots getaucht. Aber das mildert die Spannung nur scheinbar. Das abendliche Feld ist – zumal, wenn man die vorhergehende Zeile, die Anfangszeile des Gedichtes, hinzunimmt („Heiter rieselt das Wasser") – ein Bild des Friedens, des Gegensatzes von Krieg. Das Prädikat „blutet" sprengt dieses Bild heiteren Friedens und lässt das Ende vorahnen. Das Gedicht endet mit den Worten des Kriegsgottes „Aufheult in mir die Lust, / Euch gänzlich zu beenden".

Das Subjekt, das Thema, die sprachlich definierte Situation (Bild des Friedens) erfährt durch das fremde Wort oder eine fremde Szene eine Ausweitung, eine Aufsprengung. Im einfachsten und klarsten Fall besteht die Metapher aus Subjekt und Prädikat, die aus zwei einander semantisch fremden Bereichen stammen:

---

[4] Vgl. A. EHRENSTEIN, Der Kriegsgott, in: K. Pinthus (Hg.), Menschheitsdämmerung. Ein Dokument des Expressionismus, Hamburg 1969, 84f.

„Die Sterne rosten" (Anfangszeile aus einem Gedicht von Yvan Goll mit dem Titel „Des Dichters Tod") oder: „Der Wald schließt zu" (aus einem Liebesgedicht-Zyklus), darauf folgt die Zeile: „Schließen wir auch unsre Herzen, bevor es friert!".

Jedes der beiden Elemente bringt einen Hof von Sinn kognitiver und affektiver Art mit sich. Die beiden Sinnhöfe überlagern sich und schaffen einen neuen Sinn, der sich in begrifflicher Paraphrase nur andeuten lässt: Der Kosmos stirbt, weil ein Dichter stirbt. Der winterlich erstarrte Wald dient als Vorbild eines liebenden Herzens, das seine Liebe vor Kälte und Entfremdung einschließen möchte. An diesen Beispielen wird zweierlei deutlich:

(1) Die semantische Spannung besteht nicht nur zwischen Subjekt (Sterne, Wald) und Prädikat (rosten, schließt zu), sondern auch zwischen zwei Gesamtebenen, die sich über das ganze Gedicht erstrecken: in diesem Fall die Ebene der Natur (Sterne, Wald), die | zum Spiegel von Vorgängen auf der Ebene menschlicher Existenz wird. Zwischen beiden Ebenen entsteht eine sich gegenseitig beeinträchtigende Spannung, eine Interaktion. So werden die *Sterne*, die *rosten*, vom Thema „Tod des Dichters" her zum Symbol für etwas Ideelles, das „rostet", wenn der Dichter tot ist. Das Gedicht ist so als Ganzes eine Metapher, deren höchste Ebene anklingen lässt: Ohne die Sprache der Dichter, ohne die Sprache der Metaphern(!) ist die Welt tot. Mit dem Sieg der entpoetisierten, digitalen Sprache der Maschinen ist etwas für den Menschen Wesentliches gestorben. Die Sterne sind verrostet, der Wald hat dichtgemacht.

(2) Deutlich wird aber auch, dass die neue Ebene, in der die semantische Spannung in einer höheren Isotopie aufgehoben ist, nicht einfach in begrifflicher Sprache – eben digital: a bedeutet b, x bedeutet y – benannt werden kann. Das Neue trägt noch kein Etikett. Interpretation ist deshalb eine unabschließbare Arbeit des Verstehens. Wohl aber lässt sich jetzt die Metapher definieren.

Die Metapher ist eine Prädikation, in der zwischen Subjekt und Prädikat eine semantische Spannung besteht, die auf einer höheren Ebene verstehend aufgehoben wird.

Das Subjekt der Metapher (in der Terminologie von Harald Weinrich der „Bildempfänger") kann auch eine wortlose Situation oder ein in der Luft liegendes Thema sein, alles also, worauf sich die Aufmerksamkeit der Kommunikationsteilnehmer richtet, bevor das Prädikat ausgesprochen wird. Das Prädikat der Metapher (der „Bildspender") wiederum kann auch ein ganzer Text, eine lange Erzählung sein. In diesem Fall handelt es sich um eine Parabel. Die neutestamentliche Gleichnisforschung hat in jüngster Zeit erkannt, dass die Gleichnisse der synoptischen Evangelien in diesem Sinne Metaphern sind:

Die Parabel ist eine Metapher, deren Prädikat aus einer ganzen Erzählung besteht.

Sprachanalytisch gesehen ist die Metapher also immer eine Prädikation, auch wenn es manchmal den Anschein hat, als bestünde sie nur aus *einem* Wort. Genau das aber ist der wesentliche Unterschied | zum Symbol, das keine Prädikation darstellt. Freilich ist nicht jede Prädikation eine Metapher. Eine Aussage wie „Sokrates war ein Mensch" oder „Hans trägt eine Brille", die man gewöhnlich als Normalfall der Sprache ansieht, ist eine Prädikation, aber keine Metapher. Ihr fehlt die semantische Dissonanz. Doch darf man die Metapher deshalb nicht als einen künstlichen Spezialfall einer Aussage betrachten, wie das etwa in der Bezeichnung der Metapher als einer *Figur* anklingt. Eher trifft das Umgekehrte zu. Die semantisch kompatible Prädikation dürfte als ein Fall von Normierung und Verfestigung der Sonderfall sein – so wie Töne genormte Sonderfälle von Geräuschen sind. Der „gewöhnliche" Sprachgebrauch ist so gesehen immer schon Ausdruck von sprachlicher Verarmung und Erstarrung.

Die metaphorische Prädikation ist somit der Baustein der kreativen Sprache, der poetischen. Insofern die Metapher dabei durch ihre Neubeschreibung der Subjekte und Themen neue Dimensionen der Wirklichkeit freilegt (und so zum Mittel neuer Erkenntnis und Entdeckung wird) oder gar schafft, ist sie zugleich Sprache der Religion. Indem sie das Ungesagte und letztlich „ganz Andere" zur Sprache bringt, kommt ihr die Funktion eines heuristischen Modells zu. Die Dinge des Lebens, der Welt werden aufgrund besonderer Erfahrungen versuchsweise sprachlich neu arrangiert, um Erfahrung präziser auszudrücken und neue Erfahrung zu ermöglichen. Die meisten Gleichnisse und Parabeln im Neuen Testament prädizieren nicht zufällig das Thema „Gottesherrschaft", ein Erfahrung und Hoffnung verdichtendes Symbol. Sie sind als metaphorische Prädikate Modelle einer neuen Welt.

Indem z.B. die dramatische Erzählung vom Vater und den beiden Söhnen, dem *verlorenen und dem daheimgebliebenen* (Lk 15, 11–32), auf das im Kontext zur Debatte stehende Thema „Gott und Mensch" projiziert wird, erhält dieses Thema neue Aspekte: Gottes Liebe übertrifft seine Gerechtigkeit. Durch das Modell eines zwischenmenschlichen Verhaltens wird Gott neu gesehen und damit sagbar. Prädikationen Gottes, die keine Metaphern sind, wären sinnlos, außer der alles und nichtssagenden Tautologie „Gott ist Gott". Das neue Erkennen Gottes hat nun aber zugleich rück- | wirkende Konsequenzen für die Welt und den Menschen. Das Fest der Freude Gottes hat begonnen, doch nun findet sich gerade der gerechte Mensch draußen, erfährt seine Gottesentfremdung und bedarf der bittenden Einladung des Vaters. Die „Gottesherrschaft", das ist ein Fest der Heimgekehrten.

Dabei muss freilich eine Eigenart der Metapher besonders hervorgehoben werden. Die Kopula „ist" drückt in der metaphorischen Prädikation im

Unterschied zum Mythos nie eine Identität aus. „Gott ist ein Vater" hieße dann: Wir sehen Gott als einen Vater, wobei es nur um einen einzigen menschlichen Wesenszug geht: eine Gerechtigkeit und Zorn überwindende Liebe. Wahrscheinlich ist aus diesem Grunde Gott mit einem Vater und nicht mit einer Mutter prädiziert worden. Das Subjekt dieser Prädikation ist ein Name, mit dem die Menschen im Kontext der Erzählung (Israel) eine lange Erfahrungsgeschichte haben. Die Erzählung verdichtet diese Erfahrung und stellt sie zugleich in ein neues Licht. Die Erfahrung mit dem Menschen Jesus ist hinzugekommen. Diese Erfahrung ist so grundstürzend, dass sie zum Fundament eines neuen Existenzverständnisses wird und als Schlüssel- und Urszene fungiert, die im Evangelium von Kreuzigung und Auferweckung verdichtet wird.

2. Das Symbol

a) Symbole sind „Namen" und keine Prädikationen

Merkwürdigerweise ist die Frage nach dem Unterschied des Symbols zur Metapher von Seiten der Symbol-Theoretiker bisher nie gestellt worden. Wahrscheinlich wird die Metapher hier stillschweigend dem Symbol hinzugerechnet, umgekehrt ordnet z.B. Paul Ricœur das Symbol der Metapher zu. Wenn man jedoch die Metapher nicht mehr als ein isoliertes Wort, sondern als eine semantische Spannung zwischen Wörtern, zwischen Text und Kontext versteht, ist diese Gleichsetzung nicht mehr möglich. Das Symbol ist keine Prädikation. |
Die Grundfähigkeit des Sprachvermögens zu prädizieren, Aussagen (über etwas) zu machen, setzt schon eine andere Fähigkeit voraus, die man in der Sprachanalytik „Referenz" nennt. Gemeint ist das Zeigen, das Nennen, das Bezugnehmen auf Subjekte, die dann im zweiten Sprachakt prädiziert werden können. Wie die Prädikation (als eine Operation) Ausdruck der schöpferischen Kraft der Sprache ist, so ist der Akt der Referenz Ausdruck für das Geheimnis des Nennens und der Namen. Die *Namen* sind das Fundament unserer Rede. Im einfachsten Fall besteht die Referenzfunktion im Hinzeigen. Mit dem Namen können wir aber auch abwesende Dinge herbeizaubern, *repräsentieren*. Das Kennen und Aussprechen des Namens bedeutet noch im Märchen magische Macht (Rumpelstilzchen). Die Namen sind in Mythos und Märchen den Menschen in der Regel verborgen, sie müssen erst entdeckt, verraten oder offenbart werden.
Die Repräsentation eines Abwesenden durch seinen Namen setzt Gedächtnis, Erinnerung voraus. Beide Ausdrücke sind wörtlich zu nehmen.

Man kann einer abwesenden, vergangenen, toten „Sache" „gedenken", man kann sie „in seinem Inneren (wieder-) herstellen". Von einem bestimmten Alter an kann das Kind die Mutter, die den Raum verlassen hat, rufen, weil ein Bild von ihr im Kind zurückgeblieben ist. Erinnerung und Gedächtnis machen nun aber die Identität eines Individuums aus. Wer sein Gedächtnis verliert, weiß nicht mehr, wer er ist. Aus den Erinnerungen, den Erfahrungen des Individuums baut sich die Identität auf. Das Nennen als ein geistiges Repräsentieren geht also anthropologisch gesehen der Operation, die wir Prädikation nennen, in fundamentaler Weise voraus. Nun begegnen uns die Dinge (Subjekte), wenn wir sie erinnern und repräsentieren, niemals in ihrem objektiven „An-sich-Sein". Sie haben mehr oder weniger immer schon eine Bedeutung „für uns". Wenn wir die geistigen Repräsentationen durch den Namen ausdrücken, können wir dies ganz allgemein Symbolisierung nennen. Insofern das Symbol Bedeutung hat, bringt es diese schon beim Nennen mit – im Unterschied zur Metapher, wo dem Namen erst durch die synthetische Operation der Prädikation Bedeutung (genauer: *neue* Bedeutung) zugesprochen wird. Das Symbol gewinnt seine Bedeutung also nicht durch den Kontext, es bringt sie mit – woher, wird noch zu fragen sein. |

b) Semantische und pragmatische Funktion des Symbols

Nun sind Symbole allerdings besondere Namen. Wie die Metapher eine besondere Art der Prädikation ist, so ist das Symbol eine besondere Art von Subjekt. Dem im Akt der Referenz genannten Namen haftet noch eine zusätzliche *tiefere* Bedeutung an. Im Anschluss an Paul Tillich will ich vier Merkmale des Symbols nennen, es sind zwei semantische und zwei pragmatische.

(Sprachliche) Zeichen können in drei Dimensionen beschrieben werden. Die *Syntaktik* bezieht sich auf die innere Struktur eines Zeichens, z.B. eines Textes, auf die Verbindung (Syntax) der einzelnen Zeichen-Elemente. Die *Semantik* bezieht sich auf die Bedeutung eines Zeichens: Was ruft es im Zeichenbenutzer (Sprecher-Hörer/ Autor-Leser) für Vorstellungen aus seinem „Weltbild" hervor? Welche Objekte sind von einem Namen betroffen? Die *Pragmatik* bezieht sich auf die (meist soziale) Funktion des Zeichens in der Situation der Zeichenbenutzer. Warum stellt man es her? Wozu braucht man es? Was regelt es? Welcher *Sprechakt* wird mit ihm vollzogen?

Da das Symbol als Erscheinung der Referenz immer ein Subjekt ohne prädikative Operation darstellt, können wir auf die Syntaktik hier verzichten. Damit ist nicht ausgeschlossen, dass komplexe Symbole wie z.B. ein ritueller Tanz oder eine allegorische Erzählung auch eine syntaktische Dimension haben. Bei der Betrachtung des Mythos werden wir die Syntaktik mit einbeziehen.

Semantik des Symbols: (1) Ein Symbol verweist auf eine tiefere, verborgene Wirklichkeit. Ein sprachliches Symbol ist ein Wort, das eine über seine wörtliche Bedeutung hinausgehende zweite, tiefere Bedeutung hat. (2) Symbole verweisen nicht nur, sondern sie haben Anteil an der Kraft jener Wirklichkeit, auf die sie verweisen. Sie repräsentieren sie. |

Das zweite der semantischen Merkmale unterscheidet das Symbol von der *Chiffre,* dem einfachen digitalen (und willkürlich zu verabredenden) Zeichen, etwa dem formalen Symbol der Mathematik oder dem Zeichen einer Geheimsprache, deren Kode man kennen muss, um sie dechiffrieren zu können. Das (echte) *Symbol* hat dagegen immer etwas von der Realpräsenz, etwas Sakramentales. Die beiden semantischen Merkmale müssen jedoch zugleich und ausgewogen vorhanden sein. Wir werden noch sehen, was es bedeutet, wenn ein Symbol einseitig nur der ersten oder nur der zweiten Definition entspricht. Die beiden semantischen Merkmale lassen sich präziser in Metaphern ausdrücken. Symbole haben einen Mehrwert an Bedeutung. Symbole sind mit Kraft geladene Subjekte (Gegenstände oder Namen).

Pragmatik des Symbols: (3) *Symbole sind historisch und kulturspezifisch bedingt.*

Nicht zu jeder Zeit und in jeder Kultur ist oder war z.B. die Taube ein Symbol, das „Frieden" bedeutet. Die Bedeutung von Symbolen aus archaischen oder exotischen Kulturen müssen wir erst erlernen, etwa durch das Studium der Mythen dieser Kulturen. In Subkulturen der Gegenwart, z.B. Jugendkulturen, entstehen Symbole, die zunächst nur die Eingeweihten, diejenigen, die „in" sind, kennen, und die diesen Symbolbenutzern auch emotional etwas bedeuten, die Außenstehende aber vielleicht abstoßen. Dieser dritte Satz unserer Symbolbeschreibung bedeutet aber auch, dass Symbole nicht willkürlich gemacht werden können. Sie können schon gar nicht – wie die Metapher – im Augenblick der Rede, des Einfalls, entstehen. Wir werden später sehen, dass jedes Symbol aus einem „Mythos" als seiner Urszene herkommt. Schwer abzuklären ist das Verhältnis von archetypischen, universalen Symbolen einerseits und kulturspezifisch besonderen Symbolen andererseits. Vielleicht kann man „über den Daumen gepeilt" universale Symbole, die aus typischen Situationen der kindlichen Urszene (Mutterbindung) entstehen, von Natursymbolen (Wasser – Leben; Licht – Erkenntnis; Sonne; Mond; Sexualität) und diese wiederum von speziellen Kultursymbolen unterscheiden. Doch bei den Symbolen sind, wie bei den Mythen, Natur und Geschichte keine Gegensätze. So soll eine syste- | matische Einteilung von Symbolen hier unterbleiben. Grundsätzlich gilt, dass alles zum Symbol werden kann, aber auch, dass man nicht willkürlich etwas zum Symbol machen kann. Das erklärt sich vielleicht mit dem vierten Merkmal.

(4) In der Symbolbenutzer-Gesellschaft haben Symbole die gesellschaftliche Funktion, Kommunikation über Sinn und Werte zu ermöglichen und Gemeinschaft zu stiften und zu stützen.

Wahrscheinlich haben Symbole als die lebendigen Derivate der großenteils verdrängten Mythen auch in unserer Gesellschaft eine größere normregelnde Bedeutung in Ethik, Politik usw. als rationale Begründungen. Das schließt ihre mögliche zerstörerische Kraft nicht aus. Welche Rolle Symbole in Krieg, Rassismus, Nationalismus, Nationalsozialismus usw. spielten und spielen, ist allgemein bekannt. Die emotionale Komponente kann überdies beim Symbol derart stark werden, dass die Kommunikation nahezu ausscheidet (individuell: neurotisch; gruppenspezifisch; Sektierertum; Esoterik; offen; Massenwahn). Wir werden im nächsten Abschnitt auf die sozialpsychologische Bedeutung des Symbols eingehen müssen. Zunächst kann zusammenfassend gesagt werden: Symbole sind „Namen", die prall mit Bedeutung – im Sinne von „Sinn" und emotionaler Wertschätzung zugleich – und mit Macht aus der Geschichte ihrer Benutzer gefüllt sind. Die Dinge erscheinen in den Namen also nicht so, wie sie „an sich", „eigentlich" wären, sondern immer schon im Lichte dessen, was sie für die Menschen bedeuten. Die Namen haben einen Hof von Assoziationen (Erinnerungen), sie sind besetzt mit Erfahrungen und längst gefällten Werturteilen. Doch die Assoziationen sind nicht beliebig und privat, sondern haben eine Verbindlichkeit und kommunikative Basis.

Wie wir bei der *Metapher* sahen, dass nicht die normierte, sondern die semantisch dissonante Prädikation, wo alles mit allem „gleichgesetzt" „verglichen" werden kann, nämlich die Metapher, die Grundform der prädikativen Sprachoperation darstellt, so können | wir nun ähnlich vom sprachlichen Akt der Referenz, vom Nennen der Namen sagen, dass nicht der bloße Name, sondern das *Symbol* (als der „bedeutende" Name) die Grundform des Redens darstellt. Die Loslösung der Namen von ihrer „tieferen" Bedeutung stellt also wieder eine Abstraktion dar. Namen sind alles andere als „Schall und Rauch". Einen Namen anrufen ist ursprünglich eine Art magischer Akt. Das führt schon hinüber zum Thema des *Mythos*.

c) „Zeichen", „Symbol", „Klischee":
Der Ursprung des Symbolisierens aus der Urszene

Es ist aufschlussreich, an dieser Stelle einmal nach dem Ursprung der menschlichen Sprache zu fragen. Zwei psychologische Schulen haben hier der neuesten Sprachwissenschaft einen Dienst geleistet: die kognitive Entwicklungspsychologie Jean Piagets und die moderne Psychoanalyse in ihrer Wendung zur sprachanalytischen und hermeneutischen Grundlegung, wie sie Alfred Lorenzer[5] geleistet hat. Der sprachliche Akt der Referenz, des Bezugnehmens auf Dinge im Nennen der Namen, setzt ja, wie oben bereits angedeutet wurde, die Fähigkeit zur geistigen *Repräsentation* abwesender, vergangener oder fiktionaler Dinge voraus. Jean Piaget[6] hat in seiner „genetischen Erkenntnistheorie" diese Fähigkeit (der kognitiven symbolischen Funktion) als Voraussetzung der menschlichen Sprachfähigkeit betrachtet. Dementsprechend könnte man dann den sprachlichen Akt der Prädikation zurückführen auf die Fähigkeit zu logischen Operationen, die sich im späteren Kindesalter entwickelt. Tatsächlich lässt sich die Syntax der menschlichen Sprache zum größten Teil modellhaft abbilden mit einer mehrstelligen, d.h. zur Metasprache geeigneten Prädikatenlogik. Ein zusätzlicher Beleg für Piaget könnte die Tatsache sein, dass die Fähigkeit des Kindes, Metaphern – übrigens auch Witze, die ähnlich wie Metaphern funktionieren – zu verstehen, zeitlich in etwa mit dem Auftauchen der Fähigkeit zu logischen Operationen auftritt. Nun spricht allerdings das Kind schon viel eher, gerade auch in Prädikationen. Man muss also eine implizite Einheit von Referenzakt und prädikativer Operation beim Kind schon viel früher voraussetzen, gewissermaßen als eine mythologische Stufe in der | kognitiven Entwicklung des Kindes. Was Piaget in der späteren Entwicklung dann feststellt, sind offenbar die Explikationen dieser Fähigkeit, wobei nun Nennen und Prädizieren nicht mehr in ihrer Ureinheit verbunden sind.

Entsprechend wird bei Piaget auch der Begriff der symbolischen Repräsentation selber zu abstrakt aufgefasst. Repräsentiert und erinnert werden ursprünglich nicht einzelne „Dinge", die in der Sprache dann mit lautlichen „Termen", Zeichen, versehen würden, sondern Urszenen in ganzheitlichen Bildern. Susanne K. Langer unterscheidet in ihrer Symbol-Philosophie[7] *präsentative* von *dikursiven* Symbolen. Die diskursiven lassen sich bereits als lineare Aussonderungen aus den ganzheitlichen Bildern auffassen. Die präsentativen Symbole bilden dagegen den Fond für die sukzessive Auflösung in Sequenzen diskursiver Symbole, wie sie der (verbalen) Sprache zugehören. Dementsprechend gehen die neuesten Sprachentstehungstheorien davon aus, dass die Sprache beim Kind mit den sogenannten *Holophrasen* beginnt. Das sind Einwortsätze, also schon implizite Prädikationen, deren einziges Wort nicht ein Ding repräsentiert, sondern eine ganze Szene. In

[5] Vgl. A. LORENZER, Sprachzerstörung und Rekonstruktion. Vorarbeiten zu einer Metatheorie der Psychoanalyse, Frankfurt a.M. [5]2000.

[6] J. PIAGET, Einführung in die genetische Erkenntnistheorie, Frankfurt a.M. 2001 (= 1973), bes. 50ff.

[7] S.K. LANGER, Philosophie auf neuem Wege. Das Symbol im Denken, im Ritus und in der Kunst, Frankfurt a.M. 1992.

diesem Stadium lassen sich die beiden diskursiven sprachlichen Akte Referenz und Prädikation noch nicht trennen. Die Repräsentation einer solchen Urszene geht also auch dem Akt der symbolischen Repräsentation eines Subjekts in der Referenz noch voraus. Das entspricht, wie wir noch sehen werden, dem Mythos, der in seinem Verhältnis zum Symbol ebenfalls eine Urszene darstellt. Mythen sind, anders als Parabeln, Beispielerzählungen, Novellen, Romane, aber auch Sage und Legende) keine bewussten narrativen Prädikationen eines Subjektes oder Themas (haben also keinen Bezug auf eine „Sachhälfte", sondern Ur-Erzählungen, die die Namen und Subjekte überhaupt erst einführen. Damit liegt das Erzählen des Mythos noch vor dem sprachlichen Akt der Referenz. Die Frage ist nun, wie die Symbole zu ihrem semantischen Mehrwert kommen.

Aus dem Umstand, dass in der frühesten Phase der Sozialisation nicht einzelne Personen oder Dinge in der Erinnerung repräsentiert werden, sondern ganze Szenen (Erlebnisse mit der Mutter, Szenen der Geborgenheit oder Angst), kann man im Anschluss | an Alfred Lorenzer die konnotative (assoziative) und emotionale Besetztheit des Symbols herleiten. Auch wenn aus der Urszene dann einzelne Subjekte herausdestilliert und in der Erinnerung repräsentiert werden, behalten diese ihre Bedeutung, die sie in der Urszene hatten. Von dort her hat der repräsentierte Gegenstand – Person, Objekt, Handlung, Geste – seine Tiefenbedeutung, seinen symbolischen Mehrwert. Symbole sind also aus der Urszene ausgesonderte repräsentierte Elemente.

Wie Lorenzer gezeigt hat, kann die Symbolisierung nach zwei Seiten von ihrer genuinen Funktion abweichen. Die emotionale Komponente kann derart gesteigert sein, dass das Symbol gewissermaßen vollständig ins Unbewusste abgleitet und das Individuum unter den Zwang des Symbols gerät. Lorenzer nennt diese Art von Symbol *Klischee*. Das Klischee entsteht als zwanghafte Form der Symbolisierung, die nur noch eine unbewusste Form von Kommunikation darstellt und nicht mehr vom Bewusstsein beherrschbar ist, eine Art automatischer und in gewisser Weise auch vergeblicher Sprache.

Eine unbewusste Symbolisierung aus einer Urszene löst so z.B. eine automatisch-zwanghafte Handlung aus. Mir wurde das Beispiel von einem katholischen Priester erzählt, der immer (und nur) dann schwer stotterte, wenn er in der Eucharistie die Wandlungsworte sprechen musste. Oder jemand muss bei bestimmten Filmen, deren Handlungen einem spezifischen festen Muster entsprechen, unweigerlich weinen.

Hier ist das oben vorgestellte zweite semantische Merkmal des Symbols (Repräsentation der tieferen Wirklichkeit) allein beherrschend geworden und die Verweisfunktion, die die Distanz hütet, fortgefallen. Umgekehrt gibt es auch eine Abweichung beim Symbol in Richtung einer Emotionslosigkeit. Lorenzer nennt diese Erscheinung – etwas missglückt – „Zeichen". Gemeint ist das von Konnotation, Assoziation und vor allem Emotion entleerte digitale Zeichen, das man Steno-Symbol oder am besten *Chiffre* nennen sollte. Hier ist das zweite semantische Merkmal des Symbols (die Realpräsenz der Tiefenwirklichkeit) völlig verschwunden, und das Symbol wird zum „bloßen" Symbol („nur" ein Symbol). Beide Abweichungen sind Ausdruck gestörter Kommunikationsfähigkeit und So- | zialisation. Die coole Sprache eines Small talk, die digitale, technische Formelsprache, der Jargon sind genauso Anzeichen von Störungen des Menschlichen wie die unbeherrschbare, zwanghafte Klischeebildung. Häufig tritt beides zugleich als die zwei Seiten einer Münze auf; die aus der Sprache verdrängten Emotionen brechen sich untergründig andere Kanäle.

Lorenzers Sprachkritik in Bezug auf das Symbol ist gewissermaßen eine Ergänzung der Kritik digitaler Sprache von Seiten der Metapherntheorie. Die Sprache der digitalen Zeichen, gereinigt von allen analogischen Elementen, die Sprache ohne Bilder, bedeutet eine Verarmung in zweifacher Hinsicht: Von der Metapherntheorie her gesehen stirbt die bildlose (metaphernfreie) Sprache aus Mangel an poetischer Kreativität. Von Lorenzers Symboltheorie her gesehen stirbt die „Zeichen"-Sprache aus Mangel an dem Nährboden der Ur-Bilder.

Lorenzers Einführung von „Klischee" und „Zeichen" – in unserer Terminologie: Chiffre – führt uns nun aber auch in unserer Gattungs- und Formdifferenzierung einen Schritt weiter. Auch das einfache „Zeichen", die *Chiffre,* spielt im Kosmos der „einfachen Formen" eine Rolle. Sie ist die sprachliche Wurzel des Rätsels und der *Allegorie,* die eine narrative Aneinanderreihung von *Chiffren* darstellt. Ein chiffrierter Spruch ist ein Rätsel. Pragmatisch gesehen ist die Chiffrensprache eine Sondersprache. Sie zu verstehen, setzt die Kenntnis ihres *Codes* voraus. Die Zeichenbenutzer müssen Eingeweihte sein, Mitglieder einer Subkultur oder einer esoterischen Klasse (früher der Priester, heute der technisch-wissenschaftlichen „Fachleute"). Grundsätzlich aber gibt Chiffrensprache dem Eingeweihten keine neue Information. Wer die Lösung des Rätsels kennt, erfährt durch das Rätsel nichts Neues. Eine Allegorie ist in Bezug auf die gemeinte Geschichte, die man schon kennen muss, um die Allegorie überhaupt zu verstehen, völlig redundant.

Als Beispiel für die sprachliche, kommunikative Armut der Allegorie lässt sich eine berühmte Kindergeschichte von Peter Bichsel[8] anführen: „Ein Tisch ist ein Tisch". | Ein Mann will die Welt ändern, indem er die Bezeichnungen der Dinge ändert. Er produziert also *Allegorien.* Die Geschichte endet traurig. Der Mann versteht in seiner

---

[8] P. BICHSEL, Ein Tisch ist ein Tisch, Berlin 2002.

Privatsprache die Menschen nicht mehr, und – schlimmer – sie verstehen auch ihn nicht mehr.

Die Chiffrensprache der Allegorie kann nur dort eine Funktion haben, wo Sprachverstellung z.B. aus politischen Gründen gefordert ist, wo die Wahrheit sich tarnen muss, um nicht von ihren Feinden verstanden zu werden.

Biblische Beispiele sind die berühmte Jotham-Fabel in Richter 9,8–15 mit ihrer Kritik am Königtum und die Allegorie von den bösen Weinbergpächtern in Mk 12,1–12 mit der der (markinische!) Jesus seinen Feinden verhüllt ihre Mordpläne ausspricht. Dieses Beispiel ist also insofern dialektisch, als es verhüllend zugleich enthüllt.

Die Frage ist nun, ob auch das *Klischee* eine literarische Entsprechung haben kann. Auf den ersten Blick wird man diese Frage verneinen. Erwägenswert scheint mir aber die Hypothese, die Klischeebildung in gewisser Weise mit einer unkontrollierten und unzulässigen Regression in den *Mythos* zu verbinden – wie ja das Klischee einen unbewältigten Konflikt aus der frühkindlichen Urszene signalisiert. Wie an sich die Kindheit unwiederbringlich ist, auch wenn sie die Quelle des Symbollebens und uns in der Form erinnernder Repräsentation lebenswichtig ist, so ist auch der Mythos als Urszene unwiederbringlich – und nur noch in einer „zweiten Naivität", etwa in hermeneutischem Zugang, zu haben. Wo aber heute die Flucht in den Mythos gesucht wird, scheint Klischeebildung vorzuliegen. Diese Hypothese könnte ein Problem der Mythos-Theorie lösen helfen, nämlich die Frage, ob es heute noch gelebten Mythos gibt. Fast alle Beispiele, die man für die Lebendigkeit des Mythos anführt – den Mythos der Technik, den Wildwestfilm oder Dallas und Denver-Clan als Mythen Amerikas –, fordern gerade bei denjenigen, die sie konstatieren, sofort die Mythoskritik heraus und sind letztlich negative Beispiele in kulturkritischem Kontext. Wer heute gelebte Mythen konstatiert, ver- | langt meist ihre Entmythologisierung. In diesen Fällen wird man unterscheiden müssen zwischen den Kulturtheoretikern, die hier Mythen konstatieren und diese Mythen zumeist implizit kritisieren, und den Menschen, für die diese Mythen noch *gelebte* Mythen sind und die sie folglich nicht als Mythen durchschauen. Denn das gelebte mythische Bewusstsein kann sich selber schwer als solches einordnen. Die Konsequenz daraus wäre nun entweder die Behauptung, dass heute jeder Mythos negativ als ideologieträchtig zu bewerten wäre, oder aber dass man zwischen guten (alten) und schlechten (neuen) Mythen unterscheidet. Besser scheint mir jedoch der Weg zu sein, die in den obigen Beispielen genannte Art von Mythen als Klischee-Bildungen einzuordnen – bzw. als Manipulationen, die Klischeebildung beim Rezipienten (Konsumenten) hervorzurufen. Aber die Frage, ob es heute neben Klischees (als unzulässigen Regressionen in den Mythos) auch gelebten (echten) Mythos gibt, ist damit immer noch nicht beantwortet. Wir werden auf sie dort zurückkommen, wo es um das Verhältnis von Mythos und Geschichte geht.

3. Der Mythos

a) Streit um den Mythos

Es gibt heute zwei entgegengesetzte Einschätzungen des Mythos. Die eine knüpft an die Tradition der Aufklärung an. Hiernach ist der Mythos unzureichender und durch den Logos zu ersetzender uneigentlicher Ausdruck von Wahrheit. Diese negative Sicht ist in neuerer Zeit sogar noch gesteigert im Sinne einer ideologiekritischen Bewertung. In Anknüpfung an ethnosoziologische Erkenntnisse über die pragmatische (soziale) Funktion von Mythen in „primitiven" Gesellschaften, wonach der Mythos die bestehenden Zustände legitimiere und religiös stabilisiere, wird der Mythos z.B. von Ernst Topitsch[9] als „Leerformel" und Ideologie verstanden. Der Mythos muss deshalb immer entmythologisiert und das heißt in diesem Zusammenhang kritisiert werden. Die theologische Variante dieser Mythosbewertung setzt für den aufklärenden Logos das die Welt entdämonisierende, vom Götzen befreiende Evangelium ein, | das zum Feind des objektivierenden Mythos erklärt wird. Zum Teil verdankt sich das Entmythologisierungsprogramm Rudolf Bultmanns dieser Tradition. An diese mit der dialektischen Theologie zusammenhängende Tradition ist heute nachdrücklich zu erinnern angesichts der neuen Tendenzen, Gott unmetaphorisch und unsymbolisch mit Hilfe angeblicher mythischer Naivität zu verobjektivieren, was heute nicht mehr nur von konservativer Seite her versucht wird. Alle diese Versuche, auch jene, Gott als Weiblichkeit – sofern das nicht metaphorisch geschieht – festzulegen, können von der oben vorgestellten Symboltheorie nur als Klischeebildung eingestuft werden[10].

Die andere, gegenwärtig aktuellere Einschätzung des Mythos knüpft an die *Romantik* an. In dieser Tradition steht die religionsphänomenologische Mythosforschung (Mircea Eliade), die tiefenpsychologische (Carl Gustav Jung), die sprach- und literaturmorphologische (Andre Jolles), aber auch die strukturalistische (Claude Lévi-Strauss), die ethno-soziologische (Bronislaw Malinowski) und die hermeneutische (Bultmann, Ricœur). Die hier ge-

---

[9] E. TOPITSCH, Mythos, Philosophie, Politik. Zur Naturgeschichte der Illusion, Freiburg ²1969.

[10] Vgl. zu einer aus dieser Sicht kommenden kritischen Einschätzung der Symboldidaktik den Beitrag von D. ZILLESSEN, Wie kritisch ist die Symboldidaktik? Anfragen an ein neues Konzept, in: J. Heumann (Hg.), Bilder, Mythen und Symbole. Ihre Bedeutung für Religionsunterricht und Jugendkultur, Oldenburg 1988, 125–142.

nannten Richtungen sind dem Mythos gegenüber grundsätzlich positiv aufgeschlossen und trauen ihm eine eigene Wahrheit zu, von der auch und gerade der moderne Mensch mehr oder weniger lernen könne. Gelegentlich gar wird dem Mythos etwas zugetraut, wessen der Logos ermangelt. Dass die ausschließliche Option für den Logos gegen den Mythos nicht vor dem Götzen, vor Entfremdung und Entmenschlichung bewahrt, haben Max Horkheimer und Theodor W. Adorno in ihrer „Dialektik der Aufklärung"[11] gezeigt. Und für Leszek Kolakowski[12] ist der Mythos gar notwendig, um das Humane gegenüber der instrumentellen Vernunft überhaupt noch zu retten. Um die jetzt wiederum viel geschmähte „Entmythologisierung" Bultmanns (etwa gegen das sonst so verdienstvolle Buch von Kurt Hübner) in Schutz zu nehmen, ist darauf hinzuweisen, dass auch Bultmann den Mythos im Sinne der Hermeneutik ernst nahm und ihn, wie der Mythos es von seinem Wesen her verlangt, interpretierte, und zwar durchaus sachgemäß existential interpretierte. Das schließt leider nicht aus, dass sein Mythos-Begriff letztlich ungeklärt und unreflektiert ist. |

Das neue positive Interesse am Mythos ist zu begrüßen, weil es einen hermeneutischen Zugang zu einem für die menschliche Kultur und insbesondere die Religion fundamentalen Sprachphänomen ermöglicht, das als vollkommener und unersetzbarer Ausdruck dieser fundamentalen „Geistesbeschäftigung" ernst genommen wird. Demgegenüber misst die aufklärerisch-ideologiekritische Mythostheorie ihren Gegenstand an seinem Gegenteil, dem Logos, und erklärt ihn von vornherein für überholt oder falsch. Auch die der Romantik zu verdankende Mythos-Theorie, insbesondere in ihrem hermeneutischen Zweig, bedeutet nicht gleich Regression in den Mythos oder gegenwärtig gelebten Mythos, auch wenn das bei einigen Romantikern tatsächlich intendiert wurde. Sie versucht vielmehr, durch „Verstehen" Möglichkeiten für eine „Eröffnung des Zugangs zum Mythos" zu schaffen. Die folgende Beschreibung des Mythos knüpft an diese hermeneutische Tradition des Mythos-Verständnisses an. Sie ist zunächst gegliedert nach den drei semiotischen Dimensionen: Syntaktik, Semantik, Pragmatik.

---

[11] TH.W. ADORNO/M. HORKHEIMER, Dialektik der Aufklärung. Philosophische Fragmente, Frankfurt a.M. [16]2006.

[12] Vgl. L. KOLAKOWSKI, Die Gegenwärtigkeit des Mythos. Aus dem Polnischen von Peter Lachmann, München u.a. [3]1984.

b) Syntaktik des Mythos: Der Mythos ist Erzählung

„Mythos" ist eins der griechischen Worte für Erzählung. Da die Mythen zur Gruppe der narrativen Texte gehören, wird die syntaktische Analyse einsetzen mit dem Beziehungsverhältnis der handelnden „Personen" (Aktantenanalyse) und dem Aufbau der Handlung im Ablauf (Sequenzanalyse). In vielen Mythen gehören die handelnden Personen drei unterschiedenen Bereichen an: Götter – Dinge und Tiere (immer personifiziert) – der Mensch. Die Handlung verläuft z.B. in der relativ wichtigen Klasse der Schöpfungsmythen vom Chaos zum Kosmos oder vom „Paradies" zum entfremdeten Dasein des Menschen. Oft ist dann der Tod das Thema. Das Ergebnis der erzählten Handlung ist der gegenwärtige Weltzustand. In diesen Zusammenhang gehören aber auch die Mythen von Götterkämpfen. Die Endzeitmythen setzen immer den „kritischen" Typ des Schöpfungsmythos voraus (Paradies – Entfremdung), kehren ihn aber gelegentlich um (entfremdete Gegenwart – Gericht – neue Welt = Wiederherstellung des heilen Anfangs).

Im Übrigen kann die syntaktische Struktur der Mythen hier vernachlässigt werden. Wichtig ist in diesem Zusammenhang nur, dass der Mythos Erzählung, ja Urform der Erzählung ist. In Kulturen, die noch im Mythos leben, gilt er – etwa im Unterschied zum Schwank, aber auch zum Erlebnisbericht – als „wahre" Erzählung. Das Erzählen selbst ist ein sakraler Akt. Die Dinge und ihr Grund, die Götter, werden beim Namen genannt. Die Urhandlungen der Götter werden erzählend vergegenwärtigt. Damit vergewissert sich der Mensch seiner Welt.

Drei andere volkstümliche Gattungen sind Abkömmlinge des Mythos:

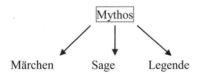

Im Märchen findet man die syntaktischen und vor allem semantischen Gesetze des Mythos wieder, doch ist der sakrale und Welt gründende Charakter verloren. Die Sage ist auf den menschlichen, allenfalls heroischen Bereich der Sippe beschränkt. Die Legende lässt das Heilige nur noch gespiegelt erscheinen im vorbildlichen Lieben eines Menschen und unterscheidet sich dadurch von der mythischen Epiphanie.

c) Semantik des Mythos:
Der Mythos hat einen weiteren Begriff von Wirklichkeit und Wahrheit

Das „Weltbild" des Mythos ist ein anderes als unser stark von physikalischer und historischer Welterklärung geprägtes. Es ist jedoch nicht von
vornherein als „falsch" und „erledigt" abzutun. Es ist anders, offener und
grundsätzlicher als unser Wirklichkeitsverständnis. Der Mythos hat andere
Gesetze, eine andere Logik, andere Kriterien der Wahrheit. An vier Aspekten des Mythos soll das dargestellt werden: (a) am Wirklichkeitsverständnis
allgemein, (b) am mythischen Raumverständnis, (c) am mythischen Zeitverständnis, (d) an der mythischen Auffassung von Identität handelnder
Personen. In einem Abschnitt (e) fragen wir nach dem Verhältnis der Se-
mantik des Mythos zur Semantik des Symbols. |

(a) Die Welt ist „voll von Göttern". Jedes Ding hat noch eine unsichtbare
tiefere Wirklichkeit. Die Welt ist – metaphorisch gesprochen – von unsichtbaren Bedeutungsfäden durchzogen. Alle Dinge sind ideell überhöht,
zwischen Ideellen und Materiellem wird nicht unterschieden. Vor allem
sieht sich der Mensch selber in dieses Metz von geheimen Bedeutungsbezü-
gen eingespannt. Wenn der Mensch im Mythos von der Entstehung des
Kosmos erzählte, so erzählt er zugleich von seiner (des Menschen) eigenen,
gegenwärtigen Wirklichkeit. Der Mythos kennt im Grunde nicht die für alle
anderen narrativen Gattungen gültige Trennung von „erzählter Zeit" und
„Erzählzeit", von „erzählter Welt" und „besprochener Welt" oder gar von
Fiktionalität des Erzählten und Realität der Welt des Erzählers. Insofern gehört die Semantik des Mythos unlösbar mit der Pragmatik, der Funktion des
Mythenerzählens, zusammen.

(b) Der *Raum* wird nicht metrisch und nicht von einem universalen Koordinatensystem her aufgefasst, sondern immer jeweils relativ als Lebensraum und als Aura von (Götter-)Erscheinungen. Entfernungen können im
Mythos (wie im Traum und im Märchen) in Gleichzeitigkeit überwunden
werden, und Dinge wie Götter können an mehreren Stellen zugleich sein.
Unterschiedliche Orte können zugleich Zentrum der Welt sein (Weltenbäu-
me, Quellen, Höhlen, Tempel). Häuser und Tempel sind Abbild der Welt
und zugleich von Göttern bewohnt. Der Bau eines Raumes ist Wiederholung der Weltschöpfung.

Hier lassen sich auch heutige Beispiele für noch lebendigen Mythos anführen. Zwar
spielen Bau-Riten (Grundsteinlegung, Richtfest, Brot und Salz beim Einzug) keine
große Rolle mehr, doch verrät die Bewertung des „Heims" noch Züge des Heiligen
(„Trautes Heim, Glück allein", „my home is my castle", die Unantastbarkeit der
Wohnung, der „gute Geist" eines Hauses).

Die Relativität und Pluralität der „Räume" im Mythos zeigt, dass es keinen einheitlichen konsistenten Raum-Begriff im Mythos gibt. Das belegt nun auch die umgekehrte Erscheinung, die darin besteht, | dass räumlich Getrenntes nur aufgrund seiner Ähnlichkeit als räumlich verbunden gedacht wird. Das hängt mit dem Problem der Identität zusammen. Ein und dasselbe kann an getrennten Orten zugleich sein. Hier unterscheidet sich der Mythos grundlegend von der Metapher. Das „ist" einer metaphorischen Prädikation wahrt immer noch die Distanz und enthält zugleich ein „ist nicht" (etwas „erscheint" in der Metapher „wie" etwas anderes). Im Mythos gibt es diese metaphorische Distanz nicht, sondern hier wird Ähnlichkeit immer metonymisch oder synekdochisch, d.h. in räumlicher Berührung der Teile als Kontinuität gedacht. Wenn ein Mensch als „Löwe" bezeichnet wird, ist das außermythisch eine Metapher (bzw. ein Vergleich). Im Mythos dagegen drückt das einen räumlichen Zusammenhang aus. Ein Stück des Löwen ist in diesem Menschen real vorhanden. Noch deutlicher wird das, wenn wir das Zeitverständnis des Mythos mit einbeziehen. Bei zwei zeitlich getrennten Ereignissen kann das jüngere Ereignis als Teil oder gar als identische Wiederholung des älteren Ereignisses verstanden werden.

(c) Wie der Raum wird auch die *Zeit* nicht als etwas Absolutes unter (chrono)metrischem Aspekt gesehen, sondern immer als die Zeit eines Dinges, die *Zeit einer Gotteserscheinung* (Epiphanie). „Jedes Ding hat seine Zeit" (Koh 3,1–8). Zeit ist also immer gefüllte Zeit (Kairos), nie ein Relationsmaßstab, um Ereignisse in eine absolute Relation zueinander zu bringen. So gibt es also viele Zeiten nebeneinander. Zwar gibt es die Erfahrung von Entstehen und Vergehen, aber auch gerade das ist ausschließlich bestimmt von seiner „Füllung".

Am Rande sei bemerkt, dass die physikalische Relativitätstheorie in einigem diesem Zeitverständnis wieder nahekommt. Wichtiger ist, dass dieses Denken einer gefüllten, immer qualifizierten Zeit dem Menschen gemäßer ist. Selbst 80 Lebensjahre ohne Glück oder Traurigkeit sind wie das Nichts. Der Mensch hat seine „Zeiten", und am Ende ist „seine Zeit erfüllt".

Leere Zeit gibt es selbst in der griechischen Philosophie nicht. Die „Vergangenheit", von der der Mythos scheinbar erzählt, ist | bleibende, prägende Gegenwart. Was der Mythos erzählt, ist Urgeschehen, das immer wieder je und je aktuell erlebt wird. Den historischen Abstand kennt der Mensch des Mythos nicht, jedenfalls wird er ihm nicht zum Problem. „Was am Anfang geschah", ist nicht vergangen, ist nicht weg, ist nicht „nicht", sondern ist in seiner Ursprünglichkeit immer gegenwärtig. Obwohl der Mythos im Tempus der Vergangenheit erzählt, kennt er im Grunde keine Vergangenheit. Was „einmal" im Mythos „war", ist „ein für allemal".

(d) Wie im Traum die *Identität* der im Traum auftauchenden und handelnden Personen fließend wechseln kann, so können gleiche Personen (z.B. ein Gott oder der Urmensch) in verschiedenen zusammengehörigen mythischen Erzählungen unterschiedliche Gestalt annehmen. Im Märchen spielt entsprechend die Verwandlung (z.B. junges Mädchen – hässliche Alte) eine große Rolle. Ein und derselbe Gott kann sich in verschiedenen Gestalten verkörpern.

Langer verweist auf die Gestalt der Hina in einigen polynesischen Mythen. Sie ist bald Mutter, bald Schwester, bald Jungfrau, bald göttliche Ahnin, bald menschenfressende Riesin. „Das Rätsel löst sich auf, wenn wir bedenken, dass Hina auch den Mond bedeutet. Den verschiedenen Hinas des polynesischen Mythos entsprechen ebenso viele Stadien der Personifikation des Mondes ..." (Der Mond aber ist Symbol des Weiblichen). „Der präsentative Symbolismus zeichnet sich dadurch aus, dass eine Vielzahl von Begriffen in einen einzigen totalen Ausdruck zusammengezogen werden kann, ohne dass diesen einzelnen Begriffen durch die den Gesamtausdruck konstituierenden Teile jeweils entsprochen wird. Die Psychoanalyse bezeichnet diese in der Traumsymbolik zuerst entdeckte Eigentümlichkeit als ‚Verdichtung'"[13].

Die Identität der Personen ist also verlagert in die symbolische Tiefe. In diesen Zusammenhang gehört das korporative Denken des Mythos. Der Urmensch „Adam" sündigte, und „in ihm" sündigten alle menschlichen Individuen. Adam | verkörpert sich in jedem einzelnen Sünder, und jeder Sünder ist zugleich Adam. Weil das Urgeschehen die Sünde war, muss jeder Mensch sündigen, ohne dass er unter Hinweis auf das Verhängnis entschuldigt werden könnte. Kollektivität und Individualität sind beide in ihrer Totalität nebeneinander gültig. Jedes der ein Kollektiv bildenden Individuen ist nicht nur Teil des Kollektivs, sondern zugleich mit diesem auch identisch. Im Handeln jedes einzelnen Stammesmitgliedes steht der ganze Stamm auf dem Spiel, und was der Ahnherr des Stammes tat, ist als Urgeschehen bleibendes und schicksalhaft prägendes „Vorbild". Nun ist der von Paulus bemühte Urmensch-Mythos (1Kor 15,21f.45–50; Röm 5,12–21) schon Produkt platonisch-jüdischer Bibelinterpretation. Beibehalten ist hier aber wie überhaupt im Platonismus das wesentliche semantische Gesetz des Mythos: dass die Einzeldinge real partizipieren am Sein ihrer Gattung – platonisch: an den Ideen. Die Individuen sind „Abbilder" ihres „Typos". Christus als Gegentyp Adams ist nicht weniger mythisch gedacht, wenn die Seinen an seinem Geschick partizipieren. Wie der Apostel „machen" die Christen ihr Urbild nicht aus freiem Entschluss „nach", sondern gezwungen. Das Modell des mythischen Denkens ist erst dort verlassen, wo die Abbildung Christi als „imitatio", als strebendes Nachahmen verstanden wird (so – von Paulus als „Vorbild" – 2Thess 3,7). Hier ist die Gattung „Mythos" verlas-

---

[13] Langer, Philosophie, 190f.

sen, und an ihre Stelle tritt die Gattung „Legende": der Heilige als ethisches Vorbild, nicht mehr als Urbild, das sich in seinen Abbildern von selbst verwirklicht.

(e) Mit dem Hinweis, dass Identität (der im Mythos handelnden Personen, der Aktanten) im Mythos auf die Ebene der symbolischen Tiefe verlagert ist, taucht die Frage nach der *Verwandtschaft des Mythos mit dem Symbol* auf. Auch dieses Problem gehört in die Semantik. Das Wirklichkeitsverständnis des Mythos ist mit dem Symbol insofern verwandt, als in ihm alle Erscheinungen eine Tiefenbedeutung haben (göttlichen Ursprungs sind, eine Aura von höherer Mächtigkeit haben). Doch ist die Beziehung zwischen Oberflächen- und Tiefenbedeutung hier weniger distanziert als beim Symbol. Von den zwei semantischen Merkmalen des Symbols scheint beim Mythos eher nur das zweite zuzutreffen. Der Mythos | scheint nicht symbolisch zu verweisen, sondern in ihm repräsentiert sich der Urgrund der Dinge und Lebewesen. So gilt: Der Mythos ist „ein direkter Ausdruck seines Gegenstandes"[14]. Insofern besteht eine gewisse Beziehung zwischen Mythos und Klischee – wobei man hier einschränkend sagen muss, dass von Klischee erst dann die Rede sein kann, wenn eine Regression in den Mythos als versuchte Rückkehr in die unwiederbringliche „erste Naivität" vorliegt. Der repräsentierende Charakter des Mythos wurde bereits deutlich bei unserer Darstellung des mythischen Raum- und Zeitverständnisses. Wo z.B. die Kopula „ist" in der metaphorischen Prädikation ein räumlich getrenntes Beziehungsverhältnis andeutet und keine Identifikation, setzt der Mythos eine räumlich-zeitliche Berührung (Kontiguität) oder gar eine Identität voraus. Freilich ist auch das noch einzuschränken, denn auch für den Mythos gilt die Identität ja nicht an der Oberfläche, sondern in der Tiefe. Die ähnlichen Dinge sind, sagten wir, mit geheimen Bedeutungsfäden verbunden. Das Ideelle ist so real wie das Materielle. Dem entspricht es, dass im Mythos Raum, Zeit und Identität übersprungen werden können. Das drückt sich aus in Verwandlung, Ubiquität (ein und dasselbe Ding ist an zwei Orten zugleich) und Zeitgleichheit von zeitgetrennten Ereignissen. Dennoch hat der im Mythos lebende Mensch kein Bewusstsein der jeweiligen Distanzen. Genauer müssen wir jetzt sagen: Beim Mythos fällt das erste semantische Merkmal des Symbols (die Verweisung) nicht einfach zugunsten der zweiten (Real-Repräsentation) fort, sondern beide sind für den Menschen, der im Mythos lebt, noch untrennbar verbunden. Hier gilt das gleiche wie bei der Holophrase als Ausdruck der frühkindlichen Urszene, wo Subjekt und Prädikat, Referenz und Prädikation, noch nicht zu trennen sind. Der Mythos ist deshalb ein Pendant zur Urszene und wie diese Ursprungs-

---

[14] Vgl. B. MALINOWSKI, Die Rolle des Mythos im Leben, in: K. Kerényi (Hg.), Die Eröffnung des Zugangs zum Mythos. Ein Lesebuch, WdF 20, Darmstadt ⁵1996, 177–193: 182.

ort des Symbols, das dann zur Referenz gehört wie die Metapher zur prädikativen Operation.

Zusammenfassend kann man zur Semantik des Mythos sagen: Die semantischen Regeln, die die „Welt" des Mythos bestimmen, sind weniger expliziert, weniger enggefasst als die Regeln, denen z.B. ein berichtender Text neuzeitlichen Weltverständnisses unterliegt. So gilt das aristotelische Prinzip der Einheit von Raum | und Zeit nicht. Identität ist anders gefasst als im neuzeitlichen realistischen Erzählen. Das bedeutet: Die Vorstellung des mythischen Menschen von der Wirklichkeit ist offener und weiter gefasst als unsere raum-zeitliche physikalische Vorstellung von der Welt. Die Logik des Mythos ist elementarer, allgemeiner, so wie z.B. eine topologische Geometrie allgemeiner und grundlegender ist als die euklidische Geometrie. Das heißt nicht, dass wir in den Mythos zurückkehren sollten und könnten. Wir könnten aber vom Mythos dazulernen.

d) Pragmatik des Mythos:
Der Mythos hat die Funktion eines „exemplarischen Modells" für gegenwärtige Wirklichkeit

Welchen „Sitz im Leben" hat der Mythos? Welche soziale Funktion erfüllt er? Welche „Geistesbeschäftigung" bringt er zum Ausdruck? Generell kann gelten, dass er nicht erklärt, interpretiert oder Gründe angibt, sondern selber der Grund für gegenwärtige Gesetzmäßigkeiten, Zustände, Bräuche, Riten usw. ist. Der Mythos selber ist der Grund der absoluten Wahrheit. Was der Mythos erzählt, sind *archai*[15]. Eliade nennt den Mythos entsprechend ein „exemplarisches Modell"[16]. Die mythischen Erzählungen sind für Gesellschaften, bei denen der Mythos lebendig ist, „die Aussage einer ursprünglichen, größeren und wichtigeren Wirklichkeit, durch die das gegenwärtige Leben, Schicksal und Wirken der Menschheit bestimmt ist"[17]. Auch diese Bemerkungen zur Bedeutung der Mythen sind noch semantisch. Zur pragmatischen Funktion des Mythos im eigentlichen Sinne führen uns erst die ethnologischen Beobachtungen zu den Anlässen und Wirkungen des *Mythenerzählens* in Gesellschaften, in denen er noch lebendig ist. Diese Beobachtungen führten zu einem linguistisch bemerkenswerten Ergebnis. Das Erzählen eines Mythos ist immer ein Sprechakt, in dem sich der seman-

---

[15] „Eine Archä ist eine Ursprungsgeschichte. Irgendeinmal hat ein numinoses Wesen zum ersten Mal ... eine bestimmte Handlung vollzogen, und seitdem wiederholt sich dieses Ereignis identisch immer wieder", K. HÜBNER, Die Wahrheit des Mythos, München 1985, 135.

[16] Vgl. M. ELIADE, Das Heilige und das Profane. Vom Wesen des Religiösen, Frankfurt a.M. 1998, 56ff.

[17] Vgl. MALINKOWSKI, Rolle, 190.

tische Gehalt selber pragmatisch verwirklicht. Das Erzählen ist Wiederho-lung und Aktualisierung des Erzählten. So dient das Erzählen eines Schöp-fungs-Mythos der Maori | z.B. verschiedenen lebensnotwendigen Zwecken: um einen unfruchtbaren Mutterschoß fruchtbar werden zu lassen, um Ge-sänge zu dichten, um ein Haus zu bauen, um eine Depression zu heilen, um Licht in dunkle Angelegenheiten zu bringen (Wiederholung der Licht-schöpfung) usw. Es bestätigt sich auf pragmatischer Ebene, was wir bereits in semantischer Hinsicht feststellten: Der Mythos kennt keine Distanz zwi-schen „erzählter Zeit" und „Erzählzeit". Das Erzählen des Mythos ist die (wiederholende) Verwirklichung seines Inhalts. Nach den Gesetzen moder-ner Logik ist so etwas unmöglich, da der Wahrheitswert einer Aussage bzw. in einer Handlungslogik die Wirklichkeit einer Aussage immer der Aussage selbst gegenüber auf einer Meta-Ebene steht. Lässt man die Ebenen inein-ander fallen, ergibt sich z.B. das Paradox des Lügners: der Kreter, der behauptet, alle Kreter seien Lügner. Im mythischen Wirklichkeitsverständ-nis gilt dieses Gesetz nicht. Erstaunlich für manchen mag es sein, dass sich diese Eigenart des Mythos gerade in einem spezifisch christlichen Gesichts-punkt erhalten hat: in der Auffassung von der Verkündigung als eines Wort-geschehens. Für Paulus ist die Verkündigung des Evangeliums gleichzeitig der Vollzug ihres Inhaltes. „Kreuzigung" und „Auferweckung" werden an-eignend wiederholt. Im Übrigen kann Paulus den alttestamentlichen Schöp-fungsmythos auf ähnliche Weise aktualisieren, wie es die Maori mit ihrem tun: „Gott, der gesagt hat: Aus der Finsternis soll Licht aufstrahlen! Er ist es, der es in unseren Herzen hat aufstrahlen lassen, so dass wir erleuchtet wurden durch die Erkenntnis von der Herrlichkeit Gottes auf dem Ange-sicht Christi" (2Kor 4,6). Zu Recht hat die Theologie dieses mythische Wortverständnis nicht aufgegeben.

e) Mythos und Historie

In der Theologie hat man häufig gegen den Mythos das „historische" Den-ken der Bibel ausgespielt – etwa unter Berufung auf das mythische Zeitver-ständnis einerseits, prophetisch-apokalyptisches Zeitverständnis anderer-seits. Auch wenn die spezifischen Unterschiede nicht verwischt werden sol-len, so ist diese Entgegensetzung doch problematisch. An dieser Stelle ist es allerdings erforderlich, noch einmal den Begriff der Urszene aufzu- | grei-fen und zu erläutern. Wir gebrauchten ihn im Zusammenhang mit der kon-notativ-emotionalen Aufgeladenheit von Symbolen in der frühen Kindheit einerseits, mit dem szenischen Zusammenhang von symbolischen Bedeu-tungen im Mythos andererseits. Die Frage ist, ob Mythen dadurch auf eine frühe, prähistorische Phase der Menschheit beschränkt sind, oder ob es auch

„neue" Mythen gibt, ob Mythen in der Geschichte bis heute entstehen können. Sehr vieles, was man als Belege für die Existenz moderner Mythen anführt, muss, wie wir schon sahen, unter die Kategorie des Klischees fallen. Und diejenigen, die diese Beispiele anführen, verlangen jeweils auch, zumindest implizit, kritische Entmythologisierung. Gibt es aber auch heute noch echten gelebten Mythos in unserer Gesellschaft? Das ist nicht auszuschließen. Man könnte versuchen, den Begriff „Urszene", der an sich etwas Unwiederbringliches bezeichnet, auszuweiten auf jederzeit mögliche „Schlüsselgeschichten" („Schlüsselerlebnisse" bzw. „Schlüsselerfahrungen" von überindividueller verbindlicher Bedeutung). Eine solche Urszene wäre z.B. die „Geschichte Jesu von Nazareth" als „exemplarisches Modell" christlicher Existenz. Bultmann hatte es abgelehnt, es „Mythologie" zu nennen, „wenn von Gottes Tun, von seinem entscheidenden eschatologischen Tun, die Rede ist"[18] – ganz einfach deshalb, weil dieser Begriff für ihn belastet war, was mit der aufklärerischen Tradition der Mythos-Theorie zusammenhängt. Ich würde es durchaus mythisch nennen, wenn in einem historischen Ereignis wie dem Auftreten und der Kreuzigung Jesu von Nazareth das „eschatologische Ereignis" erkannt, geglaubt wird. Der Begriff Mythos jedenfalls kann nur formal und nicht inhaltlich (etwa: Mythos setze Polytheismus voraus) gefasst werden.

Bestimmte historische Ereignisse können eine „grundlegende" Bedeutung bekommen, so dass sie zum Mythos und damit zur Quelle weitreichender Symbole werden. Doch bleibt die unausweichliche Schwierigkeit bestehen, dass wir das Wirklichkeitsverständnis des Mythos in allen seinen Zügen auf dem Wege einer Regression nicht mehr annehmen können, ohne ins Klischee zu verfallen. Es bleibt uns nur der hermeneutische Weg, der allenfalls zu einer „zweiten Naivität" führen kann; das lernende Verstehen des Mythischen. | Bultmann hatte bewusst den Begriff des „Geschichtlichen" und nicht den der „Historie" gebraucht, um das Mythische auszugrenzen. Von anderer Seite wird oft die Historie dem Mythos entgegengestellt. Doch hiergegen lässt sich leicht zeigen, dass die Historie selbst nicht im Gegensatz zum Mythos steht. Denn die Historie ist nichts anderes als ein Konstrukt der Geschichtsschreibung und als solches in direkter Linie auf den Mythos zurückzuführen, in manchen Fällen vermittelt über die Sage. Wenn Geschichte der Identitätsfindung und -bewahrung einer Gruppe dient, und zwar durch Erinnerung, die ja im Zusammenhang mit der Symbolisierung ein Identitätsbewusstsein des Individuums erst ermöglicht, dann bekommt das Bild der Geschichte dieser Gruppe eine die Gegenwart konstituierende

---

[18] R. BULTMANN, Neues Testament und Mythologie. Das Problem der Entmytologisierung der neutestamentlichen Verkündigung, BEvTh 96, hg. v. E. Jüngel, München ³1988 (= 1941), 15–48: 48.

exemplarische Funktion. Nur scheinbar geht es selbst heute dabei um die reinen Fakten und ihre kausalen Verbindungen. „Geschichte" erscheint nur als Deutung und damit als symbolische Repräsentation von erfahrener Wirklichkeit. Natürlich liegt dabei die Gefahr der Glorifizierung und Verdrängung sehr nahe. Nirgends ist die Gefahr der Klischeebildung einerseits, der rationalisierenden verharmlosenden Entleerung andererseits größer als in der nationalen Geschichtsschreibung, was gerade der neueste Historikerstreit um das „deutsche Erbe" erschreckend belegt.

Damit soll nun nicht gesagt sein, dass das Historische nichts anderes als das Mythische sei. Im historischen Bewusstsein ist die Zeit nicht mehr mythisch gedacht. Modell historischen Denkens ist vielmehr der eindimensional verlaufende Zeitstrahl, wodurch nun der Abstand zwischen dem Vergangenen und dem Gegenwärtigen bewusst wird. Ob dieses aber schon für das alttestamentliche prophetische und für das frühjüdisch-christlich-apokalyptische Wirklichkeitsverständnis gilt, ist wiederum fraglich. Die prophetische Verkündigung ist geradezu Prototyp des oben beschriebenen mythisch-sakramentalen Wortverständnisses. Was der Prophet ausspricht, ist schon Tat Gottes. Er klagt über etwas, das geschehen wird (und längst Wirklichkeit ist), wie über etwas längst Geschehenes. Der prophetische Weheruf ist die ursprüngliche Totenklage. Der mit dem Wehe Angesprochene ist schon „tot". |

Die Apokalyptik freilich bringt etwas Neues, und dennoch lebt gerade sie vom Mythischen. Für die Gattung der Apokalypse ist es geradezu konstitutiv, dass das Geheimnis der Geschichte in einer die Zeit durchbrechenden Schau schon in der Urzeit (Henoch), in einer ekstatischen Himmelsreise oder im Traum durch Offenbarung erkannt und im Buch niedergeschrieben wird. Die Apokalyptik bildet freilich insofern eine Neuerung im Reich des Mythos, als sie den Gegenmythos zum Schöpfungsmythos entwirft. Sie setzt dabei den kritischen Schöpfungsmythos (Vertreibung aus dem Paradies, Entstehung des Todes) voraus. Der Schöpfung entspricht so eine Vernichtung, dem Anfang ein Ende. Dabei entsprechen sich Urzeit und Endzeit monozyklisch, oder aber Schöpfung und Untergang wiederholen sich in endlosen Perioden. „Können Sonne und Mond, kann der Berg, ja, kann die Welt, so wie sie sich in der Mythe erschaffen, zugrunde gehen? Sie können es, sie können es in der Mythe, sie können es sogar nur durch die Mythe ... so finden wir neben der Mythe, die baut, eine Mythe, die vernichtet ... Neben Weltschöpfung steht Untergang ... Aber so wie der Unheilige sich zum Heiligen wandeln kann, so kann der Mythos wiederum aus dem Chaos eine neue Welt bauen"[19]. An diesem Punkt berühren sich dann Mythos und Metapher. Der in der Apokalyptik gelegentlich bis ins Bizarre gesteigerte

---

[19] JOLLES, Einfache Formen, 124.

Mythos schlägt im Bild vom „Modell" Jerusalems, das vom Himmel herab-
gelassen wird, um in die Metapher, die das ganz Neue modellhaft zu sagen
versucht.

Die Metapher im Reich der Tropen

Ein Beitrag zum Verständnis von Sprache und Wirklichkeit*

In einem verbreiteten, mit 20 Bänden nicht gerade kleinen Lexikon steht folgende Definition des Begriffs Metapher:

Metapher die, griech. *Metaphora* [,Übertragung'] die, i.w.S. eine Redewendung, in der statt der eig[en]tl[ichen] Bez[eichnung] eine uneig[en]tl[iche] oder übertragene gebraucht wird [...], z.B. „Hafen" statt „Zuflucht", „kalt" für „gefühllos".[1]

Ziemlich uninteressant, muss man sagen! Als uneigentlicher Ausdruck wäre die Erscheinung der Metapher eigentlich überflüssig. Aus gleicher Zeit gibt es jedoch eine umfangreiche Bibliographie zur Metapher[2]. Hier waren allein für die Jahre 1965 bis 1985 über 8000 Titel verzeichnet, und zwar aus verschiedenen Wissenschaften, nicht nur aus den Literaturwissenschaften und Philologien, sondern vor allem auch aus der Psychologie, der Soziologie, der Pädagogik, der Theologie, der medizinischen Neurologie und – überraschend – besonders auch aus den Naturwissenschaften. So langweilig, wie die traditionelle Meinung aus dem erwähnten Lexikon erscheint, kann demnach die Metapher nicht sein.

1. Die Tropenlehre der antiken Rhetorik

Im Laufe der gut 500jährigen Entwicklungszeit der antiken Rhetorik bildete sich eine Systematik heraus, die sich am ausgeprägtesten bei *Quintilian* findet und heute in den meisten Rhetoriklehrbüchern zugrunde gelegt wird. Darin hat die *Metapher* ihren festen Ort. Sie ist die wichtigste der *Tropen*. Diese bilden wiederum den Kern der Lehre vom *ornatus*, dem Schmuck der Rede. Im Zentrum aber steht die *elocutio*, die Lehre von der Beredsamkeit,

---

* Überarbeitete Fassung eines Vortrages, gehalten auf der Landesfachtagung alte Sprachen 1997.
[1] dtv-Brockhaus-Lexikon in 20 Bänden, Wiesbaden/München 1982, Band 12, 70.
[2] J.-P. VAN NOPPEN u.a., Metaphor. A Bibliography of Post-1970 Publications, Amsterdam 1985. Fünf Jahre später erschien sogar noch ein zweiter Band mit Veröffentlichungen ab 1985, DERS. u.a., Metaphor II. A Classified Bibliography of Publications 1985 to 1990, Amsterdam 1990. Publikationen vor 1970 sind verzeichnet bei W.A. SHIBLES, Metaphor. An Annotated Bibliography and History, Whitewater 1971.

die (nach *inventio* [Aufspüren der Gedanken] und *dispositio* [Anordnung der gefundenen Gedanken]) das Hauptstück der Rede darstellt:

inventio
dispositio
elocutio
memoria
pronuntiatio

Neben der *elocutio* spielt die *pronuntiatio* die wichtigste Rolle: das angemessene und wohlklingende Sprechen, der mündliche Vortrag.

Quintilian (InstOrat VIII 6) nennt 14 Tropen:

Metapher (translatio)
Synekdoche (intellectio)
Metonymie (denominatio)
Antonomasie (pronominatio): Ersetzung eines Eigennamens durch Epitheton oder Periphrase
Onomatopoesie (fictio nominis)
Katachrese (abusio): bildhafte Bezeichnung für Dinge, denen eine eigentliche
                                                        Benennung (noch) fehlt
Transsumptio
Epitheton (adpositum)
Allegorie (inversio)
Rätsel (zu dunkle Allegorie)
Ironie (illusio): weiterer Spezialfall der Allegorie (Quintilian) oder der Metapher
Periphrase (circumlocutio)
Hyperbaton: Überspringen eines Wortes (eher eine Rede-*Figur)*
Hyperbel

Durch Systematisierung hat *Heinrich Lausberg* die 14 Tropen auf 9 reduziert. Aber schon in der Zeit des Humanismus und des Barock hatte man mit guten Gründen nur noch vier beachtet:

Synekdoche
Metonymie
Metapher
Ironie

1. Bei der *Synekdoche* wird entweder ein allgemeiner Begriff durch einen speziellen ersetzt („fünf hungrige Mäuler saßen am Tisch": pars pro toto), oder ein spezieller Begriff wird durch einen allgemeinen ersetzt („er zog seine *Waffe*" für: „er zog sein *Schwert*"). Für unsere weiteren literaturwissenschaftlichen Überlegungen ist wichtig, dass es hier um die beiden Pole des Besonderen und des Allgemeinen geht. Die Achse, die diese beiden Po-

le verbindet, ist das *Exemplarische*. Die narrative literarische Form, die auf der Synekdoche basiert, ist das Exemplum (nach *André Jolles*: der Kasus[3]), die Beispielgeschichte, die Novelle usw. auf der einen Seite und die Sentenz, der allgemeine Aussagespruch, die Maxime auf der anderen Seite.

2. Bei der *Metonymie* wird für einen gemeinten Begriff ein anderer gesetzt, der in einer realen Beziehung zum gemeinten steht:

Gefäß für den Inhalt: „das ganze Theater lachte";
oder: „Herz" für Gefühl (der Ort für den Akt);
oder: „Poseidon" schäumte auf.

Hier geht es um die *Kontiguität*, die topische Berührung. Die Metonymie beherrscht den Mythos. Das zeigen nicht nur die speziellen mythischen Metonymien (wie „Poseidon" als Personifikation des Meeres). Die Kontiguität überhaupt ist eine archaische, realistische Denkform, die Geistiges und Materielles in einem sieht. Es ist die Form des *sinnlichen* Denkens. Beziehungen und Funktionen werden räumlich vorgestellt. Diese Beziehung der Kontiguität ist noch beherrschendes Muster für die älteste (oder zweitälteste) Form der interpretierenden Entmythologisierung: die stoische Philosophie mit ihrem Monismus und Materialismus, die im Gefolge der vorsokratischen Naturphilosophie in ihrer Allegorese die Götter zu Elementen erklärt; für die ferner der Logos oder das Pneuma als Bindestoff die Welt zusammenhält; wonach letztlich auch der menschliche Geist durch unsichtbare Fäden mit dem Geist des Weltganzen räumlich verbunden ist, so dass dann die Ethik auf der Physik basiert. Die Tropenlehre überhaupt geht auf die stoische Sprachphilosophie zurück.

3. „Die *Ironie* ist der Ausdruck einer Sache durch ein deren Gegenteil bezeichnendes Wort"[4] – wenn wir z.B. zu einem Menschen „Freundchen" sagen; oder: „das ist aber eine schöne Bescherung!" Man kann diese Trope als Spezialfall der Metapher auffassen (das Konträre als Extremfall der Ähnlichkeit). Ich übergehe sie aber hier deshalb nicht, weil die stoische Sprachtheorie in ihrer Lehre von der Etymologie, der Wortbedeutungslehre, und in ihrer Tropenlehre, wie Karl Barwick[5] gezeigt hat, von *drei Operationen* ausgeht (die also sowohl für die Rezeption bzw. Interpretation gelten – so in der etymologischen Allegorese – als auch für die Textproduktion: so in der Rhetorik). Die Stoiker nahmen aufgrund ihrer „Auffassung von der Entstehung der Sprache" an, man könne aus den Worten, wenn man sie nur

---

[3] Vgl. A. JOLLES, Einfache Formen. Legende, Sage, Mythe, Rätsel, Spruch, Kasus, Memorabile, Märchen, Witz. Konzepte der Sprach- und Literaturwissenschaft 50, Tübingen [8]2006.

[4] H. LAUSBERG, Handbuch der literarischen Rhetorik. Eine Grundlegung der Literaturwissenschaft, Stuttgart [4]2008, § 582.

[5] Vgl. K. BARWICK, Probleme der stoischen Sprachenlehre und Rhetorik, ASAW.PH 49,3, Berlin 1957, 60.

richtig deute, das Wesen der Dinge ablesen. Sie lehrten also eine natürliche Benennungstheorie (φύσει) im Gegensatz zu einer Benennung aufgrund von willkürlicher Übereinkunft (θέσει) – das Thema von Platons *Kratylos*. Die etymologische Bedeutungsfindung richtet sich nach der begrifflichen Ähnlichkeit *(similitudo)*, Nachbarschaft *(vicinitas)* und schließlich nach der Gegensätzlichkeit *(contrarium)*.

Zur *similitudo*: „*dives*" (der Reiche) kommt von „*divus*" (göttlich), weil jener „*ut deus nihil indigere videtur*" (weil er anscheinend wie Gott keinen Mangel hat). Dieser Operation entspricht auf textproduktiver Seite die Metapher.

Zur *vicinitas* = Kontiguität: Das Wort *uvor* (Trauben) kommt von *uvor* (Feuchtigkeit). Hier zeigt sich übrigens, dass die Stoiker *Synekdoche* und *Metonymie* als *einen* Tropus auffassten (den Tropus der Kontiguität).

Zum *contrarium*: „*vallum*" (Schutzwall) heißt „*vallum, quod ea varicare nemo posset*" (weil niemand über ihn grätschen kann).

Diese Etymologie ist natürlich naiv. Interessant ist sie aber, weil sie versucht, an einer *Sinnlichkeit des Logos* festzuhalten. Die *Ironie* ist die dem *contrarium* entsprechende Trope.

4. Die *Metapher* gilt als wichtigster und schönster Tropus. Wie alle Tropen beruht sie nach Meinung der Rhetoriker auf der Substitution. Ein gemeinter *eigentlicher* Begriff wird durch einen *anderen gesagten* ersetzt, welcher in einem Verhältnis der Analogie zum gemeinten Begriff steht: „Der Löwe stürzte sich in den Kampf" wird gesagt – gemeint ist damit aber Achill. Zwischen Achill und dem Löwen besteht eine Analogie, eine Ähnlichkeit, die „als das Kämpferische" bezeichnet werden könnte. Adolf Jülicher, der wesentliche Kriterien aus der antiken Rhetorik für seine Auslegung neutestamentlicher Gleichnisse übernommen hat, hat dieses *Analogon* später *tertium comparationis* genannt.[6] Abgesehen von Aristoteles, der sich überdies nicht in der Rhetorik, sondern in der *Poetik* damit befasste, haben sich die Rhetoriker über diese Analogie wenig Gedanken gemacht. Quintilian zieht den Begriff *similitudo* (Gleichnis) heran und bezeichnet die Metapher als *brevior similitudo* (verkürztes Gleichnis), wobei einfach das „wie" weggefallen sei – so dass die Metapher für die Sache selbst steht.

Ebenfalls wenig wird über den *Zweck* der metaphorischen Substitution gesagt. Quintilian nennt zwei Funktionen:

(1) Manche Phänomene haben keine eigentliche Bezeichnung, so dass die Metapher Sprachlücken füllt (etwa: der Fuß des Berges – das ist eine *Katachrese*).

---

[6] Vgl. A. JÜLICHER, Die Gleichnisreden Jesu I: Die Gleichnisreden Jesu im Allgemeinen, Darmstadt 1976 (= Tübingen ²1910).

(2) Der substituierende Ausdruck ist schöner als der eigentliche, der substituierte. Es geht ja um den *Redeschmuck* (die Tropen gehören zum Ornatus-Teil innerhalb der *elocutio*).

2. Das alte und das neue Verständnis der Metapher

Etwa 600 Jahre war die Rhetorik die Grundwissenschaft einer ganzen Kultur, von den Sophisten bis zu Quintilian. Dann aber wurde sie degradiert – und mit ihr die Metapher. Das lag am Sieg des Platonismus, der mit der Rhetorik die Metapher als eine bloß äußerliche Erscheinung abtat, die nichts mit der Wahrheit und der Wahrheitsfindung der Wissenschaft zu tun habe. Mit dem Neuplatonismus, dessen Einfluss auf das spätantike und frühmittelalterliche Christentum nicht zu unterschätzen ist, trat stattdessen das *Symbol* zu seinem Siegeszug an. Das *Symbol* darf nicht mit der Metapher verwechselt werden. Es hängt mit dem Gedanken des Abbildes (εἰκών) und der Ideen-Lehre zusammen. Es ist ein Zeichen, das nicht nur auf eine *res* (Sache) verweist, sondern die *res* und ihre Kraft repräsentiert. Dabei können die Dinge wiederum zu Zeichen und Repräsentationen von anderen Dingen werden – letztlich verweisen sie alle auf die göttliche Transzendenz und schatten deren Kräfte im Diesseits ab (die Ideen sind im Mittel- und Neuplatonismus δυνάμεις). Symbole haben deshalb sakramentale Funktion. Auf den komplementären Dualismus Metapher und Symbol werde ich noch näher eingehen. Aber die *Metapher*, der wir uns jetzt wieder zuwenden, verkam zusammen mit der Rhetorik. Ein Ergebnis dieser Verflachung ist denn auch der anfangs zitierte Lexikon-Artikel.

Erst in den dreißiger Jahren des vergangenen Jahrhunderts gab es einen Paradigmenwechsel im Verständnis der Metapher. Seitdem gibt es eine neue Metaphorologie, die mit dem Aufkommen der analytischen Sprachphilosophie (im Anschluss an Ludwig Wittgenstein) zusammenhing. Seitdem wird die Sprache nicht mehr als Abbildung der objektiven Wirklichkeit verstanden – wonach die Wörter, die Namen und Prädikate lediglich Etiketten der Dinge wären. Vielmehr hat man erkannt, dass die Sprache selber *Modelle* liefert, nach denen wir die Welt erkennen und verstehen. Die Metapher gehört also in die *Epistemologie* mit hinein (was Platon nicht gelten ließ). Ja, es ist nun sogar so, dass gerade das neue Nachdenken über die Metapher dieses neue Sprachverständnis mit angeregt hat. Der amerikanische Philosoph *Max Black*[7] hat die Metapher selbst als ein heuristisches Modell erklärt. Ein Modell ist eine Versuchsanordnung, um Wirklichkeit zu verste-

---

[7] Vgl. hierzu M. BLACK, Die Metapher, in: A. Haverkamp (Hg.), Theorie der Metapher, WdF 389, Darmstadt ²1996, 55–79; DERS., Mehr über die Metapher, a.a.O. 379–413.

hen, um Daten zu deuten. Auch die Naturwissenschaft bedient sich der Metaphern! So ist die Metapher von der (inzwischen verflachten) Rhetorik in die Philosophie befördert worden.

Das alte (rhetorische) Metaphernverständnis lässt sich in drei Thesen zusammenfassen:

Die Metapher ist *Ersatz* eines *eigentlichen*, gemeinten Namens oder Begriffs durch einen *uneigentlichen* (die *Substitutionstheorie).*

Der gemeinte Begriff und der gesagte Begriff stehen in einer vorgegebenen Ähnlichkeitsbeziehung, in einer Analogie (die *Analogie-Theorie).* Substituiertes und Substituierendes haben einen identischen Kern, eine gemeinsame Basis.

Der gesagte Begriff ist für den gemeinten Begriff, den eigentlichen, nur eine Verzierung, eine Verpackung, etwas *Ornamentales* – so gehört die Metapher ja rhetorisch in die Lehre vom *Ornatus.* Der Zweck dieser Ersetzung und Verpackung ist ein medialer: die Aussage soll schöner, verständlicher, überzeugender werden (die *Verpackungstheorie).*

Also: *Substitutionstheorie, Analogie-Theorie* und *Verpackungstheorie* machen das ältere Metaphernverständnis aus. Einer Kritik dieser drei Theoreme müssen wir uns jetzt zuwenden.

a) Die Substitutionstheorie

Homer habe also den gemeinten Begriff namens „Achill" (der die Person Achill bezeichnet) durch den (gesagten) Begriff „der Löwe" ersetzt. Diese Behauptung ist eine Täuschung. Der Leser bzw. Hörer des homerischen Epos denkt ja immer noch an Achill, wenn da steht „der Löwe (warf sich in den Kampf)". Im Kopf des Lesers bzw. Hörers sind zwei Figuren, ja zwei ganze semantische Konzepte zugleich da: ein Mensch im Kampf – und ein rasendes Raubtier. Achill wird also durch die „Brille" des Konzeptes Löwe gesehen und entsprechend interpretiert. Statt Substitution eines Begriffs A durch einen Begriff B geht es hier vielmehr um eine Spannung zwischen zwei Größen, zwischen dem Konzept A (der Mensch Achill) und dem Konzept B (der Löwe). Wegen dieser spannungsreichen Interaktion zweier Größen heißt diese neue Metapherntheorie denn auch Interaktionstheorie. Die Interaktion wird noch viel deutlicher, wenn wir eine poetische Metapher als Beispiel nehmen, etwa eine Genitiv-Metapher. Ein Gedichtband des romantischen Dichters Baudelaire hat den Titel „Die Blumen des Bösen" (Les fleurs du mal). Wo wird in dieser Metapher etwas ersetzt? Vielmehr geht es hier um eine Vereinigung zweier an sich unvereinbarer Kategorien: eine ästhetische Kategorie (Blumen) und eine moralische Kategorie (das Böse) werden gekreuzt. Das Böse bekommt eine eigene Schönheit und die Blumen werden zwielichtig.

b) Die Analogie-Theorie

Wo ist hier bei den „Blumen des Bösen" die Ähnlichkeit? Es gibt zunächst keine. Beide Elemente sind vielmehr einander inkompatibel. Der Philosoph Paul Ricœur[8] hat deshalb gesagt, die Metapher gehe nicht von einer Ähnlichkeit aus, sondern sie erzeuge erst eine bis dahin ungesehene, verborgene Ähnlichkeit. Eins wird durch die Brille des anderen gesehen, und dabei werden neue Analogien entdeckt. Mancher könnte nun meinen, dies gelte erst für die moderne Lyrik. Weit gefehlt! Das Prinzip der durch Sprache erst entdeckten Ähnlichkeit haben schon die Dichter der alttestamentlichen Spruchweisheit angewandt:

„Goldene Äpfel in silbernen Schüsseln/
ein Wort, geredet zur rechten Zeit"
(Prov 25,11)

Das ist ein kleines Gleichnis. Eigentlich wird da nichts verglichen. Es werden nur zwei semantisch fremde Kategorien ohne Vergleichspartikel synthetisch nebeneinandergestellt: Obst und Sprache – was haben sie miteinander zu tun? Der Dichter dieses Spruches nimmt darin übrigens eine moderne linguistische Erkenntnis vorweg. Der Sinn eines Wortes wird immer auch durch seinen Kontext, seine Redesituation, bestimmt.

Weil wir gerade beim Obst sind, fällt mir eine andere Metapher ein. Ich hörte im Radio einmal eine Sendung über den verstorbenen Politiker Carlo Schmidt. Dort wurde von der Sprecherin folgendes über das Auftreten Carlo Schmidts im Parlament gesagt:

„Er war dort das Frischobst unter lauter Konserven."

Wo ist hier die Analogie? Es liegt zwar eine proportionale Relation vor: so wie C. Schmidt in Bezug auf das Parlament – so das Frischobst im Konservenladen. Die witzige Wirkung der Charakterisierung des Politikers C. Schmidt besteht aber gerade darin, dass hier eine semantische Spannung (zwischen Politikern und dem Obst) zur Entladung kommt. In dem Moment, wo die Metapher beim Hörer zur Entladung kommt, gibt es als Funken oder Lichtbogen einen Witz-Effekt. Übrigens hat gerade der Witz – nahezu in allen seinen Spielarten – die größte Ähnlichkeit mit der Metapher. Bei Kindern können wir eine interessante Beobachtung machen. Kin-

---

[8] Vgl. P. RICŒUR, Die Metapher und das Hauptproblem der Hermeneutik, in: Haverkamp, Theorie der Metapher, 356–375.

der können Metaphern erst von dem Alter an verstehen, in welchem sie erstmals auch Witze verstehen können. Beides, das Verstehen einer Metapher und das Verstehen eines Witzes, setzt die gleichen Gehirnfunktionen voraus, d.h. eine bestimmte Entwicklung der Sprachfunktion.

c) Die Verpackungstheorie

Bei dem traditionellen Verständnis, wonach die Metapher ein sinnliches Ornament eines abstrakten Begriffs sei, taucht die Frage auf, warum ein Redner oder Dichter z.B. statt „gefühllos" „kalt" sage. Darauf gibt es verschiedene Antworten, von denen ich drei nenne:

(1) Vom *poetischen* Standpunkt aus wird gesagt: Die Dichter könnten alles auch in Prosa sagen, sie sagen es aber poetisch-verziert der Schönheit wegen. Hier finden wir das Modell der *Verpackungstheorie mit ästhetischer Begründung.*

(2) Vom *rhetorischen* Standpunkt aus wird gesagt: Der Redner wolle damit seine Hörer gewinnen. Hier haben wir das Modell der *Verpackungstheorie mit werbungsmäßiger Begründung.* Bekanntlich ist ja die Demagogie von der Rhetorik nicht allzu weit entfernt.

(3) Und schließlich vom *pädagogischen* Standpunkt aus wird gesagt: Der Redner, z.B. der Gleichniserzähler der Evangelien, wolle schwierige abstrakte Begriffswahrheit für das einfache Volk verständlicher machen und verwende deshalb konkrete, sinnliche Bilder, an denen die Wahrheit sinnenfälliger werde. So hat z.B. A. Jülicher, der große Verdienste um die moderne Gleichnistheorie hat, zwar die krasseste Form der Substitutionstheorie endgültig widerlegt, nämlich die Jahrhunderte lang als selbstverständlich angenommene Auffassung, Jesu Gleichnisse wären Allegorien und folglich allegorisch zu deuten. Doch aus den Banden der Verpackungstheorie ist auch Jülicher nicht entkommen. Für ihn enthielten die Gleichnisse im sogenannten *tertium comparationis* eine allgemeine Wahrheit ethisch-moralischer Art, die zu *didaktischen* Zwecken in eine Erzählung oder ein allgemeines Bild gekleidet worden wäre[9].

3. Wie funktioniert die Metapher?
Ein neues Modell der Metaphernerklärung

Philosophen und Linguisten haben versucht, eine genauere Erklärung für die Funktion der Metapher zu geben. Zunächst ist vorweg zu sagen, dass

---

[9] JÜLICHER, Gleichnisreden Jesu.

das Geheimnis der Metapher nicht in der Syntax liegt. Die Metapher ist kein formales stilistisches Phänomen. Das Geheimnis der Metapher liegt aber auch nicht in dem Bereich, welcher in der Semiotik und Linguistik Pragmatik genannt wird. Die Metapher ist z.B. kein eigener Sprechakttyp. Ihr Geheimnis liegt in den Bedeutungen der Wörter – also in der Semantik – genauer: in dem Gebrauch der Bedeutungen der Wörter. Eine der brauchbarsten Definitionen und Beschreibungen der Metapher hat der Linguist Harald Weinrich gegeben. In drei aufeinanderfolgenden Aufsätzen hat er seine Definition jeweils erweitert und verallgemeinert in einer Weise, die für die Interpretation von Gleichnissen und Parabeln sehr wichtig ist – wie wir gleich sehen werden. Aufgrund ähnlicher Beobachtungen, wie wir sie im ersten Teil gemacht haben, kommt Weinrich zunächst zu der Erkenntnis, dass eine Metapher nie aus einem Solo-Element bestehen kann. Ein Wort allein kann keine Metapher sein, sondern nur ein Wort in einem Satz. Jeder Satz besteht aber aus einer (oder ist zurückzuführen auf eine) Prädikation, d.h. eine Aussage aus Subjekt und Prädikat. Und so definiert Weinrich zunächst: „Die Metapher ist eine widersprüchliche Prädikation"[10] – d.h. Subjekt und Prädikat sind semantisch widersprüchlich. In einem zweiten Aufsatz hat Weinrich diese Definition etwas abgewandelt: „Die Metapher ist definierbar als ein Wort in einem konterdeterminierenden Kontext."[11] Entscheidend in dieser neuen Definition ist nicht der Gebrauch des Wortes „konter-determinierend" (damit wird nur das Wort „widersprüchlich" präzisiert). Entscheidend ist, dass Prädikation nun durch Kontext ersetzt wird. Damit ist die erste Definition nicht falsch. Nur ist sie vom Satz auf ganze (auch mehrsätzige) Texte ausgedehnt. In einem dritten Aufsatz findet sich dann eine Definition, die zwei zusätzliche Erweiterungen enthält: „Eine Metapher ist ein Text in einer konterdeterminierenden Situation"[12]. Der in der vorherigen Definition gebrauchte Ausdruck „Kontext" wird nun auch auf die nicht geschriebene, nicht gesprochene Umgebung, die Situation ausgedehnt. Und vor allem: Die Metapher selbst wird nicht mehr auf das Wort begrenzt (wie noch in der 2. Definition), sondern auf die größte sprachliche Einheit: einen ganzen Text. – Das ist entscheidend für die Gleichnisexegese und die Literaturwissenschaft überhaupt. Eine Metapher kann nämlich auch aus einer ganzen Geschichte bestehen. Diese Erzählung kann in sich völlig metaphernfrei sein – wie z.B. die „Erzählung vom verlorenen Sohn" (Lk 15,11–32). Die Möglichkeit, dass ein Tropus über die Wortgrenze hinausgeht, geschieht schon bei Quintilian. Er stellt fest, „dass die Veränderung

---

[10] H. WEINRICH, Semantik der kühnen Metapher, in: Haverkamp, Theorie der Metapher, 325–344: 330.

[11] DERS., Die Metapher (Bochumer Diskussion), Poetica 2 (1968) 100–130: 100.

[12] DERS., Sprache in Texten, Stuttgart 1976, 341.

nicht nur die Gestaltung von Einzelwörtern betrifft, sondern auch die des Sinnes und der Wortverbindung. Deshalb scheinen mir diejenigen einer falschen Definition zu folgen, die als Tropus nur solche Wendungen gelten lassen, in denen ein Wort durch ein Wort ersetzt wird"[13].

In Weinrichs Definitionen und Beschreibungen der Metapher kommt allerdings etwas zu kurz. Er erkennt wohl die semantische Dissonanz zwischen Subjekt und Prädikat, zwischen Kontext und Gleichnis, aber er bleibt letztlich bei der Konstatierung dieser semantischen Widersprüchlichkeit stehen. Wieso hat eine solche widersprüchliche Aussage überhaupt einen Sinn? Wieso können Metaphern überhaupt verstanden werden? Ist es denn nicht Unsinn, zu sagen:

„We all live in a yellow submarine"
oder: „Ihr seid das Salz der Erde"
oder: „schwarze Milch der Frühe, wir trinken sie ..."?

Es gibt tatsächlich Menschen, die auch die einfachsten Metaphern wie „die beiden waren ein Herz und eine Seele" oder „er wurde zum einsamen Wolf" prinzipiell nicht verstehen können. Die Kinder bis zu einem bestimmten Alter wurden schon erwähnt. Aber auch bestimmte Aphasiker (das sind Menschen, deren Sprachzentrum geschädigt ist) können keine Metapher verstehen. Die Frage, warum sie das nicht versteht, hängt mit der wichtigeren zusammen: wieso *wir* solche doppelschienigen Aussagen überhaupt verstehen können. Man kann sich das an folgendem Modell klarmachen: Subjekt und Prädikat, Thema und Gleichnis liegen auf unterschiedlichen semantischen Ebenen. Die Aussage verläuft also auf zwei Schienen, die sich nicht treffen. Es gibt keinen Sinn. Erst wenn die beiden nicht zueinanderpassenden semantischen Ebenen auf eine gemeinsame dritte Ebene transponiert werden können, eröffnet sich ein Verstehen in einer neuen Dimension. Es ist so wie mit bestimmten geometrischen Aufgaben, die sich erst lösen lassen, wenn man in die nächst höhere Dimension ausweicht. Diese sprachliche Operation, die Transponierung der beiden semantisch unterschiedlichen Isotopien auf eine gemeinsame dritte Ebene, dürfte ein äußerst komplizierter kognitiver Vorgang sein. Man kann sich das an einem schematischen Modell klarmachen: In einem bestimmten Kontext ginge es um ein Gespräch über Hunde. Dabei kämen Ausdrücke wie „Fell", „Futter", „Jagdeignung" usw. zur Sprache. Und jetzt sagt plötzlich jemand: „Hunde sind stumme Philosophen". Damit wird eine neue Isotopie eingeführt: Philosophen. Dieses Wort erweckt im Hörer ein Feld von Prädikationen ganz anderer Art: Mensch, gebildet, denkend, weise, gelehrt usw. Ebene A (das Hündische) und Ebene B (das Philosophische) passen nicht zu-

---

[13] Quintilian, InstOrat VIII 6,2f.

einander. Und jetzt fängt das Verstehenszentrum des Menschen (was immer das sein mag) wie wild an zu arbeiten. Es transponiert, es liftet diese beiden Sinnebenen solange, bis plötzlich ein Verstehen aufleuchtet. Wenn diese dritte Ebene der gemeinsamen Isotopie erreicht ist, kommt es zur Geburt einer aufleuchtenden neuen Erkenntnis, einer Entdeckung. Das ganze ist ein kreativer Prozess, ein Zeugungsvorgang, eine Gedankengeburt.

Für den Sprachphilosophen sind die Metaphern das Mittel, das die Sprache immer wieder erneuert. Das Lexikon, in dem die verfestigten Bezeichnungen kodifiziert sind, als wären sie die natürlichen Namen, die Etiketten der Dinge, wird aufgesprengt. Metaphern sind Sprachbrillen, ja Zauberbrillen, die die Dinge in neuem Licht erscheinen lassen. – Was die Metapher bedeutet, ob sie überhaupt etwas bedeutet, kann ich nicht sagen. Vielleicht war diese Metapher ein Fehlschuss. Theoretisch kann man, wenn man einmal weiß, wie Metaphern funktionieren, alles mit allem verbinden. Das ist wie in der All-Chemie. Es kommt bei dieser Methode nicht immer Gold heraus. Man könnte sich leicht einen Metaphernautomaten vorstellen: Zwei Lostrommeln, die eine gefüllt mit verschiedenen Subjekten, die andere mit beliebigen Prädikaten. Die Kombinationen würden jede Menge Metaphern ergeben – das Meiste wäre jedoch Ausschuss und das ganze Spiel schnell langweilig. Es fehlt nämlich der Erfahrungsbezug, der Existenzbezug, und meistens auch der Denkanstoß. Vielleicht mag die Metapher „Hunde sind stumme Philosophen" einem Hundefreund ja etwas sagen – ich halte sie jedoch für fad. Gute Metaphern fallen einem eher zu. Als ich auf einer Eisenbahnfahrt aus dem Fenster schaute, sah ich mitten auf einem Feld eine riesige neu gebaute Betonbrücke, genauer einen Brückenbogen, der jedoch auf beiden Seiten keine Zufahrtstraße hatte und selbst auch nichts überbrückte. Der Eindruck war absurd. Eine Brücke, die nichts überbrückt und die nicht betretbar ist – eher ein Denkmal einer Brücke, von vornherein eine Ruine, ein Denkmal für Sinnlosigkeit vielleicht. Die Brücke selbst bedeutet zunächst gar nichts, aber zusammen mit dem Kontext wird sie zur Metapher. Die Brücke und das weglose Feld, auf dem es nichts zu überbrücken gibt – beide sind sich fremd. Für unser Verstehen ergibt das eine zunächst sinnlose Prädikation. Aber durch eine Transponierung beider Isotopien auf eine neue, dritte Ebene ergibt die Kombination nun aber möglicherweise einen Sinn. Diese dritte Ebene lässt sich schwer in Begriffe fassen. Wir ahnen, dass die „tote" Brücke uns etwas sagt, zum Ausdruck für eine merkwürdige Wahrheit wird. Aber wir können dieses *Tertium* nicht so leicht auf den Begriff bringen. Die Metapher ist ein Modell – sie modelliert etwas, das wir zunächst noch nicht hinreichend kennen. Deshalb ist sie kein Abbild, sondern eher ein Vorausbild auf einen verborgenen Sinn.

4. Die Bedeutung der Metapher für Sprache und Denken

1. Wir haben zu Anfang bei unserer Auswahl der relevanten Tropen die Synekdoche auf eine anthropologische Grundfunktion zurückgeführt: das Erkennen des Exemplarischen, d.h. der Beziehung des Allgemeinen zum Besonderen und umgekehrt. Gesetze werden erkannt durch Beispiele, und Einzelfälle werden verstanden durch Rückführung auf Allgemeines. In gewisser Weise steht dahinter die Geistesbeschäftigung der „Orientierung im Dickicht des Alltags"[14], wie es der Alttestamentler Gerhard von Rad einmal von der israelitischen Spruchweisheit gesagt hat. Die Metonymie wiederum ist das Rudiment eines noch ursprünglicheren Weltverhältnisses des Menschen: der Orientierung im Rahmen der Kontiguität, des räumlich-körperlichen Zusammenhangs. Bruno Snell hat von der homerischen Metapher, Achill der Löwe, gesagt:

> „Wir müssen Homer beim Wort nehmen, wenn er sagt: ‚wie ein Löwe' stürzt sich jemand auf den Feind. Es ist dasselbe, was in dem Löwen und in dem Krieger wirkt. Der Löwe ist in dieser Zeit das Tier mit dem gewaltigen Vorwärtsdrang, das in die Herden einbricht, und wenn der Mensch ‚wie ein Löwe' daherkommt, so besteht ein faktischer Zusammenhang zwischen beiden. Die Tiere der homerischen Gleichnisse sind nicht nur Symbole, sondern die spezifischen Träger der lebendigen Kräfte, als die sie uns in der bildenden Kunst des 7. Jahrhunderts dann überall entgegentreten."[15]

Genau diese Vorstellung liegt der *Metonymie* zugrunde, die einen räumlich-körperlichen Zusammenhang von Gegenstandsbegriff und Bildbegriff voraussetzt. Ungenau ist hier bei Snell der Ausdruck „Symbol" („nicht nur Symbole"), denn der Begriff des Symbols hängt mit dem mythischen Denken, der *Metonymie*, zusammen. Während das *Symbol* sich jedoch der platonisch-neuplatonischen Semiotik verdankt, ist die *Metonymie* dem stoischen Materialismus verbunden (dort in der Kategorie der „vicinitas"). Beide aber, Platonismus und Stoa, sind Formen der Rationalisierung und Interpretation des mythischen Weltverständnisses. Der Mythos repräsentiert im Erzählen die Urkräfte, die Archai, aus denen die Symbole als Repräsentationen einerseits und die Metonyme als Manifestationen und Elemente andererseits hervorgehen. Aufgrund der Etymologie und der substitutionellen Tropenlehre hat die Stoa (im direkten Anschluss an die vorsokratische Naturphilosophie) ihre Form der *Allegorese* der Mythen entwickelt (Krates von Mallos in Pergamon). Unabhängig von ihr wurde im Bereich des Platonismus eine andere Form von Allegorese geschaffen, die aus der *dihaire-*

---

[14] G. v. RAD, Weisheit in Israel, Neukirchen-Vluyn 1970, 41.

[15] B. SNELL, Gleichnis, Vergleich, Metapher, Analogie, in: Ders. (Hg.), Die Entdeckung des Geistes. Studien zur Entstehung des europäischen Denkens bei den Griechen, Göttingen [4]1975, 178–204: 186.

tischen Begriffshierarchie der Ideenlehre hervorging und zum Symbolbegriff führt (im Mittel- und Neuplatonismus). Auf der Mitte zwischen *Metonymie* und *Symbol* ist der Begriff der *Allegorie* anzusiedeln.

Dieser Exkurs in die Kategorien *Mythos, Symbol* und *Allegorie* mag in der Kürze ein wenig änigmatisch bleiben – er soll ja nur die Frage herausstellen und vorbereiten, welche Geistesbeschäftigung, welche ursprüngliche orientierende Operation der Metaphorisierung zugrunde liegt. Für *Synekdoche* und *Metonymie* hatten wir ja das Exemplarische (*Synekdoche)* und die Kontiguität (*Metonymie)* genannt. Die *Metapher* geht auf die Operation des Vergleichens zurück. Formaler ausgedrückt: Ihr liegt das Relationieren zugrunde. Die *Relation* ist in der Mathematik eine der grundlegenden Operationen überhaupt. Die *Metapher* aber stellt keine *Substitution* dar. Sie ist immer eine Beziehung aus wenigstens zwei Elementen, und zwar eine wilde, anomale, gespannte Beziehung, die auf Auflösung der Anomalie, auf Auflösung der Spannung drängt – dazu eine witzige Formulierung von *Nelson Goodman* : „Kurz gesagt, eine Metapher ist eine Affaire zwischen einem Prädikat mit Vergangenheit und einem Objekt, das sich unter Protest hingibt"[16]. Dazu muss aber das semantische System erweitert werden, die semantische Kompatibilität muss auf einer neuen, dritten Ebene wieder ermöglicht werden. Die kühnsten Metaphern drängen deshalb in Bereiche, die für Transzendenz offen sind: in Sinnfindungs-Bereiche wie Religion und Poesie. Das Unsagbare soll sagbar werden.

2. Wenn wir die Metapher als eine widersprüchliche Prädikation auffassen (a ist ein x – wobei x mit a semantisch nicht kompatibel ist), dann müssten wir die Konsequenz ziehen, dass nicht die Metapher ein Spezialfall der Prädikation ist, sondern umgekehrt. Die kompatible Prädikation (wie: Herr Müller ist von Beruf Optiker – oder ähnliche Feststellungen) wäre der Spezialfall einer gezähmten Metapher, und der Normalfall wäre „die wilde Prädikation", nämlich die Metapher. Vom Systemdenken her gesehen ist das richtig. Wenn wir unter normaler Sprache eine normierte Sprache verstehen, in der alle Ausdrücke eine feststehende Bedeutung haben (wie sich Schüler es oft aufgrund ihres normierten Lexikons vorstellen), dann wäre die Sprache ein abgeschlossenes System, das digital funktionieren würde und eindeutig wäre. Allein aber schon das Phänomen, dass die normale Alltagssprache immer als Metasprache aller abgeschlossenen Sub-Sprachen funktioniert, ja in ihrer Selbstbezüglichkeit als ihre eigene Metasprache, zeigt schon, dass die Sprache als Ganze nicht abgeschlossen sein kann. Wir sahen vorhin, dass Metaphern Aufbrüche des Systems, der Normen und Paradigmen sind. Unser Sprachverständnis wird durch die Widersprüchlich-

---

[16] N. GOODMAN, Sprachen der Kunst. Ein Ansatz zu einer Symboltheorie, Frankfurt a.M. 1973, 79.

keit der metaphorischen Prädikation zur Kreativität gefordert (zum Aus-
weichen auf eine neue, dritte Ebene).

3. Die unendliche Möglichkeit der metaphorischen Sprache führt nun
aber auch in ein Dilemma, das ich einmal – mit einer Zeile aus einem Gedicht von Paul Celan – als „Metapherngestöber" bezeichnen will – oder als
den Pan-Metaphorizismus nach dem „Tode Gottes". Einer der ersten, der
die Bedeutung der Metapher nicht nur für das Sprechen, sondern auch das
Denken erkannte, war Friedrich Nietzsche. Er sah, dass die metaphorische
Verschmelzung von Sinnebenen unbegrenzt ist. Alles kann mit allem verglichen werden. Keine Metapher ist durch einen metaphysischen archimedischen Punkt objektiv gedeckt. Ich zitiere einen berühmten Satz aus dem
Fragment „Über Wahrheit und Lüge im außermoralischen Sinne"[17]: „Wahrheiten sind Illusionen, von denen man vergessen hat, dass sie welche sind,
Metaphern, die abgenutzt und sinnlich kraftlos geworden sind." Alles ist
nur Gleichnis, und Gleichnisse sind Sprachschöpfungen des Menschen. Der
Mensch produziert und projiziert Sinn, der aber nur im „als ob" besteht. Die
Erkenntnis, dass Gott nur in der Metapher erreichbar ist und dass die metaphorischen Prädikate keine metaphysischen Wahrheiten sind, sondern lange
irrtümlich dafür gehalten wurden, führt in der Konsequenz zu der Aussage
vom Tode Gottes. So bleibt bei der „Theologie der Metapher" ein ungutes
Gefühl. Ist die Metapher nicht ein Symptom des modernen Menschen, der
sich alles – auch und gerade im Bewusstsein der Illusion selber schaffen
kann und muss? Nietzsches „Übermensch" ist der absolute Künstler, der
keine Wahrheit mehr vorfindet und darum „Schöpfer" sein kann. Die Kunst
ersetzt die Religion. Die unbegrenzte Kreativität in der Sprache – moderne
Lyrik und Kunst haben das z.B. im Surrealismus ausgespielt. Das moderne
und postmoderne „anything goes", das darin zum Ausdruck kommt, hat
etwas Hybrides und zugleich Melancholisches. Der Mensch ohne den archimedischen Punkt, nur noch Maß seiner selbst, unverbindlich, zufällig, in
Bildern schwelgend – und doch einsam dem Nichts zutreibend? Jede Metapher, so Ricœur, enthält ja neben dem „ist" zugleich ein „ist nicht". Wenn
etwas nur *wie* etwas anderes ist, dann ist es dieses andere ja gerade nicht.
Die Metapher ist so ein Phänomen der Differenz. Sie braucht deshalb einen
sprachlichen Rahmen, ein Widerlager. Als freie Prädikation braucht sie einen Referenten. Sie muss sich auf etwas beziehen, das vorgegeben, in einer
Geschichte bereits eingeführt, benannt ist. Hier denke ich an das Symbol
und seinen narrativen Rahmen: den *Mythos*.

---

[17] F. NIETZSCHE, Über Wahrheit und Lüge im außermoralischen Sinn, in: G. Colli/M. Monti-
nari (Hg.), Die Geburt der Tragödie. Unzeitgemäße Betrachtungen I–IV. Nachgelassene Schriften
1870–187 I, München 1999, 880f.

4. Es geht hier nicht um Apologetik von Metaphysik und Theologie. Gott ist ja gerade kein archimedischer Punkt. Die „negative Theologie" in allen ihren Spielarten – von Philon und Plotin über die jüdische Kabbalah bis in die Theologie des 20. Jahrhunderts – bewahrt den Gedanken der Gottheit Gottes ja gerade in der Verneinung (Plotin: Von Gott „können wir nur sagen, was er nicht ist; was er aber ist, können wir nicht sagen" [Enn V 3, 14, 6f]). Das Dilemma, das ich meine, ist die Gefahr der Beliebigkeit, der ungedeckten Leerheit des Sprechens. Wenn es bei der Metapher nur darum geht, dass alles mit allem verglichen wird, werden Sinn und Unsinn nicht mehr unterscheidbar. Paul Celans Metapher vom „Metapherngestöber" ist dabei vielleicht radikaler als Nietzsches Bemerkung über die metaphysischen Illusionen, die abgenutzte, sinnlich kraftlose Metaphern geworden sind – insofern das ja originale, noch nicht kraftlose Metaphern voraussetzen könnte.

Anders nun als die Metapher bezieht sich das Symbol auf eine Verbindlichkeit. Es repräsentiert so etwas wie gemeinschaftliche Werte (wenn diese auch – wie bei nationalen Symbolen – äußerst ambivalent, ja zerstörerisch sein können). Symbole sind überhaupt gefährlich, wenn sie als Idole verabsolutiert werden, wie es z.b. in fundamentalistischen Ideologien der Fall sein kann. Ihr Ursprung sind Mythen, d.h. Geschichten, die den „Mehrwert" der Symbole, die ohne diesen Mehrwert nur materiale Zeichen oder Gebrauchsgegenstände wären, narrativ begründen. Symbole sind geschichtlicher – weniger archetypischer Art (z.B. Kreuz und Hakenkreuz). Dem widerspricht nicht, dass die wichtigsten sehr allgemein sind: Wasser, Weg, Haus, Vogel, Hand, Yin-Yang, Rad, Sonne, Mond, Garten, Herz, Auge usw. Letztendlich repräsentieren sie so etwas wie das Heilige – was auch ihre Ambivalenz erklärt; denn zum Heiligen gehört auch das Tremendum.

Was das Symbol (und den Mythos) zum Widerlager der Metapher geeignet macht, ist nicht seine Wahrheitsgarantie (die es nicht hat), sondern seine Vermittlung von Erfahrungssinn. Symbol und Metapher sind so die beiden Pole, zwischen denen der Mensch sprachlich – und überhaupt kulturell – existiert: zwischen seiner geschichtlichen Rückgebundenheit und Orientierung einerseits, und seiner freien Möglichkeit zur Sprengung der Normen und usuellen Paradigmen.

Anhang: Rhetorik

genus iudiciale (Gerichtsrede)
genus deliberativum (beratende Rede in der Volksversammlung)
genus demonstrativum (epideiktikon) (Festrede)

---

inventio (Stoffsammlung, Konzept)
dispositio (Gliederung)

elocutio   — *Stilarten*
(rhet. Mittel)   — *ornatus*   *Tropen*
memoria   *Figuren*
(ins Gedächtnis einprägen)
pronuntiatio
(Vortrag, Performanz)

---

dispositio:

> *exordium*
> *narratio*
> *argumentatio*
> *peroratio*

Tropen (nach Quintilian: 14)
1) *Metaphora*
2) *Synekdoche*
3) *Metonymia*
4) *Allegoria*
5) *Ironia*
6) *Antonomasia*
7) *Onomatopoesie*
8) *Katachrese*
9) *Emphasis*
10) *Hyperbel*
11) *Metalepse*
12) *Periphrase*
13) *Epitheton*
14) *Hyperbaton*

Der Mythos als Gattung und sein Verhältnis zu Sage, Legende und Märchen[1]

1. Der Ort des Mythos im Feld der literarischen Gattungen

Die Bedeutung des Begriffs *Mythos* (das griechische Wort heißt eigentlich nichts weiter als „Erzählung") ist außerordentlich unbestimmt. Ich will deshalb lieber mit dem Thema *Gattung* anfangen. Sicher ist Ihnen die traditionelle Einteilung der Literatur in *Lyrik*, *Epik* und *Dramatik* bekannt. Diese Einteilung ist nicht so simpel, wie es scheint. Man kann die drei Typen nämlich auf drei archaische Kulturformen zurückführen: das *Singen*, das *Erzählen* und das *Spielen* bzw. *Tanzen*. In archaischen Kulturen haben alle drei eine religiöse Funktion: das magische Beschwören, der Zauberspruch, das Orakel. Diese sind der Ursprung der *Lyrik*. Das *Epos* ist eine literarische, d.h. schriftliche Fortsetzung des *Mythos*, der als solcher nur mündlich existiert; und das *Drama* geht auf den *Ritus*, den *Kult* zurück.

Wie beim Mythos schon angedeutet, existieren diese kulturellen Ausdrucksformen ursprünglich in der *Mündlichkeit* bzw. (im Falle des Ritus) in der aktuellen Performance. Die Schrift ist in allen Kulturen erst später aufgekommen. Sie hat die Gattungen stark verändert. Den *Mythos* z.B. kann man in der Neuzeit am besten in noch rudimentär existierenden schriftlosen Kulturen (etwa bei den Aborigines in Australien) untersuchen. In Schriftkulturen verändert er sich und wird zum *Epos* (wie z.B. bei Homer), einer Vorform des Romans. In Ägypten ist der Mythos z.T. in Bildern festgehalten worden. Man musste die mündlichen Erzählungen kennen, um die Bilder zu verstehen. Die Bilderwände ähneln Comics.

Ein anderes Einteilungsschema von Gattungen, das letztlich auf Aristoteles zurückgeht, hat der Linguist und Literaturwissenschaftler Harald Weinrich[2] vorgeschlagen. Er unterscheidet zwei Arten der Beziehung des Redens

---

[1] Für den Druck ist der mündliche Vortragsstil beibehalten worden. Die Anmerkungen beschränken sich auf das Nötigste.

[2] Vgl. H. WEINRICH, Tempus. Besprochene und erzählte Welt, München [6]2001. Auf folgende weitere Literatur sei hingewiesen: J. ASSMANN, Ägypten. Theologie und Frömmigkeit einer frühen Hochkultur, Stuttgart u.a. [2]1991, 135–177; K. BÜHLER, Sprachtheorie. Die Darstellungsfunktion der Sprache, UTB 1159, Stuttgart [3]1999; M. ELIADE, Das Heilige und das Profane. Vom Wesen des Religiösen, Köln 2008 (= Frankfurt a.M. 1998); DERS., Mythos und Wirklichkeit, Frankfurt a.M. 1988; K. HÜBNER, Die Wahrheit des Mythos, München 1985; K. KERÉNYI, Die Eröffnung des Zugangs zum Mythos. Ein Lesebuch, WdF 20, Darmstadt [5]1996; K. RUDOLPH, Die Gnosis. Wesen und Geschichte einer spätantiken Religion, UTB 1577, Göttingen [4]2005; H. WEINRICH,

zur Welt: „erzählte Welt" und „besprochene Welt". „Erzählte Welt" sind alle narrativen Texte (Roman, Kurzgeschichte, Märchen, Mythos usw.). Hier wird eine Welt konstruiert (fiktional) oder rekonstruiert (historisch: „Es war einmal ..."). „Besprochene Welt" dagegen setzt einen direkten Bezug zur Sprechsituation voraus. Dazu gehören alle Arten von *Sprüchen*, seien sie nun feststellend (Sprichwörter) oder direktiv („du sollst nicht stehlen!"), oder seien es Kochrezepte („man nehme ...!") oder Gerichtsurteile („der Angeklagte wird zu drei Tagen Haft verurteilt ..."). Im Grunde gehört dazu alles, was nicht narrativ ist.

Uns geht es um die Gruppe der narrativen Texte, die immer handelnde Personen („Aktanten") enthalten und deren wichtigstes Merkmal Handlungs*verben* sind, die fast immer im Erzähltempus (und das ist im Deutschen das Imperfekt, im Griechischen der Aorist) erscheinen. Das gilt selbst für Science Fiction, die ja absolut gesehen in der Zukunft spielt. Wenn wir noch einmal zur klassischen Einteilung zurückkehren, dann würde hierher in erster Linie die *Epik* gehören, dann aber auch die *Dramatik*. Eine literarische Erzählung könnte man beim Hören oder Lesen ja auch als imaginiertes Schauspiel, das vor dem „inneren Auge" abläuft, verstehen. Das Gehörte oder Gelesene wird von uns ins Visuelle umgesetzt („Lesen ist Fernsehen im Kopf"). Deshalb spricht Aristoteles in beiden Fällen (Drama und Epos) von *mimetischer* Dichtung. Die Handlung eines Dramas (in moderner Erzählanalyse: den *plot*, das Handlungsgerippe) nennt er „Mythos". Das griechische Wort *Mythos* heißt ja zunächst einmal „Erzählung". Die Lateiner übersetzten es mit *fabula*. Mit Letzterem ist nicht die narrative Kurzgattung *Fabel* gemeint, etwa die Tierfabel, genau so, wie ja auch nicht jede Erzählung (griech. *mythos*) einen *Mythos* im Sinne unseres Themas meint.

Unter *Mythos* im spezifischen Sinne unseres Themas verstehen wir eine Untergattung von Erzählung, die es mit besonderen Gestalten und Ereignissen der Vergangenheit, manchmal aber auch der Gegenwart, zu tun hat: mit Göttern, Ahnen, Helden, heiligen Tieren usw. *Mythos* ist der Fachausdruck für solche Ur- und Grunderzählungen geworden. Dieser Begriff *Mythos* ist in der griechischen Kultur dann in der klassischen Zeit zum Gegenbegriff zu *Logos* geworden. „Logos" heißt zunächst einfach „Wort" oder eher noch „Rede", dann aber auch Vernunft (daher der Ausdruck „Logik", aber auch alle Wissenschaften, die auf -logie enden: Philologie, Geologie, Theologie usw.). Die Wissenschaften (alle -logien) wollen die Welt in rationaler, systematischer Rede erklären – der Mythos dagegen will sie durch *Erzählung* erklären oder genauer: begründen (im Wort „begründen" müssen Sie das Wort „gründen" besonders heraushören). Tatsächlich ist auch der

---

Erzählstrukturen des Mythos, in: DERS., Literatur für Leser. Essays und Aufsätze zur Literaturwissenschaft, Stuttgart 1971, 137–149.

Mythos eine Art von Welterklärung (eben durch Erzählung) und damit *implizite Wissenschaft*. Mit *Mythos* und *Logos* sind wir nun wieder bei Harald Weinrichs Unterscheidung von Rede im Sinne der „besprochenen Welt" (dazu gehört *Logos*) und Rede im Sinne der „erzählten Welt" (dazu gehört *Mythos*) angekommen.

Lyrik
Epik
Dramatik   ——— „erzählte Welt" (Aristoteles: „mimetisch")

Nach H. Weinrich:
„besprochene Welt":   zeitlos (Präsens) –
Spruch (z.B. Sprichwort), Befehl,
Beschreibung, Rezept, Urteil, Argumentation
(„Logos") ...

„erzählte Welt":   Erzähltempus (Vergangenheitstempus) –
Mythos, Sage, Legende, Märchen, Epos,
Roman ...
Parabel, Exemplum, Anekdote, Fabel ...

Im Folgenden werden wir uns nun ganz den Gattungen der „erzählten Welt" zuwenden. Die Beispiele, die ich in der Tabelle für „erzählte Welt" aufgeführt habe, sind von zweierlei Art: Gegenüber Epos und Roman, den Langgattungen, sind z.B. Parabel, Fabel und Anekdote in der Regel kurz. Vor allem aber laufen sie auf eine Pointe oder eine „Moral" zu, besonders typisch bei der Fabel. Sehr auf die Pointe zugespitzt ist auch die Beispielerzählung (das Exemplum), ebenfalls mit didaktischer Absicht. Diese kurzen Pointen-Gattungen sind fast immer auf einen situativen oder erzählten Kontext angewiesen. Hier wird immer schon auf eine Rahmengeschichte Bezug genommen. Parabeln und Exempla, mit Einschränkung auch Fabeln, setzen immer einen Kontext voraus, eine bereits vorhandene, gegründete Welt, also einen narrativen Rahmen. Genau das aber ist beim Mythos anders. Der Mythos begründet seinerseits erst eine „Welt", z.B. eine bestimmte Gesellschaftsordnung oder die Identität einer Gruppe oder die Kultur (die Riten) eines Stammes (bei den Indianern oder afrikanischen Stammeskulturen oder den Aborigines in Australien). Auch wenn es sein kann, dass der Mythos bei historischer Betrachtung einen vorhandenen Brauch faktisch nur legitimiert, so ist er nach mythischem Verständnis dennoch der „Grund" dieses Brauchs, seine Schöpfung. Er legt die Fundamente der jeweiligen „Welt", auf die dann alles andere aufbaut. Jeder Kult, jede Religion gründet so auf einem Mythos. Damit aber sind wir schon mitten drin in der Beschreibung der Gattung *Mythos*.

2. Struktur und Funktion der Mythen

Man kann Texte sinnvoll unter drei Aspekten untersuchen: unter *syntaktischem*, unter *semantischem* und unter *pragmatischem* Aspekt. Das sind die drei klassischen Teilbereiche der *Semiotik*.

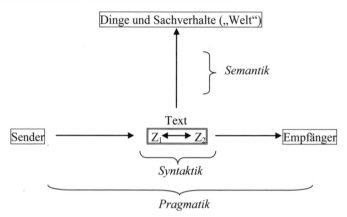

Die Text*syntaktik* hat es mit der Kombination der Einzelzeichen zu tun: der Laute bzw. Buchstaben, der Wörter, der Sätze, ja überhaupt mit der Struktur des ganzen Textes, seinem Aufbau. Bei erzählenden Texten ist hier besonders auf die Handlungssequenzen, d.h. die Aufeinanderfolge der einzelnen Handlungen zu achten. Die Text*semantik* hat es mit der Bedeutung der Wörter, der Satzteile, der Sätze und des Textes als ganzem zu tun. Letztlich geht es bei der Semantik um den *Weltbezug* des Textes. Dabei hängt die Bedeutung jedes einzelnen Elements von seinem Kontext ab, so dass die Semantik die Syntaktik immer mit voraussetzt. Die Text*pragmatik* schließlich hat es mit der kommunikativen Funktion des Textes zu tun: mit seiner Intention, seiner Wirkung. Pragmalinguistisch betrachtet sind Texte *Sprechakte*, also Handlungen durch Sprache. Dazu gehört auch die Frage nach der Gattung des Textes, nach seiner Rhetorik und nach seinem Stil. Die Kenntnis von Gattungen gehört zu unserer *kommunikativen Kompetenz*. Einen Werbetext mit einer Tatsachenbehauptung zu verwechseln, kann fatale Folgen haben.

1. Der *syntaktische Aspekt* ist für unsere Fragestellung relativ unergiebig. Wichtig ist hier nur, dass Mythen grundsätzlich narrativ sind. Dabei sind die Handlungssequenzen, die zusammen die Struktur ausmachen, zu beachten. Zur syntaktischen Analyse gehört also auch die Wahrnehmung der „Epischen Gesetze der Volkserzählung"[3] die sich jedoch eher in den vom

---

[3] Vgl. A. OLRIK, Epische Gesetze der Volksdichtung, ZDA 51 (1909) 1–12.

Mythos abgeleiteten Gattungen Sage, Legende und Märchen finden als im Mythos selbst.

2. Der *semantische* Aspekt ist für den Mythos wesentlicher. Besonders zwei Phänomene, die ebenso im Märchen vorkommen, sind hier von Interesse:

(a) Im Mythos haben einzelne Namen, Lebewesen (Menschen und Tiere) und Gegenstände besondere Bedeutung für die Handlung des Mythos. Sie verkörpern bestimmte Kräfte, die positiv (rettend) oder negativ (zerstörend) sein können. Im *Aktantenmodell* sind das die Aktanten „Helfer" und „Opponent".

Aktantenmodell (Algirdas Julien Greimas[4]):

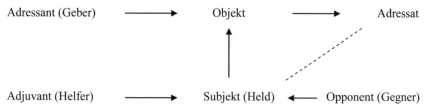

Als Beispiele nenne ich einige Tiere: den Drachen, die Schlange, den Wolf, die Katze, die Tauben oder den Raben. Ebenso gibt es bestimmte Dinge, die Zauberkraft haben: ein besonderes Schwert, ein Edelstein, ein Schlüssel, ein Kleid usw. Aber auch Naturerscheinungen spielen eine solche für die Handlung wesentliche Rolle: eine Wolke, ein Bach, eine Quelle, der Regenbogen, ein Wind usw. All diese Subjekte können die Rolle des Helfers oder des Gegners einnehmen. Natürlich gehören auch Hexe und Zauberer dazu. Der *Adressant* (Geber) ist ursprünglich ein Gott (so im Mythos), dann aber (meistens im Märchen) auch ein König oder ein Vater. Die Rolle des Helden spielen oft Kinder oder junge Menschen (ein Sohn, eine Tochter). Töchter sind im Märchen meist klug, Söhne oft naiv oder dumm. Im älteren Mythos nehmen die entsprechenden Rollen des Aktantenmodells bestimmte Götter, die Ahnen oder Könige ein. Die Rolle des Helden können jüngere Götter, Heroen oder einer der Ahnen (der Stammvater) spielen. Engel, Nymphen, Feen können sowohl die Geber-Rolle des Adressanten einnehmen als auch die des Helfers. Ungeheuer, Riesen, Zwerge, Seetiere können sowohl Helfer (Retter: z.B. der Delfin) als auch Gegner sein. Alle diese Namen, Personen, Tiere usw. erhalten durch ihre typische Rolle in der Handlung eine symbolische Bedeutung. Darauf komme ich noch zurück.

---

[4] Vgl. A.J. GREIMAS, Strukturale Semantik. Methodologische Semantik, Wissenschaft und Philosophie 4, Braunschweig 1971.

(b) Es ist auffällig, dass im Mythos (wie im Märchen) eine andere Vorstellung von der Logik der Wirklichkeit herrscht, ein anderes Weltbild mit offeneren Regeln und Gesetzmäßigkeiten. In Mythos und Märchen herrschen andere Bedingungen von Realität.

(c) So fallen Ideelles und Materielles zusammen. Bedeutungen erscheinen immer als materiell-sinnliche Realität. Eine materielle Realität ist nicht wirklicher als eine Idealität, eine symbolische Wahrheit. Jedes Ding ist noch mit einer unsichtbaren, tieferen Wahrheit verbunden. Die Welt ist von unsichtbaren Bedeutungsfäden verkabelt. Dies gilt in noch stärkerem Maße für den Mythos als für das Märchen.

(d) Es gibt keine Trennung zwischen der Zeit und Welt, in welcher der Mythos erzählt wird (also in der Zeit der Gegenwart des Erzählens: der *Erzählzeit*) und der in der Erzählung präsentierten archaischen Zeit und Welt (der *erzählten Zeit*). Ja, indem der Mythos erzählt wird, ist das Geschehen der Urzeit wieder Gegenwart, *geschieht* das, was erzählt wird. Dies ist freilich schon ein Phänomen, das zur *pragmatischen* Analyse des Mythos gehört (dazu gleich). Überhaupt ist die Zeit immer *relative* Zeit. Es gibt nicht die Vorstellung einer absoluten Zeit. „Jedes Ding hat seine Zeit", heißt es bei Kohelet (3,2f.4a.5b):

„Geboren werden hat seine Zeit, und Sterben hat seine Zeit.
Pflanzen hat seine Zeit, und Ausreißen hat seine Zeit.
Töten hat seine Zeit, und Heilen hat seine Zeit. . . .
Weinen hat seine Zeit, und Lachen hat seine Zeit. . . .
Umarmen hat seine Zeit, und sich meiden hat seine Zeit."

Die Zeit ist immer durch ihre Füllung, ihren Inhalt bestimmt. Das heißt aber: Was einst geschah, kann immer wieder Gegenwart werden. „Was am Anfang geschah" (z.B. die Schöpfung), kann immer wiederkehren. Das, was vergangen ist, kann immer wieder präsent werden.

(e) Es gibt keinen von einem universalen Koordinatensystem geordneten kohärenten *Raum*. „Raum" ist als „Ort" (Topos) immer relativer Lebensraum einer bestimmten Erscheinung. Entfernungen können im Mythos – wie im Traum und im Märchen – in Gleichzeitigkeit überwunden werden. Im Mythos ist das „Beamen" kein Problem, und die *Ubiquität* ist möglich. In der altorientalischen Religiosität ist die Gottheit zugleich im Himmel *und* im Tempel real präsent, gleichzeitig anwesend. Unterschiedliche Orte können zugleich Zentrum der Welt sein (Quellen oder Höhlen, Weltachsen und Weltbäume), ohne dass dies einen Widerspruch bedeuten würde.

(f) Im Mythos gilt auch nicht die Vorstellung der getrennten Identitäten. Wie im Traum die Identität der im Traum begegnenden Personen fließend wechseln kann, so können gleiche Personen (z.B. ein Gott oder der Urmensch) in verschiedenen mythischen Erzählungen unterschiedliche Gestalt annehmen. Vielleicht haben Sie es auch schon erlebt: Im Traum erscheint Ihnen eine Person, z.B. Ihr Vater. Im Verlauf des Traumes verändert sich diese Person, die immer noch die gleiche ist, in einen angeketteten Hund. In der Tiefe ist die Person identisch, doch äußerlich sind es zwei verschiedene Gestalten nacheinander. Geläufig ist diese Art von Tiefenidentität im Märchen: ein schönes Mädchen entpuppt sich plötzlich als eine alte, böse Hexe. Der Frosch ist in der Tiefe ein Prinz, oder umgekehrt, wie manche Prinzessin manchmal feststellen muss. Die Verwandlung (die *Metamorphose*) ist eins der sich am längsten haltenden Motive des Mythos. Im Mythos kann ein und derselbe Gott in ganz verschiedenen Gestalten erscheinen. Bekannt ist Zeus als Stier oder als Schwan. Die Identität der Personen ist hier also verlagert in die symbolische Tiefe. Dazu gehört auch die Vorstellung, dass ein einzelner Mensch zugleich mit seiner ganzen Gattung identisch ist. In der Religionsgeschichte ist dies Phänomen bekannt unter dem Begriff *corporate personality*. Das beste Beispiel findet sich in der Geschichte vom Sündenfall am Anfang der Bibel, besonders deutlich dann in der Auslegung des Sündenfalls durch den Apostel Paulus (vgl. Röm 5,12–19): Adam sündigte im Paradies, indem er ein Verbot Gottes übertrat. Dies kostete nicht nur ihn seine Unsterblichkeit und sein paradiesisches Glück, sondern zugleich auch alle seine Nachkommen (man spricht hier oft missverständlich von der „Erbsünde"). Man muss dazu wissen, dass „Adam" im Hebräischen ein Gattungsbegriff ist. Adam heißt „Mensch", bezieht sich also auf die Gattung aller Menschen. Das Vergehen Adams ist damit zugleich zum Schicksal des ersten Menschen, der Adam hieß, geworden – und zum Schicksal der ganzen Gattung, also aller Menschen. Paradox für uns ist dann, dass durch Adam alle Menschen schuldig geworden sind – obwohl doch nur Adam (zusammen mit Eva) die Übertretung beging. Aber „in Adam" haben es alle getan und sind folglich alle schuldig. Nach der Logik des Mythos ist das kein Problem. Die Tatsache, dass der Mensch immer wieder sein Paradies zerstört, dass die Welt durch den Menschen voller Krieg und Mord ist, dass die Menschen mehr Unglück an Menschen vollbringen und durch Menschen erleiden als Frieden und Glück, macht die Geschichte von Adam (und weiter die von Kain und Abel: vom Brudermord) wahr. Das ist die Wahrheit des Mythos. Mythen sind „wahre" Geschichten – wobei „Wahrheit" nicht mit Faktizität verwechselt werden darf.

3. Der text*pragmatische* Aspekt: Dieser ist nicht nur für den Mythos der wichtigste. Die pragmatische Fragestellung lässt sich vereinfacht so formulieren: Welche Funktion erfüllt ein Text in der Kommunikation, ja überhaupt im Leben. Diese Frage hängt, wie bereits gesagt, wesentlich mit der Gattung und ihren Möglichkeiten zusammen: Ein Brief z.B. dient anderen Zwecken als eine Kurzgeschichte. In der biblischen Exegese wurde am

Anfang des 20. Jahrhundert der Begriff „Sitz im Leben" geprägt (durch Hermann Gunkel): Eine Gattung hat einen „Sitz im Leben". Damit ist nicht die mehr oder weniger zufällige Entstehungssituation eines Einzeltextes gemeint, sondern der typische Gebrauchsort einer *Gattung* (also einer Textsorte). Weil sich die Lebens- und Kommunikationsbedingungen ändern, entstehen auch immer neue Gattungen. Die „Tagesschau" ist so eine (medial erweiterte) Textgattung. Ihr „Sitz im Leben" ist nicht „Dienstagabend, 11. September 2002, 20.15 Uhr, Erstes Programm", sondern: „Überregionale Information" allgemein. Allerdings ist der Begriff „Sitz im Leben" zu sehr an Institutionen gebunden. Für bestimmte rituelle Texte (Gesänge, Gebete usw.) kann man zwar einen institutionellen „Sitz im Leben" angeben: den Kult. Aber für das *Märchen* etwa ist das schon schwieriger. Man kann allenfalls sagen: Typisch für das Märchen ist die (mündliche) Erzählgemeinschaft. Insgesamt ist der Begriff „Sitz im Leben" in diesem Fall zu äußerlich, insofern er nur eine typische Situation angibt, aber wenig über die innere Form und Eigenart dieser Gattung aussagt. Hier führt der Begriff *Geistesbeschäftigung*, den der Germanist André Jolles 1930 in seinem Buch „Einfache Formen"[5] einführte, insofern weiter, als er die *innere Form* einer Gattung zu erfassen sucht. Was ist z.B. die unbewusste Absicht und die Wirkung eines Märchens? Für das *Märchen* hat Jolles als „Geistesbeschäftigung" angegeben: „naive Moral". Das Märchen als „einfache Form" (im Unterschied zum Kunstmärchen) ist sich seiner Intention nicht völlig bewusst. Es folgt einem Prinzip von Handlungsgesetzmäßigkeiten, die letztlich die Verdorbenheit und die Widersprüche des Lebens auf einer symbolischen Ebene in wunderbarer Weise auflösen. Das Auffälligste am Märchen haben wir aber bereits zum Stichwort *Textsemantik* gesagt. Die logischen (oder besser: ontologischen) Gesetze des Märchens sind die erweiterten Wirklichkeitsräume des Mythos: Zauber, Verwandlung, Identität von Gegensätzen. – Als *Geistesbeschäftigung* der *Legende* gibt André Jolles das Stichwort *imitatio* an, d.h. Orientierung am Heiligen, „Nachahmung" des „Vorbildes" – wobei *imitatio* (griechisch: *mimesis*) gerade bei Aristoteles nicht die Bedeutung von Kopie hat, sondern eher von *Darstellung*. Auch fiktionale Erzähltexte sind für Aristoteles *mimesis*. Zurück geht das auf den Mythos, in dem das Handeln eines Gottes oder eines mythischen Helden (auch seines tragischen Versagens) das *Muster* abgibt für alles Handeln und Erleiden der Mitglieder der vom jeweiligen Mythos getragenen und bestimmten Gruppe. Das Besondere der *Legende* ist dabei die Ausrichtung der Gemüter der Rezipienten auf das Heilige, das in dem Leben und Leiden des heiligen Helden vorgestellt wird, und in der

---

[5] Vgl. A. JOLLES , Einfache Formen. Legende, Sage, Mythe, Rätsel, Spruch, Kasus, Memorabile, Märchen, Witz, Konzepte der Sprach- und Literaturwissenschaft 15, Tübingen [8]2006.

Verehrung der heiligen Person. Die Helden der Legende sind aber Menschen, nicht Götter. – Eine dritte Gattung, die auf den Mythos zurückgeht, ist die *Sage*. Nach André Jolles' Definition erstreckt sie sich auf den Bereich der Familie, der Sippe, des Stammes (typisch in der isländischen *Saga*). Ihre Geistesbeschäftigung ist die Identitätsbewahrung oder Identitätsfindung der Familie, der Sippe oder eines ganzen Volkes. In der Bibel sind es die Vätersagen von Abraham, Isaak, Jakob, Joseph usw. Diese Gattung führt zur Geschichtsschreibung. Heute wird allerdings die *Sage* vor allem von volkskundlich orientierten Autoren (z.b. von Max Lüthi[6]) anders definiert und enger an das Märchen gerückt. Danach sind Sagen Erzählungen von unheimlichen Begebenheiten, die mit geographischen und historischen Vorkommnissen zusammenhängen, z.B. das Spuken Untoter in einem Schloss, oder die Erzählung von Klaus Störtebeker. Der Begriff „unheimlich" verrät noch die religiöse Nähe zum Mythos. Das Heilige als das ganz Andere erscheint dem Menschen fremd und unvertraut (als Tremendum = das Schreckliche, das in die vertraute Welt aus der Transzendenz einbricht). Gleichgültig, ob man die Sage nun auf die Geistesbeschäftigung mit Sippe und Volk bezieht oder auf unheimliche Orte oder vergangene Geschehnisse – die Sage ist eine Frühform der Geschichtserzählung. Auch diese ist ein Kind des Mythos. Die historische Wissenschaft ist in ihrem Grunde mythisch. – Zusammenfassend kann man sagen: Sage, Legende und Märchen sind Abkömmlinge des Mythos, wobei jedes dieser drei „Kinder" ein Spezifikum seines „Vaters", des Mythos, geerbt hat: die *Sage* den geschichtlichen Bezug auf die Ur-Ahnen oder auf „unheimliche" Ereignisse, die mit heimatlichen Orten verbunden sind (wobei ja oft die Gespenster in Schlössern erscheinen, was wiederum mit der Sippe zusammenhängt); die *Legende* hat vom Mythos das „urbildliche" Heilige als in einer Person inkorporiertes, zu erstrebendes, die Gegenwart bestimmendes und zu verehrendes geerbt; und das *Märchen* schließlich hat den Bereich des Heiligen weitgehend verlassen, behält aber das offene Weltbild des Mythos bei. Es hat also (neben der Syntaktik der Volkserzählung) vor allem die Semantik des Mythos behalten. Pragmatisch stellt es eine implizite, naive Moral vor, die weitgehend säkular geworden ist und die Differenz von Heiligem und Profanem verwischt hat.

Damit können wir uns nun der *Textpragmatik des Mythos* selber zuwenden. Was ist seine Funktion? André Jolles sagt: „In der Mythe wird ein Gegen-

---

[6] Vgl. M. Lüthi, Märchen, Stuttgart u.a. [10]2004.

stand von seiner Beschaffenheit aus Schöpfung"[7]. Das heißt: Der Mythos erklärt etwas, indem er das Werden eines Gegenstandes, eines Wesens oder eines Zustandes *erzählt*. Genauer ist es der *Anfang*, der erzählt wird (die *arche*, das griechische Wort für „Anfang"; es bedeutet aber zugleich auch *grundlegendes Prinzip*). Das heißt dann: Der Mythos ist eine Form von Wissenschaft, eine narrative Welterklärung. Entsprechend erklärt Jolles die *Geistesbeschäftigung* des Mythos einfach als *Wissenschaft*. Aber das ist nun erstens missverständlich, denn nach unserer Begrifflichkeit gehört Wissenschaft auf die Seite des *Logos*, der nicht zur „erzählten Welt", sondern zur „besprochenen Welt" gehört. Zweitens ist es zu wenig. Statt „Welterklärung" müsste man besser „Weltbegründung" sagen, oder noch besser: „Gründung". Der Mythos setzt durch Erzählen Normen und Maßstäbe. Er *erklärt* allerdings auch, indem er implizite Fragen durch Erzählung implizit beantwortet. Die Mythen geben aber vor allem einer Gesellschaft, einem Stamm, einem Kult, einer Religion ihre Symbole; und das heißt wiederum: ihre Riten und vor allem ihre Werte, ihre Regeln – also das Recht und die Ethik. Die biblischen Erzählungen von Moses, der am Sinai die Gebotstafeln von Gott empfängt, sind ein solcher Mythos. Ebenso ist die Erzählung vom Auszug aus Ägypten ein Mythos. Wenn heute Juden in Amerika, Europa oder Israel das Passafest feiern, erleben sie symbolisch den Exodus nach, und sie erinnern sich ihrer Heimatlosigkeit und erleben die Hoffnung auf neue, endgültige Heimat. Das Land Israel ist eine mythische Größe, deren Symbolkraft heute einiges verstehen lässt, was im Nahen Osten zur Zeit passiert. Mythen können auch extrem gefährlich werden; sie können zerstörerische Symbole aus sich heraussetzen („Blut und Boden", Hakenkreuz, Heiliger Krieg, Heiliges Land, Kreuzzug usw.).

In diesem Zusammenhang ist dann noch eine Besonderheit der Gattung Mythos hervorzuheben. Mythen *handeln* nicht nur von Gründung, von Schöpfung, sondern sie sind selber schöpferisch, insofern ihre Rezeption immer wieder die Symbole, die im Mythos angelegt sind, zur Wirksamkeit bringen kann. Bei den Maori, den Eingeborenen der Südsee, wird in bestimmten Situationen ein Schöpfungsmythos erzählt, d.h. vergegenwärtigend aufgeführt. Die Situationen, in denen das geschieht, sind alle von einer Art: Der Mythos wird erzählt, wenn etwa jemandem ein Gegenstand verloren gegangen ist, oder wenn ein Mitglied des Stammes Gesänge dichten muss oder will. Er wird aber auch erzählt bei der Geburt eines Kindes, oder wenn ein Haus gebaut wird, oder wenn eine Depression geheilt werden soll. Es handelt sich bei diesen Situationen durchweg um Anfänge, um Schöpfungsvorgänge. Das Erzählen des Mythos wird notwendig, um die ursprüngliche Schöpfungskraft in die Gegenwart zu übertragen, um Schöpfung zu

---

[7] JOLLES, Einfache Formen, 101.

wiederholen. Durch das Erzählen wird das im Mythos Erzählte wieder wirksam. „Jede Geburt ist eine Wiederholung der ersten Menschenschöpfung"[8]. Das Erzählte ist nicht vergangen, sondern es kann jederzeit wieder Gegenwart werden. Der Mythos wird nicht nur aktuell, sondern das in ihm erzählte Vergangene wiederholt sich buchstäblich in der Gegenwart. Das hängt mit der vorhin erwähnten Zeitvorstellung des Mythos zusammen.

3. Das „Perlenlied" als Beispiel eines religiösen Kunstmythos

a) Das allgemeine Grundmodell eines gnostischen Mythos (das Weltbild der Gnosis)

Der Mythos ist eine mündliche Gattung, von der wir im abendländischen Bereich nur schriftliche Zeugnisse haben. Viele dieser schriftlichen Mythen sind schon literalisiert im Sinne einer bewussten Formung. Als Beispiel habe ich einen Text gewählt, der für eine bestimmte spätantike Religion einen Mythos vorstellt, welcher aber in Teilen bewusst konstruiert wurde und die Grundanschauung dieser Religion versinnbildlichen soll. Er entspricht also ein Stück weit dem Kunstmärchen. Genauer: Er ist *allegorisch*. Bestimmte Aussagen in ihm haben eine zweite, tiefere Bedeutung, die vom Konstrukteur des Mythos beabsichtigt und in den Einzelzügen und Motiven der Erzählung verpackt ist. Die *Perle* zum Beispiel steht für etwas anderes: ein ideelles Heilsgut, das Wissen, die Gnosis selbst. Echte Mythen sind allerdings nicht allegorisch, sondern – wie der Philosoph Friedrich Wilhelm Joseph Schelling im 19. Jahrhundert formulierte – *tautegorisch*, d.h. sie meinen das wörtlich, was sie sagen. – Der Verfasser des Perlenliedes ist anonym, und er bringt mit seiner Dichtung eine Grundanschauung seiner Religion zum Ausdruck. Bei dieser Religion handelt es sich um den *Manichäismus*, eine persisch beeinflusste Form des Christentums, die zu der größeren Gruppe der *gnostischen* Religionsformen gehört. Der Text[9] ist in einer in griechischer und syrischer Sprache überlieferten Geschichte des Apostels Thomas überliefert und geht auf das 3. Jahrhundert n.Chr. zurück. Die geographische Heimat dieser gnostischen Christen liegt weit im Osten, schon nach Indien zu. Im *Perlenlied* wird die gnostische Weltanschauung allegorisch verschlüsselt und in Märchen- und Mythosmotiven dargestellt. Es handelt sich also um einen als Märchen verkleideten und allegorisch

---

[8] W. BURKERT, Literarische Texte und funktionaler Mythos. Ištar und Athrahasis, in: J. Assmann u.a. (Hg.), Funktionen und Leistungen des Mythos. Drei altorientalische Beispiele, OBO 48, Fribourg/Göttingen 1982, 63–82: 73.

[9] Vgl. O. BETZ/T. SCHRAMM, Perlenlied und Thomas-Evangelium. Texte aus der Fühzeit des Christentums, Zürich u.a. [3]1993.

angelegten Mythos in feierlich-epischer Sprache, die sich vom Kontext der Thomaserzählung abhebt (daher die Bezeichnung *Lied*). Das hinter diesem allegorischen Text Gemeinte ist ein metaphysisches System, das aber selber an einem entscheidenden Punkt mythisch ist, insofern es nämlich die Weltentstehung durch eine erzählend eingeführte Urhandlung darstellt. Dieser *gnostische* Mythos, der in verschiedenen Spielarten noch hinter dem bearbeiteten Mythos des Perlenliedes liegt, ist u.a. in koptischen Texten belegt, die 1945 in Oberägypten gefunden wurden[10]. Die koptischen Texte gehen auf griechische Urschriften zurück, die im 2. Jahrhundert n.Chr. wohl in Ägypten entstanden. Der hinter allen variierenden Fassungen stehende gnostische Mythos ist selbst wiederum an der biblischen Schöpfungsgeschichte orientiert, interpretiert diese jedoch in seinem Sinne völlig um. Ich fasse diesen Mythos jetzt einmal in meinen eigenen Worten zusammen:

Vor dem Anfang der Welt gab es nur den Bereich des transzendenten ewigen Gottes, der reiner Geist ist. Dieser hat (immer noch vor der Entstehung der Welt) aus sich heraus weitere geistige, lichthafte Wesen gezeugt, die mit ihm in einem raum- und ortslosen abstrakten Reich der Vollkommenheit existieren. Eines dieser göttlichen Wesen, die Sophia, machte nun einen Fehler: Sie schuf von sich aus ein weiteres Wesen, das ihr jedoch missglückte und unvollkommen war. In vielen Fassungen des Mythos heißt dieses Wesen „Jaldabaoth", das ist eine Verballhornung des Namens „Jahwe", des biblischen Schöpfergottes. Der Gott des Alten Testamentes, so sagen die Gnostiker, ist in Wahrheit gar nicht der höchste Gott, sondern ein missglücktes tyrannisches Wesen. Er bringt Zwietracht in die transzendente Welt des reinen Lichtes. In Konkurrenz zum höchsten Gott versucht Jaldabaoth die Herrschaft an sich zu reißen, und schafft sich so eine eigene Welt. Das ist unser Kosmos, der ganz aus Materie besteht. Leider fehlt Jaldabaoth nun aber in seiner toten Welt das Lebendige, der Geist. Mit einem Trick versucht er, sich Lebenskraft aus der Transzendenz zu beschaffen. Er bildet aus Materie (dem Lehm und Staub der Erde) ein Wesen, den Menschen Adam, der aber zunächst nur eine tote Lehmpuppe ist, weil ihm der lebendigmachende Geist fehlt. Jaldabaoth versucht nun, einen Lichtstrahl aus der Transzendenz einzufangen und in Adam einzusperren. Und tatsächlich, das gelingt. Adam wird ein lebendiges Wesen.

Jaldabaoth meint, durch das Einfangen eines himmlischen Lichtstrahls den transzendenten wahren Gott überlistet zu haben. In Wahrheit aber haben die Himmelswesen Jaldabaoth überlistet. Denn Adam hat nun eine See-

---

[10] Die deutsche Übersetzung der Schriften (jeweils mit kurzer Einleitung) findet sich in: H.-M. Schenke u.a. (Hg.), Nag Hammadi Deutsch. Studienausgabe. Eingeleitet und übersetzt von Mitgliedern des Berliner Arbeitskreises für Koptisch-Gnostische Schriften, Berlin [2]2010.

le bekommen, einen Abglanz und Teil des transzendenten Lichtes. Das ist
in seinem Körper zwar eingesperrt („der Körper ist das Grab der Seele", sagen die Gnostiker), doch dieser Seelenfunke lebt in Adams Körper als
Sehnsucht nach der Heimkehr in die Transzendenz. Jaldabaoth versucht
nun, Adam in einen Seelenschlaf zu versetzen, in welchem dieser seine
wahre Heimat, die Transzendenz, vergisst. Damit Adam nicht die Erkenntnis (*Gnosis*) bekommt, wird ihm streng verboten, von den Bäumen im
Paradies zu essen (vor allem vom „Baum der Erkenntnis"). Die obere Welt
aber startet nun einen Rettungsplan. Man will das auf der Erde in Adams
(d.h. *aller* Menschen) Körper gefangene „Licht" (eine Metapher für den
transzendenten Geist) aus der Gefangenschaft befreien. Dazu dient die
Schlange, die in der Gnosis nicht den Teufel, sondern – im Gegenteil – den
Befreier und Erlöser symbolisiert. Das Ziel der Gnosis ist die völlige Rück-
nahme der Weltschöpfung. Denn für die Gnostiker ist die Welt eine Panne.
Mit Hilfe des in Adam eingefangenen Lichtfunkens, nämlich der in Adam
schlafenden Seele, soll also das Unternehmen „Rückkehr aller Seelen zum
wahren Gott" und damit die Rückgängig-Machung der Schöpfung (also ihre
Destruktion) durchgeführt werden. Dazu muss Adams Seele – Adam, das
sind immer alle Menschen – aus ihrem Schlaf aufgeweckt werden. Dann
wird sie Heimweh nach ihrer Heimat bekommen – das ist die Gnosis, die
wahre Erkenntnis. Die Rettung für den nun Wissenden geschieht dann dadurch, dass der Mensch sich von der Welt und seinem Körper lossagt, sich
ganz auf die Transzendenz einstellt, die Materie verachtet und Asket wird.
Nur dann kann nämlich die Seele beim Tode den Körper verlassen und in
den Himmel zurückkehren. Wie aber bekommt der Mensch die Gnosis, die
Erkenntnis von seiner transzendenten Heimat und dem Weg dorthin? Antwort: Es muss direkt von dort eine Botschaft kommen. Die Botschaft wird
in den gnostischen Texten oft „Ruf" genannt. Sie kann durch einen „Him-
melsbrief" symbolisiert werden. Für die christlichen Gnostiker ist Jesus der
Bote aus dem Himmel, der Adam; den archetypischen Ur-Menschen, die
Summe aller menschlichen Seelen aufweckt vom Schlaf, der ein Schlaf zum
Tode ist. Die Auferstehung der Toten ist für die Gnostiker symbolisch ein
Aufwecken der Seele von ihrem Schlaf des Vergessens. Entsprechend wird
dann von den Gnostikern die *Schlange* in der Paradiesgeschichte auf den
Erlöser Jesus gedeutet. Der Schöpfergott Jaldabaoth wird zornig darüber,
dass das Ur-Menschenpaar die *Gnosis* erhalten hat durch den Apfel vom
Baum der Erkenntnis. Er vertreibt Adam und Eva aus dem Paradies und
verflucht die Schlange.

Der gnostische Mythos ist also eine Interpretation des Paradies-Mythos
der Bibel. Am Ende, so die Lehre der Gnostiker, wenn alle Seelen gerettet
sind, wird die Schöpfung Jaldabaoths zerstört und mit ihr er selbst. In
späteren Ausläufern gnostischen Denkens gibt es Überlegungen, ob nicht

auch der Weltgott (der Teufel) gerettet werden wird, so dass dann alles wieder heil und in Ordnung ist.

Das mag genügen, um das „Perlenlied" zu verstehen, das den gnostischen Grundmythos; d.h. die in allen Varianten des Mythos gemeinsame Grundstruktur; voraussetzt. Das Perlenlied stellt selber eine weitere Variante des Grundmythos dar.

b) Das Perlenlied (ActThom 108–113)[11]

1   „Als ich ein kleines Kind war,
    und im ‹Reiche›, dem Hause meines Vaters, wohnte
2   Und am Reichtum der ‹Pracht›
    Meiner Erzieher mich ergötzte
3   Sandten mich meine Eltern aus dem Osten, unsere Heimat,
    Mit einer Wegzehrung fort;
4   Und aus dem Reichtum unseres Schatzhauses
    Hatten sie mir schon längst eine Traglast zusammengebunden.
5   Sie war groß, aber (so) leicht,
    Daß ich sie allein zu tragen vermochte:
6   Gold vom Hause des Hohen
    Und Silber vom Großen Ga(n)zak
7   Und ‹Chalzedone aus› Indien
    Und ‹Opale des› Kûšanreiches.
8   Und sie gürteten mich mit Diamant,
    Der Eisen ritzt.
9   Und sie zogen mir das ‹Strahlen(kleid)› aus,
    Das sie in ihrer Liebe mir gemacht hatten,
10 Und meine scharlachfarbene Toga,
    Die meiner Gestalt angemessen gewebt war,
11 Und sie machten mit mir einen Vertrag
    Und schrieben ihn mir mein Herz, das ich (ihn) nicht vergessen sollte:
12 ‚Wenn du nach Ägypten hinabsteigst,
    Und die eine Perle ‹bringst›,
13 Die im Meere ist,
    Das der schnaubende Drache umringt,
14 Sollst du dein Strahlen(kleid) (wieder) anziehen
    Und deine Toga, die darüber liegt,
15 Und mit deinem Bruder, unserem Zweiten,
    ‹Erbe› in unserem Reiche ‹werden›.'
16 Ich verließ den Osten und stieg hinab,

---

[11] Der Text wird hier in der bei W. Schneemelcher (Hg.), Neutestamentliche Apokryphen in deutscher Übersetzung II: Apostolisches, Apokalypsen und Verwandtes, Tübingen ⁶1999, 344–348, abgedruckten Fassung geboten.

geleitet von zwei ‹Kurieren›,

17 Da der Weg gefahrvoll und schwierig
Und ich (noch zu) jung war, ihn (allein) zu gehen.

18 Ich schritt über die Grenzen von Maišân (Mesene),
‹Dem Sammelpunkt der Kaufleute› des Ostens,

19 Und gelangte ins Land Babel
Und trat ein in die Mauern von Sarbûg,

20 Ich stieg herab nach Ägypte,
Und meine Begleiter verließen mich.

21 Ich ging geradewegs zum Drachen,
Ließ mich nahe bei seiner Herberge nieder,

22 Bis daß er schlummern und schlafen würde,
Um (dann) von ihm meine Perle zu nehmen.

23 Und da ich einer und einsam war,
War ich den Mitbewohnern meines Rasthauses fremd.

24 ‹Aber› einen Stammesgenossen, einen Edelmann
Aus ‹dem Osten›, sah ich dort,

25 Einen schönen (und) und lieblichen Jüngling,

26 Einen ‹Gesalbten›,
Und er kam, mir ‹.› anzuhangen,

27 Und ich machte ihn zu meinem Gesprächspartner,
Dem Genossen, dem ich mein Geschäft (Sendung) mitteilte.

28 Ich warnte ihn vor den Ägyptern
Und dem Verkehr mit den Unreinen.

29 Ich aber kleidete mich gleich ihren Gewändern,
Damit sie ‹mich› nicht ‹beargwöhnten›, daß ich von außen gekommen wäre,

30 Um die Perle zu nehmen,
Und ‹sie› (nicht) gegen mich den Drachen ‹weckten›.

31 Aber aus irgendeiner Ursache
Merkten sie ‹.›, daß ich nicht ihr Landsmann war,

32 Und sie mischten (sich) mit mir durch ihre Listen,
Auch gaben sie mir zu kosten ihre Speise.

33 Ich vergas, daß ich ein Königssohn war,
Und diente ihrem König.

34 Und ich vergas sie, die Perle,
Um derentwillen mich meine Eltern geschickt hatten.

35 Und durch die Schwere ihrer ‹Nahrung›
Sank ich in tiefen Schlaf.

36 ‹Und all dieses›, das mir zustieß,
Bemerkten meine Eltern und betrübten sich um mich.

37 Und eine Botschaft erging in unserem Reich,
Jedermann solle zu unserem Tor reisen,

38 Die König und Häupter Parthiens
Und alle Großen des Ostens.

39 Und sie faßten einen Beschluß über mich,
Daß ich nicht in Ägypten gelassen werde,

40 Und sie schrieben mir einen Brief,
Und jeder ‹Große› setzte seinen Namen darauf:

41 ,Von deinem Vater, dem König der Könige,
Und deiner Mutter, der Herrscherin des Ostens,

42 Und von deinem Bruder, unserem Zweiten,
Dir, unserem Sohn in Ägypten, Gruß!

43 ‹Erwach› und steh auf von deinem Schlaf,
Und vernimm die Worte unseres Briefes.

44 Erinnere dich, daß du ein Königssohn bist.
Sieh die Knechtschaft: wem du dienst.

45 Gedenke der Perle,
Derentwegen du nach Ägypten gegangen bist.

46 Erinnere dich deines Strahlen(kleides),
Gedenke deiner herrlichen Toga.

47 Damit du sie anlegst ‹und dich damit schmückst›,
‹Auf daß› im Buch des Helden dein Name ‹gelesen werde›

48 Und du mit deinem Bruder, unserem Stellvertreter,
‹Erbe› in unserem Reiche ‹werdest›.'

49 Und mein Brief war ein Brief,
Den der König mit seiner Rechten ‹versiegelt hatte›,

50 Vor dem Bösen, den Leuten aus Babel
Und den ‹aufrührerischen› Dämonen von Sarbûg.

51 Er flog in Gestalt des Adlers,
Des Königs ‹allen› Gefieders,

52 Er floh und ließ sich nieder neben mir
Und wurde ganz Rede.

53 Bei seiner Stimme und der Stimme ‹seines Rauschens›
Erwachte ich und stand auf von meinem Schlaf,

54 Nahm ihn und küßte ihn,
Und ich löste ‹sein Siegel› und las.

55 Und ganz wie (es) in meinem Herzen stand,
Waren die Worte meines Briefes geschrieben.

56 Ich gedachte, daß ich ein Königssohn sei
Und meine Freiheit nach ihrer Natur verlangte.

57 Ich gedachte der Perle,
Derentwegen ich nach Ägypten gesandt ward,

58 Und ich begann zu bezaubern
Den schrecklichen und schnaubenden Drachen.

59 Ich brachte ihn in Schlummer und Schlaf,
Indem ‹.› ich den Namen meines Vaters über ihn nannte

60 Und den Namen unseres Zweiten
Und den meiner Mutter, der Königin des Ostens,

61 Und ich erhaschte die Perle
Und kehrte um, um mich nach meinem Vaterhaus zu wenden.

62 Und ihr schmutziges und unreines Kleid
Zog ich aus und ließ es in ihrem Lande

63 Und richtete mein Weg, ‹daß ich käme›
    Zum Licht unserer Heimat, dem Osten.
64 Und meinen Brief, meinen Erwecker,
    Fand ich vor mir auf dem Wege;
65 Wie er mit seiner Stimme ‹mich› geweckt hatte,
    (so) leitete er mich ferner mit seinem Licht,
66 Auf chinesischem Gewebe mit Rötel (geschrieben),
    Vor mir mit seinem Aussehen glänzend
67 Und durch seine Stimme und durch seine Führung
    Wiederum mein Eilen ermutigend
68 Und mich mit seiner Liebe ‹ziehend›.
69 Ich zog hinaus, kam durch Sarbûg,
    Ließ Babel zu meiner Linken
70 Und gelangte zur großen (Stadt) Maišân (Mesene),
    Dem Hafen der Kaufleute,
71 ‹Das› am Ufer des Meeres ‹liegt›.
72 Und mein Strahlen(kleid), das ich ausgezogen hatte,
    Und meine Toga, mit der es umhüllt war,
73 Sandten von den Höhen ‹von› Warkan (Hyrkanien)
    Meine Eltern dorthin
74 Durch ihre Schatzmeister,
    Die wegen ihrer Wahrhaftigkeit damit betraut waren.
75 Wohl erinnerte ich mich nicht mehr seiner Würde,
    Weil ich es in meiner Kindheit in meinem Vaterhaus gelassen hatte,
76 (Doch) plötzlich, als ich es mir gegenüber sah,
    Wurde das ‹Strahlen(kleid)› (ähnlich) meinem Spiegelbild mir gleich;
77 Ich sah es ‹ganz› in mir,
    Und in ihm sah ich (mich) auch ‹mir ganz› gegenüber,
78 So daß wir zwei waren in Geschiedenheit
    Und wieder eins in einer Gestalt.
79 Und auch die Schatzmeister,
    Die es mir gebracht hatten, sah ich ebenso,
80 Daß sie zwei waren von einer Gestalt,
    Denn ein Zeichen des Königs war ihnen eingezeichnet,
81 (Dessen), der mir die ‹Ehre›,
    Mein Pfand und meinen Reichtum durch sie zurückgab,
82 Mein Strahlen(kleid), geschmückt
    ‹.› In herrlichen Farben ‹erglänzend›,
83 Mit Gold und mit Beryllen,
    Mit Chalcedonen und ‹Opalen›
84 Und verschieden ‹farbigen› ‹Sardonen›,
    Auch dies in seiner Erhabenheit gefertigt
85 Und mit Steinen von Diamant
    (Waren) all seine (Gürtel-?)Gelenke festgesteckt.

86 Und das Bild des Königs der Könige
    War ihm ‹vollständig› überall aufgemalt

87 ‹Und wie› Steine von Safir
    Wiederum seine Farben blau gemalt.

88 Ich sah ferner überall an ihm
    Die Bewegungen der ‹Erkenntnis› zucken.

89 Und ferner sah ich,
    Daß es sich wie zum Reden anschickte.

90 Den Klang seiner Lieder vernahm ich,
    die es bei ‹seinem Herabkommen› lispelte:

91 ‚Ich gehöre dem tapfersten Diener an,
    Für den sie mich vor meinem Vater großzogen,

92 Und ich ‹nahm› auch an mir selbst ‹wahr›,
    Daß meine Gestalt entsprechend seinen Werken wuchs.‘

93 Und mit seinen königlichen Bewegungen
    Ergoß es sich ganz zu mir hin

94 Und an der Hand seiner Überbringer
    Eilte es, daß ich es nehmen sollte;

95 Und auch mich stachelte meine Liebe,
    Ihm entgegenzulaufen und es zu empfangen,

96 Und ich streckte mich hin und empfing es.
    Mit der Schönheit seiner Farben schmückte ich mich.

97 Und meine glänzendfarbige Toga
    Zog ich ‹vollständig› über mich ganzen.

98 Ich bekleidete mich und stieg empor
    Zum Tore der Begrüßung und der Anbetung.

99 Ich neigte mein Haupt und betete an
    Den Glanz des Vaters, ‹der› mir es (das Kleid) gesandt hatte,

100 Dessen Gebote ich ausgeführt hatte,
    Wie auch er getan, was er verheißen hatte.

101 Am Tore seiner Satrapen
    Mischte ich mich unter seine Großen.

102 Denn er freute sich über mich und empfing mich,
    Und ich war mit ihm in seinem Reich.

103 Und mit ‹Orgel›klang
    Priesen ihn alle seine Diener.

104 Und er verhieß mir, daß ich wieder zum Tore
    Des Königs der Könige mit ihm reisen

105 Und mit meiner Gabe und mit meiner Perle
    Mit ihm vor unserem König erscheinen sollte.“

c) Struktur des Textes (syntaktische Analyse)

Die Grundform dieser Erzählung ist sehr einfach: Sie wird geprägt durch das Reisemotiv (Hinreise und Rückreise). Die Hinreise führt zu einem Tiefpunkt in Ägypten. Der Held assimiliert sich in Ägypten, er passt sich dem oberflächlich-materialistischen Leben der Ägypter an. Dabei vergisst er seinen Auftrag; ja er vergisst überhaupt seine Herkunft, die Heimat im Osten. Deshalb ist eine Botschaft aus der Heimat erforderlich, die ihn aus dem Vergessens- und Todesschlaf weckt und die Erinnerung an den Auftrag und seine Herkunft hervorruft. An diesem Scheitelpunkt (im Drama wäre das nach Aristoteles die *Peripetie*) wendet sich die Erzählung, und es folgt die Rückreise als Aufstieg. Das Ganze ist also symmetrisch – oder besser gesagt: zyklisch – aufgebaut.

Struktur des Perlenliedes
1. der Sohn im Palast seines Vaters, des Königs
  2. das Ablegen des kostbaren Gewandes
    3. der Auftrag (die Perle zu holen) und die Reise nach Ägypten
      4. der Vergessensschlaf in Ägypten
      5. der erweckende Brief und die Rettung der Perle
    6. die Rückreise mit der Perle
7. die Wiederbekleidung mit dem kostbaren Gewand
8. der Empfang im väterlichen Königspalast

    1. und 8.: im Palast (Olrik: Gesetz des ruhigen Eingangs und des
                         ruhigen Abschlusses)
      2. und 7.: Ab- und Anlegen des Gewands
        3. und 6.: Hin- und Rückreise

Die jeweiligen Teile entsprechen sich komplementär.
Die Teile 4. und 5.: Vergessensschlaf und Erinnerung durch den Himmelsbrief bilden das Zentrum.

d) Die Nähe zum Märchen

Wenn wir auf die handelnden Personen achten, also uns der semantischen Analyse nähern, dann werden wir zum Teil an die Gattung des Märchens erinnert. Da ist ein König als Auftraggeber (nach dem Aktantenschema ist er der Adressant).
Und da ist ein Prinz (im Aktantenschema ist er der *Adressat* und zugleich der *Held*). Eine Perle ist das zu erwerbende *Objekt*. Der Held hat den Erwerb der Perle als Auftrag durchzuführen. Eine Spannung entsteht dadurch,

dass er Widerstände durch *Opponenten* erfährt: die Anpassung an die Ägypter, das Vergessen – und natürlich der Drache. In den Märchen ist es meistens eine Prinzessin, also ein lebendes Gut. Die Perle aber ist hier Symbol für ein abstrakteres Gut. Drache, Vergessen und die Ägypter haben also die Rolle der *Opponenten* inne. Der Held müsste nun versagen, wenn er nicht durch *Helfer (Adjuvanten)* unterstützt würde. In unserem Fall ist es der *Brief* aus der Heimat, der das Vergessen und die Anpassung an die Ägypter aufhebt. Bei der Überwindung des Drachens wirken als Helfer die Nennungen der *Namen* des Vaters, der Mutter und des Bruders. Dieses auch im Märchen begegnende Motiv des Namenszaubers stammt aus der Magie und dem Mythos. Allerdings fällt an dieser Stelle auch auf, dass die Überwindung des Drachens und das Erhaschen der Perle nicht den dramatischen Höhepunkt und die Lösung der Komplikation darstellen. Sie wirken eher als beiläufige Konsequenz der viel wichtigeren und das Zentrum der Erzählung darstellenden Überwindung des Vergessens-Schlafes. Die entscheidende Rettung besteht vielmehr in der *Erkenntnis (Gnosis)* als Erinnerung an die Heimat. Eine solche Verlagerung auf geistige Vorgänge ist für das Märchen untypisch, und die Gesetzmäßigkeit der Gattung *Märchen* ist hier verlassen. Es fehlt überhaupt die Naivität des Märchens; stattdessen sind die Motive bewusst gewollt. Es fehlt weiter das Prinzip, wonach alle Bedeutung in Handlung umgesetzt wird. Und so fehlt vor allem die von *Max Lüthi* hervorgehobene *Eindimensionalität* des Märchens[12]. Das *Perlenlied* hat bewusst symbolische und allegorische Züge, ist also ein Text mit „doppeltem Boden". Kurz gesagt: Es ist ein künstliches Märchen mit einer bewussten Absicht. Und schließlich: So gar nicht passt zum Märchen die Tatsache, dass die Erzählung in der Ich-Perspektive vorgetragen wird. Die Ich-Form begegnet aber in manchen Kultmythen, wo der jeweilige Gott sich selbst vorstellt.

e) Die Symbole

Es gibt im Volksmärchen selbstverständlich Symbolik, die man nachträglich psychologisch deuten kann. Aber das ist eine naive, unbewusste (eben selbstverständliche) Symbolik. Im Perlenlied dagegen sind die Symbole weitgehend bewusst eingesetzt. Das Perlenlied ist ein *Kunstmythos,* vergleichbar dem *Kunstmärchen.* Der echte Mythos hat mit dem Volksmärchen gemeinsam die unbewusste, implizite Symbolik. Freilich anders als das Märchen schafft er mit seiner Symbolik ein kulturelles und gesellschaft-

---

[12] Vgl. M. Lüthi, Es war einmal … . Vom Wesen des Volksmärchens, KVR 4006, Göttingen ⁸1998.

lich verbindliches Wertesystem. Im Perlenlied geschieht diese narrative Begründung des Wertesystems jedoch bewusst: es ist eine Allegorie der gnostischen Religion. Wir nähern uns dieser Absicht des Perlenliedes, indem wir die symbolischen Motive einmal durchgehen:

1) die geographischen Angaben
2) Hin- und Rückreise
3) die Perle
4) der Drache
5) der Brief
6) die im „Himmel" geblieben Mitglieder der Familie
7) der Edelmann aus der Heimat
8) der Trunk des Vergessens und die einschläfernde Speise
9) Erwachen – Erinnerung – Erkenntnis
10) das Verschmelzen der Zweiheit von Gewand und Held zu *einer* Gestalt

(1) Die geographischen Angaben:
Der Palast, aus dem der Held stammt, liegt im *Osten*. Das Ziel seiner Reise ist *Ägypten* im Westen. Ägypten ist schon für die Juden des Alten Testaments der Ort der Knechtschaft, der Finsternis und der Verlorenheit. Die Perspektive ist also eine jüdische. Dass die Heimat (und gemeint ist die himmlische Heimat) im Osten liegt, hat zwei Gründe – zunächst einen historischen: Mani, der Gründer der manichäischen Religion (einer gnostischen Form des Christentums), kommt aus dem östlichen Persien. Der zweite Grund ist wesentlicher: Im Osten geht die Sonne auf („ex oriente lux" – das Licht kommt aus dem Osten. Das hat nicht nur astronomische Bedeutung. Östliche Weisheit und Spiritualität waren schon damals berühmt). Damit ist angedeutet: Der Königssohn kommt aus dem himmlischen Bereich – und geht hinab in das Reich der Erde, der Sittenlosigkeit, der Materie, der Vergänglichkeit und der Knechtschaft.

(2) Damit verbunden ist das Paar Hinreise und Rückreise:
Im irdischen Bereich ist etwas gefangen, das befreit werden muss: die Perle. Darum muss der Retter hinabsteigen aus dem hoch gelegenen Reich im Osten in die Niederung Ägyptens. Ägypten ist ein gefährlicher und verführerischer Ort. Der Retter gerät hier in die Gefahr, der Gesellschaft der Ägypter zu verfallen. Deshalb muss er selber erweckt werden, erinnert werden an seine Heimat und an seinen Auftrag, um dann wieder – mit der Perle – hinaufzusteigen in die Heimat.

(3) Die Perle:
Perlen waren in der Antike der Inbegriff des Wertvollen. Es gibt im Neuen Testament ein Gleichnis: Das Reich Gottes ist so wertvoll wie eine voll-

kommene Perle. Wenn ein Kaufmann eine solche Perle entdeckt, wird er seinen ganzen Besitz dafür einsetzen, um sie zu erwerben. Denn sie ist wertvoller als alle anderen Güter zusammen (Mt 13,45f). Die Gnostiker (und entsprechend auch die Manichäer) verstanden unter dem „Reich Gottes" die Rettung der Seele zu ewigem Leben in der Transzendenz, im „Himmelreich". Die Perle ist also diese spirituelle Wahrheit, der Sinn des Lebens, die ewige Seligkeit – oder wie man das auch immer ausdrücken mag. Die vom Drachen bewachte Perle ist die verschlossene, eingekerkerte ewige Wahrheit, die den Menschen unzugänglich geworden ist.

(4) Der Drache:
Er bewacht die Perle, damit niemand sie erwerben kann. Der Drache ist der Tod oder die Sterblichkeit, die Endlichkeit – vor allem aber die Unkenntnis. Er symbolisiert vielleicht sogar den falschen, eifersüchtigen Gott Jaldabaoth, obwohl die Manichäer den Namen wohl nicht kennen.

(5) Der Brief:
Bevor wir uns über die Bedeutung des Briefes Klarheit verschaffen können, ist zunächst zu fragen, welche Rolle der Königssohn spielt. Er ist der Erlöser, muss aber selber erlöst werden, weil er auf Erden (= in Ägypten) seinen Auftrag vergessen hat. In der religionswissenschaftlichen Erforschung der Gnosis spricht man hier von einem „erlösten Erlöser". Das Problem ist hier die Verhältnisbestimmung von *Perle, Königssohn* und *Himmelsbrief.* Alle drei gehören ursprünglich dem Himmel, dem Lichtreich, der Transzendenz an. Die Gnosis kennt ursprünglich aber nur zwei derartige Größen: 1) die menschliche Seele als Teil des himmlischen Lichtes, die in die Fänge der Materie geraten und in ihr gefangen ist, und 2) den Erlöser, der die Seele durch „Gnosis" – das ist: Erkenntnis der Seele über ihre Herkunft und wahre Bestimmung – zurückbringt in das himmlische Lichtreich. Von daher wäre es am plausibelsten, den Königssohn mit der menschlichen Seele gleichzusetzen. Der Königssohn wäre Adam, der Mensch als Gattung, die menschliche Seele überhaupt. Sie kommt aus dem Lichtreich, vergisst aber auf der Erde ihren Auftrag und verliert damit ihre Unsterblichkeit. Ihr Erlöser (das heißt: der Erlöser aller Menschen) wäre dann der Brief aus dem heimatlichen Königspalast, der Brief, der allen Menschen die Erkenntnis (*Gnosis*) als Erinnerung an die himmlische Heimat wiederbringt. – Was aber ist dann die Perle? – Wenn man umgekehrt die Perle mit der gefangenen menschlichen Seele gleichsetzt (die zweite Deutungsmöglichkeit), wird die Rolle des Königssohns zwielichtig. Er ist dann der Retter der Perle, die dann die menschliche Seele wäre, wird nun aber selber in der Materie gefangen, so dass ein zweiter Erlöser (der Brief) eingreifen muss. – Das Pro-

blem, ob der Königssohn oder die Perle die menschliche Seele symbolisiert, muss hier zunächst offen bleiben.

(6) Die im Himmel gebliebenen Mitglieder der Familie:
Neben dem König, welcher der Vater des Helden ist, werden auffälligerweise die Mutter und der Bruder (der zweite Sohn) erwähnt. Auffällig ist auch zunächst, dass nicht der Vater, sondern beide Eltern den Auftrag an den älteren Sohn erteilen. Das ist in der antiken patriarchalischen Gesellschaftsstruktur ganz ungewöhnlich. Als Absender des Himmelsbriefes fungieren dann alle drei, auch der Bruder: „Kunde von deinem Vater, dem König der Könige, Kunde von deiner Mutter, der Herrscherin des Ostens, Kunde von deinem Bruder, unserem Zweiten". – Hier hat man an die christliche Trinität (Gott Vater – der Sohn Christus als der jüngere Bruder – die Mutter als der Heilige Geist) gedacht. Wenn aber der „Zweite", so wird der jüngere Bruder genannt, Christus ist, dann ist der „Erste", also der Held, *Adam*, das bedeutet: die menschliche Seele. Die gnostische Botschaft ist also: Die Seele des Menschen (Adam) stammt aus der göttlichen Familie, aus der Transzendenz. Sie steht in der Gefahr, in Ägypten, d.h. auf der Erde, in der Materie, unterzugehen.

(7) Der Edelmann aus der Heimat:
Der Held wird in Ägypten von einem Landsmann vor den bösen Ägyptern gewarnt. Diese Figur lässt sich kaum allegorisch deuten. Der Edelmann warnt den Helden vor der Anpassung an die Welt. Damit weiß dieser von „gut" und „böse" und wird so verantwortlich für seinen Lebenswandel hier auf Erden. Er wird schuldig, und erst der Himmelsbrief bringt ihm die rettende Erkenntnis.

(8) „Trunk des Vergessens" und „einschläfernde Speise":
Das sind Symbole für den Verlust des wahren Wissens um die Unsterblichkeit der Seele, für die völlige Auslieferung des Menschen an den Tod. Dieses Motiv gibt es auch im Märchen, wobei mir allerdings nur ein Kunstmärchen einfällt: Hauffs „Zwerg Nase". Durch eine Kräuterhexe erlebt ein Jüngling einen Tag im Haushalt der Frau, der in Wahrheit aber sieben Jahre währte. Das Motiv dürfte auch im Volksmärchen verbreitet sein.

(9) Erwachen – Erinnerung – Erkenntnis:
Das *Erwachen* (als ethisches Erwachen zur Tugend) hat schon biblische Tradition. „Schlaf" und „Vergessen" sind dort Metaphern für ein sittlich verfehltes Leben. „Erkenntnis" heißt griechisch „Gnosis" – und so nennt sich ja diese Richtung der christlichen Religion. Angespielt ist damit an den „Baum der Erkenntnis" in der biblischen Paradieserzählung. In der gnos-

tischen Religion wird dies konträr zur biblischen Aussage gedeutet. Die „Erkenntnis", zu der die Schlange Eva verführt, ist gerade das positiv Rettende. Und der Gott, der Adam und Eva wegen des Essens vom „Baum der Erkenntnis" aus dem Paradies vertreibt, ist in der Gnosis der böse Gott.

(10) Das Verschmelzen der Zweiheit von Gewand und Held zu einer Einheit:

Dieses Motiv ist das Merkwürdigste und auffälligste in der ganzen Erzählung. Nachdrücklich wird am Anfang betont, dass der Held vor seiner Reise das edle, himmlische Gewand ablegen muss: „Und sie zogen mir das Strahlenkleid aus, das sie in ihrer Liebe mir gemacht hatten, und meine scharlachfarbene Toga, die meiner Gestalt angemessen gewebt war" (Z. 9f). Und am Ende, nach der Rückkehr in den Himmel, spielt das Gewand geradezu die Hauptrolle (Z. 76–78): „ Doch plötzlich, als ich es mir gegenüber sah, wurde das Strahlenkleid ähnlich meinem Spiegelbild mir gleich. Ich sah es ganz in mir und in ihm sah ich mich auch mir ganz gegenüber, sodass wir zwei waren in Geschiedenheit und wieder eins in einer Gestalt." – Zweierlei fällt auf: 1) Das Gewand ist nicht etwas Äußerliches, sondern es kennzeichnet das Wesen der Person. 2) Die Sprache von Geschiedenheit und Einigkeit, von Zweiheit und Einheit, ist mystische Sprache. Die *eine* himmlische Person, die der Held einst in der Heimat war, wird aufgespalten seit Antritt der Reise. Das Gewand bleibt im Himmel – der Held reist als ein Anderer zur Erde. Mit dem Gewand hat er sein göttliches Wesen zurückgelassen, mit dem er erst nach der Rückkehr wieder verschmilzt. Man muss dazu wissen, dass in der antiken Philosophie die Zahlen *eins* und *zwei* symbolische Werte hatten. Die *Eins* steht für das Göttliche, das ewige, vollkommene Sein, die *Zwei* für die Materie, die wie die Zahl „zwei" teilbar ist. *Zweiheit* ist Gespaltenheit, Dissonanz, Krieg, Schizophrenie, Entfremdung. *Einheit* ist Harmonie, Frieden, Glückseligkeit, Identität. Der Mensch auf Erden, also der Held in Ägypten, besteht aus Körper und Geist, ist also eine Zweiheit. Beide streiten miteinander und machen den Menschen unglücklich. Nach der Rückkehr ist die vollkommene Einheit wieder erlangt.

4. Zusammenfassung

Die Teile 1. und 2. dienten dem Versuch, die Gattung „Mythos" zu bestimmen. Der Mythos ist die Urform aller erzählenden und darstellenden Gattungen. Dabei spielen die „Kinder" des Mythos, nämlich *Sage*, *Legende* und *Märchen* eine Rolle. Diese drei haben jeweils spezifische Züge mit dem Mythos gemeinsam: Die *Sage* hebt den familiären Aspekt hervor und schafft einer Gruppe Identität, z.B. die Abraham-Sage in der Bibel, oder die isländischen *Sagas*, deren Helden die Ahnen sind. Das ist auch eine der Funktionen des Mythos. Ebenfalls stimmt sie mit ihm darin überein, dass sie das „Heilige" als Überweltliches darstellt – allerdings vor allem in seinem unheimlichen, den Menschen erschreckenden Charakter (etwa, wenn Abraham seinen Sohn Isaak als Menschenopfer darbringen soll, was dann allerdings durch ein Tieropfer ersetzt wird). – Die *Legende* stellt das Heilige in einer Person vor, die als „Vorbild" dient und verehrt werden soll. Sie ist also auf Ethik und Verehrung (Kult) ausgerichtet. Das Heilige erscheint hier also als das Heilsame, während es in der Sage als das Unheimliche erscheint. – Das *Märchen* schließlich stimmt mit dem Mythos darin überein, dass es die Gesetze der Wirklichkeit erweitert. Tiere können wie selbstverständlich sprechen, Verwandlungen sind an der Tagesordnung. Anders als Mythos und Sage aber ist das Märchen „eindimensional" (so bezeichnet es M. Lüthi[13]), d.h. das Heilige bricht nicht wie in der Sage von außen herein, sondern ist ganz selbstverständlich in der erzählten Welt verankert.

Der Schwerpunkt in Teil 2. war dann die Frage nach der Pragmatik des Mythos. Was ist seine kommunikative Intention und Wirkung? Unsere Antwort war: Die Mythen begründen Identität, Riten, Symbole und ethische Werte und Normen einer Gesellschaft.

Der Teil 3. schließlich sollte ein Beispiel für einen Mythos vorstellen. Aber da echte Mythen nur mündlich existiert haben, konnte nur ein literarisch verarbeiteter Mythos herangezogen werden: das *Perlenlied*, das ein Zeugnis ist für die christlich-gnostische Religion der Manichäer (3. oder 4. Jahrhundert). Wir stellten fest, dass diese Erzählung märchenhafte Züge enthält, sich aber vom Märchen und auch vom reinen Mythos unterscheidet. Es handelt sich um einen *künstlichen Mythos*, der das Symbolsystem einer bestimmten Religion, der Gnosis, verschlüsselt. Eine Erzählung, die einen auf anderer Ebene liegenden Zusammenhang verschlüsselt, nennt man eine *Allegorie*. Wer auch immer der Verfasser dieses allegorischen Kunstmythos war – er versuchte, seiner religiösen Symbolwelt eine sinnstiftende Ursprungserzählung zu geben, die sich – typisch gnostisch – dem Wissenden durch Deutung der Symbole erschließt. Insgesamt sollten meine Ausführungen zeigen, wie wesentliche Aspekte der Literaturwissenschaft mit der Religionsgeschichte zusammenhängen.

---

[13] Vgl. LÜTHI, Märchen.

Mythos und Evangelium

Warum Glaube und Theologie auf mythische Vorstellungen angewiesen sind

Mit den Engeln, dem „Heiligen", dem Religiösen überhaupt, kehrte in den achtziger Jahren in Kultur und Theologie auch der Mythos in das Bewusstsein des modernen Menschen zurück. Vierzig Jahre lang war das Konzept „Mythos" erledigt gewesen. Ursache dafür war nicht nur Rudolf Bultmanns Vortrag „Neues Testament und Mythologie"[1], dem man das Schlagwort „Entmythologisierung" entnahm, sondern eher noch die Erfahrung des zerstörerischen Rausches durch einen „Mythos des zwanzigsten Jahrhunderts". Seitdem schien es geboten, den Mythos durch Aufklärung in Verbannung zu halten. Nachweisbar ist die heutige Mythosrenaissance an zwei Bucherscheinungen des Jahres 1985: Eugen Drewermanns „Tiefenpsychologie und Exegese" (der erste Band hat den Untertitel ‚Die Wahrheit der Formen: Traum, Mythos, Märchen, Sage und Legende')[2] und dem als paradigmatisch aufgenommenen philosophischen Werk „Die Wahrheit des My-thos" von Kurt Hübner[3].

Vielleicht noch bezeichnender ist die Entwicklung zweier der bedeutendsten neueren deutschsprachigen Schriftsteller, Peter Handke und Botho Strauß. Unter Bezug auf George Steiners „Von realer Gegenwart"[4] streben sie eine explizit theologische Wesensbestimmung der Literatur an, die mit der Kategorie der ‚Realpräsenz' nicht nur auf einem platonischen Symbolverständnis, sondern letztlich auf der Ontologie des Mythos gründet. Auch das Evangelium ist als Sprachakt dem Mythos-Konzept, das zeitlich nach Bultmann seine hermeneutische Dignität weitgehend eingebüßt hatte, bleibend verpflichtet.

Welche bedeutende Rolle der Mythosbegriff in der Bibelwissenschaft des 19. Jahrhundert spielte, davon gibt das 1952 erschienene, dann aber lange vergessene Buch von Christiane Hartlich und Walter Sachs: „Der Ursprung des Mythosbegriffs in der modernen Bibelwissenschaft"[5], einen

---

[1] R. BULTMANN, Neues Testament und Mythologie. Das Problem der Entmythologisierung der neutestamentlichen Verkündigung, BEvTh 96, hg. v. E. Jüngel, München ³1988 (= 1941).

[2] Vgl. jetzt: Zürich ⁶2001.

[3] Freiburg 2009.

[4] München 1990.

[5] Tübingen 1952.

umfassenden Eindruck. Die Autoren zeigen, wie sich von der Aufklärung zur Romantik ein paradigmatischer Wandel in der Bibelinterpretation vollzog: von der Frage nach den in den Texten berichteten Tatsachen (so etwa, als die Frage nach dem historischen Jesus aufkam) zu der Frage nach der Aussage der Texte selbst. Und dies geschah gerade unter dem Mythosbegriff. Gegen Ende des 18. Jahrhundert wurde dieser zunächst in der klassischen Altertumskunde, dann auch in der biblischen Theologie zu einem hermeneutischen Schlüsselbegriff. Freilich wurde er zunächst noch als zeitbedingte Frühstufe des Denkens aufgefasst: Die Kindheit des Menschengeschlechtes habe ihre Wahrheit im bildhaften Mythos ausgedrückt, noch nicht in der begrifflichen Philosophie. Damit war allerdings der Mythos nur als zeitbedingte Einkleidung (Schale) ewiger Wahrheit (Kern) verstanden. Zu Beginn des 19. Jahrhundert schon wurde dieses Modell revidiert von Wilhelm M.L. de Wette, der den Mythos nun als unersetzbare Ausdrucksform des religiösen Lebens verstand, als Ausdruck der „Ahndung". Religion ist nach dem Kantianer Jakob Friedrich Fries „die Ahndung des Ewigen im Endlichen". Da Religion nicht Wissen ist, sondern „Ahndung", drückt sie sich nicht in Begriffen, sondern in Bildern aus. Die Bilder aber sind einerseits nicht ersetzbar, andererseits auch nicht die Sache selbst. Und damit sind wir zunächst beim Begriff des Symbols.

Nach Paul Tillich ist das Symbol die Sprache der Religion. Er beschreibt es auf eine Weise, die sowohl der modernen Zeichenlehre (Semiotik) als auch der Herkunft des Begriffs aus der griechischen Ontologie gerecht wird. Ein Symbol verweist auf eine verborgene (tiefere oder höhere) Wirklichkeit. Symbole verweisen nicht nur, sondern sie haben Anteil an der Kraft jener Wirklichkeit, auf die sie verweisen. Sie repräsentieren sie. Symbole sind historisch und kulturspezifisch bedingt. Entscheidend ist das zweite Merkmal. Symbole repräsentieren die Wirklichkeit, auf die sie verweisen. Das bedeutet nicht weniger, als dass sie sakramentale Kraft haben. Deutlich verrät der Symbolbegriff seine platonischen Wurzeln: Die Dinge erscheinen als „Abbilder" der Ideen. Das Bild partizipiert an der höheren Wirklichkeit des Abgebildeten.

Dieser Symbolbegriff steht etwa hinter Martin Luthers Auffassung von der Realpräsenz im Abendmahl. Ja, er steht schon hinter der neutestamentlichen Christologie überhaupt: Der Mensch Jesus von Nazareth ist die Epiphanie Gottes und repräsentiert somit Gott in der Welt. Nun ist allerdings der Mensch Jesus historisch vergangen. Aber das „Einmal" der Offenbarung ist als „Ein für allemal" gegenwärtig und deshalb wiederholbar. Damit sind wir beim Mythos – und das ausgerechnet im Zentrum des Christlichen, beim Kerygma.

Gegen Ende seines Vortrages über die Entmythologisierung stellt Bultmann die Frage: „Blieb ein mythologischer Rest?" und antwortet darauf:

„Wer es schon Mythologie nennt, wenn von Gottes Tun, von seinem entscheidenden eschatologischen Tun, die Rede ist, für den gewiss. Aber jedenfalls ist dann solche Mythologie nicht mehr Mythologie im alten Sinne, die mit dem Untergang des mythischen Weltbildes versunken wäre."[6]

Bultmanns Begriff von Mythos ist an dieser Stelle ein unzureichender; ja, Bultmann fällt hier hinter seine zuvor gegebene angemessenere Definition von Mythos selbst zurück: „Der eigentliche Sinn des Mythos ist nicht der, ein objektives Weltbild zu geben ... Der Mythos redet von der Macht oder von den Mächten, die der Mensch als Grund und Grenze seiner Welt und seines eigenen Handelns und Erleidens zu erfahren meint. Er redet von diesen Mächten freilich so, dass er sie vorstellungsmäßig in den Kreis der bekannten Welt ... einbezieht ... Er redet vom Unweltlichen weltlich, von den Göttern menschlich."[7]

Das gilt aber dann auch von dem Satz: „Das Wort ward Fleisch", in dem „die Paradoxie der Gegenwart des jenseitigen Gottes in der Geschichte"[8] behauptet wird (so der Schluss des Vortrages). Kann man denn von Gott anders als „weltlich" reden? Es ist das Dilemma der „negativen Theologie", deren Problematik sich im berühmten Satz des Neuplatonikers Plotin zu erkennen gibt: Von Gott können wir „nur sagen, was er nicht ist; was er aber ist, können wir nicht sagen" (Plotin, Enn. V 3, 14, 6f). Der letzte Platoniker der Antike, Damaskios, der 529 n. Chr. aus Athen vertrieben wurde, nennt Gott nur noch „jenes Jenseitige". Doch auch dieser Name war für Damaskios letztlich nichts als „leerer Klang". Diese via negativa endet im mystischen Schweigen.

Aber ob nun im Wort oder im meditativen Schweigen: jede abendländische Theologie hielt fest an der Möglichkeit der Präsenz des Göttlichen – sei es im Sakrament, in der Liturgie, im Wort, im Kerygma, in der Ikone, in der Epiphanie, in besonderen Menschen (zum Beispiel Herrschern oder Charismatikern) oder im geschichtlichen Augenblick. Die Gefahr der Idolisierung ist dabei immer gegeben – wenn die Präsenz nicht zugleich durch die Berücksichtigung der Differenz des Symbols getragen wird. Hierfür steht die Eschatologie. Das, was in der Offenbarung präsent wird, hat der Christ im Glauben, nicht im Schauen. Darum ist vom Gottesreich im Neuen Testament überwiegend im Gleichnis, in der Sprache der Metapher, die Rede. Die Metapher aber prädiziert ein Subjekt immer so, dass sie neben dem

---

[6] BULTMANN, Neues Testament, 63.
[7] A.a.O. 22.
[8] A.a.O. 64.

„ist" zugleich ein „ist nicht" enthält. Für Hans Weder ist deshalb der Mythos durch die Metapher zu interpretieren.[9]

Den Zusammenhang von Mythos und Symbol haben die Romantiker gesehen. Friedrich Creuzer[10] hat den Mythos als narrativ entfaltetes Symbol erklärt. Ähnlich verstehen wir heute die Parabel als die narrativ expandierte Metapher. Doch beim Verhältnis von Symbol und Mythos ist es eher umgekehrt. In fast allen Symboltheorien bleibt die Frage bisher unbeantwortet, woher das Symbol seinen semantischen „Mehrwert" erhält (seine höhere bzw. tiefere Bedeutung ist ja weder willkürlich noch natürlich). Die Antwort darauf ist: Das Symbol ist ein Subjekt, das seine Bedeutungsmacht aus einer „Geschichte" mitbringt, in deren Syntax es diese besondere Bedeutung bekommen hat. Solche Geschichten, die Symbole gründen und freisetzen, werden Mythen genannt. Diese Geschichten können vergessen werden, dann sterben zumeist auch ihre Symbole ab.

Mythos ist also immer Erzählung. Was aber unterscheidet die mythische Erzählung von anderen Erzählungen? Während die „erzählte Welt" alles anderen Erzählens (in der Parabel, dem Roman, dem historischen Bericht) in den Rahmen der Welt von Erzähler und Hörer/Leser eingebettet ist, will die mythische Erzählung gerade den Referenzrahmen für die gegenwärtige Wirklichkeit schaffen. So ist es kein Zufall, dass die Schöpfungsmythen eine der wichtigsten Klassen der Mythen überhaupt darstellen. Alles, was ist, erhält im Mythos den Grund dafür, „dass" es ist, wie es ist. Nichts ist selbstverständlich. Die Dinge, die im Mythos erzählend eingeführt werden, sind heilig. Der Mythos hat ein besonderes Verständnis von Raum und Zeit. Überall, wo etwas Göttliches sich zeigt, ist der Mittelpunkt der Welt. Noch deutlicher wird das bei der Zeit. Jedes Ding hat „seine" Zeit, wie es im Prediger heißt (Koh 3,1). Es gibt keinen absoluten Zeitmaßstab. Zeit ist immer qualitativ gefüllt. Dabei können die Zeiten wiederkehren. Was der Mythos aus der Urzeit erzählt, ist jederzeit wiederholbar – durch den Mythos selbst.

Der Mythos erzählt typisches Geschehen. Das Leben der Individuen einer Sippe ist geprägt durch die Ur-Taten des Stammvaters, des Ahnherrn, der den Typos für das Leben der Nachkommen bildet. Der Typ (zum Beispiel Adam) ist in seinen Nachfolgern real präsent. Ein Beispiel (es stammt aus Mircea Eliade, „Das Heilige und das Profane"[11]): „Wenn ein Schiffer (in Neu Guinea) aufs Meer hinausfährt, verkörpert er den mythischen

---

[9] H. WEDER, Mythos und Metapher. Überlegungen zur Sachinterpretation mythischen Redens im Neuen Testament, in: B. Jaspert (Hg.), Bibel und Mythos. Fünfzig Jahre nach R. Bultmanns Entmythologisierungsprogramm, Göttingen 1991, 38–73.

[10] F. CREUZER, Symbolik und Mythologie der alten Völker, besonders der Griechen, 4 Bände, Hildesheim, Nachdruck 1973 (= Leipzig 1810–1812).

[11] M. ELIADE, Das Heilige und das Profane. Vom Wesen des Religiösen, Köln 2008 (= Frankfurt a.M. 1998).

Helden Aori. Er trägt die Tracht, die Aori im Mythos anlegte; wie Aori hat auch er das Gesicht geschwärzt ... Er tanzt auf der Plattform und breitet die Arme aus, wie Aori seine Flügel ausbreitete ... ein Fischer sagte mir, wenn er (mit dem Bogen) auf Fischjagd ausgehe, gebe er sich für Kivavia selbst aus. Er flehe diesen mythischen Helden nicht um seine Gunst an, er identifiziere sich mit ihm."[12]

Der Mythos bildet ein „ein exemplarisches Modell" (Eliade) für die gegenwärtige Wirklichkeit einer Gesellschaft. Die Wirklichkeit erscheint dabei nicht als Produkt menschlicher Operation, sondern als in der „arche" numinos Vorgeprägtes. Mit den Mythen ist in einer mythischen Gesellschaft das Fundament gelegt, das die Sinnhaftigkeit aller Wirklichkeit garantiert. Das Erzählen des Mythos ist ein Sprachereignis, in dem sich gegenwärtig das real ereignet, was inhaltlich im Mythos erzählt wird. So dient etwa bei den Maori (in der Südsee) das Erzählen ihres Schöpfungsmythos einer ganz bestimmten Gruppe von alltäglichen Zwecken: um einen unfruchtbaren Mutterschoß fruchtbar werden zu lassen, um Gesänge zu dichten, um Sicht in dunkle Angelegenheiten zu bringen, um etwas Verlorenes wiederzufinden, um ein Haus zu bauen oder eine Depression zu heilen. Zurückführen lassen sich die bisher genannten fünf Kennzeichen der mythischen Erzählung auf eine erweiterte Vorstellung von Identität. Alle Erscheinungen der Realität haben eine insbesondere den Menschen einbeziehende tiefe Bedeutung, die in den vom Mythos ausgezeichneten Dingen und eingeführten Namen real präsent ist. Die unsichtbare Verbindung der zeitlich und räumlich getrennten Erscheinungen besteht nicht in einer metaphorischen Beziehung, sondern in einer Kontiguität. Jede Ähnlichkeit, ja jede Relation wird zur Kontiguität und damit zur erweiterten Identität. Wenn etwa von einem Menschen gesagt wird „Er ist ein Löwe", so verstehen wir das heute zumeist als Metapher (wo etwas erscheint „wie" etwas anderes). Im mythischen Denken drückt das jedoch einen räumlichen Zusammenhang aus. Der Löwe (oder ein Teil des Löwen) ist in diesem Menschen real vorhanden. Dieses Phänomen bedeutet zugleich dann auch eine Erweiterung der Kategorie der Identität. Wie im Traum die Identität der geträumten Personen fließend wechseln kann, so können im Mythos gleiche Personen (zum Beispiel ein Gott oder der Urmensch) verschiedene „Gestalten" annehmen. Im Märchen spielen entsprechend Verwandlungen von Menschen in Tiere (und umgekehrt) eine wesentliche Rolle.

Nach 1Kor 15,3–10 sind Kreuzestod und Auferweckung Jesu die beiden Seiten eines Ur- und Schlüsselgeschehens, das sich zunächst in den Erscheinungen wiederholt und verwirklicht. Wem der Auferstandene erscheint, der wird dadurch lebendig und erweckt. Zwar folgen nach dem Damaskus-Er-

---

[12] ELIADE, Das Heilige und das Profane, 58.

lebnis des Paulus keine Ostererscheinungen mehr, aber dafür gibt es das E-
vangelium, das Kerygma von der Auferweckung. Und dieses ist insofern
mythisch, als sich sein Inhalt an den Nachbildungen („mimetai") des Modells wiederholt. „In Christus" ist eine mythische Ortsangabe. Die Predigt
des Evangeliums ist für Paulus ein Schöpfungsakt. Sie bewirkt „neue Kreatur", genauer: Sie macht tot oder lebendig. Der Mensch wird dabei erneuert,
erweckt zum Leben, und die Welt wird eine neue Welt.

Erst jetzt kann überhaupt verständlich werden, wieso der im Sinne Les-
sings allenfalls „historisch", aber nicht „notwendig" wahre Satz von der
Auferweckung Jesu für Paulus eine solche fundamentale Bedeutung bekommen kann: Weil dieser Satz das Leben des Menschen und seine Welt
verändern kann. Das gleiche gilt nun aber auch von der Aussage des Ster-
bens Jesu. Der Kreuzestod Jesu ist im mythischen Sinne immer wiederhol-
bares Ereignis, repräsentiert im Leben der Glieder des kollektiven Christus-
leibes, der „Nachkommen" Christi, die mythische Begründung der Liebe.

Paulus selber gebraucht die „Sterbeformel" mit ihrer Wendung „gestor-
ben für" in der Weise, dass er Leben und Tod Jesu, sein Sein, als Dasein für
andere versteht. Dieses Sein Christi wird zum exemplarischen Modell für
die Seinen, die Christen. Durch den Mythos des Wortes vom Kreuz wird
der sich behauptenden, der sich in Weisheit und Ruhm durchsetzenden
Selbstherrlichkeit des „Adam", des natürlichen Menschen, die Selbstverständlichkeit genommen. Nur das verheißt wahres Leben. Insofern gehören
das Wort vom Kreuz und das Kerygma von der Auferweckung zusammen.
Das eine qualifiziert das andere. Beide bilden den neuen Schöpfungsmythos, durch den sich die Schöpfung erneuert: „Siehe, Neues ist geworden"
(2Kor 5,17), neue Kreatur.

Im Markusevangelium liegt uns die älteste Erzählung vom Leben und
Sterben Jesu vor. Welcher Gattung gehört diese Schrift an? Die neutestamentliche Forschung tendiert heute dahin, das Markusevangelium als Biographie zu verstehen – freilich nicht im modernen Sinne einer Biographie,
sondern im antiken. Der Zweck für die Abfassung dieses Evangeliums ist
dann die Vergegenwärtigung des Jesuslebens, die im jeweiligen Akt der Rezeption geschieht.

Das Markusevangelium hat dramatische Züge, die an kultische Vergegenwärtigung denken lassen. Das narrative biographische Gemälde dient als
Epiphanie des Gottessohnes. Es war zum ganzheitlichen Vorlesen bestimmt, und dieses Vorlesen war eine kultische Repräsentation. In ihm ereignete sich die Epiphanie dessen, wovon die Rede war. Eine Erzählung a-
ber, in der das geschieht, was erzählt wird, und die uns dadurch unsere
Symbole gibt, nennen wir Mythos. Das Prädikat „Mythos" heißt aber nicht,
dass diese Erzählung keinen historischen Grund habe.

Biblische Texte lesen lernen

Es wird beklagt, dass die Kenntnis der Bibel in unserer Gesellschaft zunehmend abnimmt. Als akademischer Lehrer beobachte ich diesen Trend – auch bei den Theologiestudierenden – mit Bedauern. Doch kann man, das wird vielleicht überraschen, dieser Bibelvergessenheit auch positive Seiten abgewinnen. Als ein weithin vergessenes Buch hat die Bibel die Chance, neu entdeckt zu werden. Am liebsten sind mir die neugierigen Leser, die ohne Vorurteile (und damit meine ich vor allem auch: ohne die *frommen* Vorurteile) an die Bibel herangehen.

In einem 1. Hauptteil mit der Überschrift „Wahrheiten, nicht Tatsachen" möchte ich etwas zu den wichtigsten Formen von Bibeltexten vortragen. Ich habe vier biblische Gattungen ausgesucht.

1. Am häufigsten in der Bibel sind „Geschichten", Erzählungen. Was aber sind Erzählungen? Wozu gibt es sie? Es würde doch genügen, wenn der Mensch seine Sprache hat, um sich durch Signale zu verständigen. Was soll da das Erzählen? Antwort: Erzählen hat mit Gedächtnis und Erinnerung zu tun, mit „Geschichte". Und das braucht der Mensch für seine Identität. 2. Sodann geht es um eine spezielle Form von Erzählung, die als die Urform des Erzählens gelten muss: den *Mythos*. Mythen sind sinnstiftende Grunderzählungen, die einer Gesellschaft die kulturellen und ethischen Werte, ihre Normen vermitteln. 3. Eine dritte Gattung der Bibel sind die *Sprüche*. Sprüche gehören zu einer besonderen Geistesbeschäftigung: zur *Weisheit*. Weisheit ist die Urform der Philosophie. Aber sie geht nicht aus logischer Abstraktion, sondern aus lebendiger Erfahrung hervor. So gesehen sind Sprüche eigentlich kondensierte, eingedampfte Erzählungen. 4. Und schließlich gibt es in der Bibel die „Sprache der Bilder": die Metaphern. Wir kennen diese Texte unter der Bezeichnung „Gleichnisse". Über das Wichtigste kann der Mensch nur in Bildern, in Gleichnissen reden. Gleichnisse können erzählend sein (dann nennt man sie in der exegetischen Fachsprache Parabeln), oder sie können Sprüche sein, so wie z.B. „Ihr seid das Salz der Erde".

Im zweiten ausführlicheren Hauptteil geht es um Beispiele: zwei erzählende, mythische Texte aus dem Neuen Testament (einen äußerst komprimiert-kurzen und einen ausführlichen), sodann um zwei Sprüche, einen aus dem Alten Testament und einem aus dem Neuen, und schließlich um eine Parabel, ein erzählendes Gleichnis Jesu. In diesem 2. Hauptteil will ich durch die Sprachgärten der Bibel führen. Ich möchte dabei die *Sinnlichkeit* und die *Sinnhaftigkeit* dieser Sprachgebilde bewusst machen. Der Weg zu den Inhalten führt über die Formen.

1. Wahrheiten, nicht Tatsachen

a) Geschichte und Geschichten

Wir nennen einen erzählenden Text eine „Geschichte". Mit dem gleichen Wort bezeichnen wir aber auch das Bild, das wir von der Vergangenheit haben: unsere „Geschichte" (im Sinne von Historie). Im Englischen ist das besser unterscheidbar. Da heißt das eine „story" und das andere „history". Amerikanische Feministinnen haben das Wort „history" mal erklärt als „his story" = „seine Geschichte", weil sie die „her-story" = „ihre Geschichte", die Geschichte der Frauen, in der historischen Wissenschaft vermissten. Jedenfalls: „story" und „history" sind beide erzählend. Beide sind aber auch poetisch in dem Sinne, dass es sich um Konstruktionen von möglichen Tatsachen handelt, nicht aber um die „Tatsachen" selbst. Auch die Erzählung von unserer Vergangenheit, auch meiner je eigenen Vergangenheit, ist eine Konstruktion. Ich sehe meine Lebensgeschichte immer subjektiv; wenn ein anderer mein Leben beobachtet hätte, käme er vielleicht zu einer ganz anderen Geschichte. Und immer haben wir bei der Erinnerung an Ereignisse schon unsere Sinndeutung mit hineingelegt. „Wie es wirklich gewesen ist" (Ranke) werden wir niemals entscheiden können. Aber unsere Gabe, erzählen zu können, ist ja nicht nur an beobachtete Vergangenheit gekoppelt. Erzählen ist nämlich ein Zaubermittel. Wir können damit eine Welt erschaffen, die es nie gab, die ganz andere Gesetze als unsere „Welt", unsere uns umgebende Wirklichkeit, haben kann (z.B. im Märchen oder im Science-Fiction-Roman). Das klassische Beispiel ist „Alice im Wunderland". Auch die Erzählungen der Bibel sind keine Protokolle von Fakten. Sie sind immer implizite Interpretationen von Erlebnissen, sogar Entwürfe einer Welt, die es gar nicht gab, Entwürfe von noch nicht Gewesenem. Zu 80 Prozent besteht die Bibel aus solchen (realistischen und phantastischen) Geschichten. Viele dieser Geschichten haben unsere Kultur geprägt. Viele Geschichten haben ihren Lesern – oder besser Hörern – Lebensorientierung, Trost, Hoffnung, Mut und neue Erkenntnis gegeben. Wenn Eltern ihren kleinen Kindern etwas Gutes geben wollen, dann sollten sie ihnen freie phantasievolle Geschichten erzählen – nicht nur die der Bibel, aber doch solche, die dem Kind sinnvolle Welt- und Lebensentwürfe für die Phantasie anbieten. Die Fernsehgeschichten lassen zu wenig für die Phantasie übrig. Wir könnten jetzt den ganzen Abend vom Erzählen erzählen.

b) Die Wahrheit der Mythen

Ich gehe jetzt über zu einer besonderen Art von Erzählung, der „Mutter aller Erzählungen", zum *Mythos*. Die Bibel basiert auf den mythischen Erzählungen. Aber vielleicht erinnern sich einige noch an die Zeit, als das Stichwort *Entmythologisierung* in den christlichen Gemeinden Wellen schlug. Meine neutestamentlichen Lehrer Günter Klein und Willi Marxsen waren Schüler von Rudolf Bultmann, des bedeutendsten Neutestamentlers des 20. Jahrhunderts, dessen Theologie in den fünfziger Jahren mit dem Stichwort „Entmythologisierung" die Gemüter bewegte. Ich bin noch heute ein Anhänger von Bultmanns Theologie. Nur in einem Punkt kritisiere ich ihn: Bultmann hat die Funktion und Bedeutung von Mythen nicht genug berücksichtigt. Er hat zwar gefordert, dass jeder Mythos interpretiert werden muss in Hinsicht auf sein existentielles Anliegen. Eine Eliminierung der Mythen hat er gerade nicht gefordert. Deshalb ist das Wort „Entmythologisierung" unpassend. Aber er hat die gesellschaftliche, Kult und Kultur bildende, die Identität einer Gruppe stiftende Bedeutung des Mythos unterschätzt. Die Evangelien, die die Geschichte Jesu von Nazareth als ein von Gott gewirktes Heilsereignis für alle Menschen darstellen, sind in diesem Sinne nicht nur Biographien (nach antiken Maßstäben, nicht im modernen Sinne), sondern Mythen. Mythos und Historie schließen sich nicht aus. Mythen haben es allgemein mit den letzten Begründungen des Daseins zu tun. Sie sind vorweggenommene Antworten auf die philosophische Urfrage: Warum gibt es Sein überhaupt, warum ist nicht vielmehr nichts? Daraus ergeben sich weitere Fragen: Wieso und wozu sind wir da? Warum ist der Mensch in seinem Dasein unglücklich und selbstzerstörerisch? Der Mythos sagt, warum die Welt gut ist, indem er erzählt, wie der gute Gott sie geschaffen hat, und er sagt, warum sie schlecht ist, indem er erzählt, wie Adam von Uranfang an gegen die Regeln verstößt. Der christliche Mythos erzählt in den Evangelien, wie der Kontakt des sich zum Bösen emanzipierten Menschen zu Gott dennoch nicht abreißt. In der Geschichte des Menschen Jesus von Nazareth wird die Gegenwart Gottes menschlich erfahrbar. Die Geschichten über Jesus zeigen, wie die Welt heil sein kann, z.B. in den Geschichten von Heilungen. Zu den mythischen Erzählungen gehören dann, neben dem Helden Jesus, verschiedene handelnde Figuren: Engel, Dämonen, der Teufel, leidende Menschen usw. Wir werden nachher eine solche mythische Episode aus dem Evangelium genauer betrachten.

c) Die Weisheit der Sprüche

Die Bibel enthält nicht nur Erzählungen, sondern auch Sprüche, Gedichte und Lieder. Wir werden einige Sprüche genauer betrachten. Salomo gilt als Dichter der Sprüche wie David als Dichter der Lieder, der Psalmen, weil in der Bibel von Salomos Weisheit berichtet wird. Weisheit ist Alltagsphilosophie. Diese Form der Spruchphilosophie hat auch Jesus gebraucht – z.B. in der Bergpredigt. Die Sprüche Jesu standen ursprünglich in einem „fünften Evangelium", der sogenannten Spruchquelle. Dieses Spruch-Evangelium ist verlorengegangen. Aber wir können es aus dem Matthäus- und dem Lukasevangelium annähernd rekonstruieren, denn diese beiden haben die Spruchquelle unabhängig voneinander benutzt und sie fast vollständig zitiert. – Die Sprüche Salomos und die Sprüche Jesu sind großenteils bild-lich, man sagt: sie sind *metaphorisch* (z.B. „Ihr seid das Salz der Erde"). Unsere meisten Sprichwörter sind metaphorisch. Aber es gibt nicht nur metaphorische Sprüche; es gibt auch metaphorische Erzählungen, bildhafte Geschichten.

d) Die Sprache der Bilder

Eins der großen Rätsel der menschlichen Sprache ist ihre Möglichkeit, Metaphern zu bilden. Was aber ist eine Metapher? Traditionell wird gesagt: Die Metapher sei eine Ersetzung eines eigentlichen, gemeinten Namens durch einen anderen, einen uneigentlichen, einen bildlichen. Das berühmte Beispiel ist Achill, der Krieger, der von Homer oft „der Löwe" genannt wird. Wenn Homer sagt: „Der Löwe stürzt sich in den Kampf", dann sollen Leser (ursprünglich waren es Hörer) den Ausdruck „der Löwe" ersetzen durch den eigentlichen Namen: „Achill". Wenn das so wäre, dann würde es sich bei der Metapher um eine sinnlose Spielerei handeln. Metaphern sind keine ornamentalen Schnörkel, sondern sie drücken etwas aus, das nur so, im Bild, aber niemals direkt und eigentlich gesagt werden kann. Von Gott oder vom Gottesreich zu reden, kann niemals in direkter Sprache geschehen. Es wäre sinnlos, von Gott zu sagen, er sei ein Mann oder eine Frau, er sehe so oder so aus, er spreche hebräisch oder englisch oder deutsch. Aber wenn wir sagen, Gott sei ein „Vater" oder eine „Mutter", dann drücken wir damit eine Beziehung aus: ein Vertrauen in den Grund des Daseins. Metaphern sagen immer zugleich auch etwas über ihren Sprecher aus. Die Sprache der Liebe lebt von Metaphern: „Schön bist du, meine Freundin, du bist schön. Hinter dem Schleier deiner Augen sind Tauben; dein Haar gleicht einer Herde von Ziegen, die herabzieht von Gileads Bergen, deine Zähne sind wie eine Herde frisch geschorener Schafe ... Deine Brüste sind wie zwei Rehkitzen, Zwillinge der Gazelle, die in den Lilien weiden ..." (Cant 4,1–5).

Metaphern enthalten immer einen Widerspruch. Die Haare einer Frau sind keine Ziegenherde. Aber es besteht zwischen beiden eine verborgene Beziehung. Auf den ersten Blick sind solche Metaphern unsinnig. Erst wenn man weiterdenkt, bekommen sie einen tiefen Sinn. Ein Beispiel: In einem Radiovortrag über den Politiker Carlo Schmidt sagte die Journalistin: „Im Bundestag war Carlo Schmidt das Frischobst unter lauter Konserven".

Es gibt nun aber auch Metaphern, die nicht nur aus einem Satz, sondern aus einer ganzen Geschichte bestehen. In einer bestimmten Situation, zu einem bestimmten Thema wird eine Geschichte erzählt, die auf den ersten Blick nichts mit dem Thema bzw. der Situation zu tun zu haben scheint. Als Jesus mit Zöllnern und Sündern zusammen isst und trinkt, regen sich die Pharisäer darüber auf. Darauf erzählt Jesus eine Geschichte: „Ein Mann hatte zwei Söhne ...".

Damit bin ich am Ende des ersten Teils meines Vortrages. Wir haben über das *Erzählen* nachgedacht, die besondere Form der *mythischen* Erzählung bedacht, sodann ein wenig über *Sprüche* gesprochen und schließlich die Funktion von *Metaphern* kennengelernt. Mit diesem Rüstzeug wollen wir nun auf Entdeckungsreise in der Bibel gehen.

2. Kleine Lektüren

a) Ein mythisches Konzentrat,
das mit Phantasie aufgefüllt werden muss (Mk 1,12f)

Und sofort wirft ihn der Geist hinaus in die Wüste.
Und er war in der Wüste 40 Tage, versucht vom Satan.
Und er war mit den Tieren.
Und die Engel dienten ihm.

Das ist eine Geschichte im Markusevangelium. Kann man das überhaupt eine Erzählung nennen? Es ist eine äußerst komprimierte Zusammenfassung. Und dann der Stil. Als Schulaufsatz würde dieser Text als Note ein „mangelhaft" bekommen. Es sind vier Sätze, die alle mit „und" beginnen. Jeder Satz ist für sich schon die äußerste Verdichtung einer Szene. Diesen Stil könnte man holzschnittartig nennen. Es ist der typische Stil des Markusevangeliums. Man sollte diesen Stil aber nicht für primitiv halten. Der Text ist bewusst so konstruiert. Und er steckt voller Symbole.

Der erste Satz: Der Geist, der im Text zuvor noch als Taube erschien, wird nun gewalttätig. Er „schmeißt" Jesus hinaus in die Wüste. Geister, ob Dämonen oder der göttliche Geist, sind in der Bibel Kräfte, Mächte. Das Wort „hinauswerfen" kommt in den Dämonenaustreibungen regelmäßig vor. Dort ist es Jesus, der aufgrund des Heiligen Geistes die bösen Geister „austreibt". Wir werden im Anschluss an diesen Text gleich so einen Exorzismus kennenlernen. Hier in dieser kompakten Geschichte wird Jesus hinausgetrieben in die Wüste. Die Wüste ist der Ort der Ungeschütztheit, wo der Mensch den Mächten der Natur ausgeliefert ist. Die Wüste ist aber auch der Ort der Dämonen. Dort draußen hausen und herrschen sie. Ihnen wird Jesus nun ausgesetzt.

Der zweite Satz: 40 Tage hält Jesus sich dort auf. 40 Jahre irrte Israel durch die Wüste, eine Zeit der Erprobung. Während Matthäus und Lukas dramatisch spannend die einzelnen drei Versuchungen des Satans erzählen, wird von Markus in einer untergeordneten Nebenbemerkung beiläufig der Zweck des Wüstenaufenthaltes mitgeteilt: „versucht vom Satan". Satan ist die Personifikation alles Bösen. Jesus wiederholt hier die Situation des Volkes Israel nach dem Auszug aus Ägypten. Der Ausgang der Versuchung wird gar nicht erzählt.

Der dritte Satz „Und er war mit den Tieren" setzt implizit voraus, dass Jesus die Versuchung bestanden hat – worüber der Autor nicht den geringsten Zweifel hat. Dieser Satz („und er war mit den Tieren") ist allerdings etwas rätselhaft. Es gibt zwei mögliche Interpretationen. Die erste: Der Satz malt die Wüstensituation noch einmal aus. Die Tiere sind, das steht fest, wilde Raubtiere. Also: In der Wüste war Jesus unter den bösen Tieren, die die Dämonen verkörpern. Dagegen habe ich jedoch drei Einwände: (1) Es ist sehr unwahrscheinlich, dass der Verfasser dieses äußerst sparsamen Textes einen ganzen Satz für eine selbstverständliche Nebensache (in der Wüste sind wilde Tiere) verschwendet haben sollte. Vielmehr handelt es sich bei diesem Satz um den Höhepunkt der kurzen Erzählung. (2) Fast jede Erzählung ist so aufgebaut, dass der Höhepunkt, die Pointe, an zweitletzter Stelle steht. Danach folgt immer ein ruhiger Abschluss, bei Wundergeschichten z.B. eine Demonstration der Heilung oder ein sogenannter Chorschluss. Die Menge preist Gott für das Wunder. (3) Die griechische Präposition „mit" (griech.: μετά mit Genitiv) bedeutet nicht einfach eine Ortsangabe, sondern drückt eine Gemeinschaft, ein Zusammensein aus. – Was also ist die Bedeutung dieses Satzes? Der Verfasser des Mk deutet vieles nur an. Manche Bedeutungen sind geradezu verschlüsselt. Das Markusevangelium steckt voller Symbole. Des Rätsels Lösung: Im Alten Testament, beim Propheten Jesaja, gibt es eine Stelle, an die der Verfasser des Mk anspielt. Es ist ein berühmter Weihnachtstext – Jes 11,1–10. Ich zitiere ihn mit Auslassungen:

Aus dem Stamm Isais wächst ein Reis empor …
Der Geist des Herrn lässt sich nieder auf ihm,
der Geist der Weisheit und der Einsicht,
der Geist der Erkenntnis und der Gottesfurcht …
Er schlägt den Gewalttätigen mit dem Stock seines Wortes

Und tötet den Schuldigen mit dem Hauch seines Mundes.
Gerechtigkeit ist der Gürtel um seine Hüften,
Treue der Gürtel um seinen Leib.
Dann wohnt der Wolf beim Lamm, der Panther liegt beim Böcklein.
Kalb und Löwe weiden zusammen, ein kleiner Knabe kann sie hüten.
Kuh und Bärin freunden sich an, ihre Jungen liegen beieinander.
Der Löwe frisst Stroh wie das Rind.
Der Säugling spielt vor dem Loch der Natter,
das Kind steckt seine Hand in die Höhle der Schlange.
Man tut nichts Böses mehr
und begeht kein Verbrechen auf meinem ganzen heiligen Berg ...

Es ist ein Messias-Text. Die Vision des Propheten ist der Friede der Schöpfung in der messianischen Heilszeit. Diese wird die Wiederherstellung des Paradiesfriedens vor dem Sündenfall sein. Wenn man den Mythos von Adam und Eva liest (Gen 2f), muss man zu dem Schluss kommen, dass die beiden Vegetarier waren. Es gab kein gegenseitiges Auffressen. So wie damals beim Tierfrieden des Paradieses wird die Welt am Ende, wenn der Messias kommt, wieder heil sein. – All dieses steckt in dem unscheinbaren Satz: „Er war mit den Tieren". Ein berühmter Kollege, ein Albert Schweitzer-Fan, Erich Grässer, geht noch einen Schritt weiter. Dieser Text bezieht sich nicht nur auf die Menschheit, sondern auf die Schöpfung, auf die Tiere selbst[1].

Es folgt noch ein vierter Satz: *Und die Engel dienten ihm.* Ihm, der dem Satan widerstanden hat und solidarisch mit der Kreatur in der dürftigen Wüste war, wenden sich die Boten und Kräfte Gottes zu.

Dieser karge und holzschnittartige Text spart aus, lässt Leerstellen für die Interpretation und Phantasie der Hörer bzw. Leser. Manchmal ist in den Bibeltexten das Wichtigste ausgelassen. Die Mitarbeit des Lesers wird gefordert. Der Text bietet genug Hilfen, um seinem Geheimnis auf die Spur zu kommen, aber niemals ist er ganz auszuschöpfen.

b) Hausen in Gräbern: die dunkle Seite des Lebens und die rettende Ironie (Mk 5,1–20)

Dies eben war die kürzeste Geschichte im Markusevangelium. Jetzt kommt eine der längsten. Es handelt sich um eine Wundergeschichte, also ebenfalls einen mythischen Text, genauer: um einen Exorzismus. Die Geschichte hat vier Teile.

---

[1] Ich habe hier profitiert von E. GRÄSSER, KAI HN META ΘΩN ΘHPIΩN (MK 1,13b) Ansätze einer theologischen Tierschutzethik, in: W. Schrage (Hg.), Studien zum Text und zur Ethik des Neuen Testaments (FS H. Greeven), BZNW 47, Berlin/New York 1986, 144–157.

1.Teil (Exposition):

(1) *Und* sie kamen ans andere Ufer des Meeres in das Land der Gerasener.

(2) *Und* als er aus dem Boot stieg, kam ihm sofort aus den Gräbern ein Mensch mit unreinem Geist entgegen,

(3) der seine Wohnung in den Grüften hatte; *und* niemand konnte ihn – nicht einmal mit einer Kette – binden,

(4) weil er schon oft mit Fußfesseln und Ketten gebunden worden war und die Ketten von sich gestreift und die Fußfesseln durchgescheuert hatte; *und* niemand konnte ihn bändigen.

(5) *Und* die ganze Nacht und den ganzen Tag war er in den Gräbern und in den Bergen am Schreien und sich selbst mit Steinen zu schlagen.

Soweit geht die Exposition. Es folgen als 2. Teil der Kampf mit dem Dämon und eine verbale Auseinandersetzung; man nennt diese Zuspitzung die „Komplikation":

(6) *Und* als er Jesus von weitem sah, rannte er und fiel vor ihm nieder

(7) *und* schrie mit lauter Stimme: „Was willst du von mir, Jesus, Sohn des höchsten Gottes? Ich beschwöre dich bei Gott: Quäle mich nicht!"

(8) Denn er (Jesus) sagte zu ihm: „Fahr aus, du unreiner Geist, aus dem Menschen!"

(9) *Und* er fragte ihn: „Was ist dein Name?" *Und* er sagt zu ihm: „Legion ist mein Name, denn wir sind viele."

(10) *Und* er bat ihn inständig, dass er sie nicht aus dem Land schicke.

Nun folgt als 3. Teil die Durchführung des Wunders, die Austreibung:

(11) Es war aber dort am Berg eine große Schweineherde am Weiden.

(12) *Und* sie baten ihn: „Schick uns in die Schweine, damit wir in sie fahren!"

(13) *Und* er gestattete es ihnen. *Und* es fuhren die unreinen Geister aus und fuhren in die Schweine, *und* die Herde stürzte den Abhang hinunter ins Meer, circa 2000, *und* sie ertranken im Meer.

Der 4. Teil ist der Schluss. In diesem Fall ist der Schlussteil relativ lang:

(14) *Und* die sie hüteten, flohen und meldeten es in der Stadt und in den Dörfern. *Und* sie kamen, um zu sehen, was passiert war.

(15) *Und* sie kommen zu Jesus und sehen den Besessenen dasitzen, bekleidet und besonnen, der den „Legion" gehabt hatte, und bekamen Furcht.

(16) *Und* die es gesehen hatten, erzählten ihnen, wie es dem Dämonischen ergangen war, und das mit den Schweinen.

(17) *Und* sie begannen, ihn zu bitten, aus ihrer Gegend zu verschwinden.

(18) *Und* als er ins Boot stieg, bat ihn der Besessene, mit ihm sein zu dürfen.

(19) *Und* er ließ ihn nicht, sondern sagt zu ihm: „Geh in dein Haus zu den Deinen und teile ihnen mit, was der Herr dir getan und wie er sich deiner erbarmte."

(20) Da ging er los und fing an, in der Dekapolis zu verkündigen, was Jesus ihm getan hatte, *und* alle staunten.

Zum Schlussteil von solchen Wundergeschichten gehören normalerweise die *Demonstration der Heilung* – hier: der Besessene sitzt ruhig und vernünftig da –, *Staunen und Furcht* der Menge und *Anweisungen des Wundertäters* (meist ein Schweigegebot – hier aber eine Verwehrung der Nachfolge, dafür ein Missionsauftrag in der außerhalb Israels liegenden Dekapolis). Auffällig ist die Ausführlichkeit dieses Schlussteils.

Wahrscheinlich haben Sie den typischen Markusstil wiedererkannt: 23 Sätze beginnen mit „und". Ein solcher Stil ist eigentlich verpönt. Aber in diesem Fall wirkt er besonders eindrucksvoll. Es handelt sich, wie gesagt, um einen Exorzismus, der aber durch sehr eigentümliche Besonderheiten erweitert ist. Sehr ausführlich wird in der Exposition die Lage des Besessenen geschildert. Psychiatrisch lässt sich dieser Fall sehr gut einordnen – wie überhaupt drei der vier in Mk erzählten Fälle von Besessenheit mit heutigen Erscheinungen von Psychopathologie übereinstimmen. In Mk 9 handelt es sich um einen Fall von Epilepsie; in Mk 1, ein Exorzismus in der Synagoge zu Kapernaum stimmen die wesentlichen Symptome mit unserer ausführlicheren Geschichte überein. Beide Besessenen sind schizoid. Ihre Identität ist zerstört. Das Ich des Kranken und das dämonische Ich gehen durcheinander, ja mehr noch: Das dämonische Ich in unserer langen Erzählung ist ein Plural: „Wir sind viele". Es handelt sich um eine multiple Persönlichkeit. Hinzu kommt eine extreme Autoaggression, d.h. eine bewusste Selbstzerstörung. Der besessene Mensch schlägt sich mit Steinen. Das geht zusammen mit der Tobsucht, die jede „Zwangsjacke" zerreißt. „Niemand", heißt es, konnte ihn fesseln, nicht einmal mit Ketten. Es ist ein sehr extremer Fall von Wahnsinn. Der Kranke konnte nur noch in den Bergen vegetieren und dort in der Wildnis sein Unwesen treiben. Von dort hörte man nachts seine unartikulierten Klage- und Wutschreie. Die Zivilisation muss diesen Fall von Abnormität ausgrenzen. In der Neuzeit wurden solche Menschen hinter Mauern nackt angekettet, oder sie wurden in den schwersten Abteilungen der Landeskrankenhäuser mit Medikamenten ruhiggestellt. – Er wohnt, heißt es, in den Gräbern. Zunächst ist das eine realistische Schilderung. Die kleinen Berghöhlen dienten in solchen Gegenden oft als Gräber. Hier sucht der Besessene nachts und bei Unwetter Unterschlupf. Damit gerät er in den Bereich der Toten, zu denen er als ein vom menschlichen Leben Ausgeschlossener längst gehört. Dass er in Gräbern haust, ist also symbolisch oder – wie wir oft sagen – typisch.

Soweit geht die Exposition (bis V.5). Ab V.6 wird dann die Begegnung mit Jesus erzählt, die ja schon ganz am Anfang in V.2 angebahnt war. An den wüsten Ort kommt fast nie ein Mensch. Als Jesus nun auftaucht, sieht der Besessene ihn schon von weitem. Er läuft zu ihm, fällt ihm zu Füßen und kann artikuliert reden. Allerdings handelt es sich um den typischen Abwehrversuch. Der Besessene – oder besser: der Dämon – weiß, wer Jesus ist. Die Dämonen wittern ihren Feind, den Exorzisten. Es ist also schwer zu sagen, wer hier eigentlich spricht, der Besessene oder der Dämon. Beides geht ineinander über. „Was habe ich mit dir zu schaffen, Jesus, du Sohn des höchsten Gottes! Ich beschwöre dich bei Gott, quäle mich nicht!", so spricht es aus dem Besessenen. „Der höchste Gott" ist eigentlich eine heidnische Bezeichnung. So wurde z.B. Zeus genannt. Die Gegend ist ja auch eine heidnische. Der Wortlaut kann aber zugleich auch auf den jüdisch-christlichen Gott bezogen werden. Markus äußert sich häufiger bewusst ambivalent, doppeldeutig. Dass der Besessene nun sogar Jesus bei diesem Gott, der hinter Jesus steht, beschwört, er möge ihn in Ruhe lassen, zeigt die Paradoxie des ganzen erzählten Vorgangs. Der Abwehrversuch des Besessenen oder des Dämons entspricht etwa der Angst eines Süchtigen vor dem Entzug. Jede Besessenheit bringt mit sich nicht nur die Spaltung der Identität, sondern auch die widersprüchliche Spaltung des Willens. Die Wirklichkeit der menschlichen Seele entspricht nicht der abstrakten Logik, sondern führt häufig in Selbstwiderspruch. Das, was man will, will man zugleich nicht. Auch Paulus kennt das. Im Römerbrief äußert er: „Das, was ich will, das tue ich nicht, sondern das, was ich hasse, das tue ich" (Röm 7,15). Paulus erkennt darin zugleich das prinzipielle Verfallensein des Menschen an die Sünde. Entsprechend ist das Ich (und damit der Wille) des Besessenen ja längst vom Dämon besetzt.

Es folgt nun als Nachtrag der typische Ausfahrbefehl, die *Apopompe*: „Jesus hatte nämlich" trägt Markus nach, „zu ihm gesagt: ,Fahre aus, du unreiner Geist, aus dem Menschen!'". Nachdem daraufhin der Kranke den bereits erzählten Abwehrversuch gemacht hatte, spricht Jesus jetzt den Dämon selber an, der offenbar noch nicht gleich ausgefahren ist: „Was ist dein Name?". Die Antwort des Dämons ist merkwürdig: „Legion ist mein Name, denn wir sind viele". Dass der Dämon seinen Namen preisgibt, zeigt, dass er schon verloren hat. Wie im Märchen vom Rumpelstilzchen gibt die Kenntnis des Namens dem, der den Namen weiß, Macht. Das ist im mythischen Denken logisch. Der Name „Legion" ist ein lateinisches Fremdwort, die Bezeichnung der größten militärischen Einheit der Römer (etwa 6000 Soldaten). Damit wird auf den ersten Blick die extrem hohe Zahl der Dämonen zum Ausdruck gebracht. Es handelt sich also um eine extrem multiple, mehrtausendfach zerrissene Persönlichkeit. Die Zerrissenheit der Identität in die Vielheit, die Zerspaltung und Auflösung der Persönlichkeit, ist das Grundphänomen jeder Besessenheit. „Wer bin ich? Ich bin viele" ist die Erkenntnis des nicht mehr mit sich übereinstimmenden, seine Identität, sein personales Ich verlierenden Menschen. – Aber warum wird dafür der militärische und dazu noch fremdsprachige (lateinische) Ausdruck „Legion" gewählt? Wie bei Markus nicht anders zu erwarten, hat auch das eine doppelte Bedeutung, und zwar neben der Vielheit bezieht sich der Ausdruck zugleich auf die römische Besatzungsmacht. Wir haben hier wahrscheinlich auch eine Geschichte vom politischen Widerstand vor uns, die satirische Züge hat. Vom Ende der Geschichte her heißt das: Die römischen Besatzungssoldaten werden als Dämonen und Schweine zugleich ins Meer getrieben. –

Zunächst beginnt jetzt eine Verhandlung zwischen dem multiplen Dämon und seinem Bezwinger. Was jetzt kommt, ist ein aus Märchen und Sagen bekanntes mythisches Motiv. Der Dämon versucht einen Trick, um zu entkommen (durch eine sogenannte Konzessionsbitte). Er bittet Jesus, im Land bleiben zu dürfen. Die „Legion" gedenkt nicht, das Land zu verlassen. Sie, die 2000-köpfige Einheit – die Zahl 2000 wird erst hinterher genannt – möchte im Land bleiben und erbittet sich deshalb einen neuen „Wirt", wie man das in der Biologie nennt. Sie bitten: „Schicke uns in die Schweine, damit wir in sie fahren!". Jesus gewährt die Bitte – und damit haben sie Jesus auf den ersten Blick überlistet. Aber abwarten! Wer zuletzt lacht, lacht am besten. Die Legion-Dämonen haben nicht damit gerechnet, dass die von ihnen besessenen Schweine sich nun, wahnsinnig wie sie sind, ins Meer stürzen und mitsamt den Dämonen ertrinken. Eine äußerst burleske Szene. Jetzt erst wird die Zahl genannt: 2000 Schweine.

Dass Markus hier auf eine ältere volkstümlich-satirische Anekdote aus jüdischer Tradition zurückgegriffen haben könnte, ist insofern wahrscheinlich, als Schweine ja in der jüdischen Kultur die unreinen Tiere schlechthin sind. Schweine gehören ausgerottet!

Das sehen die Besitzer der Schweineherde und ihre Hirten, die keine Juden sind, aber anders. Was der Exorzist da betrieben hat, ist Geschäftsschädigung in höchstem Maße. Religion hat es immer auch mit Wirtschaft und Profit zu tun. Wir kennen das z.B. auch aus der Geschichte, wie Paulus in Ephesus durch seine aufklärende monotheistische Predigt den Silberschmieden, welche Figuren der ephesinischen Göttin Artemis herstellen, das Geschäft verdirbt (Apg 19, 23–40). Das führt zu einem Aufstand.

So auch hier. Zwar staunt man, dass der Verrückte ruhig und vernünftig dasitzt, aber man bittet den Exorzisten, doch das Land zu verlassen. Der vom Dämon Geheilte möchte mit Jesus zusammen nun das Land der Gräber und Schweine hinter sich lassen, wird aber von Jesus zurückgeschickt. Er soll im Land bleiben und in seiner Heimat missionieren. Dieser Zug der Erzählung ist eine große Ausnahme im Markusevangelium. Fast immer betont Markus in den sogenannten Schweigegeboten, dass die Wunder nicht in die Bildzeitung gehören. Aber hier, im heidnischen Ausland, ist das anders. Der Geheilte darf nicht aus der Umgebung, die ihn traumatisiert hat, flüchten. Er soll gerade hier eine Basisgruppe bilden. Nach Gerd Theißen repräsentiert er (im Unterschied zur wandernden Jesusbewegung) den Zweig der ortsansässigen Sympathisanten der Jesusbewegung[2]. Darin kommt aber auch zum Ausdruck, dass diese Form der Religion keine Alltagsflucht, keine Aussteigermentalität propagiert. Der Alltag bleibt der Ort, wo die Geheilten nun selber heilsam leben und den grausamen Erinnerungen standhalten können.

c) Freche Sprüche:
„Salomo" und Jesus (Prov 30,29–31 und Mk 7,18–23)

Wir haben bisher eine kurze und eine lange mythische Erzählung kennen gelernt. Aus der Summe vieler solcher Geschichten werden Sprüche kondensiert. Eine der witzigsten Schriften der Bibel ist das Buch der „Sprüche Salomos". Der König Salomo hat mit diesen Sprüchen historisch nichts zu tun. Ihm wurden sie nur deshalb zugeschrieben, weil er in den Erzählungen über ihn oft als weise geschildert wurde. Das Buch der Sprüche ist eine Sammlung von anonym verfassten Sprichwörtern und Mahnsprüchen. Damit haben wir schon zwei Sorten von Sprüchen angesprochen. Es gibt Sprüche in der dritten Person. Wir können sie Sprichwörter, Aussagesprüche oder Sentenzen nennen. „Wer andern eine Grube gräbt, fällt selbst hinein" (Prov 26,27). Und es gibt Sprüche in der zweiten Person bzw. im Imperativ, die sogenannten Mahnsprüche: „Rede nicht vor den Ohren eines Toren, denn er missachtet deine klugen Worte!" (Prov 23,9). Und in beiden Fällen gibt es die Unterteilung in metaphorische Sprüche (Bildworte) und nicht-metaphorische Sprüche (als Aussagespruch die Sentenz: „Unrecht Gut gedeiht nicht"; als Mahnspruch: „Liebet eure Feinde!"). Aber diese systematische Einteilung ist eigentlich unwichtig. Es gibt in der alttestamentlichen Spruchweisheit eine ganz ausgefallene Form, die m.E. in keiner späteren Kultur mehr vorkommt: der *Zahlenspruch*:

„Drei sind es, die stattlich einhergehen,
vier, die aufgebläht schreiten:
der Löwe, das mächtigste unter den Tieren,
der vor niemandem zurückweicht,
der Hahn, der unter den Hennen stolziert,
der Bock, der die Herde leitet,
und der König vor seinem Volk". (Prov 30,29–31)

Das Aufbauprinzip dieser Sprüche ist klar. Drei Phänomenen aus der Tierwelt wird ein viertes Element aus dem menschlich-politischen Bereich zu-

---

[2] Vgl. G. THEISSEN, Soziologie der Jesusbewegung. Ein Beitrag zur Entstehungsgeschichte des Urchristentums, Gütersloh [7]1997, 21–26.

geordnet, was zu einer witzigen Erkenntnis führt. Das ist politische Satire. Doch ist diese Form nicht nur für Witze gebraucht, sondern für die Rätsel des Lebens. Ich füge jetzt nur noch ein Beispiel an, das für sich spricht:

Drei Dinge sind mir zu hoch,
vier sind's, die ich nicht verstehe:
der Weg des Adlers am Himmel,
der Weg der Schlange auf dem Felsen,
der Weg des Schiffes im Meer,
und der Weg des Mannes bei der Frau. (Prov 30,18f)

In der neutestamentlichen Jesustradition gibt es den Zahlenspruch nicht mehr. Aber pointierte Sprüche spielen auch hier ein wesentliche Rolle. Meist werden sie in einer Anekdote überliefert. In einer bestimmten vom Evangelisten erzählten Situation gibt Jesus eine überraschende, zugespitzte Antwort in Form eines Spruches. Im 7. Kapitel des Markusevangeliums geht es um die Frage der kultischen Reinheit, auf die die Pharisäer Wert legen. Es geht um die rituelle Reinheit der Hände beim Essen. Jesus entlarvt dieses rituelle Verhalten als ein nur äußerliches durch einen Spruch, der nun aber metaphorisch ist:

Wisst ihr nicht, dass alles, was von außen in den Menschen hineinkommt, ihn nicht verunreinigen kann?
Denn es geht nicht in sein Herz, sondern in seinen Bauch,
und es geht hinaus ins Klo – (griech.: ἀφεδρών)
womit er alle Speisen für rein erklärte.
Er sprach nämlich:
Was aus dem Menschen herauskommt, das verunreinigt den Menschen.
Denn von innen, aus dem Herzen der Menschen kommen die bösen Gedanken: Hurerei, Diebstahl, Mord, Ehebruch, Habgier, Bosheit, List, Ausschweifung, Neid, Lästerung, Hochmut, Gedankenlosigkeit.
All dieses Böse kommt aus dem Menschen und verunreinigt ihn. (Mk 7,14–19)

Das ganze ist ein Gleichnis. Thema ist die Sündhaftigkeit des Menschen. Metaphorisches Prädikat, also erklärendes Bild, ist die Verdauung. Das Wort ἀφεδρών, meist mit „Abtritt" wiedergegeben, kann man ruhig etwas derber übersetzen. Paulus gebraucht sogar das Wort σκύβαλον – vornehm ausgedrückt: „Exkrement" – einmal (Phil 3,8). Ich vermute, dass diese vulgären Worte in einem akademischen Hörsaal, geschweige denn in einer Kirche, sonst nicht vorkommen. Sie kommen aber in der Bibel tatsächlich vor. – Die Bedeutung dieses Gleichnisspruches ist unschwer zu erkennen. Das Böse ist nicht die Materie, die äußere Natur, sondern das Böse hat seinen Ursprung im Wesen des Menschen. Es kommt aus seinem Inneren heraus, aus seinem Herzen, würden wir sagen. Dafür ist die unschuldige Verdauung, die unten herauskommt, ein treffendes Bild. Gemeint ist aber das, was oben herauskommt: aus dem Herzen, aus dem Hirn, durch den Mund und durch die Hände, die Tat. – Noch eins ist hier wichtig. Diese Worte des markinischen Jesus sind nicht eine moralische Standpauke, sondern sie sind Feststellung: Der Mensch *ist* böse. Er soll sich nicht am Riemen reißen. Das nützt nämlich nichts. Er soll sich lediglich verwandeln lassen, sich durch das Wort und das Vorbild Jesu anstecken lassen. Christliche Moral setzt aber immer auch eine *Einsicht* voraus.

d) „O wie schön ist Panama": Der Weg aus dem Haus und der Weg nach Hause, die Angst vor der Schwelle und der offene Schluss (Lk 15,11–32)

Zum Abschluss möchte ich Sie in eine Geschichte hineinziehen, die zu den *highlights* der biblischen Literatur gehört: die Parabel vom verlorenen Sohn (Lk 15,11–32). Damit verlassen wir das spröde, aber kernige Markusevangelium und kommen ins elegantere Lukasevangelium:

(11) Ein Mensch hatte zwei Söhne.

(12) Und es sprach der jüngere von ihnen zum Vater: „Vater, gib mir den Erbteil des Vermögens, der mir zusteht." Der aber teilte ihnen das Erbe zu.

(13) Und nach nicht vielen Tagen nahm der jüngere Sohn all seinen Anteil mit und zog in ein fernes Land, und dort vergeudete er sein Vermögen durch leichtsinniges Leben.

(14) Nachdem er aber alles durchgebracht hatte, kam eine schwere Hungersnot über jenes Land, und er fing an, Mangel zu leiden.

(15) Und er ging hin und hängte sich an einen Bürger des Landes; und der schickte ihn auf seine Äcker, die Schweine zu hüten.

(16) Und er gierte danach, seinen Bauch mit den Schoten zu füllen, die die Schweine fraßen, und niemand gab sie ihm.

(17) Da ging er in sich und sprach: Wieviele Tagelöhner meines Vaters haben Brot im Überfluss, ich aber gehe hier vor Hunger zugrunde.

(18) Ich werde mich aufmachen und zu meinem Vater gehen und ihm sagen: Vater, ich habe gesündigt gegen den Himmel und vor dir.

(19) Ich bin es nicht mehr wert, dein Sohn zu heißen. Mach mich zu einem deiner Tagelöhner!

(20) Und er machte sich auf und ging zu seinem Vater. Als er aber noch fern war, sah ihn sein Vater und erbarmte sich, lief und fiel ihm um den Hals und küsste ihn.

(21) Der Sohn aber sprach zu ihm: Vater, ich habe gesündigt gegen den Himmel und vor dir, ich bin es nicht mehr wert, dein Sohn zu heißen.

(22) Der Vater jedoch sprach zu seinen Knechten: Schnell, bringt das beste Gewand heraus und zieht es ihm an und gebt ihm einen Ring an seine Hand und Schuhe an seine Füße,

(23) und bringt das gemästete Kalb, schlachtet es und lasst uns fröhlich schmausen!

(24) Denn dieser mein Sohn war tot und ist lebendig geworden; er war verloren und ist wiedergefunden worden. Und sie fingen an, fröhlich zu sein.

(25) Es war aber sein älterer Bruder auf dem Felde. Und als er in die Nähe des Hauses kam, hört er Musik und Tanz.

(26) Und er rief einen der Knechte heran und fragte, was das sei.

(27) Der aber sagte ihm: Dein Bruder ist gekommen, und dein Vater hat das gemästete Kalb geschlachtet, weil er ihn gesund wiederbekommen hat.

(28) Da wurde er zornig und wollte nicht hineingehen. Doch sein Vater kam heraus und redete ihm zu.

(29) Er aber antwortete und sprach zu seinem Vater: Siehe, so viele Jahre diene ich dir und habe nie dein Gebot übertreten; und mir hast du nie einen Bock gegeben, damit ich mit meinen Freunden feierte.

(30) Wo nun aber dieser dein Sohn gekommen ist, der dein Vermögen mit Huren verprasst hat, hast du ihm das gemästete Kalb geschlachtet.

(31) Er aber sprach zu ihm: Kind, du bist die ganze Zeit bei mir, und alles, was mein ist, ist dein.

(32) Du solltest fröhlich feiern und dich freuen, denn dieser dein Bruder war tot und ist lebendig geworden, und war verloren und ist wiedergefunden worden.

Zu diesem Gleichnis wurde schon soviel gesagt und geschrieben, dass man sich kaum traut, dazu noch etwas beizutragen. Ich will es trotzdem versuchen. Zunächst werde ich den Titel (die Überschrift) abwandeln und verfremden. Meine Interpretation oder Predigt über dies Gleichnis nenne ich: *„O wie schön ist Panama": Der Weg aus dem Haus und der Weg nach Hause, die Angst vor der Schwelle und der offene Schluss.*

Dies ist eine Geschichte, wie sie im Leben so oder ähnlich vorkommt. Man muss jedoch wissen, dass sie in einem ganz bestimmten Zusammenhang erzählt wird. Jesus feiert mit anstößigen, übel beleumdeten Leuten ein Festmahl. Das Festmahl symbolisiert das Gottesreich. Dass schlechte Menschen, „Sünder", unter denen vor allem die Zollpächter berüchtigt sind, mit Jesus speisen, machen die Frommen Jesus zum Vorwurf. Daraufhin erzählt er ihnen drei kleine Geschichten. Unsere Erzählung ist die dritte. Die erste Erzählung (15,4–7) handelt von der Freude eines Schäfers, der ein verlorenes Schaf wiederfindet. Daraufhin macht er ein Fest. Die zweite Erzählung (15,8–10) handelt von einer Frau, die einen verlorenen Euro wiederfindet. Darüber freut sie sich so, dass sie gleich Freundinnen und Nachbarinnen zum Kaffeekränzchen einlädt. Das kostet natürlich mehr als einen Euro. Aber sie will ein Fest! Unsere, die dritte Erzählung, bildet den Höhepunkt, handelt sie doch von einem menschlichen Melodram mit offenem Ende und möglichem Fest. Alle drei Geschichten sind auf den Rahmen bezogen: Die Botschaft von Gott, der sich auf die wiedergefundenen Menschen freut. Kurz, es sind Geschichten, die Gott beschreiben – und das geht nur im Gleichnis.

Dabei wird Gott gar nicht erwähnt. Wenn es aus dem Munde des verlorenen Sohnes heißt: „Vater, ich habe gegen den Himmel und vor dir gesündigt ...", dann ist der Vater hier ein rein menschlicher Vater, und Gott wird nebenbei durch den Ausdruck „Himmel" erwähnt. Im Judentum sprach man von Gott oft indirekt, indem man vom „Himmel", dem Ort Gottes, sprach. Der Vater in unserer Geschichte ist also nicht Gott, sondern ein menschlicher Vater. Und doch will die Geschichte Gott zum Ausdruck bringen. Sie tut es im Bild einer rein menschlichen Geschichte.

Nachdem das klar ist, können wir nun genauer auf die Feinheiten dieser menschlichen Geschichte achten.

Die Exposition ist geradezu klassisch. Die handelnden Personen bilden ein Dreieck: ein Vater und seine beiden Söhne, der treue brave und der leichtsinnige, labile, der dem Vater Kummer bereitet. Entsprechend hat die Geschichte zwei Teile. Der erste Teil handelt vom leichtfertigen Sohn (merkwürdig, dass es auch heute noch oft die jüngsten sind, die den Eltern Probleme machen). Dieser zieht aus in die Freiheit, scheitert in der Fremde, kehrt abgebrannt und zerstört zurück, wird aber vom Vater mit Freuden empfangen und mit Geschenken überhäuft – nur weil er wieder da ist. Der zweite Teil handelt vom immer zu Hause gebliebenen Sohn, der sich über die Ungerechtigkeit des Vaters beklagt und schmollt. Die Geschichte hat also zwei Pointen. Die erste Pointe ist: *Der Vater belohnt den Sohn, der es nicht verdient hat.* Die zweite Pointe ist: *Der, der immer zu Hause war, steht plötzlich draußen vor der Tür.* Der verlorene Sohn ist drinnen beim Fest, der gute Sohn ist draußen.

Betrachten wir zunächst den ersten Teil mit der ersten Pointe. Hier ist nur eins wichtig, die Tatsache, dass der „verlorene" Sohn zurückkehrt. Die Rückkehr geschieht nicht aus Buße oder Reue, sondern allein aus Not. Wenn man beides verbindet, dann doch nur so: Die Erfahrung der Krise, der Ausweglosigkeit, kann einen Menschen verändern. Die Umkehr kommt dann von alleine. Nicht aber ist Buße die auferlegte Bedingung. Wenn man das Gleichnis vom verlorenen Schaf oder gar das vom verlorenen Groschen daneben stellt, wird das sofort klar. Weder das Schaf noch der Groschen können Buße tun. Allein das Ergebnis ist entscheidend. Gott freut sich, wenn die Verlorenen wieder da sind. Solange der Mensch ihm abhanden kommt, leidet er – so wie ein Vater leidet, dessen Sohn unter die Räder gekommen ist. So gesehen ist diese erste Pointe schon überraschend genug.

Die zweite ist noch merkwürdiger. Dabei ist die Psycho-Logik bezüglich des älteren Sohnes völlig nachvollziehbar. Er beschwert sich zu Recht über die Ungerechtigkeit des Vaters. Doch wenn wir genauer hinsehen, gibt es da einiges Überraschende. Dieser Sohn war doch immer zu Hause. Es ging ihm gut. Warum ist er nun unzufrieden? Fehlt ihm etwas? – Ja, es fehlt ihm etwas. Ihm fehlt die Heimkehr, die der jüngere Sohn ihm voraus hat. Er beklagt sich, dass für ihn nie ein solches Fest bereitet wurde. Er hat gearbeitet und auf jegliche Eskapaden verzichtet. All das wird ihm jetzt bewusst. Er war immer zu Hause und stellt nun fest, dass er nie ganz zu Hause war. Sonst würde er nicht so viel vermissen. Er war zu Hause – und doch entfremdet. Im Blick auf den Bruder, der drinnen feiert, wird ihm, der nun draußen steht, dieses unbewusst bewusst. Aber er schmollt – und ist jetzt der „verlorene Sohn". Der Vater wirbt auch um ihn: Komm doch rein und feiere mit! Das Gleichnis endet offen auf der Schwelle mit der Einladung des Vaters an den braven Sohn, einzutreten. Aber der, der immer zu Hause war, steht plötzlich draußen. Und der, der draußen war, ist nun endlich zu Hause. Wer ist nun der verlorene Sohn?

Ich muss bei dieser Erzählung an eine Kindergeschichte denken, an das Bilderbuch „O wie schön ist Panama" von Janosch. Der Tiger und der Bär leben glücklich und zufrieden in ihrem Haus am Fluss. Eines Tages wird eine Bananenkiste angetrieben, auf der das Wort „Panama" steht. Die Kiste riecht so gut und das Wort „Panama" erregt Neugier und Abenteuerlust. Die beiden verlassen ihr Haus und begeben sich auf den Weg nach „Panama". Sie kommen weit herum, erleben Abenteuer, und nach langer Zeit stoßen sie auf ein altes, fast zugewachsenes Haus, das sie für „Panama" halten. Jubelnd sind sie am Ziel ihrer Reise und richten sich in diesem Haus ein. Es ist schöner und gemütlicher als alles, was sie bisher kannten. Sie sind aber im Kreis gegangen, und es ist ihr eigenes Haus, auf das sie gestoßen sind und das sie nicht wiedererkennen. Jetzt sind sie am Ziel ihrer Reise und zugleich „zu Hause". Ohne das Abenteuer der Reise wären sie zwar immer im selben Haus geblieben, aber nicht „zu Hause". Das Wesentliche ist die Heimkehr.

Die Parabel vom verlorenen Sohn nimmt dieses Motiv vorweg, hat es aber auf zwei Personen aufgespalten. Der „verlorene Sohn" hat vor seinem älteren, braven Bruder einen Vorsprung. Er ist heimgekehrt. Die Geschichte endet damit, dass der „verlorene" Sohn „drinnen" ist und feiert, der brave Sohn aber, der immer „drinnen" war, draußen steht. Offenbar war er gar nicht richtig „zu Hause" gewesen, sonst hätte er sich nicht beschwert. Die Rollen haben sich vertauscht.

Das Gleichnis endet offen, bezeichnenderweise auf der Schwelle. Da bricht es ab. Und so ein offener Schluss verlangt vom Publikum, dass es den Schluss selber macht. Bertolt Brecht beendet sein Stück „Der gute

Mensch von Sezuan", das Musterstück seines „epischen Theaters", mit der
Ansprache ans Publikum: „Liebes Publikum, such dir selbst den Schluß. Es
muß ein guter sein. Es muß, es muß, es muß". Darin geht es zwar um eine
sozialistische Lösung des Widerspruchs von Wirtschaftlichkeit und Huma-
nität, und diese Lösung hat bisher noch niemand gefunden. Im Gleichnis bei
Lukas ist das eher möglich. Der brave, vernünftige Sohn steht auf der
Schwelle. Wenn er der Einladung des Vaters folgt, dann ist er daheim, drinnen beim Fest. Er hat mit einem einzigen Schritt seinen Bruder eingeholt.
Wenn er aber den Schritt über die Schwelle verweigert – dann bleibt er
draußen. Ihm bleibt nichts anderes übrig, als fortzugehen. Er muss das
nachholen, was sein leichtfertiger Bruder hinter sich hat. Er, der Brave, ist
nun der verlorene Sohn, draußen in der Fremde. Der Gleichniserzähler
wirbt um ihn. Es geht um die Heimkehr auch des anständigen, vorbildlichen
Bürgers.

Nachweis der Erstveröffentlichungen

Die Allegorese und die Anfänge der Schriftauslegung, in: H. Graf Reventlow (Hg.), Theologische Probleme der Septuaginta und der hellenistischen Hermeneutik, VWGTh 11, Gütersloh 1997, 91–132.

Gotteserkenntnis und Gotteserfahrung bei Philo von Alexandrien, in: H.-J. Klauck (Hg.), Monotheismus und Christologie. Zur Gottesfrage im hellenistischen Judentum und im Urchristentum, QD 138, Freiburg u.a. 1992, 17–40.

Das lebendige Wort und der tote Buchstabe. Aspekte von Mündlichkeit und Schriftlichkeit in christlicher und jüdischer Theologie, in: G. Sellin/F. Vouga (Hg.), Logos und Buchstabe. Mündlichkeit und Schriftlichkeit im Judentum und Christentum der Antike, TANZ 20, Tübingen/Basel 1997, 11–31.

Schrift und frühes Christentum. Die Entstehung des schriftlichen Evangeliums (bisher unveröffentlicht).

„Gattung" und „Sitz im Leben" auf dem Hintergrund der Problematik von Mündlichkeit und Schriftlichkeit synoptischer Erzählungen, EvTh 50 (1990) 311–331.

Allegorie und „Gleichnis". Zur Formenlehre der synoptischen Gleichnisse, ZThK 75 (1978) 281–335.

Einige symbolische und esoterische Züge im Markus-Evangelium, in: D.-A. Koch u.a. (Hg.), Jesu Rede von Gott und ihre Nachgeschichte im frühen Christentum. Beiträge zur Verkündigung Jesu und zum Kerygma der Kirche (FS Willi Marxsen zum 70. Geb.), Gütersloh 1989, 74–90.

Metapher – Symbol – Mythos. Anmerkungen zur Sprache der „Bilder" in Religion und Bibel, in: J. Heumann (Hg.), Bilder, Mythen und Symbole. Ihr Bedeutung für Religionsunterricht und Jugendkultur, Oldenburg 1988, 66–98.

Die Metapher im Reich der Tropen. Ein Beitrag zum Verständnis von Sprache und Wirklichkeit (bisher unveröffentlicht).

Der Mythos als Gattung und sein Verhältnis zu Sage, Legende und Märchen (bisher unveröffentlicht).

Mythos und Evangelium. Warum Glaube und Theologie auf mythische Vorstellungen angewiesen sind (bisher unveröffentlicht).

Biblische Texte lesen und verstehen lernen (bisher unveröffentlicht).

Stellenregister (in Auswahl)

Altes Testament

Frühjüdisches Schrifttum

Neues Testament

Alte Kirche

Pagane Literatur

Aristoteles		*Politeia*	
Rhetorik		378d	47
III 2,2	13		
III 4	141.147	*Timaios*	
		21a	47
		29e	61
Homer			
Od.		Plotin	
XVII 485ff	47	*Enn*	
		V 3, 14, 6f	249.278
Jamblich			
Vit.Pythag.		Quintilian	
5,20	43	*InstOrat*	
12,58	47	VIII 6	12
		VIII 6,1	13
Platon		VIII 6,2f	244
Phaidon		VIII 6,14	13
62b	48	VIII 6,52	43
76d7–e7	51	VIII 6,44	13
76e4–5	51	IX 2,46	13
Phaidros			
229b	22.47		
246a	47		
274c	47		

Novum Testamentum et Orbis Antiquus / Studien zur Umwelt des Neuen Testaments

V&R

Band 87: Christian Wetz
Eros und Bekehrung
Anthropologische und religionsgeschichtliche
Untersuchungen zu »Joseph und Aseneth«
2010. 256 Seiten, gebunden
ISBN 978-3-647-54007-8

Band 86: Florian Herrmann
**Strategien der Todesdarstel-
lung in der Markuspassion**
Ein literaturgeschichtlicher Vergleich
2010. VIII, 407 Seiten, gebunden
ISBN 978-3-647-55011-4

Band 82: Stefan Schreiber
Weihnachtspolitik
Lukas 1-2 und das Goldene Zeitalter
2009. 174 Seiten mit 8 Abb., gebunden
ISBN 978-3-647-53392-6

Band 80: Darina Staudt
Der eine und einzige Gott
Monotheistische Formeln im Urchristentum
und ihre Vorgeschichte bei Griechen und Juden
2011. ca. 360 Seiten, gebunden
ISBN 978-3-525-55015-1

Band 77: Ulrich Mell
**Christliche Hauskirche und
Neues Testament**
Die Ikonologie des Baptisteriums von Dura
Europos und das Diatessaron Tatians
2010. 340 Seiten mit 38 Abb. und 5 Tab.,
gebunden
ISBN 978-3-647-53394-0

Band 76: Timo Glaser
Paulus als Briefroman erzählt
Studien zum antiken Briefroman und seiner
christlichen Rezeption in den Pastoralbriefen
2009. 376 Seiten mit 6 Tab., gebunden
ISBN 978-3-525-53389-5

Band 75: Peter Lampe / Helmut Schwier (Hg.)
Neutestamentliche Grenzgänge
Symposium zur kritischen Rezeption
der Arbeiten Gerd Theißens
2010. 248 Seiten
ISBN 978-3-647-53393-3

Band 74: Karl Matthias Schmidt
Wege des Heils
Erzählstrukturen und Rezeptionskontexte
des Markusevangeliums
2010. XX, 609 Seiten mit 50 Abb., gebunden
ISBN 978-3-525-53395-6

Band 73: Petra von Gemünden
Affekt und Glaube
Studien zur Historischen Psychologie des
Frühjudentums und Urchristentums
2009. 389 Seiten mit 3 Abb. und 1 Graphik,
gebunden
ISBN 978-3-525-53385-7

Band 71: David Luckensmeyer
**The Eschatology
of First Thessalonians**
2009. XI, 463 Seiten, gebunden
ISBN 978-3-525-53969-9

Vandenhoeck & Ruprecht

Novum Testamentum et Orbis Antiquus / Studien zur Umwelt des Neuen Testaments

V&R

Band 70: Gerd Theißen / Hans Ulrich Steymans / Siegfried Ostermann / Karl Matthias Schmidt / Andrea Moresino-Zipper (Hg.)
Jerusalem und die Länder
Ikonographie - Topographie - Theologie
Festschrift Max Küchler
2009. 277 Seiten mit zahlreichen Abbildungen, gebunden
ISBN 978-3-525-53390-1

Band 69: Thomas Schmeller (Hg.)
Historiographie und Biographie im Neuen Testament und seiner Umwelt
2009. VII, 208 Seiten, gebunden
ISBN 978-3-525-53968-2

Band 68: Nils Neumann
Lukas und Menippos
Hoheit und Niedrigkeit in Lk 1,1–2,40 und in der menippeischen Literatur
2008. 384 Seiten mit zahlreichen Tab. und Grafiken, gebunden
ISBN 978-3-525-53965-1

Band 67: Lorenzo Scornaienchi
Sarx und Soma bei Paulus
Der Mensch zwischen Destruktivität und Konstruktivität
2008. 388 Seiten, gebunden
ISBN 978-3-525-53966-8

Band 66: Rainer Metzner
Die Prominenten im Neuen Testament
Ein prosopographischer Kommentar
2008. 695 Seiten, gebunden
ISBN 978-3-525-53967-5

Band 65: Dietrich-Alex Koch
Hellenistisches Christentum
Schriftverständnis – Ekklesiologie – Geschichte
Herausgegeben von Friedrich Wilhelm Horn.
2008. 378 Seiten mit 43 Abb., Grafiken und Tab., gebunden. ISBN 978-3-525-54001-5

Band 64: Judith Hartenstein
Charakterisierung im Dialog
Maria Magdalena, Petrus, Thomas und die Mutter Jesu im Johannesevangelium im Kontext anderer frühchristlicher Darstellungen
2007. 347 Seiten mit zahlreichen Tabellen, gebunden
ISBN 978-3-525-53987-3

Band 63: Thomas Witulski
Kaiserkult in Kleinasien
Die Entwicklung der kultisch-religiösen Kaiserverehrung in der römischen Provinz Asia von Augustus bis Antoninus Pius
2007. 210 Seiten, gebunden
ISBN 978-3-525-53986-6

Vandenhoeck & Ruprecht